치유라는 이름의 폭력

CURATIVE VIOLENCE

Curative Violence:
Rehabilitating Disability, Gender, and Sexuality in Modern Korea

Copyright ⓒ 2017 by Eunjung Kim (Korean language)
and Duke University Press (all other languages)
Korean Translation Copyright ⓒ 2022 by Humanitas Publishing Co.

치유라는 이름의 폭력
근현대 한국에서 장애·젠더·성의 재활과 정치

1판 1쇄 | 2022년 5월 23일
1판 2쇄 | 2022년 6월 27일

지은이 | 김은정
옮긴이 | 강진경, 강진영

펴낸이 | 안중철, 정민용
책임편집 | 강소영
편집 | 심정용, 윤상훈, 이진실, 최미정

펴낸곳 | 후마니타스(주)
등록 | 2002년 2월 19일 제2002-000481호
주소 | 서울 마포구 신촌로14안길 17, 2층 (04057)
전화 | 편집_02.739.9929/9930 영업_02.722.9960 팩스_0505.333.9960
블로그 | http://blog.naver.com/humabook
트위터, 페이스북, 인스타그램 | @humanitasbook
이메일 | humanitasbooks@gmail.com

인쇄 | 천일문화사_031.955.8083
제본 | 일진제책사_031.908.1407

값 23,000원
ISBN 978-89-6437-409-2 93330

치유라는 이름의 폭력

CURATIVE VIOLENCE

김은정 지음
강진경·강진영 옮김

근현대 한국에서
장애·젠더·성의 재활과 정치

후마니타스

『치유라는 이름의 폭력』은 당연한 상식이라고 여겼던 전제를 완전히 뒤집는 책이다. 책장을 열자마자, 독자들은 날카로운 질문들이 자신의 고정관념을 뒤흔드는 강력한 체험을 하게 된다. 저자는 장애와 질병의 현존을 지우고 '완벽'했던 과거와 '치유'된 미래만을 제시하는 치유의 시간성을 '접힌 시간'이라고 명명하면서, 한국 문화가 '접힌 시간' 속에서 장애를 은유로 다뤄 온 역사를 비판적으로 읽어 내기 위해 고전 서사에서 현대의 텍스트까지 망라해 촘촘히 분석한다. 저자의 이런 장애학적 독해는 '접힌 시간'을 펼쳐 내 은유로서의 장애를 비판할 뿐만 아니라, 그 이야기를 살아 낸 장애의 신체성과 물질성을 감각하게 하고, 거래하고 협상하는 장애의 행위성을 인식하게 한다. 특히 이 책의 장애학적 비평이 빛나는 순간은 장애학이, 정상성과 규범성을 질문하는 페미니즘, 퀴어, 탈식민적 관점과 교차할 때다.

　　근현대 한국에서 치유 폭력은 국가 재건을 위한 우생학의 전파로, 한센병 환자의 강제수용으로, 장애여성에 대한 성폭력으로 이어져 왔다. 위정자들은 장애인 이동권 투쟁에 대해 '나중에' 이뤄 줄 테니 '미래의 시간'을 기다리라고 한다. 이는 장애인을 구원을 기다리는 대상으로, 현재를 유예해도 괜찮은 존재로 위계화하는 전형적인 비장애중심주의이다. 한국 사회는 장애의 시간을 어떻게 서사화하는가? 질문하는 이 책과 함께, 비장애중심주의를 벗어난 시간여행을 시작해 보자.

　　조혜영 | 영화평론가

그토록 고대했던 책이 여기에 당도했다. 장애여성의 역사, 문화적 재현, 운동의 쟁점이 치열한 정치적 언어로 담긴, 수많은 소수자들의 목소리가 메아리치는 텍스트다. 피해 경험을 증언하도록 요구받는 소수자들의 피해는 국가 발전과 경제성장이라는 대의를 실행하는 과정에서 발생하는 부수적 피해로 축소되곤 한다. 경제성장에 도움이 되지 않은 비규범적 존재들을 위한 이동·노동·주거 인프라는 언제나 시혜적이고 임시적이며 사회에 부담을 주지 않는 한에서 인정된다. 소수자 인권은 대한민국이 OECD 국가이기 때문에 살피고 챙겨야 하는 선진국형 인권 이슈로 소비된다.

소수자 운동은 어떻게, 국가 폭력의 본질을 역사적 경험을 통해 밝히고, 자유 시장경제 체제가 만든 불평등 구조에 소수자가 배치되었는지 폭로하며, 누구도 배제하지 않는 해방의 기획을 제출하는 '동료'가 될 수 있을까. 이 책을 통해 드디어 이런 질문에 깊고 넓은 답을 구할 수 있게 된 것 같아 숨 가쁘게 책장을 넘겼다. 건강권·성과 재생산권·가족구성권·시설에 구금되지 않을 권리·이동할 권리·차별 없는 공공 의료에 접근할 권리를 요구하는 장애인 운동·성소수자 운동·이주민 운동·난민 운동·외국인 보호소 폐지 운동·HIV/AIDS 인권 운동·성노동자 운동·문화 운동의 동료들과 이 책을 함께 읽고 싶다. 차별의 역사를 딛고 나중을 위해 유예된 시간을 펼쳐 내기 위해 한국 사회에 만연한 차별과 혐오의 근원을 직시하고 사회 변화에 기여하고 싶은 모두에게 이 책을 권한다.

나영정 | 퀴어활동가

차례

표지 설명

전체적으로 붉은색 바탕이 깔려 있다. 그 위로 사람의 몸과 사막의 모래 이미지가 보인다. 접힌 허리의 주름진 피부와 물결치듯 흐르는 사막의 모래가 서로 스미듯 겹쳐 있다. 위쪽 가운데에 "치유라는 이름의 폭력"이라는 제목이 크게 적혀 있고, "Curative Violence"라는 원제가 중앙 왼쪽에 세로로 뉘어 적혀 있다. 그 아래 우측엔 "김은정 지음" "강진경·강진영 옮김"이 연이어 적혀 있다. 그 아래 좌측엔 "근현대 한국에서 장애·젠더·성의 재활과 정치"라는 부제가 적혀 있고, 그 아래 우측에 후마니타스 출판사의 로고가 있다.

- 이 책이 오디오북, 점자책 등으로 만들어지거나, 전자책으로 제작돼 TTS(Text To Speech) 기능을 이용할 독자들을 위해 간단한 표지 설명을 덧붙인다.

일러두기

- *Curative Violence: Rehabilitating Disability, Gender, and Sexuality in Modern Korea*(2017)를 우리말로 옮긴 책이다.
- 후주는 원주이고, 각주는 저자나 옮긴이의 첨언이다. 옮긴이의 것은 [옮긴이]로 표시했다.
- 인용된 문헌 가운데 국역본이 있는 경우 서지 사항을 '참고 문헌'에 밝혔다.
- 외국 인명은 국립국어원 외래어 표기법과 용례를 따르되, 용례나 국적이 확인되지 않은 경우 통용되는 발음에 가깝게 표기했다.
- 단행본·정기간행물에 겹낫표(『 』)를, 시·소설·희곡·설화·논문·기사·기고문에 홑낫표(「 」)를, 영화·방송 프로그램·만화·사진에 홑화살괄호(〈 〉)를 사용했다.

『치유라는 이름의 폭력』은 2017년 1월 미국에서 영어로 출판된 *Curative Violence: Rehabilitating Disability, Gender, and Sexuality in Modern Korea* 의 한국어 번역본입니다. 제 박사 논문과 학술지에 발표한 두 편의 논문에 더해 2010년에서 2013년까지 추가로 진행한 연구 내용을 기반으로 쓴 장들로 이뤄져 있습니다. 2013년에서 2016년까지 심사를 거치고 수정하는 과정에서 추가한 내용이 있지만, 이후 인권 운동, 정책과 법, 연구와 이론들에서 일어난 변화들에 대한 분석은 담지 못했습니다. 2022년에 출판된 번역본에서 최근의 논의를 기대한 한국어 독자들에게 죄송한 마음을 먼저 전합니다. 부족하나마 이 책에 담긴 생각과 분석을 통해 몸과 사회를 다르게 상상하는 기회가 생겨나기를 바랍니다.

질병과 장애를 가진 사람들의 삶을 파괴하는 크고 작은 폭력은 식민주의·전쟁·냉전 체제·신자유주의 속에서 국가 발전을 이뤄야 한다는 큰 전제하에 구성원의 근대적 표준과 수월성을 상정하고 그에 맞춰 통치 구조와 공간을 만들어 내는 과정에서 발생하고 정당화되었습니다. 그중에서도 이 책에서 저는 치유와 관련된 폭력에 대해 주목했습니다. 질병과 장애를 가진 사람들은 발전하는 민족과 국가의 예외적인 존재가 되었고, 재활과 치유를 위해 구획된 공간 속에서만 머물러야 했습니다. 장애와 질병을 가진 사람들이 공적인 장에 참여하는 것을 '사회로 나온다'고 표현하는 것은 재활과 치유의 공간이 사회 밖에 존재함을 증명하고 있습니다. 재활 再活이 다시 삶을 획득하는 것을 의미할 때, 끝이 정해지지 않은 재활의 과정은 삶의 시간 자체를 유예시킵니다.

『치유라는 이름의 폭력』은 의학적 치유에 반대하거나, 어떤 치료법은 진짜 치유이고 또 어떤 치료법은 그렇지 않다고 주장하거나, 장애와 질병에 대한 치유 자체가 폭력이라고 주장하고 있지 않습니다. 대신 장애와 질병을 다루는 문화 텍스트들과 변화하는 의학적 기준, '합법적' 인권침해 등에 대한 역사적 분석을 통해, 치유는 병이 낫고 장애가 없어지는 개별적인 몸의 변화뿐만 아니라, 사회의 여러 영역에서 특정한 몸을 포섭하거나 밀쳐 내는 동력을 만들어 내는 담론으로 작동한다고 주장합니다. 즉 치유 자체가 정상과 건강의 테두리를 만들어 내는 하나의 행위이고, 추방된 몸들의 일부를 선택적으로 포섭함으로써 그 경계를 강화시키는 과정이라고 할 수 있습니다. 경계를 넘어 정상성의 세계 안으로 들어가는 과정과 그에 따른 보상은 경계의 존재를 더욱 각인시키고, 경계 밖의 삶이 불가능함을 알려줍니다. 또한 치유는 특정한 상태의 병리적 비정상성을 전제로 하여 변화가 필요하다는 명제에 따르는 행위입니다. 변화되지 않으면 소멸되어야 한다는 당위성은 치유를 개인이 아닌 가족·사회·국가 공동체를 위한 것으로 만들게 됩니다. 장애와 질병을 당연히 없애야 하는 것으로 규정하고 그 과정에서 장애와 질병을 가진 사람을 파괴하는 폭력을 정당화하는 사회에서는, 장애와 질병이 언제나 존재해 왔고 앞으로도 존재할 어떤 것으로 상상할 수 없습니다. 따라서 치유되어야 생존할 수 있는 개인은 공동체를 위해 죽음의 가능성을 감수하기도 하고 치유에 따르는 보상과 대가를 고려하며 협상하게 됩니다. 치료법과 예방법을 개발하고 의료 서비스의 경제적·물리적 접근성을 구축하는 것만큼이나 치유를 당연한 것이 아닌 선택으로 사고할 수 있는 것, 그리고 상태가 호전되거나 병이 완전히 낫지 않아도 삶을 살아갈 수 있는 조건을 만드는 것이 중요합니다. 이를 위해서는 장애와 질병을 가진 사람들의 관점과 경험으로 만들어진 지식이 요구되며 장애와 질병의 현존과 경험 자체가 사회의 중요한 부분이라는 것에 대한 인식이 필요합니다.

'치유'는 한국어에서 정신적 상처나 외상에서 회복하여 손상 이전의 정상성으로 돌아가는 것을 의미하는 경우가 많지만, 이 책에서 치유는 광범위한 의미에서 정신적·기능적·신체 구조적 정상성을 갖게 되어 장애가 없어지는 것을 의미함과 동시에 아픈 몸에서 건강한 상태가 되는 것을 의미합니다. 하지만 치유되었다 하더라도 병력 때문에 낙인이 지속되어 영영 사회적 치유에 도달하지 못하고 소수자로 남는 상황도 존재합니다. 반대로 장애와 질병은 그대로이지만 계급과 성별에 따른 개인의 역할 수행에 성공하면 더 이상 장애인이 아니라고 간주되는 경우도 있습니다. 즉 정상성과 건강의 유동적인 범주가 장애와 질병의 정의에 영향을 미치는 것처럼 치유의 정의 또한 그러하며, 그 때문에 치유는 도덕적인 당위가 아니라 정치적인 개념이라고 할 수 있습니다. 이 책에서 경우에 따라 치료도 같은 의미를 가진 것으로 쓰이기도 했지만 보통 치료는 완치에 이르게 하거나 그렇지 못할 수 있는 모든 행위를 포함하는 개념으로 쓰였습니다. 장애와 질병은 그 의학적 정의와 진단으로만 구분되는 것이 아니라, 역사적·사회적 과정 속에서 같은 범주로 명명되기도 하고 특정한 억압과 폭력의 경험을 발생시키기 때문입니다. 이런 범주가 가진 정치적인 영향은 개인의 몸에 국한되지 않고, 가족과 국가가 개인의 몸에 공존하는 연쇄 작용을 일으키기도 합니다. 장애와 질병의 엄격한 구분을 비판적으로 보는 관점을 통해 곧 치유와 치료의 상징적·담론적·실제적 폭력이 서로 얽혀 작동하는 것을 볼 수 있습니다. 건강과 정상성에 함께 도전하며 질병을 장애와 연결하는 것은 비장애인과 장애인의 뚜렷한 경계 자체에 대한 질문이기도 합니다.

　　장애와 질병이 치유될 필요가 없다거나, 치유를 위해 노력하지 않는다거나, 치유 때문에 오히려 장애를 경험할 수도 있다는 생각은 (비장애·건강 중심의) 상식으로는 이해되기 어렵습니다. 장애와 질병이 없는 상태가 있는 것보다 바람직하다는 전제 때문입니다. 이런 전제는 이데올로기로 작동하여 이에 반하는 많은 행위들과 경험 그리고 장애와 질병으로 얻게 되는 지식을 부정하게 만듭니다. 치유와 재활에 대한 명령에 따르지 않을 때 이는 위반으로 사유됩니다. 여성주의 퀴어 장애학자 앨리슨 케이퍼는 건강과 정상성이 가지는 가치에 대해서는 질문과 사유의 과정이 필요 없다고 보는 것은 비장애 중심적인 정치적 이념이라고 주장합니다.+ 이와 같은 맥락에서 이 책은 장애와 질병의 낙인이 초역사적으로 존재해왔던 것이 아니라 치유에 대한 근대적 접근을 통해 만들어졌다고 보고, 이 과정에 대해 탐색합니다. 우생학은 건강과 정상성이 공동체·국가·개인의 우월함, 행복, 도덕성을 상징한다고 간주했습니다. 건강과 정상성에 절대적인 가치를 부여하면서도, 이를 소유하거나 잃을 수 있는 자산으로 여기는 것은 장애와 질병, 나이 듦에 대한 막연한 공포를 낳습니다. 이런 공포는 장애와 질병의 현존을 부정하려는 노력으로 이어집니다. 이 책은 낫지 않으면 사회에서 추방되어야 한다는 압력과 폭력으로부터 자유로운 삶 그리고 장애와 질병과 함께 살 수 있는 삶을 상상하기 위한 작업의 일부입니다.

　　모국어가 아닌 영어의 체계와 방법론에 맞춰 쓰는 과정에서, 한국에 대해 잘 알지 못하는 서구의 장애학·여성학계 독자들에게 이해되는 글을

+　　Alison Kafer, *Feminist Queer Crip*, Indiana University Press, 2013.

써야 한다는 사고로부터 자유롭지 못했던 것 같습니다. 한국의 장애인 활동가들에게도 유용한 글을 써야 한다는 것을 잊지 않으려고 했지만, 오히려 그들에게 많은 도움을 받아 가며 이 책을 썼습니다. 옮긴이 강진경 님과 강진영 님은 원서의 문장과 원 자료에 충실하면서도 이해되기 쉬운 문장으로 내용을 전달하기 위해 긴 시간 동안 많은 노력을 기울여서 번역해 주셨습니다. 수정하는 과정에서 이해를 돕기 위해 저자와의 상의하에 원문에 없는 단어나 부연 설명이 추가된 부분도 있다는 점을 알려드립니다. 함께 나눴던 토론을 통해 결국 언어의 문제가 아니라 학문적인 이론화 방식이 의미 전달을 어렵게 한다는 것을 배울 수 있었고, 앞으로의 글쓰기에 대해서도 고민하게 되었습니다.

영어판이 출판된 후 달라진 상황들에 대해 몇 가지 언급하자면, 서론에서 언급한 장애여성공감의 조직 문화와 교육에 관련된 내용은 2010년대 초반의 문화를 반영한 것이고, 이후에 단체 내부의 문화와 활동가들에게 많은 변화가 있었기 때문에 일반화할 수 없다는 점을 독자들이 기억해 주시기 바랍니다. 변화하는 사회적·물질적 상황에서 장애여성 운동은 앞으로도 계속 변화해 갈 것이라고 생각합니다. '모자보건법'의 임신중지 허용 범위에 관련하여 (1장) 2019년 형법 269조 270조 '낙태죄' 헌법불합치 판결, 한국과 일본의 한센인 관련 보상법(4장), 장애등급제와 부양의무제 폐지에 대한 장애 운동의 지속적인 투쟁(2장)과 2020년부터 추진된 용산공원 조성 계획(결론)에 대한 새로운 내용에 대해서는 언론 보도를 참고하기 바랍니다. 변화하는 현실에 대해 어떤 분석과 도전이 요구되는지 또 어떤 이론 틀이 만들어져야 하는지 저도 계속 연구하고 숙고하고자 합니다.

책 전반에 걸쳐 폭력에 대한 내용이 담겨 있고, 특히 3장에서 영화 〈오아시스〉와 〈꽃잎〉에 담긴 성폭력, 〈수취인 불명〉의 장애여성·혼혈인·동물에게 가해지는 폭력의 이미지들이 분석되었습니다. 일상에서 폭력을 경험한 독자들이 (특히 남성 감독들이 구현한 이미지와) 폭력에 대한 묘사를 읽는 것은 어렵고 힘든 과정일 것이라고 생각합니다. 장애인과 질병을 가진 사람들이 겪어 온 폭력을 소비하는 대중문화의 잔인한 묘사에 대한 분석이 치유에 대한 압력과 치유와 관련해 생겨나는 성별·성·종·국적에 따른 권력관계와 폭력에 대한 천착을 보여 주기에 간과해서는 안 된다는 생각에서 포함시켰습니다.

이 책이 출판되기까지 오랫동안 노력해 주신 후마니타스 출판사의 강소영 편집자님과 안중철 공동대표님께 감사를 전합니다. 애써 주신 덕분에 원서에 있던 몇몇 오류들도 한국어판에서 수정될 수 있었습니다. 코로나19로 인한 많은 어려움 속에서도 번역을 잘 마무리해 주신 강진경 님과 강진영 님에게 다시 한번 깊은 감사를 전합니다.

2022년 4월, 시러큐스에서
김은정 올림

접힌 시간과 장애의 현존

한국의 과학자 황우석과 그의 연구진은 2005년 학술지『사이언스』에 실린 논문에서 세계 최초로 '환자 맞춤형' 배아 줄기세포 복제에 성공했다고 발표했다.1 이 소식에 온 나라가 환호했고, 언론은 황우석 박사가 국가의 자부심과 명예를 드높였다며 칭찬했다. 오래 지나지 않아 공영방송 KBS는 과학기술의 미래를 주제로 〈열린음악회〉 프로그램을 방영했다.+ 이 방송에서 노무현 대통령은 녹화 영상을 통해 과학기술의 중요성을 강조하며 전적인 지원을 계속하겠다고 약속했다. 척수 손상으로 장애를 갖게 된 유명 가수 강원래가 휠체어를 타고 나와 댄서들과 함께 춤 공연을 보여준 다음 황우석이 과학기술부 장관과 무대에 올라 이렇게 말했다. "이와 같은 난치 질병의 해결책이 어디에 있는지 저는 아직은 찾지 못하고 있습니다. 그러나 저 강원래 군을 벌떡 일으켜 이제 과거 보여 주셨던 그 날렵한 솜씨를 KBS 다음 다음번 〈열린음악회〉에서 다시 보여 주기를 바랍니다. 그리고 그 길을 찾아서 언젠가는 우리 강원래 씨가 휠체어 댄스를 옛 그 시절을 기리며 추억의 한 작품으로 우리에게 다시 보여 줄 수 있는 그날을 우리 온 국민과 함께 같이 가고 싶습니다." 황우석은 가까운 미래에 강원래

+ KBS 〈열린음악회〉 605회(2005/07/31). "과학 기술 진흥과 노벨상 꿈나무를 위한 열린음악회".

가 사고 이전처럼 춤을 출 수 있게 될 것이며, 휠체어 댄스는 미래에서 바라본 과거에 속하게 될 것이라고 생각했다. 황우석이 강원래의 공연을 지켜보며 느낀 괴로움과 안타까움에 대해 말하는 동안, 카메라는 휠체어에 앉아 춤을 추는 강원래를 슬로모션으로 클로즈업함으로써,2 치료에 대한 열망을 감정적으로 포착해서 보여 준다. 이런 치유의 논리와 스펙터클에서는 현재 위에 과거와 미래가 겹치면서 장애가 초현실적으로 사라져 버린다. "강원래에게 더 이상 휠체어는 없다"3라고 한 신문 기사의 제목은 이런 초현실적인 증발을 잘 보여 준다. 갈채를 보내는 관객 앞에서 강원래는 이미 치료가 이뤄졌다는 환상을 만들어 내는 마술사의 조수 역할을 하게 된 것이다. 이렇게 접힌 시간성folded temporalities에서는 강원래가 장애를 갖기 이전의 과거와 치료된 미래만이 의미를 가지게 된다.

황우석의 성공을 기념하기 위해 한국 우정사업본부가 발행한 '줄기세포 배양 과정과 희망'이라는 이름의 특별 우표는 접힌 시간성의 또 다른 예를 보여 준다(그림1). 현미경을 통해 보이는 확대된 이미지 위에 현재와 미래의 신체 이미지가 겹쳐 있다. 우표 왼쪽 상단에는 실험 기구와 함께 여러 세포가 그려져 있고, 그 아래에는 인간 난자처럼 생긴 것에 세포핵을 주입하는 바늘이 보인다. 하단에는 휠체어에 앉아 있는 남성으로 보이는 인물이 차례로 몸을 일으켜 세우는 모습, 달리는 모습, 뛰어오르는 모습, 마지막에는 여성으로 보이는 인물을 끌어안는 모습이 다섯 개의 실루엣으로 하나씩 등장한다. 이 과정은 정상으로 간주되는 신체 기능이 사회적 통합의 필수 조건이라는 가정을 시각적으로 보여 주며 치유의 과학이 어떻게 친밀한 관계를 가능하게 하는지 포착한다. 우표의 오른쪽 밝은 색의 중심은 우표의 이름이 말하는 무한의 가능성과 희망적인 미래를 표현한다. 우표에 그려진 치유의 과정은 앤 맥클린톡Anne McClintock이 말한 "팬옵티컬 시간"panoptical time에서 일어나는 진보의 개념과 유사하다. 즉 팬옵티컬

그림1 한국 우정사업본부는 2005년에 황우석의 성과를 기리는 인간 복제 배아 줄기세포
배양 성공 특별 우표로 '줄기세포 배양 과정과 희망'이라는 우표를 발행했다.

시간에서는 이런 진보의 과정이 "비가시성의 특권을 가진 위치에서 볼 수 있는 하나의 스펙터클로 한눈에 소비된다."[4] 이 다섯 개의 실루엣은 마치 스톱모션으로 촬영된 것과 같아, 빨리 감기 했을 때 하나의 몸이 움직이는 효과를 낳는다. 이런 애니메이션 효과에 더해 우표는 홀로그램으로 제작되어 특권화된 비장애의 몸에 도달하기 위한 '진보'의 움직임에 깊이와 후광을 더한다.

앞서 언급한 〈열린음악회〉 무대와 기념우표의 사례에서 아직 실현되지 않은 치유, 국가, 장애는 국가주의 스펙터클을 만들어 내는 과정에서 동등하게 재현되지 않는다. 두 경우 모두 실험실 안에서 일어나는 일이 마치 장애인의 몸 전체를 변화시킨 것처럼 상상되고, 나아가 국가를 변화시킨 것으로 해석된다. 장애를 사라지게 하여 국가의 힘을 키우려는 목적을 위해, 시간이 접히고 축약되는 것이다.

황우석은 자신의 기술이 외국에도 알려져 국가의 이익이 된다고 강조하면서, 자신이 변화시킬 수 있는 또 다른 사람의 예로 유명 배우인 크리스토퍼 리브(과거 '슈퍼맨'을 연기했고 사고로 척수 장애인이 되었다)를 언급하면서, 그가 자신에게 연락했다고 전하기도 했다. 리브는 〈열린음악회〉 무대의 강원래처럼 치유의 스펙터클로 다뤄진 적이 있다. 2000년 미식축구 결승전인 슈퍼볼 경기 도중 방송된 뉴빈Nuveen이라는 미국 투자 회사 광고가 그것이다. 이 광고는 가까운 미래에 "척수 손상 치료와 관련된 획기적인 발전"을 축하하기 위해 개최된 행사를 보여 준다. 진행자가 시상자로 특별한 손님을 소개하자, 카메라는 의자에서 일어서는 어떤 남성의 하반신을 보여 주고, 이어 천천히 걸어오는 사람의 발을 보여 준다. 다음 장면에서 걸어오는 사람의 전신이 나타나자 시청자들은 연단을 향하는 사람이 크리스토퍼 리브라는 것을 알게 된다. 진행자가 그를 악수로 맞이할 때, 획기적 발전의 증거로서 이제 서서 걸을 수 있게 된 리브가 정상인의 사회에 들어선 것을 환영하는 관객들은 **일어서서** 박수를 보낸다. 내레이션은 현재 시점의 시청자들에게 말한다. "미래에는 전 세계에 놀라운 일들이 아주 많이 벌어질 것입니다. 당신은 어떤 놀라움을 만들 수 있나요?" 두 프레임에 다음의 문구가 이어져 나타난다. "투자를 잘하세요. 당신의 이름을 남기세요." 이런 제안은 투자를 통해 장애를 치유하는 대의명분에 기여한다는 만족감을 얻을 수 있다고 약속한다. 과학을 나타내는 이미지는 완전히 생략하면서, 그 대신 미래를 만들어 나갈 잠재적 투자자 및 후원자로 시청자들을 불러들인다. 수익을 위한 개인의 투자 행위는 도덕적인 것으로 그려지고, 리브는 대표적인 수혜자가 되어 투자자들이 남긴 업적이 된다. 가상현실에서 치유된 리브의 몸을 보여 주는 자본주의의 스펙터클은 장애가 있는 그의 실제 몸을 은폐한다.

뉴빈의 광고가 개인 투자를 장려하는 반면, 황우석의 사례에서는 국가가 가시적인 후원자로 등장한다. 대부분의 후원을 정부로부터 받은 황우석은 애국주의를 내세우며 외국의 투자금을 거부했다고 알려졌다. 특별 우표에서 현미경으로 확대된 생명의 스펙터클은 치유와 진보의 장을 만들어 내고, 그 옆에는 '대한민국'이라는 글자가 인쇄되어 있다. 휠체어를 탄 장애인은 '대한민국'이라는 이름으로 제공되는 개입의 대상으로 등장한다. 한편으로 치유 권력은 특정한 감정적 효과를 낳도록 재현된 장애가 있는 몸의 현존에 근본적으로 의존한다.

치유cure는 몸과 몸의 사회적 관계들을 적절하게 다스리는 것을 뜻한다. 치료cure와 치유healing를 뜻하는 한자어인 치유治癒는 통치할 '치', 치유할 '유'의 두 자로 구성된다.+ 오랫동안 장애는 일제의 식민 지배를 받는 정

+   [옮긴이] 영어 cure는 대개 '치료' '치유' '치유하다' '완치하다' 등의 뜻으로 해석된다. 한국어에서 '치유'라는 말은 정서적이거나 정신적인 회복을 뜻하는 경향이 있는데, 이 책에서는 신체적·정신적 부분을 포함해 장애나 질병 등을 나아지게 하려는 시도와 실

치체body politic를 상징해 왔다. 독립, 분단, 한국전쟁을 겪은 이후, 장애화된 국가의 재활은 식민지기 이후 남한의 우선적인 목표였던 자본주의 경제 발전과 긴밀하게 연결되었다. 이런 재활에 성공한 국가는 2000년대에 들어, 장애인들을 국가가 재활시켜야 할 수혜자로 보았고, 국가 자체가 재건을 필요로 한다는 사실은 국가 정체성의 전체적인 틀에서 희미해지기 시작했다. 한국은 기술적·경제적·의료적으로 발전하여, 외국 원조에 의지했던 국가에서 이제는 장애인을 치유하고 '도움이 필요한 사람들'에게 국제 원조를 제공하는 힘을 통해 국민을 통치할 수 있는 국가로 정체성이 바뀌었다.5 생명의학을 통해 장애인을 신체적으로 변화시킬 수 있는 힘은 정상화된 민족국가의 이미지를 홍보하는 노력의 일부가 된다.

하지만 한국 우표와 미국 광고에 나타난 마법 같은 치유의 장면은 각기 다른 현실에 부딪치게 된다. 황우석 연구의 일부가 조작되었음이 드러나자, 우정사업본부는 1년도 안 되어 우표 판매를 중단했다. '황우석 신드롬'이라 불린 국가적 열기는 충격과 수치심으로 돌변했다. 황우석은 결국 난자 불법 거래, 연구 논문 조작, 연구비 횡령 등의 혐의로 유죄판결을 받았고, 집행유예가 선고됐다. 한편 리브가 출연한 광고는 그 장면이 실제라고 주장하지는 않았지만, 시청자들을 호도하는 효과를 초래했다. 상당수의 사람들이 리브의 '치유'6에 대한 좀 더 자세한 정보를 제공해 달라고 방송사에 요청했다. 텔레비전 광고가 과학 학술 논문의 진실성 기준을 준수할 것이라고 생각하는 사람은 없겠지만, 리브가 일어서서 걷는 가상현실 장면은 정말 실제처럼 보였기 때문에 사실상 시청자들은 상상의 미래를 현재로 가져오게 된 것이다.

행을 포괄적으로 나타내는 개념으로 쓰였다. 본문의 cure를 대부분 '치유' '치유하다'로 옮겼으며, 의학적인 처치와 관련된 의미일 때는 '치료'로 옮기기도 했고, 맥락에 따라 '완치'로 옮기기도 했다.

불명예스러운 조작이 폭로된 후에도 황우석은 장애와 질병을 치유하겠다며 치료용 배아 복제 연구를 계속 진행했다. 이후 『네이처』*Nature*는 황우석이 동물 복제에 성공한 것과 더불어 "약을 생산하고, 당뇨와 알츠하이머를 완치하고, 이식 가능한 장기를 제공하며, 멸종 위기에 처한 종을 구하고, 반려 동물을 잃은 슬픔에 빠진 사람들을 구제해 주려는"7 그의 목표에 대해 보도했다. 황우석에게 정부의 연구비 지원과 국제적인 관심이 지속되고 있다는 것은 치유 드라마가 오히려 더 확장됐음을 보여 준다. 장애를 치유할 수 있는 가능성뿐만 아니라, 멸종을 막아 생태 환경의 손실을 '치유'하고, 죽음 자체를 거부하며 복제를 통해 상실의 정서적인 경험을 '치료'하려는 시도로 치유 드라마가 확장된 것이다. 이것은 접힌 시간성의 또다른 방식을 보여 준다. 정상적인 과거로 현재를 대신하고, 동시에 특정한 종류의 정상적인 미래를 현재에 투영시킴으로써 현재를 사라지게 만든다. 이 같이 접힌 시간성은 현 상태를 공고히 하는 역설적인 효과를 갖는데, 이는 장애인이 사회로 '복귀'하려면 먼저 치유되어야 할 필요가 있다는 사회적 명령에 담긴 전제에 대해 의문을 갖지 않기 때문이다.

치료용 배아 복제를 둘러싼 국제적 논쟁은 윤리적·도덕적 차원에서 주로 이뤄지고 있지만, 복제의 잠재적 이득과 법적인 장벽도 중요하게 다뤄져 왔다. 또한 이런 논쟁은 국가주의와 국제적 경쟁의 성격을 띠기도 한다. 미국 연구자들은 황우석이 주장한 성공 소식을 듣고, 자신들이 법적인 제한 때문에 경쟁에 뒤처지게 된 것에 좌절감을 표했다. 자국의 법적 제한이 "다른 나라에게 유리"8하다는 것이다. 국가주의의 영향 속에서 기술적 진보는 기존 국제 위계를 역전시킬 수 있는 위협이 됐다.

한국의 장애 운동 활동가들은 장애인들에게 치료가 필요하다고 보는 관점이 일반적으로 장애인을 향한 편견을 강화한다는 점에서 장애의 치료와 정상화에 대한 강조를 비판하는 목소리를 내왔다.9 나영정(타리)

은 "예전부터 '치료'라는 말에 몸서리치던 우리들이었다. 장애인이 음악 좀 할라치면 그것이 음악 치료가 되고, 운동을 하면 재활 치료가 되고, 연극을 하면 연극 치료가 되고, 그림을 그리면 미술 치료로 재빠르게 이름 붙여졌다. 때에 따라서 치유의 목적을 가지고 그런 활동을 하기도 하겠지만, 어떤 활동의 목적과 내용을 떠나서 일단 '장애'라는 것이 치료되어야 할 무엇이라고 생각하기 때문에 그런 손쉬운 연결이 가능함을 알고 있기 때문이다"[10]라고 썼다. 치료에 대한 필요성은 일상생활의 활동들로 확장되고, 그 활동들을 단지 '나아지기'만을 위해, 궁극적으로는 장애를 없애거나 정상적인 몸에 가까워지기 위해 하는 특별한 활동인 것처럼 바꿔 놓는다.

강원래는 황우석과 언론이 생명공학의 중요성을 보여 주기 위해 자신을 장애 치유의 아이콘으로 이용하고 있다는 사실을 분명히 알고 있었던 것 같다.[11] 강원래는 아무 일도 안 하고 기다리거나 치료에 모든 것을 걸지 않고, 자기 삶을 살겠다고 밝히며, 치료를 바라는 수동적인 장애인의 이미지를 거부하고 장애인들의 삶을 개선하는 활동에 참여했다. 장애인 커뮤니티의 일부가 강원래가 연예인이고 계급적 특권을 갖고 있기 때문에 장애인이 아니라고 말할 때도, 그는 본인의 장애인 정체성을 주장했다.[12] 동시에 그는 황우석이 주장한 획기적인 발견을 축하했고, 그것이 척수 손상에 대한 실제적인 치료로 진전되기를 희망하기도 했다. 하지만 치료에 대한 그의 희망과 장애를 가진 몸으로 온전한 삶을 살아가고자 하는 이중적 바람은 동등하게 재현되지 않았다. 강원래가 황우석과 함께 〈열린음악회〉에 출연한 그해에 발표한 뮤직비디오에는 그가 안락의자에서 일어나 춤을 추는 장면이 들어 있었다. 이 장면은 와이어, 대역 배우, 컴퓨터 그래픽 등 특수 효과를 동원하여 만든 것이다. 사실 이 동작은 미래의 치유를 상상한 것이 아니라 사고 이전 과거의 모습을 재연한 것이다. 하지만 언론은 그가 일어서는 모습만을 강조했고, 한 신문사는 「강원래가 휠체어에서 일어났다」13라는 제목의 기사까지 싣기도 했다. 뮤직비디오에 나오는 대부분의 장면에서 비장애인 댄서들은 휠체어를 탄 채 혹은 서서 춤을 추고, 강원래는 휠체어에 앉아 그들과 함께 춤을 추는데도 말이다. 그의 앨범엔 대중교통 접근성을 위한 장애 운동의 투쟁에 대한 노래도 두 곡 담겨 있다. 강원래는 장애 인권 활동가들과 협력하여 또 다른 뮤직비디오를 만들었다. 이 뮤직비디오에는 2002년 작 다큐멘터리 〈버스를 타자〉에 담긴 대규모 장애인 이동권 시위 장면이 들어가 있는데, 이는 별다른 관심을 받지 못했다. 강원래는 장애인 정체성에 대해 커뮤니티에서 인정받고 싶어 하기도 했고, 치료를 원하기도 했으며, 구조적인 변화를 위해 운동에 참여하기도 했지만, 주류 언론은 여전히 치료에만 초점을 맞춘 것이다.

접힌 시간의 스펙터클 속 장애를 찾아서

치유는 대개 의학적 치료를 통해 질병과 장애를 없애고 '건강'을 회복하는 것을 뜻한다. 옥스퍼드 영어 사전에 따르면 cure는 "고치다, 교정하다, 어떤 종류의 악evil을 제거한다"라는 뜻도 있다. 이때 치유의 대상으로서 악이 무엇인지에 대한 도덕적 판단이 중요한 부분이다. 서구 장애학계에서 치유에 대한 비판은 의학적 치료와 그 사회적 영향에 초점을 맞춰 왔다. 이는 장애를 전문적 개입을 통해 바로잡아야 하는 개인의 결함이나 병리적인 상태로 여기는 의학적 모델에 대한 비판과 관련된다.14 의학적 모델은 장애를 인간 다양성의 가치 있는 한 부분으로 보려 하지 않거나 보기 어렵게 만든다. 의학적 모델에 대한 비판적 관점은 장애가 치료되어야 한다는 인식에 이의를 제기하고, 장애와 질병을 갖고 살아갈 수 있도록 사회적·환경적 변화를 만들어 가는 일보다 치료를 우선시하는 관점에 도전한다는 점에서 중요하다. 다시 말해 어떤 치료가 가능한지 여부와 상관없이 치료만을 강요하는 것은 장애인이 겪는 문제와 많은 어려움에 대한 사회적이고 실제적인 해결책을 찾지 못하게 막는다. 이런 비판을 제기한 일라이 클레어Eli Clare는 미국 사회에서 정작 치유되어야 할 것은 다른 데 있다고 말한다. "다른 사회변혁 운동에서처럼 장애 인권 운동은 개인의 몸이 아니라 억압적인 체계들을 문제로 지목한다. 요컨대 치료되어야 하는 것은 비장애 중심주의ableism이지 우리의 몸이 아니다."15 이렇게 치유에 대한 비판은 우선순위를 바꾸고, 장애를 차이로서 가치 있게 생각하려고 시도해 왔다.

치유는 개별적인 접근을 요구하는데, 의료비의 수준과 개인의 경제 능력에 따라 좌우될 가능성이 크다. 로버트 맥루어Robert McRuer는 뉴빈 광고와 크리스토퍼 리브가 연출한 영화 〈인 더 글로밍〉In the Gloaming(에이즈 AIDS를 갖고 살아가는 사람을 그린 작품)을 분석한다. 그는 치유를 강조하다 보면 사람들이 권력 체계에 대해, 그리고 그 체계 안에서 어떻게 모두가 공모하고 있는지에 대해 논의하지 못하게 된다고 주장한다. 맥루어는 장애에 대한 치료적 접근법과 AIDS에 대한 치료적 접근법을 분리해서 생각할 수 없다고 강조한다. "AIDS를 갖고 살아가는 사람들은 그저 치료되기를 기다리는 수동적인 관찰자들이 아니다"라고 말하며, 장애인들이 억압받는 다른 소수자들과 연대해 가며 더 넓은 사회적·정치적 변화를 요구하고 있음을 인식하는 게 중요하다고 주장한다.16

장애학자들은 주변화된 다양한 집단이 경험하는 억압들의 교차적 성격을 더욱 중요하게 여기며 연구한다. 이들은 현재의 예방 및 의료 서비스에 드는 비용을 낮추고 의료 접근성을 높이는 것의 중요성을 강조하며, 비장애 중심적인 의료 차별을 철폐하고, 적절한 교육과 의료 서비스를 통해 예방을 위한 노력에 힘쓰는 일도 중요하다고 본다. 의학적 치료만을 강조하는 것의 문제는 치료 때문에 생길 수 있는 피해나 위험 요인, 그리고 부작용으로 생겨날 수 있는 장애를 고려하지 않고, 치료가 가져다줄 이익과 혜택에만 협소하고 단순하게 초점을 맞춘다는 것이다. 또한 그렇게 하다 보면, 치료받기를 거부하거나 치료비를 낼 수 없는 사람들뿐만 아니라 현재 '치료받지 못하거나 치료가 불가능한' 사람들, 즉 특정 장애나 질병을 갖고 살아가는 사람들을 지원하는 방법을 차단하게 된다. 이럴 경우, '치료가 불가능하다'고 선고된 몸은 '사는 게 아닌 것 같은' 상태로 간주되고 미래가 없는 삶이라고 여겨지기에, 현재 살고 있는 삶의 의미도 부정된다. 그와 동시에 치유는 장애와 질병을 갖고 살아가는 삶을 현존하는 다양한 삶의 방식으로 생각할 여지를 남기지 않는다. 치유 담론과 이미지는 의료적 처치와 치료에 대한 개인의 바람 이상의 정치적·도덕적·경제적·정서적 영역에서 작동한다. 치유만이 유일한 길이라고 강조하는 것은 해로울 수 있는데, 이는 치유가 항상 뭔가를 가능하게 할 수 있지만, 이와 동시에 뭔가를 불가능하게도 할 수 있는 다면적인 협상 과정이며 고통이나 상실, 죽음을 초래할 수 있다는 사실을 가려 버리기 때문이다.

치유가 장애를 제거한다면, 왜 그렇게 장애가 치유 드라마 안에 끈질기게 존재하는 것일까? 리브의 광고는 미래에 존재하는 장애를 실제로 보여 주고 있지만, 동시에 이들을 장애인으로 인식할 수 없게 만든다. 이 광고에는 축하 행사 방송을 시청하며 놀라워하는 사람들뿐만 아니라 눈에 보이는 장애를 가진 네 사람이 무대에 선 리브를 뒤따라 걸어오는 장면이 나온다. 이들은 더 많은 투자가 가능하게 해줄 치유를 기다리는 사람들로 등장한 것일 수도 있고, 리브처럼 오랫동안 휠체어를 이용하다가 이제 걸을 수 있게 된 사람들일 수도 있다. 사실, 리브의 몸은 걸어가는 이미지로 시청자들을 놀라게 했지만, 이와 동시에 새로운 장애에 대한 표식을 보여 주기도 한다. 시청자들은 가상현실에서 뭔가 조금 달라 보이는 리브의 움직임을 자세히 관찰하게 된다. 가령 리브는 균형을 잡기 위해 의자 팔걸이 부분을 움켜잡고 일어서서 한 걸음씩 조심스럽게 걸어간다. 그가 옆을 바라볼 때 목은 돌아가지 않는데, 카메라가 초점을 맞추는 얼굴과 머리 부분은 장애가 있는 그의 신체 이미지에서 가져와, 걸어가는 몸에 합성한 것이다. 이 광고는 리브를 비롯한 장애인이 존재하는 미래를 보여 준다는 점에서 더욱 의미심장하다. 상상된 치료가 의미 있으려면 장애가 반드시 함께 등장해야 한다. 무대에 오른 사람들의 장애와 리브의 장애가 곧 사라질 것이라고 가정하더라도, 광고에 나타난 장애의 존재 자체는 치료가 장애를 없앤다는 전제에 도전한다. 이를 통해 문화적 이미지 속에서 신체는 언제나 다른 신체와의 비교를 통해 이해된다는 것을 알 수 있다.

대부분의 사람들에게 치유는 현재의 삶을 유예하고 그 대신 장애와 질병이 없는 미래를 기다리라고 요구하면서 현재를 살아가지 못하게 한다. 앨리슨 케이퍼Alison Kafer는 이런 시간 프레임을 '치유적 시간'curative time이라고 부른다. "장애화된 상태에서는 진보라는 지배적인 서사에 속할 수 없지만, 재활되거나 정상화되고 치유된 상태가 되면, 비로소 우리는 주인공의 역할을 하게 된다. 즉 진보의 상징이자 발전의 증거이며 정신 및 신체와의 싸움에서 승리한 것으로 여겨진다."17 한국 맥락에서 이 목록에 하나를 더 추가하면, 재활된 몸 또는 치유된 몸은 탈식민의 표상이며 자본주의 체제의 주권국가가 되었음을 뜻한다. 식민화된 국가, 공산주의 국가는 장애가 있는 몸, 심지어 비인간의 몸으로 받아들여지기 때문이다.18 장애를 갖고 현재를 살아가는 것이 불가능한 현실과 비교하면, 치유를 통한 변화는 이로 인해 발생할 수 있는 손해와 죽음의 가능성을 감수할 만큼 유혹적이다. 케이퍼는 "이런 치유적 시간의 틀 안에서 장애가 있는 정신이나 신체는 치유되었거나 치유를 향해 가는 경우에만 적절하다. 이런 맥락에서 치유의 가장 분명한 의미는 손상이 없어진 상태이다. 또한 치유는 장애가 있는 정신과 신체를 최대한 정상의 상태와 비슷하게 만드는 정상화의 방법들을 뜻하기도 한다."19 치유에 대한 사회적 열망은 '훈련'habilitation

(기술과 능력의 습득)과 '재활'rehabilitation(잃어버렸거나 손상된 기술과 능력을 다시 얻는 것)을 통해 정상성에 접근할 것을 요구한다.

장애가 있는 몸의 현존을 치유나 죽음을 향해 나아가는 강제적 경로에 있는 것으로 보길 거부한다면, 크리스토퍼 리브를 따라 무대에 오른 네 명의 장애인들을 커뮤니티로 상상해 볼 수도 있다. 이들은 리브가 장애인 커뮤니티를 떠난 것이 아니라 여전히 거기에 속한 사람으로서 그가 선택한 변화를 축하해 주는 것일 수도 있다. 장애의 치유에 초점을 맞춰 왔던 리브는 장애 인권 운동과 좋지 않은 관계에 있었지만, 이런 식으로 상상해 보는 해석은 어떤 몸을 이전 상태보다 더 나아진 상태로 여기는 치유적 시간으로부터 자유로워지려는 시도다. 이런 상상은 장애가 있는 몸에 치유를 강요하는 습관을 버리고 장애 자체의 현존에 초점을 맞추며, 치유가 협상을 통한 하나의 변화로서 존재할 수 있는 미래를 그려 보려는 시도다.

치유의 재현에서 나타나는 장애의 현존은 치유를 시간적인 차원에서 고려할 수 있도록 해준다. 이를 통해 치유가 개인적인 차원에서조차 항상 고통을 줄여 주거나 건강 상태 및 기능을 증진시켜 주는 것만은 아님을 살펴볼 수 있다. 치유는 장애 범주에 속한 몸을 정상 범주로 이동시킬 것을 약속한다. 그러나 만약 완전히 이동시키지 못하고 몸을 그 중간에 남겨 두게 되면 어떤 일이 일어날 것인가? 치유가 장애와 함께 존재할 수 있는가? 치유를 분석하다 보면 장애를 치유하려는 시도를 통해 장애가 단순히 없어지는 것이 아니라, 먼저 인지되고 변형되고 부정되는 과정을 거친다는 것을 알게 된다. 치유하려는 시도는 젠더·나이·계급·섹슈얼리티·인종/민족/원주민 정체성·종교·건강 상태·국가 정체성에도 영향을 끼친다. 가상현실에서의 치유에 등장한 시간적이고 수사적인 정치학 및 치유의 이미지를 둘러싼 고조된 정서(희망, 절망, 권력을 가진 느낌, 민족주의적 감상 등)가 있기에, 의학, 과학, 생명윤리 체계 너머 치유에 대한 시각적이고 문학적인 문화를 살펴봐야 한다. 치유에 정서적으로, 또 물질적으로 투자하는 것과 치유를 정치적으로 비판하는 것이 장애에 대한 동일시와 탈동일시 및 타자성에 대해 알려 주는 것은 무엇인가? 일반적으로 치유될 수 있는 몸과 치유된 몸은 여전히 장애화되는데, 그 이유는 장애의 역사가 몸에 담겨 있을 뿐만 아니라, 앞으로 더 나은 몸이 될 수 있을 거라는 기대 때문에 나이가 많이 들기 전까지는 재활의 노력을 멈출 수 없기 때문이다. 사라 아메드Sara Ahmed는 여성주의 흑인 퀴어 페미니스트 이론가들로부터 영향을 받아 행복이라는 개념이 억압을 위한 기제라며 비판한다. 아메드는 행복이란 "성취되지 않음으로써 …… 그 자리를 지키고 있는"20 소망이라고 말한다. 치유 또한 그렇게 누구도 다다를 수 없는 목적지로서 그 지위를 유지한다. 그런 점에서 장애인에게 정상성이란 항상 한 순간 앞선 미래에 존재하기에 현재의 삶을 유예하도록 하고 사회적 변화를 위한 시도를 하지 않도록 만든다.

이 책은 과거와 미래 사이, 타자성과 정상성 사이, 치유 전과 후에 존재하는 장애를 주목한다. 이 중간 지대에서 치유와 장애는 과정으로서 공존한다. 나는 역사적이고 초국가적인 맥락에서, 한국의 문화적 재현에서 장애와 치유가 어떻게 봉합되고 있는지 살펴보려고 한다. 이 접점에서 치유라는 이름으로 가려지는 폭력이 중요한 주제로 떠오른다. 장애화된 몸은 접힌 시간 속에서 다층적으로 구성된 타자성과 정상성의 경계로 이뤄진 지형 안에서 시각화되고 서사화된다. 이런 시각 이미지와 서사를 중심으로, 1930년대 후반 일제강점기의 조선과 분단 이후 한국에서 이뤄진 의료적이고 비의료적인 치유를 둘러싼 다양한 상상과 실천을 살펴보려고 한다. 특정 정치적·역사적 상황에 관련된 분석들은 현재 한국 장애여성 운동의 주요 관심사와 연결시켜 논의할 것이다.

치유를 개념화하기

치유는 복잡하게 작동하기 때문에 정치와 문화적 재현, 그리고 사회운동 사이의 상호작용에 세심히 주목할 필요가 있다. 이 모두는 다양한 종류의 변혁을 추구한다. 치유는 맥락에 따라 다양하게 나타나는 정상성의 억압과 함께 작동한다. 동시에 젠더 순응과 이성애주의를 인정과 소속의 조건으로 여기는 사회적 강요와도 함께 작동한다. 치유 명령imperative of cure은 장애가 있는 삶을 힘겹고도 살아갈 가치가 없는 것으로 만드는 역사적이고 문화적인 환경에 의해 만들어진다. 나는 정상성을 추구하도록 하는 사회적 흐름 안에 존재하는 장애와 치유의 대립적 관계를 해체하기 위해 두 가지 방식으로 치유에 접근하려고 한다. 첫째, 치유는 몸의 변화를 거치며 여러 시간과 범주를 이동하는 과정이다. 둘째, 치유는 그로부터 얻을 수 있는 이로움만이 아니라, 이익의 불확실성이나 (내가 '치유 폭력'이라 부르는 것으로 생긴) 피해 가능성 같은 다양한 영향을 거래하고 협상하는 것이다. 이렇게 치유의 확장된 개념을 통해 의료 영역 밖에서 치유가 상상되는 다층적인 방식을 탐구하고자 한다.

치유에 관한 이 같은 두 개념이 어떻게 서사로 나타날 수 있는지 보여 주는 좋은 예로 『인어공주』가 있다. 안데르센의 『인어공주』는 물고기 꼬리가 달린 바닷속 생명체가 뭍에서 공기로 숨 쉬고 다리가 있는 인간이 되기를 원하는 이야기다. 인어공주는 걸어 다니는 인간이 되기를 원할 뿐만 아니라, 인간성을 획득함으로써 생기는 불멸의 영혼을 얻기를 갈망한다. 바다 마녀는 인어공주에게 이렇게 말한다. "너는 꼬리지느러미를 없애고 그 대신 남은 아랫부분으로 사람처럼 걸을 수 있게 되기를 바라는구나. 그래야 젊은 왕자가 너와 사랑에 빠져서 그 사람을 갖게 되고 불멸의 영혼 또한 얻게 될 테니……. 너의 꼬리는 갈라지고 수축되어 사람들이 멋진 다리라고 부르는 것으로 변할 거야. 하지만 그 과정은 날카로운 검이 네 몸을 뚫고 지나가는 것처럼 고통스러울 거야. 한번 사람 모습이 되고 나면 다시는 인어로 돌아올 수 없단다."21 이 거래에서 인어공주는 꼬리와 혀를 포기하는 대신 다리와 통증, 그리고 침묵을 얻는다. 인어공주는 물약을 마시고 나서 "기절하여 죽은 듯이 쓰러졌다."22 그녀가 깨어났을 때에는 하반신이 두 다리로 변해 있었다. 그녀는 이제 걸을 수 있게 됐지만 걸을 때마다 통증을 느낀다. 인어공주는 다른 세상에서 인간으로서 살아가기를 바라며, 그녀가 사랑하는 왕자와 친밀한 관계를 맺기를 원한다. 이런 바람은 신체적 변화와 공간적 이동, 그리고 종種의 변환을 요구한다. 이런 변화와 이동은 이전의 신체 조건을 치유하지만, 이 때문에 그녀는 장애를 갖게 된다. 완전한 범주 이동이 가능하려면 인어공주가 이성애 사랑을 쟁취하고 왕자의 아내가 되어야만 한다. 하지만 왕자는 결국 다른 여자를 신부로 선택하고, 인어공주는 거품이 되어 바닷속으로 사라진다. 상류층 남성이 허락한 이성애에 기반한 혼인 관계가 이뤄지지 않는다면, 치유되었으나 장애가 있고 인간으로 종을 전환한 인어공주의 몸이 존재할 가능성은 물의 영역과 공기의 영역 사이의 중간 지대에 영원히 갇혀 버리게 된다.

이 책에서 치유는, 그 이로운 효과와 (치유에 수반될 수 있는 폭력으로 생기는) 피해 사이의 거래, 그리고 다른 애매한 효과를 낳는 거래를 통해 범주 이동을 시도하는 것으로 개념화된다. 범주 이동을 위한 이런 시도는 종종 완전히 이뤄지지 않고 중간 지대에 머무는 존재를 만들어 낸다. 더구나 앞서 논의된 특별 우표의 사례에서 전형적으로 나타난 것처럼, 치유와 이성애 사이의 관계는 욕망의 차원이 어떻게 치유 명령을 강화하는 데 동원되는지 보여 준다.

이동으로서의 치유

치유는 시간을 접는 효과를 만들어 내면서, '재활'과 '회복'을 통해 기억하거나 상상하는 과거로 이동할 것, 그리고 장애와 질병이 없는 미래로 이동할 것을 요구한다. 또한 치유는 범주 이동을 시도한다. 범주 이동은 몸이 분류되는 방식의 변화를 통해 이뤄지는데, 몸의 변화가 실제로 일어날 수도 일어나지 않을 수도 있다. 만약 치유가 타자성의 범주에서 정상성의 범주로 이동하는 것이라면 그런 이동을 가능하게 하는 것은 무엇인가? 장애가 신체적·사회적·환경적 상호작용 및 몸에 새겨진 역사와 연관된다고할 때, 치유를 통해 정상성으로 이동이 완료되었음을 말해 줄 수 있는 기준은 무엇인가? 이동의 시도로서 나타나는 치유는 '삶'과 '삶이 아닌 것'의 경계뿐만 아니라 '인간'과 '비인간'을 가르는 경계들의 다중성을 드러낼 수있다. 이동으로서의 치유는 장애에 대한 통찰뿐만 아니라 인종, 젠더, 성적관계, 가족 관계를 비롯한 정상적인 몸의 다양한 기준에 대한 통찰도 제공할 수 있다.

그와 동시에, 치유를 통한 전환transition은 장애와 비장애 사이에 공간을 만들어 낸다. 시간 및 범주의 이동을 통한 변화에서, 치유가 불완전할 때 몸이 중간 지대에 남겨질 수 있다. 여러 범주와 시간 사이를 이동하는 시도를 할 때 거쳐 가거나 머물게 되는 경계 공간liminal spaces에서 나는 치유를 장애와 함께 발견한다. 이때 치유는 장애의 변형 또는 장애의 기억과 함께 존재한다. 치유로 결코 장애를 쉽게 지워 버릴 수 없다. 치유는 종종 기존의 장애를 변형시키거나 새로운 장애를 만들어 낸다. 장애가 치유된다 하더라도 다른 형태의 장애가 생길 수 있는 새로운 몸에 다시 적응해야만 한다. 캐런 보샴-프라이어Karen Beauchamp-Pryor는 자신을 시각장애를 잃은 장애인으로 정체화한다. 보샴-프라이어는 자신의 시각장애가 치료된 이후,

"시각 정보가 쏟아져 들어오는" 경험을 하게 되고 이를 "감당하고 적응해야 하는 불안"과 "새롭게 배워 나가야 하는 과정"을 경험한다.23 더욱이 치유는 종종 장애 및 질병의 이력과 관련된 낙인을 없애지 않는다. 장애인과 비장애인이라는 이분법적 전제 때문에, 전환의 경험 속에서 얻을 수 있는 수많은 통찰을 잃게 된다. 장애를 가졌던 이력, 이를 공유하는 커뮤니티, 치유 이후 새롭게 만들어진 차이들을 고려하면 우리는 **치유된 몸을 장애가 있는 몸으로** 생각할 수 있는데, 이는 '급성' '말기' '진행성' '잠복기'라는 시간적인 언어로 구분되는 질병들과 치료 사이의 관계를 이해하는 데 도움이 될 수 있다.

장애, 젠더, 이성애 정상성이 상호작용을 통해 서로 지탱하는 작동 방식은 하나의 개념 틀을 제공하는데, 우리는 이 틀을 통해 어떻게 한국 장애 여성들이 여성으로 인식받는 범주 이동을, 장애 자체의 변화 여부와 관계없이, 넓은 의미의 치유로 인식하게 되는지 알 수 있다. TV 다큐멘터리 〈엄지공주 엄마가 되고 싶어요〉(2007)에서 유전 장애를 갖고 있는 윤선아는 결혼에 대해 이렇게 이야기한다. "사람의 분류를 남자, 여자, 장애인 이렇게 생각했어요. 저조차도 세상에……. 그랬는데, 저한테 예쁘다고 해주고 사랑스럽다고 그리고 사랑한다고 그리고 결혼하자고 프러포즈도 해주고. 아, 나도 여자구나, 나도 한 남자에게 사랑받을 수 있는 존재구나. 제2의 인생을 사는 그런 기분이에요." 윤선아가 상호 배타적인 범주로 생각했던 장애인에서 여성으로 이동할 수 있었던 것은 이성애 관계 안에서 인식되는 방식을 통해서였다. 그녀는 장애가 없는 아이의 어머니가 되기를 꿈꾸고, 자신의 유전적 장애의 표지를 가지지 않은 배아를 선택하는 생식 공학의 과정을 밟는다. 장애를 물려줄 가능성 때문에, 이 같은 과정을 거치지 않고는 어머니가 될 수 없다고 생각한다.

치유는 몸, 정동, 사회적·물질적 조건들에 의도적인, 또한 비의도적인 변화를 촉발하는 전환적 과정이다. 이처럼 치유를 변화로 이해하는 것은 '트랜스어빌리티'transability 사례에서 나타나는 전환과 관련해서 생각해 볼 수 있다. 트랜스어빌리티는 베서니 스티븐스Bethany Stevens가 "이른바 이분화된 신체적 비장애 상태에서 신체적 장애 상태로 전환하려는 욕구나 열망"이라고 정의한 것이다.24 스티븐스는 숀 오코너Sean O'Connor라는 가명의 인물을 소개하는데, 그는 자신을 '트랜스에이블드'transabled라고 칭하며 하지마비를 원했고 걸어 다니는 삶에서 휠체어를 이용하는 삶으로 자발적으로 전환했다. "트랜스에이블드는 선천적인 장애가 없거나 손상되지 않은 몸으로 살아가면서도 신체적 손상을 갖게 되기를 **원하는** 사람들"이라고 스티븐스는 설명한다.25 스티븐스는 장애를 갖고 싶어 하는 이런 욕망을 강조하면서 트랜스어빌리티가 "몸의 변화를 통해 만들어지는 신체 예술body art의 범주에 장애를 포함시키도록 하는 촉매제"라고 본다. 건강하고 소위 정상적인 몸을 노골적으로 선호하는 사회에서는 장애가 없는 몸에서 장애를 갖게 되는 전환(트랜스어빌리티)과 장애가 있는 몸에서 장애가 없는 몸으로의 전환(치유)이 대등한 것으로 인정되지 않을 것이다. 알렉상드르 바릴Alexandre Baril은 "'정상적'이고 '생산적인' 몸에 대한 능력주의 관점 때문에 자신을 장애인으로 만들어 달라는 트랜스에이블드의 요청은 대개 비이성적으로 여겨지고 거부된다"라고 설명한다. 그래서 "상당수는 자신들이 원하는 변화를 자력으로 시도한다."26 치유에 대한 열망은 자연스럽고 의무적인 것으로 생각하면서, 장애에 대한 열망은 '신체 통합 정체성 장애'body integrity identity disorder로 병리화한다면, 장애와 비장애 사이의 전환을 중립적이고 평등한 영역 사이의 이동으로 생각하기 어렵다. 그럼에도 치유를 트랜스어빌리티와 나란히 놓고 생각해 보면, 장애는 바람직하지 않고 정상성은 바람직하다는 신념이 당연하지 않다는 것을 알게 된다. 그리고 경계를 흐릿하게 만들 수 있는 방식으로 폭력 없이 장애와 비장애의 경계를 넘나드는 상상을 해보게 된다. 그때 치유 명령은 중요한 의문을 제기한다. 언제, 어떻게, 치유는 삶을 살 수 있게 하는 유일한 방법이 되는가? 삶을 살 수 있게 하는 다양한 방식에 대한 노력을 치유가 어떻게 가로막는가?

치유 폭력과 거래로서의 치유

치유는 이득과 손실의 가능성이 모두 있는 불확실하고 위험한 거래를 수반한다. 개인들은 다른 자원에 접근할 수 있게 되는 기능적이고 사회적인 이득을 기대하며 치유를 시도한다. 하지만 치유에는 원치 않은 변화나 심지어 사망에 이르게 할 수도 있는 상당한 위험이 따른다. 치유 때문에 생겨나는 이득과 손실은, 어떤 것이 이득이고 어떤 것이 손실인지 쉽게 판단하기 어려운 경우가 많다. 본인이 원하지 않았던 결과가 가족, 공동체, 사회에는 이득으로 여겨질 수도 있고 그 반대일 수도 있기 때문이다. 이득인지 손실인지에 대한 판단은 민족적·인종적 경계 및 국가적인 경계 안에서 정상적인 인간다움, 젠더 순응성, 이성애 수행에 맞춰져 있기 때문에 이미 왜곡되어 있다.

그러나 장애를 치유하는 것이 질병을 치유하는 것과 같을까? "통증, 기능 감퇴와 손실이 나타나고 기대수명이 줄어드는" 만성 질병이나 치명적인 질병의 경우는 어떠한가?[27] 이런 경우 장애가 있는 삶은 치료가 필요하지 않다는 주장을 선뜻 내놓기 어렵다. 모든 장애인들이 치유를 원하는 건 아니라는 장애 인권 활동가들의 주장에 대응하여, 크리스토퍼 리브는 치유의 중요성을 강조하기 위해 AIDS를 그 예로 든다. "나는 AIDS를 갖고 사는 사람 가운데, 그 누구도 AIDS를 갖고 살기를 계속 원하진 않는다고 생각합니다"[28]라고 말한 리브는 HIV/AIDS를 갖고 살기를 원하는 것은 불가능하다고 단순히 가정했고, 아프기를 바라는 것과 어떤 대가를 치르고서라도 치유되기를 바라는 것이 다를 수 있다는 가능성을 고려하지 않았다.29 사람들이 질병 예방법을 따르지 않거나 질병에 걸린 사람들이 의학적 치료가 필요하지 않다고 생각하는 경우는 어떤가? 국가에서 시행하는 의학적 치료가 개인과 가족의 권리를 심하게 침해하고, 육체적이고 정신적인 폭력을 가해서 사람들이 치유를 회피하게 만드는 경우는 어떤가?30 개인의 경험에서 장애와 질병 사이의 경계가 존재하지 않는다면? 리브는 AIDS라는 질병을 언급해 치유의 필요성을 둘러싼 논쟁을 끝내려고 의도했지만, 치명적인 질병과 진행성 질병의 치료를 둘러싸고 전개되는 정치적이고 윤리적인 논의와 그런 치료가 제공되는 방식은 더 많은 질문을 제기하는 것 같다. 치명적인 질병을 가진 이들이 겪을 것이라고 여겨지는 고통은, 장애인들과 만성적으로 아픈 사람들의 삶이 그려지는 방식과 분리될 수 없다. 치명적인 병이 있는 삶을 반드시 치유되어야 하는 명백한 '악'으로 간주하는 정치적인 판단은, 치유가 불가능한 장애인을 위한 의사조력 자살에 대한 담론을 강화한다. 또한 치료하지 않으면 치명적이지만 쉽게 완치가 가능한 질병에 더욱 집중해야 한다는 주장은, 비용의 효율성에 대한 분석에 따라 장애인을 위한 장기 돌봄의 필요성을 외면하는 사람들에게 이용될 수 있다. 치명적인 것에 대한 판단과 예후 또한 우리가 한 개인의 삶을 바라보는 방식과 고통을 겪는 개인의 삶에 대해 죽은 것보다 못한 상태로 바라보는 데에 영향을 미치는 정치적인 견해를 수반한다. 따라서 건강한 삶과 질병을 겪는 삶을 사람들이 어떻게 생각하는지 또 치료 비용에 대해 어떻게 평가하는지를 보면 장애와 질병 사이에는 개념적으로나 실제적으로 상당히 겹치는 부분이 있어 보인다.

치유는 장애와 질병이 있는 몸을 통치하는 방식으로 두 가지 측면 사이의 복잡한 거래를 요구하는데, 이는 치유를 통해 생길 수 있는 사회적이고 신체적인 이익의 측면과 치료 비용, 사망 가능성, 더 심각한 소외의 가능성이라는 측면이다. 전쟁과 관련된 비유가 질병과 장애를 갖고 살아가는 경험을 구성하는 데 이용되는 경우가 많은데, '암과 투쟁하다' '자폐에 맞서 싸우다' '침습성 치료' 같은 말들이 그 예다. 이런 비유들은 치유 행위에 동반되는 비용, 통증, 괴로움, 폭력과 사망 가능성까지도 전달한다. 질병과 장애가 자신의 적이라는 생각은 몸 자체를 타자로 여기는 개념과 연결된다. 한편 장애를 가진 신체를 긍정하는 방식의 하나로, 치유에 단순히 반대하는 입장은 사람들이 존재 의미를 변화시키기 위해 몸을 바꾸려는 도덕적·경제적·관계적 결정의 복잡한 방식을 담아내지 못한다. 장애인들은 잠재적 편익과 비용을 협상해 다양한 치유 방법의 시도를 고려할 수 있다. 하지만 이런 결정은 대개 동일하게 실행 가능한 선택지들 가운데 하나를 고르는 문제가 아니다. 나는 타자를 소위 나아지게 해줄 것이라는 명목으로 타자가 지닌 차이를 지우려는 힘의 행사를 묘사하기 위해서 '치유 폭력'curative violence이라는 말을 사용한다. 치유 폭력은 치유가 장애의 존재 자체를 문제로 규정하고 치유 과정에서 그 대상을 파괴할 때 일어난다. 이런 의미에서 치유 폭력은 '파르마콘'pharmakon이라는 개념을 떠올리게 하는데, 파르마콘은 치료제인 동시에 독이며 해가 되는 약을 일컫는다.31 상징적·종교적·영적·의학적으로 다양한 치료법과 문화 및 공공 정책에서 드러나는 그런 치료법들의 의미는 치유를 논쟁적인 정치적 실행으로 만든다. 이런 정치적 실행은 우리가 몸과 장애를 어떻게 생각하는지에 막대한 영향을 끼친다. 치유와 관련된 폭력은 두 가지 차원에서 존재한다. 첫째, 장애와 질병을 삶의 다른 방식으로 보는 여지를 없애는 폭력이다. 둘째, 치유의 이름으로 정당화하며 장애인들에게 신체적·물리적으로 가하는 폭력이다.

치료적 개입curative intervention이 동의하에 이뤄졌다 하더라도 그것의 폭력적인 효과를 완전히 배제할 수 없다. 동의의 개념은 개인의 정신 능력에 기반해 비장애 중심적으로 판단되는 문제를 안고 있으며, 사회적·관계적 맥락에서 분리되는 경우가 많다. 예를 들어, 영화〈섹스 볼란티어〉(2009)에는 척수 손상이 있고 부모로부터 일상적인 돌봄을 받는 여성이 잠깐 나온다. 그녀는 생리를 중단시키기 위한 자궁절제술에 동의한다. 하지만 인터뷰에서 이 여성은 생리가 그립기도 하다고 말한다. 이런 상황은 신체장애와 지적장애를 가진 여성들에게 종종 일어나는 일이다. 이런 경우 이 여성이 아이를 낳을 거라고 아무도 생각하지 않기 때문에 심지어 자궁 절제술이 불임수술로 여겨지지도 않는다. 그보다 편의를 위한 치료라고 생각된다. 가족 구성원의 편의를 위해 자신의 바람과 달리 어떤 절차에 동의하는 상황은 단순히 동의 여부에 따라 폭력을 판단할 때 생기는 문제점을 보여 준다. 치유와 폭력 사이의 연결은 강압이나 동의 여부에 따라 정해지는 게 아니라 몸의 변화가 필요하다는 인식과 물질적인 필요성에 따라 결정된다. 이때 치유되지 않은 상태를 받아들일 수 없다고 여겨지고, 치유를 통해 예상되는 변화가 전보다 더 나은 상태라고 전제된다. 어려움을 줄이기 위해 행하는 모든 신체적 조치가 폭력적이라거나 장애인들이 항상 폭력의 피해자라는 말이 아니다. 동의와 치유가 개인의 바람과 자유의지를 넘어서 이뤄지는 복잡한 물질적·사회적 협상과 가족들 간의 협상을 바탕으로 한다는 것이다.

치유 폭력은 무엇이 이롭고 무엇이 해로운지에 대한 정상성의 기준에 따라 몸의 변화를 유도해서 규범적인 몸을 만들어 낸다. 이로움과 해로움에 대한 판단은 장애를 가진 몸이 규범적인 몸과 얼마나 비슷한 모습과 기능을 할 수 있는지에 따라 내려진다. 신체장애, 정신장애, 감각장애와 특정 질병을 치유하려는 시도를 통해 장애가 개인, 국가, 활동가들의 목적에 부합하는 젠더 규범과 성적 규범에 어떻게 얽혀 있는지가 드러난다. 주디스 버틀러는 '규범적 폭력'normative violence이라는 개념을 통해 특정한 몸을 정상화하는 능력으로 권력을 얻는 제도와 주체 사이에 벌어지는 거래의 중요성을 드러내고자 했다. 이 책은 그런 시도를 더 확장한다. 버틀러는 자신의 책에서 이렇게 설명하고 있다.

> 나는 또한 유폐당한 삶이 겪는 폭력의 실상을 이해하게 되었다. 이는 누군가가 '살아 있다'고 명명되지 못한 채, 감금 상태에서 삶 자체가 유예되거나 사형 선고를 받은 상태에서 살아가는 것을 의미한다. 이 책에는 젠더를 탈자연화하려는 끈질긴 시도가 담겨 있는데, 이런 시도는 두 가지 열망에서 비롯된다. 하나는 생물학적 성의 이상적 신체 형태에 내포된 규범적 폭력에 저항하려는 열망이며, 또 하나는 섹슈얼리티에 관해 일상과 학문의 담론이 강화시키는 이성애의 자연스러움과 보편성에 대한 가정을 뿌리 뽑고자 하는 열망이다.32

생명정치적 과정들에 대한 좀 더 광범위한 동의를 이끌어 냄으로써, 치유 능력은 궁극적으로 개인을 이상적 신체 형태에 최대한 가깝게 만들고, 이성애를 개인들이 따라야 할 목표로 설정한다.33 이 거래에서 주권국가의 주요한 목표는 우월한 민족성, 이성애중심주의, 경제적 성장, 젠더 순응성을 지키는 것이다. 섹슈얼리티, 인종/민족 정체성, 젠더는 장애와 평행적으로 존재하기보다는 교차적인 관계에 있는데, 모든 영역에서 성공하지 못할지라도 규범적인 몸에 최대한 가까워지게 만듦으로써 장애를 치유하는 수단이 된다.

치유만이 최선이라는 규범에 저항할 때, 장애의 경험을 통해 현재를 살아가는 대안적인 존재론이 열릴 수 있다. 한국 독립 단편영화〈인어공주〉(2013)는 안데르센의 『인어공주』와 반대되는 방식으로 가상과 실제 범주들 사이에서 종을 이동하여 자신을 규정하는 방식을 보여 준다.[34] 주인공인 농인 여성은 청인 남자친구가 청인 친구들에게 자신을 소개하기를 꺼리는 태도를 문제 삼는다.[35] 주인공은 남자친구가 비장애 중심적인 생각 때문에 청각장애를 부끄럽게 느끼는 것에 대처하기 위해 자신이 다이빙을 연습하는 수영장으로 그를 초대한다. 그리고 청력이 필요 없는 물속에서 수어로 소통한다. 그녀는 자신을 인어공주로 상상하며 남자친구를 물속으로, 자기 세계로 데리고 간다. 영화는 농deafness과 수어가 다른 존재론으로 재구성되는 물속 공간을 담아낸다. 인어라는 상상 속 종이 가진 다양성으로 장애를 다시 규정하면서, 농인 여성은 농에 대한 결함 모델에 도전하기 위해 인간 범주를 벗어난다.[36]

치유의 의미가 하나로 꼭 집어 말하기 어려우며 점점 확장되는 특성을 갖듯이, 크고 작은 규모의 폭력에 관심을 갖는 연구자들은 "폭력이라는 개념" 또한 "매우 유동적"이라는 데 동의한다.[37] 비나 다스Veena Das는 "무엇을 폭력이라고 말할 수 있는지에 대한 논쟁은 그 자체로 폭력의 정의에 중요한 문제가 걸려 있다는 점을 상징한다"라고 지적한다. 다스는 "폭력의 현실은 우리 삶에 있는 (실제 폭력만이 아니라) 가상의 폭력도 포함한다"고 말한다.[38] 연구자들은 무엇이 폭력을 구성하는지 이해하는 데 젠더가 핵심이라고 지적해 왔다. 젠더는 무엇이 치유를 구성하는지 이해하는 데도 매우 중요한 역할을 한다. 치유에 대한 강요는 특히 성폭력 상황에서 분명하게 나타나며, 이성애 여성성이 정상이라는 인식을 강화한다. 장애를 가진 여자아이들과 여성들은 강간의 대상이 되는 경우가 많고, 이런 행위는 치유를 위한 것으로 설명되기도 한다. 한국의 경우, 장애여성들을 반복적으로 강간한 일련의 사건에서, 가해자들은 자신들이 피해자에게 호의를 베푼 것이라며 강간을 정당화했다.[39] 2012년에 『글로벌 포스트』

*Global Post*는 남아프리카공화국의 10대 소년 네 명이 정신장애가 있는 여자 아이를 강간하고 나서 보석으로 풀려났다고 보도했다.40 다른 기사에서는 무성애를 고치고 궁극적으로 장애를 치료한다는 주장 아래 행하는 강간이 장애여성을 무성애자로 추정하는 인식과 연결되어 있다고 보도했다.41 이런 사고방식에서는 장애 때문에 다른 방식으로는 성경험을 하는 것이 불가능하다고 여긴다. 무성애는 여기서 하나의 존재 방식이 아닌 성경험이 결여된 상태로 간주된다. 이렇게 추정된 무성애와 장애는 모두 병리화되고, 그 결과 이를 고칠 방법이 필요하다고 여겨진다. 무성애 정체성을 가진 여성을 대상으로 한 강간은 미국에서도 보고되었다.42 또한 남아프리카공화국 활동가들은 레즈비언 여성을 대상으로 한 강간을 "교정 강간"corrective rape이라고 불러 왔다.43 교정 강간은 레즈비언을 처벌하고 이성애주의를 강화하는 목적을 가진다. 치유 폭력은 신체·행동·정체성의 변화를 요구하는 젠더화되고 성적인 기준이 폭력적으로 작동되는 것을 드러내며, 역사 및 일상에서 일어나는 평범한 폭력과 특수한 폭력을 포함한다.

시대와 범주에 따라 다양한 치유의 의미를 논의하기 위해서 장애의 다중적 의미를 강조할 필요가 있다. 리아 락슈미 피에프즈나-사마라시나 Leah Lakshmi Piepzna-Samarasinha는 장애의 다층적인 의미를 글로 쓰는 것이 어렵지만 매우 중요하다고 이야기한다. "장애가 주는 괴로움(고통, 억압, 손상)과 이 몸이 주는 즐거움, 두 가지를 동시에 쓰는 게 너무 어렵다. 내 몸이 느끼는 즐거움은 장애인 커뮤니티와 그 안에서 서로 의지할 수 있다는 점, 그리고 내가 누워서 쉬어야만 하는 시간을 중심으로 꾸려진 내 삶의 지난한 아름다움에서 나온다. 침대는 열린 '네판틀라'nepantla의 공간이다."44 여기서 네판틀라는 '사이로 갈라진'을 뜻하는 나후아족의 단어이다.45 글로리아 안잘두아Gloria Anzaldúa는 이 개념에 대해 이렇게 말한다. "네판틀라는 사이의 공간이다. 불안정하고, 예측할 수 없고, 불확실하며, 분명한 경계 없이 항상 변화하는 공간이다." 이 공간에서 변환이 일어난다.46 나는 치유에 대한 문화적 재현물들을 통치의 정치적 과정에 연관시켜 볼 것이다. 또한 집단적이고 개별적인 투쟁 안에, 타자와 정상성 사이의 공간 안에, 과거와 미래 사이에, 실제 삶의 경험과 허구 사이에 존재하는 서사 속에, 그리고 국가들 간의 상호작용 속에 놓고 살펴볼 것이다. 이런 중간적 성격in-betweenness은 어디에도 속하지 않는 상태displacement를 생산하지만, 이는 개인들이 지식을 만드는 기회를 주기도 하고, 기대하지 않았던 모호한 의미들을 이용할 수 있는 기회를 주기도 한다. 하지만 많은 경우 중간적인 위치liminality가 자동적으로 전복적인 것은 아니기 때문에, 시간적·공간적 중간성과 더불어 경계들의 침투 가능성을 인식하는 것이 중요하며, 경계들이 만들어 내는 제도적 효과에 도전해야 할 책임이 있다. 경계를 함께 무너뜨리려는 노력이 없다면 중간성은 경계를 유지하는 데 중요한 역할을 할 수도 있다.

시간과 공간 속에서 본 장애와 치유

한국의 문화사 안에서 치유를 연구하려면 초국가적인transnational 접근이 요구된다. 이런 접근 방식은 역사와 몸embodiment이 어떻게 재현되는지 살필 때 국가를 보편적인 결정 요인으로 우선시하지 않는다. 니르말라 에레벨레스Nirmala Erevelles는 『국제적 맥락에서의 장애와 차이』Disability and Difference in Global Contexts에서 초국가적 여성주의 장애학의 관점을 제안한다. "이 관점은 탈역사적이지 않으며, 국가적/민족적 경계에 따라 한정되지도 않는다. 또한 부르주아의 이해관계에 영향받지도, 정상적인 존재 방식에 의해 제한되지도 않는다."47 나는 에레벨레스가 장애 경험의 물질적 조건에 초점을 맞추고, 탈식민적인 비백인 여성주의 관점에 따라 서구 장애학 연구를 비판하는 노력에 함께한다. 이런 노력은 비장애중심주의에 반대하는 장애 의식의 다양한 표현 방식에 열려 있어야 한다. 다양한 장애 의식은 장애를 긍정적으로 생각하고 장애 정체성을 중요하게 여기는 관점이나 치유에 반대하는 관점과 다를 수도 있다. 유럽-북미 문화에서 장애를 결여·결함·손상이 아닌 긍정적인 정체성으로 다시 규정한 것은 서구 장애학 연구와 장애 운동에서 매우 중요한 역할을 한다. 하지만 이렇게 재규정하는 관점을 비판하는 연구자들도 있는데, 이들은 착취·빈곤·환경 오염·무력 분쟁·신자유주의 정책으로 인해 비서구 사회와 서구 사회의 주변화된 집단들 속에서 수많은 사람들이 장애를 갖게 되는 상황에 주목한다.48 글로벌 사우스Global South 주민들 대부분이 기본적인 예방 조치와 의료적 처치를 받지 못하는 상황에서 의학적 치료에 반대하기란 불가능해 보인다. 이런 비판은 인종/민족/원주민 정체성·젠더·나이·국가·성·계급·종교·식민주의 역사 등 다양한 교차 지점을 포함하는 방식으로, 그리고 다양한 장애를 가진 사람들 안에 존재하는 특권과 위계를 비판하는 방식으로 장애 정체성을 다시 생각해 보기를 요구한다.

줄리 리빙스턴Julie Livingston과 자스비어 푸아Jasbir Puar는 장애를 개인의 정체성과 밀접하게 연결 짓는 것에 문제 제기하면서, 신체가 겪는 어려움을 폭넓게 부르기 위해 '쇠약'debility이라는 용어를 사용한다. 리빙스턴은 보츠와나에 관한 저술에서 "손상, 결여, 몸의 어떤 능력을 상실함"을 뜻하기 위해 이 용어를 쓴다. 쇠약은 "장애 자체뿐만 아니라 만성 질병, 노화의 경험"을 아우른다. 리빙스턴이 이 용어를 사용하는 것은 서유럽과 북미의 장애학 연구자들에 대한 비판에 근거한다. 이들은 "각자 경계를 지닌 몸을 가진 개별적인 자아 개념"에 의존하는데, 리빙스턴은 "이런 자아 개념 자체가 사회적 구성물"이라고 비판한다.49 장애 자부심의 개념과 차이에 대한 긍정적인 인식, 장애인이라는 자기 정체성은 장애에 대한 인식이 가진 관계성을 온전히 포착하지 못하는 개인적인 자아의 개념을 상정하고 있다. 실제로, 푸아는 장애를 탈병리화하는 작업과 "장애를 가진 몸의 차이에 천착하다 보면 어떤 특권화된 장애를 가진 몸에게만 해당되는 예외론을 만들어 낼 수 있다"고 주장한다.50 푸아는 신자유주의 경제체제하의 미국에서 "장애와 쇠약이 사실상 표준이라고 할 수 있는 빈곤 노동자와 유색인 노동계급"에 주목하면서, "쇠약은 자본주의에 이득이 되며, 쇠약한 상태에서 '회복'하거나 그것을 극복해야 한다는 요구 또한 이윤을 창출한다"라고 주장한다.51 주변화된 집단을 무력화시키는 시스템이 다시 이들에게 쇠약한 상태에서 회복하라고 요구하는 것을 볼 때, 생존하라는 착취적인 명령이 치유의 당위성을 뒷받침한다는 것을 알 수 있다.

더 건강해지라는 요구와 한국의 신자유주의 정권이 맺은 직접적인 관계를 생각해 보자. IMF 개입으로 이어진 경제 위기 이후 10여 년이 지난 2008년에 이명박 대통령은 뉴욕 은행가들과 투자자들 앞에 섰다. 이명박 대통령은 자신이 '대한민국 주식회사의 CEO'라고 말하며 신자유주의에 대한 지지를 다시 한번 밝혔다.52 이후 10년간 한국 대중문화에서 '힐링'이 '치유' '테라피'와 더불어 핵심 어휘로 떠올랐다.53 이 단어들은 다목적으로 사용되던 용어인 '웰빙'을 거의 대체하다시피 했다. '웰빙'은 21세기로 접어들 무렵 널리 쓰였는데, 경제적 성장뿐만 아니라 삶의 질과 건강에 신경 쓰는 소비를 강조하는 상황이 반영된 표현이었다.54 '힐링'에 중점을 둔 책, 강연, 서비스가 확산된 것은 심리적이고 신체적인 고통이 보편적 문제가 되었음을 알려 준다. 인권이 계속 침해되는 상황, 권리를 가진 모든 이들에게 자원이 적절히 제공되지 않는 상황에서, 힐링과 치유를 지향하는 담론은 대개 이런 상황에 대한 심리적 위로로 이뤄지고, 사람들에게 자기 계발을 요구한다.

한국의 맥락에서 쇠약화의 물질적 조건과 치유의 작동 방식을 보면 재활이 하나의 목표이자 인구를 통치하기 위한 권력의 형태로 이용되어 왔다는 것을 알 수 있다. 그렇다면 식민 착취와 전쟁들, 그리고 억압적 정권들이 이어진 한국의 역사에서, 우리는 어떻게 장애와 치유를 긍정 또는 부정의 이분법적인 사고를 넘어 비판적으로 사고할 수 있을까? 이 질문이 매우 중요한 이유는, 특히 쇠약화가 식민 지배·인종차별·착취·전쟁·폭력과 직접적으로 연결될 때, 건강과 정상성을 획득하려는 변함없는 열망을 채우기 위해 장애화된 몸이 너무 쉽게 소비되어 버리기 때문이다. 이러한 열망은 국가주권의 개념과 복잡하게 얽혀 있다. 장애를 불의의 결과로만 보아 발생 순간에 고착시키는 원인 중심의 사고 틀을 극복하기 위해서는, 장애를 만들어 내는 폭력을 없애기 위해 노력함과 동시에 장애화된 몸에 의미가 각인되는 복잡한 방식들을 알아내는 것이 중요하다.

　일제강점기(1910~45)와 그 후의 한국 문학작품에서 장애가 있는 인물들은 검열을 피하려고 사용된 식민지 상황의 은유로,55 또한 근절해야 할 구시대적 가치의 표식으로 해석됐다. 그리고 한국전쟁, 자본주의적 경제 팽창, 국가 폭력에 따른 대가의 증거이거나 일반적으로 하층계급의 운명을 체화한 것으로 해석됐다. 식민 지배로 인해 조선이 주권을 박탈당하고 폭력과 억압의 대상이 되었을 때, 장애화된 타자들의 체화된 경험은 어떻게 국가적 경험을 재현하는가? 문학작품들은 어떻게 한편으로는 장애를 국가와 계급 전체를 대표하는 것으로 그리지만, 다른 한편으로는 또 어떻게 장애를 국민적 정치체 내부의 차별적 조건으로 제시함으로써 그와 같은 일반적 대표성을 부인하는가? 문학작품이 이미 정해진 장애의 의미에 도전하거나 장애인의 삶을 들여다보게 할 수 있는가? 한국의 장애인들은 어떻게 일상생활에서 거대한 역사적 변화를 경험하는가? 그들은 비장애인 및 사회적 자원을 가진 사람들과 어떻게 상호작용하는가? 장애인들의 물질적 경험과 신체적 경험은 식민지 공간 안에서 일어나는 내적 타자화를 드러낼 수 있다. 다시 말해, 타자화는 단지 식민자가 피식민자에 행하는 것만이 아니며, 식민지 안에서의 새로운 질서에 따라 복잡하게 발생한다. 그리고 장애인들의 물질적·신체적 경험은 장애인들이 그 은유적 경계를 넘어서는 방식을 상상할 수 있게 해준다. 문학작품에서 장애를 은유적으로 사용하는 것이 한국에서만 나타나는 일은 아니다. 아토 퀘이슨Ato Quayson은 장애가 상징적인 재현과 경험적인 재현 사이를 오간다고 지적한다. 퀘이슨은 장애에 대한 상징적인 추상화와 실질적 경험 사이의 간극을 좁히는 게 "문학적 재현을 항상 말 그대로 도구적 방식으로 읽어야만 한다는 뜻"은 아니라고 말한다.56 그보다는 장애를 표현하고 해석하는 과정과 그런 과정의 윤리적 의미에 초점을 맞출 것을 제안한다.

어떤 작품이 장애를 은유로 해석할 것을 강요하고 있는지, 그리고 작품 속에 장애와 질병을 가진 삶의 구체적 내용들과 그 미학적 표현들이 어떻게 장애에 대한 윤리적 인식을 요구하는지를 알아보는 것은 중요하다. 어떻게 치유 가능성과 불가능성이 서사의 해결책으로 등장하거나 주변 환경과 장애화된 몸 사이의 협상의 결과로 나타나게 되는지 분석하는 데 도움을 주기 때문이다. 장애가 국가적 정체성으로 여겨질 때, 국가는 "상상된 공동체"로서 억압받는 상태를 공유하고 있다는 신화적인 경험을 만들어 낸다. 주권과 자치권을 가진 현대 국가는 독립적이고 장애가 없는 몸의 형태로, 수평적이고 비위계적으로 상상된 공동체이며, 그 내부에 형성된 타자를 숨긴다.57 사회적 위계에 대한 은유적 묘사는 은유에 이용된 집단의 사회적 종속의 상태를 "**이미 자연스럽게 여기는 전제**"에 기반한다.58 예컨대 식민 지배 상황에서 국가적인 몸을 장애가 있거나 여성화된 몸으로 비유하는 방식은 이미 장애와 여성성이 의존적이고 열등한 상태로 평가 절하된 것에 의존한다. 이와 동시에 이런 상징의 대상이 되는 사람들(여성 또는 장애인)은 국가의 행위성에서 제외된다. 맥클린톡은 "여성은 국가 정치체의 경계 및 은유의 한계로서 그 안에 상징적으로 종속된다"고 지적한다.59 장애가 있든 없든 여성의 몸은 '모국' 또는 '국민 가족'과 같은 국가주의적 비유 안에서 국가 문화를 담고 있는 핵심 역할을 한다.60 제2차 세계대전 시기에 일본군에 의해 성적으로 착취당한 한국의 '위안부'는 일본인들이 한국인에게 저지른 잔학 행위의 전형으로 여겨졌다. 저명한 여성주의 활동가이자 연구자인 이효재는 '위안부'의 탄생은 "한국인을 대상으로 하는 집단 학살 범죄로밖에 규정할 수 없다"고 말한다.61 이와 비슷한 맥락에서 캐서린 문Katharine Moon은 미군 주둔지의 성적 착취에 반대하는 운동의 활동가들에게 있어 "한국은 미국의 식민지이며 여성들의 처지는 한국인의 억압된 상태를 나타낸다"고 지적한다.62 한국전쟁 이후, 문학작품에서 "외국 군인을 상대하며" 강간을 당하는 성노동자들이 국가를 상징하는 은유로 등장했는데, 이를 통해 남성적이고 제국주의적인 미국의 지배를 받는 여성화된 국가 정체성을 표현했다.63 이런 상징성 때문에, 성노동을 하는 여성들은 대개 지워지거나 부정적으로 그려진다.64 게다가 외국 군인에 의한 여성의 성폭력과 착취가 일어나는 이유는 대체로 미국의 군국주의와 신식민주의 때문으로 인식되었다. 그런 폭력이 식민지 내부의 여성 혐오, 남성성 과잉, 가부장제에 뿌리를 두고 있다는 사실은 무시되었다.65 국가주의는 성별화된 담론 없이는 존재할 수 없으며 "젠더 권력에 대한 이론 없이는 이해될 수 없다."66

해방 이후 미국과 연합한 자본주의 체제의 한국은 사회주의 및 저개발 국가와는 구별되어 정의된 민족적 동질성과 정상성에 대한 전제 위에서 구성되었다. 이런 국가 구성은 장애인, 빈곤층, 여성, 변태, 인종적 타자를 아웃사이더이자, 강력해진 국가의 '원조' 대상으로 묶어 배제해 버리는 데 중요한 역할을 했다. 이런 '원조'는 상징적 폭력뿐만 아니라 신체적이고 물리적인 폭력으로도 이뤄졌다. 치유 명령은 규범적으로 젠더화된 성적 수행을 동시에 요구한다. 치유가 수행되는 과정에서 나타나는 가족적이고 사회적인 역학 관계를 고려하면, 차이를 지니고 살아갈 만한 삶을 상상할 때 단순히 장애에만 초점을 맞출 수 없다. 장애에만 초점을 맞추면 장애여성을 탈성화된 비여성desexualized nonwomen으로 만드는 배제적인 젠더 체계와 이성애 중심적 강요, 나아가 장애여성을 성애화하려는 방식에 문제를 제기하지 못하기 때문이다.

1995년에 열린 제4차 베이징 여성 대회와 비슷한 시기에 한국에서 신체적 장애를 가진 여성들의 운동이 부상했다는 사실은 장애 경험에서 젠더와 가부장제의 영향이 중요함을 보여 준다. 많은 장애여성들이 1980년 대에 일어난 다양한 장애 권익 옹호 활동과 운동에 활발히 참여해 왔지만, 이런 새로운 젠더 의식을 가진 장애인 운동은 주류 여성운동의 가장자리에 있는 여성주의자들 사이에서 '차이'의 정치를 강조하게 된 흐름과 맞물려 있다. 여성주의 연구자들은 장애여성, 성소수자, 성노동자, 여성 청소년, 노동운동의 구성원들에 관심을 갖기 시작했다. 그리고 국가주의, 남성 중심적인 노동운동, 계급에 기반한 억압, 가부장제와 맞물리는 정상 신체 중심적인 체계에 도전하기 시작했다. 장애여성들은 자신들의 욕구와 경험이 장애남성들이나 비장애여성들과 다르다고 구별했다. 예로, 시설이나 지역사회에서의 성폭력, 특히 지적장애 여성들을 대상으로 한 성폭력은 여성운동과 장애인 운동 양쪽에서 지엽적인 문제로만 다뤄졌다. 장애인 운동 안에서 가부장적이고 접근성이 보장되지 않는 상황들을 일상적으로 경험해 온 장애여성 활동가들은 여성 집단을 조직하기 시작했다. 장애여성 운동은 장애여성의 몸을 문화적으로 다시 정의하기 시작하고 비장애 중심적인 기준과 사회적 기대에 도전했다. 그리고 교육 접근성 문제와 착취적인 노동조건을 비롯해 몸, 섹슈얼리티, 이상화된 여성성, 데이트 상대와 활동보조인에 의한 폭력, 가정 폭력에 대해 다른 관점을 제시했다.

신체적·정신적 건강에 대해 정상으로 여겨지는 기준의 경계에 존재하면서도 언제나 비장애인으로 여겨졌던 나는 정상적인 신체 기능과 사회적 기대, 건강과 장애 상태, 젠더 등에 따라 나타나는 분리와 위계에 문제 제기하기 위해 장애와 만성 질병을 가진 여성들의 커뮤니티를 찾았다. 한 장애 인권 단체에서 신체장애를 가진 여성들의 초창기 모임에 함께하게 됐다. 그 단체는 초반에 여성 모임을 조직하도록 지원하고, 첫 번째 장애여성 컨퍼런스를 개최했음에도 장애여성 모임의 정치적 독립성에는 관심을 기울이지 않았다. 이 단체에서 일하던 장애여성 한 명이 해고된 것을 계기로 우리는 별도의 모임을 만들었고 마침내 독자적인 운동을 시작했다.67 우리는 매주 모임을 통해 성별과 장애 경험이 어떻게 공존하는지 탐색하고, 서울의 다른 장애여성들을 만나 보는 시기를 거쳐 '장애여성공감'이라는 단체를 창립했다.

1990년대 후반에 정치적으로 등장한 장애여성 운동들은 단일하지 않았다. 여러 장애여성 단체가 있으며, 재생산 정책을 비롯한 여러 쟁점에 대해 다양한 정치적 입장을 가진다. 대개 장애 유형에 따라 조직된 단체들로, 장애여성들의 특정 권익을 추구하거나 자원을 마련하는 것부터 사회정의, 인권, 장애인 연대, 반폭력, 문화 운동에 이르기까지 다양한 노력을 기울여 왔다. 장애여성공감은 1998년부터 활동을 시작해 성폭력 상담소, 자립생활센터, 극단을 아우르며 여러 리더들의 노력으로 확장해 왔으며, 장애여성 인권 운동 단체로 자리매김했다. 이런 활동의 많은 부분은 지방자치단체나 중앙정부의 기금으로 이뤄져 왔다. 장애여성공감은 이렇게 성장하는 동안 활동가들에게 높은 생산성을 요구하는 프로젝트 기금에 의존하며 늘어나는 업무 부담, 높은 이직률, 낮은 급여, 활동가들 사이의 다양한 교육 수준 및 상이한 장애 상태를 비롯한 여러 과제에 직면했다. 여성들이 다양한 수준에서 참여할 수 있도록 근무 조건이 어느 정도 유연하긴 했지만, 어떤 사람들은 장시간 근무를 하기 힘들었고, 정부에서 나오는 수급비를 유지하기 위해 요구되는 소득수준 때문에 상근직으로 일하기 어려웠다. 활동가들은 자신의 필요에 따라 상근직이나 시간제 근무를 선택했고, 자원 활동가들이 다양한 활동에 함께하기도 했다. 장애인 차별에 반대하는 활동에서 경험·능력·관점의 다양성이 중요하지만, 조직의 관료적 구조가 확대되면서 나이·연차·교육 정도에 따른 내부의 위계가 발생하기에, 지속적인 장애여성의 참여를 위해서는 이에 대한 고민이 요구된다. 이런 문제는 장애여성공감에만 있는 게 아니라, 정부 기금으로 서비스를 제공하는 기관이 늘어나면서 많은 장애인 단체들이 점차 관료화되는 경향을 보인다. 전 장애여성공감 활동가 강진경은 서비스를 제공하는 단체들에서 일반적으로 중증 장애인들이 일하기가 더 어려워졌다고 말했다.

　장애여성공감의 장애인 활동가들과 비장애인 활동가들은 '감수성'을 강조한다. 이는 억압의 사회적·물질적 조건에 대해 그리고 자신이 직접 겪지 못한 경험들에 대해 장애를 중심으로 인식하는 것을 말한다. 신체적 장애가 있는 여성들은 이동에 제약이 있는 장애, 정신적 차이, 언어 차이, 감각장애, 인지장애 등의 다양한 장애를 가진 여성들에게 친숙해지고 민감하게 반응할 수 있게 되는 감수성에 대해 이야기한다. 이런 감수성은 접근성과 편의 시설에 대한 인식과 더불어, 자기 정체성을 중심으로 한 인식론에 문제 제기하고 서로 다른 장애 유형을 연결해서 고민하는 의식inter-disability consciousness을 발전시키는 노력으로 나타난다. 감수성을 통해 정체성에 기반한 정치학의 경계를 초월하려는 노력과 정체성에 기반한 대표성 사이에 존재하는 긴장은 기회와 도전 과제를 제공한다. 또한 서로 다른 몸과 자원을 가진 사람들 간에 존재하는 특권과 권력관계에 대한 질문을 제기한다. 장애여성공감은 단순히 장애여성을 **위해** 운영되는 단체가 아니라 장애여성에 **의해** 운영되는 단체라는 것을 확실히 하기 위해 이사회의 대다수가 중증으로 간주되는 장애를 가진 여성이어야 한다는 원칙을 가지고 있었다. 전 활동가 강진경은 서로의 삶을 위해 애쓰는 일상적인 관계에서 많은 시간을 함께할 때 장애 경험에 대한 감수성이 자연스럽게 생겨날 수 있다고 말한다. 그런데 행정적인 업무 부담이 늘어나면서 차이에 대해 깊이 있는 토론을 나누기가 예전보다 어려워졌으며, 장애를 가진 여성들이 '장애여성'으로서 정치적 정체성을 갖기도 했지만(여성으로 사는 어려움을 겪는) '장애인'으로서 정체성을 갖는 경우도 많았다. 장애여성공감에 들어온 몇몇 활동가들은 장애 경험이나 장애 문화에 대한 친숙함이 부족하기 때문에 감수성에 대한 교육이 필요하기도 했는데, 이런 감수성은 공식적인 교육과정을 통해 얻어지기 힘든 부분도 있다. 장애여성들의 정치적 활동은 시간이 지나면서 어려움과 변화를 겪기도 했지만, 비장애 중심적이고 이성애 중심적인 사회구조를 비판하면서 장애여성을 교육해 왔고, 장애와 젠더에 대한 역사적이고 문화적인 재현물을 해석하고 생산하는 방식에 영향을 미쳐 왔다. 나아가 장애여성의 삶에 대한 대중적 인식과 담론이 상호작용해서 만들어 낸 이미지가 장애여성의 현실에 어떻게 영향을 끼치는지에 대해서도 장애여성의 관점에서 목소리를 낼 수 있게 했다.

또한 다양한 인권 운동과 장애여성 운동 사이의 연대가 이뤄지고 있다. 비규범적 가족들의 연대체나 무성애, 만성 질병, 트랜스젠더, 성소수자, HIV/AIDS 감염인 등을 탈병리화하는 운동을 바탕으로 새로운 연대들도 시도되고 있다. 성소수자, 노동자, 난민들과 연대 필요성이 늘어났고, 성산업 여성들을 위한 단체들과 연결 지점도 만들어졌다. 이런 진보적

반폭력 운동, 비장애중심주의에 반대하는 운동과 이슈별로 생겨나는 일시적인 모임들 안에서 제기된 의제와 토론들이 이 책에 담긴 텍스트와 역사적 맥락을 분석하는 데 도움을 주었다. 이 책의 목적 가운데 하나는 비장애, 젠더 순응, 가족, 섹슈얼리티를 포함하여 정상성의 다양한 기준치들이 어떻게 치유의 개념을 구성하고 복잡하게 하는지를 설명하는 것이다.

『치유라는 이름의 폭력』은 이런 운동들과 다양한 목소리들 이외에도 치유의 필요성을 둘러싸고 어떤 일이 일어나는지 자세히 검토한다. 나는 이 책에서 정상성과 장애의 타자성 사이에서 도덕성에 관련해 복잡한 관계가 형성되고 재구성되는 과정으로 치유를 개념화한다. 다양한 몸들이 인식되는 방식의 레퍼토리를 이루는 여러 재현물들 간의 연결성을 상상하기 위해서는 현재가 어떻게 구성돼 왔는지를 계보학적으로 살펴볼 필요가 있다. 이런 의미에서 "계보학은 사건의 역사다. 여기서 사건은 불연속적이고 전혀 이질적이며 심지어 사건이나 과정을 무작위적으로 연결시킨 재료들의 결합체로 이해되어야 한다."[68] 나는 현재의 담론들을 과거의 재현물들에서 추적하고, 반대로 과거의 재현물을 현재의 담론과 연결하는 작업을 통해, 일탈적이며 문제적으로 만들어진 몸에 집요하게 따라다니는 이미지들 속에 나타나는 전환과 저항, 그리고 그 계보에 대해 알아볼 것이다. 또한 장애를 가진 몸이 치유 명령 아래에서 계속해서 직면하는 위험에 대해 설명하며, 마지막으로 삶을 가능하게 할 수 있는 새로운 해석과 상상의 가능성을 탐색해 보고자 한다.

재현은 담론 및 시청각 텍스트와 사회적 맥락 사이의 상호작용을 통해 물리적 현실을 선택하고, 전달하고, 만들어 내는 활발한 과정들로 이뤄져 있다. 의미를 만들어 내는 이런 과정은 경험을 조형하고, 이는 다시 재현물을 생산한다. 권력의 역동에 대해 복합적으로 이해하려면 문학작품과 영상 작품을 볼 때, 신문 기사, 공문서, 정책 문건, 활동가의 글 등을 포함한

다양한 자료들에서 확인할 수 있는 사회적·정치적 맥락에 **따라**, 그리고 그런 맥락 **안에서** 읽어야 한다. 나는 논의된 작품들에 나타난 치유의 긍정적이고 부정적인 결과에 따라 치유를 거부해야 할지 받아들일지 판단하거나, 그 시대의 현실을 정확하게 반영했는지 잘못 재현했는지 평가하기보다는,69 작품들과 그 해석, 정치적 상황, 역사적 사건들을 연결하는 분석을 통해 현실의 재현과 허구의 서사를 넘나들 것이다.70 서사를 정치적 개입의 한 방식으로 보는 트린 T. 민하Trinh T. Min-ha의 통찰은 현재와 현존을 강조하는 것의 중요성과, 접힌 시간을 **펼쳐** 과거와 미래 사이에 사라졌던 시간을 상상하는 분석 방식의 중요성을 잘 보여 준다. 트린은 말한다. "이야기는 우리에게, 무슨 일이 일어났는지에 대해서뿐만 아니라 어떤 불특정한 시간과 공간에서 지금 무슨 일이 일어나고 있는지에 대해서도 들려준다."71 여기서 트린은 문학 자체가 그 작품이 담고 있는 특정한 역사적 순간에 대한 상상에 따라 만들어진다고 지적한다. 담론과 더불어, 소설은 물질적·비물질적 경험과의 소통을 통해, 사회적 현실에 대한 이해와 그 안에 있는 가능성을 보여 준다.

나는 이 책에서 특정한 커뮤니티와 그 역사를 논의하기 위해 맹인, 농인 같은 특정한 장애인을 가리키는 명칭과 특정 손상을 나타내는 용어, 질병과 관련된 의학 용어를 함께 사용한다. '병신'(아픈 몸)이라는 용어가 경멸적인 의미를 띠게 되고, 특정 집단을 비하하거나 조롱하기 위해 쓰여 건강하지 않은 상태에 대한 도덕적인 비난을 투영하거나 강화하게 되면서, '불구자'(일본어에서 유래되었다고 추정)가 20세기 초반에 장애인을 칭하는 — 일반적으로 후천적 신체장애인을 칭하는 — 용어로 등장했다.72 한국에서는 '심신미약'이라는 우생학적 문구가 1960년대 법률에 등장했다. 청각·언어·시각 장애를 가진 사람들뿐만 아니라 신체적이고 정신적인 장애를 가진 사람들을 광범위하게 지칭하는 표현이었다. 한자어인

'障礙'는 영어의 'handicap' 'disability' 'disorder' 'impairments'의 번역어로 이용된다. '장애'는 방해물, 어려움, 괴로움을 뜻하는 말로, 특정한 능력의 여부를 지칭하지 않는다. 장애의 반대 개념은 '능력을 가진 몸'able-bodiedness이 아니라 '정상성' 또는 '비장애'의 개념에 가깝다. 이 책에서 '장애'는 부정적으로 여겨지고 열등한 것으로 취급되는 몸의 특성, 질병이나 이상하다고 여겨지는 다른 차이들을 광범위하게 지칭한다. 이 차이들은 특정한 역사적·문화적 맥락에서 인종 혹은 민족, 성별에 따라 구성된 인간다움에 대한 기준에서 벗어난 상태를 포함한다. 장해자(상당한 손상을 갖고 있는 사람), 장애자(장애가 있는 사람)가 장애인으로 바뀌었고, 이 용어가 근래 법률과 다른 문맥에서 다양한 장애를 갖고 있는 사람들을 나타낼 때 보편적으로 사용된다.

'치유'와 마찬가지로 이 책에서 '장애'는 의학적·역사적·법적 용어로, 혹은 문자적 의미 그대로 사용되기보다 이론적이고 정치적인 용어로 자주 쓰이는데, 어떤 몸의 특성들이 어떻게 전반적인 문제로 여겨지는지 드러내기 위해 사용된다. 이 책에서 나는 '몸'을, 정신과 이원론적 관계에 있다고 상정하는 것이 아니라 하나의 유기체이자 물질이며 시공간을 차지하는 현존을 명명하기 위해 사용한다. 이 현존은 동시에 신체적·정신적·정동적이며, 무언가를 발산하고 관계 속에서 상호작용하고 있다. 또한 인간성에 대한 비장애 중심적 판단으로부터 거리를 두기 위해 몸이라는 말을 사용한다. 몸이라는 말을 들으면, 정신장애와 지적장애나 만성 질병보다는 신체장애와 이동성에 관련된 장애나 감각장애와 눈에 보이는 장애를 상상하기 쉽다.73 그럼에도 불구하고 나는 몸이라는 용어를 통해 "온전한" 인간성·정상성·비장애·건강함이라는 추상적인 개념들과 연관되는 다양한 장애들을 탐구하기 위해, 이 모든 차이들을 포괄하려고 한다. 일탈의 낙인이 없는 특권화된 위치를 지칭하기 위한 말로, 나는 '비장애' '규범적인 지위' '정상성'이라는 표현을 바꿔 가며 사용한다. 치유를 추구한다는 것은 능력 있는 상태가 되려는 것이며 이를 가능하게 하는 체계적 자원에 접근하려는 것이기 때문에, '능력을 갖게 된enabled 몸' 또는 '정상화된 몸'이라는 표현도 함께 사용한다.

장애가 있는 노처녀 치유하기: 전근대 맥락에서 젠더와 치유

이 책에서 다룰 식민지 후기를 살펴보기 전에, 전근대 맥락에서 장애를 젠더와 섹슈얼리티와의 관계에서 어떻게 인식했는지를 살펴보면 도움이 될 것이다. 식민지 근대성이 대개 장애를 총체적으로 이해하는 전통적인 방식을 없앴다고 생각되기 때문이다. 조선왕조는 14세기 후반부터 19세기 말까지 성리학에 따라 한반도를 통치했다. 조선 시대에는 신체적·인지적·정신적 의사소통의 차이를 가진 사람들을 세 가지로 분류하여, 심한 정도에 따라 순서대로 독질, 폐질, 잔질로 나눴다.74 장애인들은 대개 '병신'病身으로 불렸고, '병인' 또는 '병자'라는 말도 일반적으로 쓰였다. '병신'은 장애와 질병이 있는 사람들을 구분하지 않고 쓰였다. 이와 동시에 전근대기와 근대 초기에는 절름발이, 앉은뱅이, 난장이, 장님, 소경, 참봉 또는 봉사, 벙어리, 귀머거리, 곱추, 곰배팔이, 언청이, 문둥이, 머저리, 광인 같이 특정한 신체적·정신적 특성을 가진 사람들에 해당되는 개별적인 용어가 있었다.75

　　인간됨의 정도는 건강과 장애 상태에 따라 추측됐다. 성리학은 대개 도덕적 자질이 몸으로 나타나는 것으로 여겼으며, 이에 따라 '불완전한 인간'(불성인不成人)76이라는 개념을 제시했는데, 이는 성인(온전하고 도덕적인 사람, 어른)에 반대되는 의미로서 몸의 차이가 위계화됐음을 알 수 있다. 불완전한 인간됨의 개념은 구어 표현인 '반쪽이'에도 암시된다. 현대의 장애 공동체에서는 신체적으로 장애가 없고 건강한 사람들을 나타내기 위해 '반쪽이'에 반대되는 말로 '성성이'라는 말이 사용되어 왔고, 보통 '성한 사람'이라고 부르기도 한다.

한국 연구자들은 여성성과 남성성을 구분하는 특징이 시간에 따라 변화해 왔음에 주목하면서 젠더 및 섹슈얼리티와 관련된 장애의 범주가 조선 시대에 어떻게 달랐는지를 연구했다. 신체적·감각적·정신적·인지적 차이(이 차이들을 모두 병신이라는 단일 용어로 표현했다)에 기반을 둔 일반적인 장애 범주뿐만 아니라, 간성, 환관, 거세된 남자, 동성애자, 발기 불능 남성, 결합 쌍둥이, 백색증을 갖고 태어나는 아이들이 보호가 필요하거나 "기이하고 불길한" 존재로 실록에 나타난다.77 한국 문화에서 적절한 인간성은 남성과 여성의 두 종류의 성별에 기반한다고 여겨져 왔기 때문에, '사람 구실을 한다'는 것은 젠더에 따라 다르게 이뤄지는 도덕적 판단이 되었다.

1462년 『조선왕조실록』을 보면 양성인들을 성별 이분법 관점에서 '아픈 사람'으로 간주했다는 예를 찾을 수 있다. 노비인 사방지는 여성으로 살았는데, 고위 관직자의 딸인 과부와 연인 관계라는 소문이 있었다. 이 혼외정사는 사헌부에까지 알려졌으며 조사를 통해 사방지가 양성인이라는 결론이 나왔고, 신료들은 처벌을 요청했다. 세조는 "사방지는 병자이니, 추국推鞫하지 말라"라고 명했다.78 유학자인 신료들은 계속해서 사방지를 심문하도록 허락해 달라고 호소했지만 세조는 과부 가족의 명예를 보호하기 위해 허락하지 않았다. 5년 후 사방지의 연애가 다시 세조의 귀에 들어오게 된다. 신료들은 사방지와 비슷한 경우가 중국 문헌에도 기록되어 있다고 세조에게 전했다. 우주의 도덕 법칙은 양과 음이고, 이 자는 남자도 아니고 여자도 아니니, 용서받을 수 없다고 했다. 세조는 이런 논리에 설득되어서 사방지를 인간이 아니라고 규정하고 유배 보냈다.79 불교 신자인 세조가 윤리적 규범을 강화하도록 유학자들에게 압력을 받았다는 점을 고려하면, 사방지가 병자였다가 비인간으로 변화한 것에는 여러 가지 요인이 작용했던 것으로 추정할 수 있다. 첫째, 철학적 차원에서 성별 이원론이 자연의 이치를 반영한다고 여겨진 점, 둘째, 사방지가 승려나 과부처럼 성적인 관계가 금지된 여성들과 지속적인 관계를 맺은 것이 위반으로 여겨진 점, 셋째, 사방지와 비슷한 사람들이 존재했다는 것은 사방지의 상황이 한 개인에게 일어난 '불운'이 아님을 증명한다고 여겨진 점 등이 그 요인이라고 할 수 있다. 또한 세조와 신료들은 양성인을 재앙이나 전쟁을 예고하는 징조로 여겼다.80 사방지의 사례를 통해 성리학이 이성애와 성별 이원론을 인간 범주의 기반으로 간주하였으며 어떻게 이를 강화시켰는지 알 수 있다. 불완전한 인간이라는 개념은 질병의 범주와 관련이 있으며, 젠더 및 성적 규범의 위반과 결합되었을 때 쉽게 비인류의 범주로 규정될 수 있다. 이런 개념은 개인이 사회에서 존재할 수 있는 공간을 허용하지 않는 근거를 제공했다.

박희병은 논문 「'병신'에의 시선」에서 전근대기에 병신이라는 표현이 어떻게 쓰였는지 추적하면서, 처음에는 중립적인 표현으로 쓰였다가 18세기 중후반에 소위 '열등한' 사람을 조롱하는 말이 되었다고 주장한다. 그리고 당시 민중들은 부패한 양반을 병신으로 칭했던 반면, 건강한 몸과 도덕성에 바탕을 둔 자신들의 힘을 강조했다.81 박희병에 따르면 19세기 후반부터 '병신'이라는 말은 개화론자들에 의해 구습을 상징하는 표현으로 쓰이기 시작했다. 이 같은 용법은 일제강점기로도 이어져 식민지 시민의 내면화된 열등감, 주권 없는 불완전한 국가, 즉 강력한 독립국가가 되기 위해 개혁이 필요한 국가와 관련된 표현으로 사용되었다.

박희병은 장애에 대한 전근대적 인식을 결코 단일한 의미로 설명할 수는 없지만 장애를 완전히 부정적으로 보는 근대적 개념과 달랐다는 것을 보여 주기 위해, 장애를 상대적인 차이로 묘사한 박지원을 비롯한 조선의 작가들이 쓴 한시漢詩를 소개한다. 박희병은 장애를 인식하는 또 다른 사례로 「노처녀가」라는 가사歌辭를 자세히 분석한다. 이 전근대 서사는 장애가 어떻게 성역할, 이성애 경험, 재생산과 함께 작용하는지 잘 포착하고 있다. 가사는 한글로 쓰인 전통적인 시를 일컫는 말로, 이 가사는 서술자의 서론, 노처녀의 독백, 서술자의 에필로그로 구성되어 있다. 익명의 서술자는 독자들에게 이야기를 시작하며 장애가 있는 50대 노처녀를 소개한다. 이 노처녀는 '갖은 병신'으로, 처녀이면서 결혼하지 못한 자신의 상태 때문에 괴로워한다고 묘사된다. "시집이 어떠한지 서방 맛이 어떠한지 생각하면 싱숭생숭 쓴지 단지 내 몰라라."82 노처녀는 '서방 맛'을 볼 수 있기를 원하는데 이는 이성과의 결혼을 향한 욕망을 표현한다. 그리고 자신이 다른 여성들과 다르지 않다고 주장하며 자신이 할 수 있는 것들을 상세히 열거한다. 노처녀가 이렇게 자신의 능력을 강조하는 것은 장애여성에 대한 편견과 결혼할 자격이 없다는 관념이 존재하고 있었음을 드러내며, 이에 도전하는 역할을 한다.

> 내 비록 병신이나 남과 같이 못할쏘냐. …… 한편 눈이 멀었으나
> 한편 눈은 밝아 있네. …… 귀 먹다 나무라나 크게 하면 알아듣고
> 천둥소리 능히 듣네, 오른손으로 밥 먹으니 왼손 하여 무엇 할꼬.
> 왼편 다리병신이나 뒷간 출입 능히 하고 콧구멍이 맥맥하나 내
> 음새는 일쑤 맡네. …… 엉덩뼈가 너르기는 해산(解産) 잘할 장
> 본이오.83

노처녀는 (방귀를 참을 수 있는 능력을 포함해) 몸을 통제할 수 있는 능력과 부엌에서 위생에 힘쓰는 습관, 바느질과 요리 실력뿐만 아니라 지성, 행실,

교양, 여성적인 덕목에 대한 지식, 즉 '좋은 여성'에 들어맞는 자신의 모든 자질을 나열한다. 그러고 나서 왜 자신이 결혼할 수 없는지 의아해하며, "남대되 맞는 서방 내 홀로 못 맞으니 어찌 아니 설울쏜가"라며 한탄한다. 이 서사에서 노처녀가 겪는 근본적 문제는 자신의 몸이 아니라 결혼하지 못한 상태이다. 성인 여성이 가정생활을 하고 사회적으로 수용되기 위해서는 결혼을 해야 하기 때문이다. 대개 가족의 중매에 따라 혼사가 이뤄지는데, 가족이 자신의 신랑감을 찾을 생각이 없다는 것에 좌절한 노처녀는 직접 마을에 있는 후보자들을 골라 제비를 뽑는다. 그러다 잠이 들어 아름다운 혼례를 올리는 꿈을 꾸게 된다. 잠에서 깨어나 분통이 터진 노처녀는 더 이상 중매를 기다리지 않기로 하고 홍두깨에 신랑처럼 옷을 입혀 혼례를 거행한다. 가족들은 노처녀가 홍두깨와 혼례를 치를 만큼 절박하고 슬프다는 것을 깨닫고 적당한 신랑을 찾아 혼사를 준비하는데, 우연하게도 그녀가 꿈에서 뽑았던 김도령과 혼인하게 된다.

박희병은 「노처녀가」를 통해 조선시대에 장애여성을 타자화하는 것에 대한 대항 서사가 존재함을 확인할 수 있다고 주장한다. 하지만 노처녀의 자기긍정은 결혼할 수 있는 자격을 판단할 때 여성스러운 덕목과 기능적인 능력이 얼마나 중요한지를 드러내기도 한다. 또한 이성애와 재생산이 비장애 중심의 성별정상성able-genderedness을 구성하고, 이 성별정상성이 곧 성별에 따른 신체정상성able-bodiedness과 맞물려 있다는 점을 보여 준다. 노처녀가 혼인이 성사된 후에 치유됐다는 점을 보면 「노처녀가」가 장애와 독신의 관련성을 강화한다는 것을 알 수 있다. 혼인한 뒤 소원이 풀리고 시름이 사라진 노처녀는 팔을 움직이고 소리를 들을 수 있게 된 것을 알아채고 신기해한다. "10삭 만에 영준英俊이요 문재文才가 비상한" 아들 쌍둥이를 낳고 "측량없는" 기쁨을 누린다. 또한 이 가족에게 부와 공명이 뒤따르게 된다. 서술자는 이를 "우습고 희한한" 이야기라며 끝맺는다.

장애가 있는 노처녀에서 비장애인 어머니로 변모된 서사의 진행에서 나타난 장애 치유를 자세히 탐구해 볼 필요가 있다. 더 이전 시기의 전통에서는 장애의 치유가 종교의 힘을 보여 주기 위해 등장한다. 이와는 대조적으로 「노처녀가」에서 노처녀의 변화는 섹슈얼리티와 성적인 관계를 통해 일어나는 심인성 신체 변화와 관련되어 나타난다. 전통 한의학은 성적인 활동에 치유력이 있다고 강조하는데, 성적인 활동이 정신을 강하게 만들고 긍정적인 기운을 순환시킨다고 보는 것이다. 혼인과 이성애 경험은 비장애 중심의 성별정상성과 함께 작동하며 장애를 문화적으로 치유하는 기능을 하여 노처녀의 몸이 변화되고 결국 '아름답고 영리한 아들 쌍둥이'를 낳게 된다. 성적 경험이 장애를 치유하는 힘이라는 생각은 결국 장애가 탈성화desexualization와 긴밀하게 관련되어 있다는 점을 드러낸다. 그와 동시에 노처녀가 자신을 향한 낮은 기대치에 반박하고 배제당하는 상황을 거부했던 것을 보면, 장애가 실제로 혼인의 결격 요인으로 작용한다는 점도 알 수 있다. 「노처녀가」는 장애에 대한 전근대 시대의 인식을 보여 주는데, 여기에는 결혼에서 배제되도록 하는 부정적인 인식, 개인의 행위성에 대한 긍정, 또 그것이 변화를 만들어 낼 수 있는 가능성이 혼재되어 있다. 여기에 나는 노처녀가 성별정상성을 획득하여 장애에서 정상으로 전환한 것에 대해 또 다른 해석을 제시하고자 한다. 노처녀의 '치유'가 실제 몸의 변화 없이도 가능했으리라는 해석이다. 그녀가 가치를 인정받는 아내가 되자 장애는 그녀의 삶을 규정하던 역할을 상실한다. 장애를 가진 몸으로 인간다움을 체화하고 있다는 그녀의 전복적인 설명이 결혼 관계에서 여성으로서 규범적인 역할을 실현하는 것으로 포섭돼 버린 것이다.

전근대 조선 시대의 장애인에 대한 태도를 근대와 비교할 때, 단순히 전근대 시기가 장애에 대해 더 수용적이었고 근대는 더 부정적이었다고 단정하기 어렵다. 그보다 사방지의 사례와 「노처녀가」를 통해 자격 없는 사람들을 성적인 관계와 가족 구성 제도에서 배제하는 체계가 존재했음을 알 수 있다. 동시에 노처녀의 중매혼에서 나타나듯이 개별적 저항, 예외가 존재할 문화적 여지도 드러난다. 단일하지 않은 장애의 의미들과 조건들은 장애를 신체적·감각적 손상 또는 정신적 질병이나 인지적 손상으로 제한하는 관점에 도전하며, 수용과 거부라는 이분법 너머에 존재한다.

장애화된 국가 안에 구성되는 장애화된 타자

> 일본 제국주의는 구한국을 칼로 찔러 비틀었으며, 그 상처는 그
> 후 줄곧 한국인의 민족적 정체성을 좀먹었다.
> — 브루스 커밍스, 『브루스 커밍스의 한국현대사』[+]

이 절에서는 이 책과 관련된 한국사의 핵심적인 순간들을 간단히 기록해 두려고 한다. 이 순간들은 연대순이 아니라 주제에 따라 구성된 본문의 각 장에 등장할 것이다. 짧은 설명으로나마 특정 시대에 장애가 어떻게 젠더 및 타자성과 동시적으로 구성됐는지 보여 주고자 한다.

19세기 말, 조선왕조는 변화에 대한 상당한 압력을 받고 있었다. 농민봉기, 경제체제의 전환, 천주교의 확산으로 내부 압력이 생겼고, 유럽-미국의 제국주의가 동아시아로 확장되고 일본, 중국, 러시아에서 일어나는 일들로 외부에서도 압력이 가해졌다. 1876년 조선은 일본과 조약을 맺은 데 이어, 서양의 많은 나라들과도 조약을 맺으며 외교 관계를 시작했다. 1897년 고종은 제국주의 국가들과 동등한 외교 관계를 주장하며 국가 개

[+]   김동노·이교선·이진준·한기욱 옮김, 창비, 2001, 200쪽.

혁을 시행함으로써 근대 독립국가를 수립하기 위해서 대한제국을 선포했다. 고종은 군주제와 자주권을 지키려 했으며, 중립 외교를 시도했지만, 이런 노력은 짧게 끝나고 말았다. 일본이 러일전쟁(1904~05)에서 승리하며 동아시아 지역에서 영향력을 확대했다. 결국 1905년 을사늑약을 통해 대한제국의 외교권이 일본에게 넘어갔으며, 1910년에 일본에 완전히 합병됐다. 브루스 커밍스는 이렇게 식민화되는 과정을 장애화되는 상황으로 보았다. 커밍스는 "한국은 일본의 빠르게 치솟는 빛에 눈이 멀게 된 오이디푸스였다"고 묘사한다.84 장애를 이용한 이 날카로운 은유에서 조선은 일본의 광채에 눈이 멀게 됐을 뿐 아니라, 제국의 권력에 무지했던 것에 대한 도덕적 형벌로서 스스로 눈을 멀게 한 남성이다. 이 절의 도입에서 인용했듯이 브루스 커밍스는 또 다른 은유를 사용해 한국이라는 신체Korean body가 일본 제국주의에 의해 손상되고, 치유되지 않은 상처로 괴로워한다고 묘사한다.85 최경희는 식민지기 문학에서 나타나는 이런 경향에 대해 쓴 유명한 논문에서 "위기에 빠진 국가는 병으로 손상된 몸에 비유된다"라고 지적했다.86 국가의 역사 속에서 일어났던 폭력을 표현하기 위해 장애를 은유로 이용하는 것은 장애의 의미를 피해를 입은 상태로 제한하는 효과를 낳는다. 이 과정에서 국가 안에 존재하는 장애인들을 대상으로 일어난 실제 폭력은 가려진다. 몇몇 작가들은 자본주의와 제국주의로 인해 한국인들이 겪어야 했던 사회 부정의를 장애화disablement의 경험으로 재현하고자 했다. 예를 들어, 일제강점기의 가난, 영양실조, 자원 고갈, 적절한 의료 서비스의 부족, 징용, 산업재해는 훼손된 몸의 이미지를 통해 분명하게 그려진다.87 1929년에 개최된 조선박람회는 일본의 식민 통치 아래 조선이 근대 발전을 이뤘음을 보여 주기 위해 마련됐는데, 이를 위해 일본 경찰은 장애가 있는 노숙인을 비롯해 걸인들을 서울 도심에서 체포하고 추방했다.88

한만수는 1930년대 문학작품에서 맹⬛이 자주 등장하는 현상이 글을 읽거나 쓸 줄 모르는 것을 가리켜 문맹이라는 용어를 많이 쓰게 된 것과 관련 있다고 본다. 근대를 지향하는 운동은 문해율을 높이려고 했다. 문맹이라는 말에 담긴 장애의 비유는 구술 전통에서 문자 문화로 넘어가는 것이 계몽의 조건이었다는 전제를 반영한다.[89] '문맹 타파' 운동은 주권을 잃은 이유가 대중들의 '문맹'에서 비롯되었다고 보았다.[90] 맹인들은 전통적으로 점복업에 종사했기 때문에 미신과도 연결되었는데, 점복업은 그 자체로 근절해야 할 대상이 되었다. 식민성coloniality과 장애 사이의 이런 연결고리를 통해 장애화된 국가가 식민 지배를 당한 원인이자 결과라는 개념이 등장하게 된다. 장애화된 국가라는 개념은 정상적이고 건강하며 독립적일 뿐만 아니라 남성적이고 가부장적이며 단일 인종으로 이뤄진 국가로 '돌아가고자' 하는 반식민주의 열망을 불러일으킨다. 이에 따라 한국인들은 식민주의를 극복하기 위해 정상성과 건강함을 획득함으로써 적절한 정체성을 되찾아야만 하는 것이다. 이런 열망은 온전함, 이상적이고 손상되지 않은 몸을 향한 개인과 집단의 욕망에서 나온다.[91]

식민 통치 시대에 한국인의 집단적 자아 이미지가 장애화된 몸으로 묘사됐을 때, 장애는 개인적인 특성이기보다는 사회적이고 경제적인 산물로 나타났다.[92] 그러나 국가가 장애를 가진 상태가 되었다는 의식은 장애를 갖고 살아가는 사람들을 향한 관심으로 이어지지 못했고 대중이 장애인을 타자화하는 것을 막지 못했다. 오히려 국민성을 개선하기 위해 장애인을 통제해야 할 필요성이 강조되었다. '불량분자'와 '불구자'는 불임 시술을 받고 격리돼야 한다고 주장하는 우생학 담론이 1930년대 대중매체에 나타났다.

식민지기 장애인에 대한 대우와 태도가 다양했다는 사실은 모든 종류의 장애를 사회 조건의 결과라고 인식하는 단일한 패러다임은 없었음을 보여 준다. 이방현은 전통 사회에서는 정신장애인들이 가족과 분리되지 않았으며, 식민지기에 이르러 시설에 수용되기 시작했다고 설명한다.[93] 식민지기에도 정신병을 치료하려는 다양한 방식들이 공존했던 것으로 보인다. 그 절차와 결과는 대개 폭력적이었다. 전통 한의학에서는 장기가 약해지거나 기의 흐름이 막혀서 또는 울화 때문에 정신병이 생긴다고 보아 한약을 처방했다. 전통 신앙을 믿는 사람들은 귀신이 들려서 정신병이 생긴다고 생각했다. 기록에 따르면 무당, 독경讀經과 점복占卜을 하는 맹인, 점쟁이들이 병에 걸린 사람들을 때리고 매달고 굶기면서 치유를 위해 귀신을 쫓는 의식을 행했다고 한다.[94] 식민 정권은 이런 방법들이 미신이고 야만적이며 비인간적이라고 규정하고 무당들의 활동도 금지했다. 또한 유전적·사회적·환경적 요인들을 강조하며 정신병 치료에 대한 '새로운' 지식을 널리 알리는 데 집중했다.[95] 이방현은 신문 기사에서 기독교의 정신병 치료 행위도 발견했는데, 이 치료는 성령을 불러오는 기도와 구타 행위를 동반하는 구마 의식을 통해 이뤄졌다. 정신병이 있는 사람들을 위험하고 폭력적이라고 봤기에 교육받은 조선 엘리트와 일본 공공 의료인들은 우생학 사상을 장려했다. 이들은 정신병이 있는 사람들이 자녀를 낳는 것을 막으려고 했으며, 불임수술과 특수한 보호가 필요하다고 강조했다. 한편 대규모 시설을 건설하고 운영하는 데 필요한 자원이 부족했기 때문에 1912년 '경찰범처벌규칙'에서는 정신장애인들을 관리할 책임이 가족에게 있다고 규정했고, 환자들이 길거리에 돌아다니면 가족들에게 벌금을 물도록 했다. 그 결과 장애인들은 집에 감금되기도 했는데, 이 때문에 화재가 난 집에서 탈출하지 못해 사망했다는 기사도 찾아볼 수 있다.[96]

조선총독부는 시각·청각 장애 또는 정신장애나 정신병이 있는 고아들과 어린이들을 수용하고 교육하기 위해 조선총독부제생원을 설립했다. 1911년에 조선총독부의원의 내과 부서는 정신병을 가진 사람들 1276 명을 치료했다. 정신병동의 규모는 점차 확장됐다.[97] 조선총독부 조사에 서는 조선에 있는 정신병자의 수를 1926년 2498명, 1937년 3013명으로 집 계했고, 적어도 그들 중 14퍼센트가 '위험한' 행위를 하는 자라고 파악했 다.[98] 또한 한센병(나병) 환자들도 의료 시설화 정책의 대상이 됐다. 그리 하여 1916년 소록도에 자혜의원이 설립된다(이는 4장에서 다룬다).

1945년 일본이 연합군에 조건 없이 항복하면서 조선이 해방되고, 미 국이 한반도의 남쪽을, 소련이 북쪽을 점령했다. 1948년 남한에서 치러진 첫 번째 대통령 선거에서 이승만이 당선되면서 남북 분단이 굳어졌다. 1950년에 한국전쟁이 발발했고 많은 사람들이 장애를 갖거나 사망했다. '장애'라는 범주는 다양한 소수자 집단에 폭넓게 적용됐는데, 소수자 집단 이 처한 다양한 조건 때문에 이들은 취약한 상태에 있다고 간주되어 한국 전쟁 이후 통제와 보호의 대상이 됐다. 장애의 개념이 이처럼 다양하고 광 범위하기 때문에, 그리고 한국 사회에 존재하지 않는 것처럼 여겨지지만 인종적·문화적·민족적 다양성이 실재하기 때문에, '한국의 장애인'과 '한국의 장애여성'을 고정된 상태와 특성을 가진 동질 집단으로 다루기는 불가능하다. 1954년 한국 보건사회부는 취약한 인구 집단에 대한 연간 통 계 보고서를 내기 시작했다. 첫 번째 보고서에는 "나환자, 혼혈아,[99] 미망 인, 마약중독자, 전염병 환자, 매춘부"가 포함됐다. 1년 뒤 장애인과 상이 군인 두 범주가 목록에 추가되었다. 1961년에 처음으로 '장해' 아동에 대 한 국가 인구조사를 실시했는데 다양한 신체·감각 장애를 가진 아동과 함 께 '혼혈' 아동이 포함됐다.[100]

정권의 출발에서부터 1960년 4·19혁명으로 사임할 때까지 이승만 정권은 정치적 탄압과 부패로 얼룩졌다. 1년 뒤, 박정희가 쿠데타를 통해 정권을 잡았고 1979년 암살될 때까지 대통령직을 이어 갔다. 1964년에는 미국의 요청에 따라 한국 군대가 처음으로 베트남에 파병되었다. 이에 따라 상이군인이 등장하는 전쟁 영화가 만들어졌는데, 이런 영화들에서 상이군인들의 재활은 한국의 경제성장 및 산업 발전과 결부되었다(이에 대해서는 2장에서 다룬다). 일제강점기에 확산된 근대 우생학의 개념이 박정희 군사정권 시기에 강하고 능력 있는 나라를 세우려는 열망에 따라 재등장하며 강화되었다. 박정희가 계엄령을 선포하고 유신 체제를 수립함으로써 독재 권력을 공고히 한 직후인 1973년에 '모자보건법'이 제정되었다. 이 법은 우생학의 이름으로 재생산에 대한 통제를 정당화하면서도 임신중지 자체는 계속 불법으로 규정했다. '모자보건법'은 잠재적인 부모에게 "우생학적이고 유전적인 정신장애 또는 신체적 질병"이 있을 때 인공임신중절을 허용하는 예외 조건을 규정했을 뿐만 아니라 장애인들에 대한 강제 불임수술을 허용했다(이에 대해서는 1장에서 다룬다).+

박정희가 암살되고 난 뒤 전두환이 군부를 장악했고 결국 주요 정부 기구까지 통제하게 되었다. 그 후 1980년 5월에 선포된 계엄령은 전국적인 시위와 민주화의 요구로 이어졌다. 전두환은 광주에서 일어난 항쟁의 배후에 북한의 위협이 있다고 주장하며 군대의 무력을 사용했고, 그 결과 대량 학살과 부상, 실종이 일어났다.101 추정된 사망자가 1000명 내지 2000명에 이른다. (희생자와 가족들에게 보상하기 위해 만든 위원회는 현재까지 약 5000건의 부상, 사망, 실종을 확인했다.102)

전두환 정권은 폭력적인 방식으로 출범한 사실을 감추기 위해 복지국가라는 미사여구를 이용했다. 1981년 '심신장애자복지법'이 제정되었다. 1980년대 초반에 농·맹, 신체장애를 비롯해 특정한 장애를 가진 사람

+   [옮긴이] abortion은 대개 '임신중지'로 옮겼다. 다만 글의 맥락에 따라 '임신중절' '인공임신중절' '낙태'로 옮기기도 했다.

들을 위한 주요 단체들이 만들어졌다. 한국 장애인들은 '국제장애인연맹'DPI에도 가입했다. 1981년에 '국제 장애인의 해'가 지정되면서 장애인의 인권 및 반차별 원칙이 선언되었고, 이는 한국 장애 운동의 촉진제가 되었다.103 이에 따라 장애인의 인권이 주요 의제가 되었다. 민주화 운동에 자극을 받아 '전국 지체부자유 대학생 연합' 같은 다양한 장애인 집단이 정치적으로 활발히 움직였으며 1987년 대통령 선거에 초점을 맞춰 활동했다. 1988년 봄, 장애인들이 서울 패럴림픽에 반대하기 위해 명동성당 앞에서 대중 집회를 열었다. 정부가 이 같은 보여 주기식 국제 행사를 통해 장애인들이 일상에서 경험하는 심각한 인권침해와 극심한 빈곤 문제를 은폐하려 한다고 보았기 때문이다.

장애인 단체들은 두 가지 목표를 공유했다. 첫째는 장애인들의 사회적 지위 향상을 위해 복지법을 개정하는 것이고, 둘째는 고용, 특수교육, 고등교육에서의 적극적 조치affirmative action를 촉진하기 위한 새로운 법률을 제정하는 것이었다. 활동가들은 대부분 장애 억압을 자본주의 체제의 계급 문제이자 빈곤 문제라고 생각했다. 자본주의는 장애가 있는 몸을 비생산적으로 여기기 때문이다. 장애 운동은 1990년에 '장애인고용촉진법'을 통과시키는 성과를 거뒀다. 이 법에 따라 해당 작업장은 의무적으로 근로자의 2퍼센트를 장애인으로 고용해야 한다. 그리고 '장애인·노인·임산부 등의 편의 증진 보장에 관한 법률'이 1997년에 제정되었다. 2000년과 2003년에 '장애인복지법' 시행령을 개정해 만성 질병을 추가하면서, 장애 범주를 15개로 확장해 지체·뇌병변·시각·청각·언어·지적·자폐성·정신·신장·심장·호흡·안면·간·장루요루·뇌전증 장애로 정했다. 의료적 진단에 바탕을 두고 만들어진 장애의 이런 범주들은, HIV/AIDS를 비롯한 다양한 차이를 가진 사람들에게 사회적 자원을 제공하고 차별을 방지하는 데 여전히 한계가 있다. 그럼에도 HIV/AIDS를 장애 범주에 포함시키려는 활동도 이뤄지고 있다. 2008년에는 '장애인 차별금지 및 권리구제에 관한 법률'이 시행되었다. 하지만 이 법은 장애여성과 장애아동의 상황을 많이 바꾸거나 장애인의 자기결정권을 지지하는 데 크게 효과적이지 못하다는 비판을 받고 있다. '유엔 장애인 권리위원회'에서 지적했듯이 이 법에 따른 사례 대부분이 성공적으로 해결되지 못했다.[104]

정부는 1988년에 장애인 등록 제도를 만들었고, 그 후 등록된 장애인 수는 계속 증가하고 있다. 2011년 등록 추정률은 93.8퍼센트까지 높아졌고, 전체 인구에서 장애인 비율이 5.61퍼센트로 나타났다. 장애 유형 15개는 각각 제한과 손상 정도에 따라 매겨진 3등급 또는 6등급 체계로 되어 있다. 2000년에 5만 1319명의 장애인들이 다양한 형태의 시설(장애인을 위한 시설뿐만 아니라 아동, 노숙인, 여성, 노인을 위한 시설 포함)에 거주했다. 그리고 2011년에는 시설 거주 장애인이 7만 2351명까지 증가했다.[105] 탈시설 운동을 통해 거주 시설의 부패와 학대 문제가 계속해서 드러나고 있지만 장애인 시설 수는 크게 증가해 2004년 237개에서 2014년에 1397개로 나타났다.[106] 2000~10년에 활동가들이 대중교통 접근성과 활동 보조의 제도화를 이뤄 내고, 현재 장애 운동은 개인의 장애 정도를 결정하기 위해 의료적 검사에만 전적으로 의존하는 장애등급제와 등급 재심사 제도를 폐지하는 데 중점을 두고 있다.+ 이 같은 제도 아래에서는 의료 종사자들이 다양한 장애와 개별적 필요 사항을 고려하지 않고 연금, 장애인 전용 교통수단, 재활 서비스, 활동 지원 같은 자원을 할당하는 결정권자가 된

+ [옮긴이] 장애 운동의 기나긴 투쟁으로 장애등급제는 2019년 7월 1일부터 폐지되었으나 '장애 정도가 심한 장애인'과 '장애 정도가 심하지 않은 장애인'이라는 구분은 남아 있다. 등급제 폐지 이후 도입된 종합조사표로 인해 활동 지원 시간이 하락하는 장애인들이 생겨나 문제가 되었으며, 정부가 폐지 이후의 변화에 대해 구체적인 계획을 마련하지 않았기 때문에 장애 운동계는 실질적인 예산을 반영하고 관련 법이나 제도를 정비하는 '장애등급제 진짜 폐지'를 요구하며 여전히 싸우고 있다.

다. 예를 들어, 신체적 장애가 있는 어떤 여성이 1급 장애로 판정되었다가 재심사 때 등급이 4급으로 내려간 결과, 국가에서 지원하는 활동 지원, 장애 연금, 장애인 전용 콜택시 등의 서비스를 받을 수 없게 되었고, 그 때문에 대학 수업을 들을 수 없게 되었다.107

　　김대중 정부 시기인 2001년 '국가인권위원회'(이하 '인권위')가 출범해 장애인들이 차별을 주장하는 소송을 제기할 필요 없이 인권침해를 진정할 수 있게 되었다. 인권위의 결정에 법적인 구속력은 없지만 권고 사항은 공개되고, 어느 정도는 영향력이 있었다고 할 수 있다. (하지만 2009년, 이명박 정부에서 인권위의 자율성이 줄어들었으며 이는 정권에 따라 인권위의 역할이 제한됨을 보여 준다.) 인권위는 소수자들의 권리를 비롯해 인권에 대한 이해를 넓히기 위한 영화를 제작하는 데 기금을 제공했다. 인권위 제작 영화 중 첫 작품은 차별에 관한 옴니버스 영화 〈여섯 개의 시선〉이다. 그중 실화에 바탕을 둔 단편 〈믿거나 말거나: 찬드라의 경우〉는 이주 노동자의 인권과 강제적인 시설 수용 문제의 맥락에서 장애와 인종, 둘의 교차점을 담아낸다. 장애가 없지만 한국어를 못하는 네팔 여성 노동자가 음식점에서 밥값을 내지 못한 일로 체포된다. 그녀는 장애가 있는 한국 여성으로 오해받아 정신병원에 보내지는데, 그곳에서 '우울증' '정신분열' '정신지체'라는 진단을 받고 6년 4개월 동안 여러 시설에 감금된다. 이 단편은 비장애인 이주노동자가 심각한 인권침해를 겪으며 장애인으로 규정되는 상황에 주목한다. 하지만 성노동자와 장애인이 시설에 강제적으로 수용되는 인권침해 문제는 이 영화에서 잘 드러나지 않으며, 국가가 이를 승인해 왔다는 점을 문제 삼지도 않는다.108 이는 단일 정체성을 바탕으로 인권에 접근하는 한계를 보여 주는 사례로, 연대적 공간과 교차적인 공간을 만들어 내기 위해 상당한 변화가 필요함을 보여 준다. 장애에 대한 비판적 접근은 사회적 차별을 드러내는 『나는 나쁜 장애인이고 싶다』와 같은 책에 나타난다. 이 책은 한국 사회의 건강과 정상성의 역할에 문제 제기하며, 장애인이 사회로부터 고립되어 있기에 순수한 존재라는 통념을 반박하고 시설화 문제를 비판한다. 또한 정신장애를 살펴보고, 장애학과 장애인 운동에서 젠더와 페미니즘의 중요성을 논의한다.

국가의 몸이 장애화된다는 의식은 식민지기 이후에도 이어졌다. 장애를 가진 개인들의 몸은 열등함과 취약성을 의미한다고 여겨졌다. 또한 장애인들에게는 치유와 재활의 의무도 부과되었다. 민주화 이후 장애를 재현하는 문학과 영화는 정치적 비유보다 소수자들의 경험에 대한 인식을 높이려는 목적으로, 자폐성 장애, 지적장애, 뇌성마비, 알츠하이머, 청각장애 등 특정한 장애를 가진 개인적인 이야기에 초점을 맞추기 시작했다. 영화학자 김경현은 "최근 한국 영화는 냉전의 정치적 비유나 상징을 사용하는 전형적인 방식을 넘어서는 주체를 만들어 왔다"고 지적한다.109 김경현은 〈오아시스〉와 〈밀양〉 같은 영화들이 "트라우마를 주제로 계속 이용하면서도 주인공들을 국가 트라우마의 상징에서 사적인 트라우마의 상징으로 성공적으로 이동시켰다"고 말한다.110 즉 장애를 국가적으로 바라보는 관점이 예전엔 장애인을 억압하고 타자화하는 면을 가렸다면, 이제는 개별적인 장애를 취약함과 폭력의 상태로 재현하는 방식으로 변화한 것이다. 하지만 이렇게 '사적인' 것으로 보이는 개인의 트라우마 서사에 등장하는 장애의 정치적 의미에 초점을 맞추면, 다른 몸의 경험을 만들어 내고 타자성을 구성하는 광범위한 구조적 조건이 드러날 수 있다. 이 서사들은 사적인 이야기를 넘어 정치적·사회적 맥락에 따라 만들어진 역사 및 경험을 공유하는 소수자 커뮤니티를 보여 주며, 특정한 형태의 재인식과 사회 변화를 요구한다.

이 책의 개관

이어지는 장들은 우생학·재생산 통제·인신 공양·자살·강간·살인·의료적 격리·인도주의적 지원을 다루는 문화적 재현물에서 치유 폭력이 어떻게 작동하는지 드러낸다. 치유 폭력의 작동 방식들은 역사적·정치적 전환점들과 상호작용한다. 폭력의 작동에 대항하기 위해, 이 책에 담긴 분석 내용은 폭력에서 벗어난 삶을 살아가려고 노력하는 장애여성들의 문화적 운동과 정치적·경제적 배경에 토대를 두고 있다.

1장 '낳아서는 안 되는 장애'는 근대 한국 문화에서 재생산이 어떻게 유전되는 장애를 '치유'하기 위한 개입의 주요 지점이 되었는지에 주목한다. 첫째, 장애가 유전되었다는 사실이 드러났을 때 생기는 감정을 이용하는 '유전 드라마'의 등장에 대해 살펴본다. 문학작품에 나타난 이런 드라마를 1930년대 식민 우생학 운동의 역사와 연결시켜 분석한다. 둘째, 장애인과 결혼하는 것에 반대하는 입장을 도덕적으로 정당화하는 근거로 어떻게 유전이 이용되었는지 살펴보면서 1970년대 우생학의 법제화와 이런 정당화의 관련성을 알아본다. 셋째, 2000년대에 이뤄진 착상 전 유전자 검사를 살펴본다. 1장의 주요 텍스트는 세 개의 단편소설 「추물」(1936), 「캥거루의 조상이」(1939), 「산협」(1941)과 영화감독 신상옥이 만든 작품으로 농인 부부와 청인 아들이 나오는 〈만종〉(1970), 현대 독립 다큐멘터리 영화 〈팬지와 담쟁이〉(2000), 3부작 TV 다큐 〈엄지공주 엄마가 되고 싶어요〉(2007, 2008, 2009)이다. 1장은 장애아를 낳아서는 안 된다는 책임을 어머니에게 부과하는 관행에 역사가 존재함을 밝힌다. 그리고 장애가 없는 상태를 갈망한다는 전제에 따라 출산에 개입하는 생명정치가 유통되면서, 장애가 있는 상태의 '바람직하지 않음'을 강화하기 위해 계속해서 장애를 사회 주변부에 머물게 한다는 점을 주장한다.

2장 '대리 치유'는 효孝를 한국 고유의 덕목으로 그린 1937년 영화 〈심청〉에 대한 논의로 시작한다. 잘 알려져 있듯, 〈심청〉은 맹인 아버지가 부처의 치유를 얻는 대가로, 선원들에게 자신을 팔아 용왕에게 바치는 제물이 되려고 했던 딸의 이야기다. 여기서는 장애가 있는 것을 만회하기 위해 엄청난 성과를 추구하는 가족의 노력과 치유 사이에 존재하는 관계적이고 상호 의존적인 양상을 살펴본다. 또한 비장애 가족 구성원의 노력에 의해 장애가 기적적으로 치유되는 다양한 방식을 살펴본다. 환생, 계층 상승, 사회적 인정을 비롯한 초자연적이고 종교적이며 도덕적인 보상이 동반되는 치유를 위해 지극히 힘든 과제를 수행하도록 요구받는 사람을 나는 치유의 '대리인'이라고 부른다. 가족이 서로 묶여 있기 때문에 생겨나는 치유 의존성, 가족 구성원의 치유를 위해 자신의 삶을 희생하고자 하는 바람은 수많은 영화와 문학작품에서 나타난다. 〈심청〉(1937), 〈효녀 심청〉(1972), 〈옥례기〉(1977), 〈하늘나라 엄마별이〉(1987)는 모두 심청전을 바탕으로 했다. 〈월남에서 돌아온 김 상사〉(1971), 〈영자의 전성시대〉(1975) 이 두 작품은 베트남전쟁 참전 군인들을 다룬다. 마지막으로 잔인한 계모와 두 딸에 대한 설화를 모티브로 한 영화 〈장화, 홍련〉(2003)을 다루는데, 영화는 가부장제 가족을 트라우마와 호러의 영역으로 그린다. 〈장화, 홍련〉 속 모녀 관계는 아들을 향한 어머니의 헌신을 강조하는 영화 〈말아톤〉(2005)에 나오는, 어머니와 자폐성 장애를 가진 아들 간의 친밀한 관계와 대비된다.

3장 '사랑의 방식이라는 폭력'은 폭력과 치유 담론의 직접적인 관련성을 다룬다. 이 관련성은 장애여성이 정상성 중심의 현대자본주의 국가를 만드는 데 요구되는 성역할을 제대로 수행하지 못한다는 비난을 근거로 한다. 장애여성을 대상으로 한 폭력의 심각성을 제대로 인지하지 못하는 사법 체계의 문제를 다루는 활동가들의 작업을, 장애가 있는 개인들을 사회 안으로 재통합하는 치유적이고 폭력적인 과정과 나란히 두고 살펴본다. 문학 텍스트와 영화를 통해, 나는 장애인에게 인간됨뿐만 아니라 규범적인 여성성과 남성성을 수행하도록 강제한 결과 나타나는 네 가지 주제를 들여다보려고 한다. 첫째, 과거로 회귀하기 위해 '전통적인' 여성성을 갖게 한다며 정당화되는 성폭력 문제를 다룬다(『아가』, 2000). 둘째, 전통적 여성성과 그것의 취약함에 대한 자연스러운 반응으로 여겨지는 폭력을 다룬다(「백치 아다다」, 1935; 〈아다다〉, 1987). 셋째, 치유를 둘러싼 초국가적 거래와 성적인 위반의 대가로서의 폭력을 살펴본다(〈수취인불명〉, 2001). 넷째, 국가의 트라우마를 치유하기 위한 방식이자 치유 불가능성incurability에 대한 형벌로서 폭력을 살펴본다(「저기 소리 없이 한 점 꽃잎이 지고」, 1988; 〈꽃잎〉, 1996).

4장 '머물 수 없는 곳, 가족'은 대부분 과거의 일로 여겨지는 한센병(나병) 사례를 다룬다. 치료 가능성과 낮은 전염성을 강조한 결과가 어떻게 역설적으로 이 병과 관련된 낙인을 현재까지 유지하게 했는지를 들여다본다. 이 병의 치유를 둘러싼 정치적 측면을 문화사로까지 확장한다. 4장에서는 첫째, 식민지기에 가정에서 아픈 몸을 없애려고 했던 과정을 살펴본다(「바위」, 「옥심이」, 1936). 둘째, 이성애적 결합으로 인도하는 통로의 역할을 하는 의료 기술과 자선 행위에 대해서 살펴본다. 이는 냉전시기에 미국인이 운영한 시설에서 제공된 것이다(〈황토길〉, 1962). 셋째, 한센병 환자였던 남성과 비감염 여성의 결혼이 역사적 트라우마를 치유하고 분리된 두 세계를 통합시키는 상징으로 나타나는 것에 대해 알아본다(『당신들의 천국』, 1976). 넷째, 환자였던 남성과 여성 의료진 사이의 결혼이 문화적 재활에 대한 상징이자 치유된 상태에 대한 결정적 증거로 나타나는 것에 대해 고찰한다(〈아! 소록도〉, 2002). 이 장에서 나는 폭력에서 벗어나 살아갈 수 있는 삶의 조건을 무시하는 공중보건 정책의 윤리적이고 실제적인 한계에 대해 논의하기 위해서는, 한센병의 낙인을 만들어 낸 문화적·사회적 요인 및 다른 장애나 질병과의 역사적 상호 관련성을 전반적으로 이해하는 게 필요하다고 주장한다.

5장 '치유로서의 성경험'은 장애인의 섹슈얼리티를 즉각적인 해결이 필요한 생물학적 문제로 보는 현대 담론에 초점을 맞춘다. 최근 나타난 현상을 다루는 이 장에서는 장애인들의 '성욕'을 둘러싼 대중적 담론의 등장을 들여다보는데, 이런 담론들은 신체장애를 가진 남성 중심, 상업적인 성서비스, 자원봉사라는 인도주의적 수사학으로 요약된다. 5장에서는 영화 〈핑크 팰리스〉(2005), 영화 〈섹스 볼란티어: 공공연한 비밀 첫 번째 이야기〉(2009), 가와이 가오리의 책 『섹스 자원봉사』(2005)의 내용과 이에 대한 반응을 다룬다. 또한 단편영화 〈아빠〉(2004)를 분석하는데, 이 영화는 장애가 있는 여자아이의 자해 행동이 성욕 때문에 나타난다고 추정하고 근친에 의한 강간을 치유 방법으로 제시한다. '섹스 자원봉사' 방식에 담긴 '해소'의 필요성, 자선의 선물, 인도주의적인 성서비스 제공이라는 개념은 성적 억압을 성욕 해소 방법이 없는 것으로 단순화한다.

결론 '장애와 함께 타임머신에 머물 수 있는 방법'에서는 접힌 시간 개념으로 돌아가서, 치유·훈련·재활 명령을 통해 어떻게 현재가 계속 사라지게 되는지를 논의한다. 나는 치유 명령이 우리를 과거와 미래로 데려가려는 타임머신이라고 생각해 봄으로써 장애와 질병을 가지고 현재에 존재할 수 있는 가능성을 탐구한다. 또한 서구의 학문적 맥락에서 비서구 사회를 다룰 때 종종 나타나는 함정에 대해서도 논의하는데, 이 함정이란 동시대성을 부정하거나 다양한 문화적 맥락에 걸쳐서 나타나는 장애의 경험을 획일화하는 것을 말한다. 나는 이런 분석들이 우리가 치유를 다시 생각할 수 있는 여러 방식을 찾는 역할을 하기 바란다. 즉, 치유를 절대적으로 이롭고 필요하다고 여기거나 생명의학적 개입으로만 제한시켜 생각하지 않고, 사회적 관계에서 나타나는 정치적·도덕적·정서적으로 불확실한 일련의 거래로 이해하는 것이다. 치유를 다시 생각한다는 것은 장애의 현존을 인식하고 그 현존을 위한 공간을 만들어 내기 위해, 접힌 시간을 펼쳐서 과거와 현재, 그리고 미래를 생각하는 것이다.

1장

낳아서는 안 되는 장애

1937년 『동아일보』에 한 여성의 옆모습 실루엣을 그린 판화 삽화가 게재되었다. 그리스 양식의 드레스를 입고 의자에 다리를 꼬고 앉아, 한 손은 얼굴 앞으로 거울을 들고 있고, 다른 손은 머리 뒤로 올렸다(그림2).[1] 삽화 위에는 '가정'이라는 단어가 적혀 있다. 기사의 헤드라인에 "일시적 감정의 지배로 배우자 선택은 말자. 배우자를 잘 고르고 못 고르는 데 집안의 흥망이 있음을 아십시오"라고 적혀 있다. 이 기사는 젊은 남성과 여성이 결혼을 이성이 아닌 감정의 영역으로 생각하는 것을 문제로 보면서, 결혼을 "단지 당사자들 사이의 문제에만 끄치지 안코[그치지 않고] 자손 번영과 우생학상으로 본 소질 향상에도 큰 영향"을 미치는 것으로 규정한다. 삽화는 여성의 외모만으로는 판단을 잘 할 수 없기 때문에, 여성의 유전적 기질을 미리 확인할 필요가 있다는 것을 보여 준다. 이성적으로 판단한다는 것은 결혼을 우생학적 관점에서 생각한다는 뜻이다. "우생학상으로 보아 완전한 결혼이라야 비로소 의의 잇는 결혼이 성취되엇다고 볼 수 잇습니다." "그런 고로 여기서 불가불 생각할 문제는 배우자를 선택할 때의 문제이니 유전적 소질이 잇고 없는 것을 말하는 것입니다." 이 기사는 독자들에게 정신병, 매독, 도벽이 있거나, "음주가와 다른 악습성이 있는 자"는 모두 피하라고 권한다. 또한 "이상 소질은 반드시 유전하는 것이니 참으로

신중하게 고려하고 조사해야 할 것"이라고 말하면서 그런 특성들의 유전적 확실성을 주장한다. 기사에 나타난 우생학적 선전은 바람직한 신체적 외모와 좋은 유전적 특성을 동일시하고 '자유연애'를 권장했지만, 이 삽화는 여성의 외모가 잠재적인 문제를 가릴 수 있기 때문에 유전 병력을 자세히 조사할 필요가 있다고 제안한다. 사랑에 기반을 둔 근대적 결혼에 대한 불안감이 반영된 것이다.

식민지 조선에서 결혼과 가족을 바라보는 관점과 형태에 어떤 변화가 있었기에 잠재적 배우자의 유전적 특성을 살펴보라는 이 같은 조언이 가능했을까? 이 신문 기사는 제니퍼 로버트슨Jennifer Robertson이 일본에서도 관찰한 바 있는 당대의 추세를 보여 주고 있다. "결혼의 합리화"rationalization of marriage라는 흐름이 일상생활에서 과학적인 정보에 따를 것을 요구하는 "우생학적 근대성"eugenic modernity의 중심에 자리 잡게 된 것이다.2 그 전에는 계급이나 신분에 따른 전통적 요소에 기반해 중매결혼이 이뤄졌다면, 당시 식민지 조선에서는 이 같은 방식에서 벗어나 사랑하는 사람을 배우자로 선택하는 근대적 가족생활을 강조하는 새로운 흐름이 생겨났다. 이 같은 상황에서 이성적인 결혼에 대한 강조는 '감정에 따른' 결혼의 흐름을 견제하기 위한 것이었다. 이 신문 기사는 개인의 통제력을 강조하고 있는데, 우생학적 정보를 기반으로 부적절한 특성이 없는 배우자를 선택함으로써 바람직한 핵가족을 성공적으로 구성할 수 있다는 것이다. 이런 접근 방식은 직접적으로는 인쇄 매체와 강연을 통해 우생학적 정보가 확산된 영향이 크고, 더 넓게는 근대화된 삶을 향한 사회적 움직임의 영향으로 생겼다. 이런 접근 방식은 가족의 이름으로 자아를 구성하고 동시에 규제하면서, 계급에 기반을 둔 협상을 통해 맺어지는 전통적 결혼 방식에서 벗어나고자 했다.

재생산은 치유적 개입이 일어나는 중요한 영역이다. 장애를 없애는 방식으로 재생산 결과를 통제하려는 노력을 통해 특정한 형태의 미래가

그림2 '가정'이라는 글자 밑에, 한 여성이 앉아서 손거울을 보고 있는
옆모습을 표현한 판화.『동아일보』(1937/10/08).

나타난다. 이를 앨리슨 케이퍼는 "장애가 사라진 미래"a future without disability3라고 부른다. 하지만 장애가 없어지기를 바라는 욕망은 당연하지 않다. 또한 그런 욕망이 언제나 존재했던 것도 아니다. 그런 욕망은 식민지기의 물리적·사회적 조건들과 상호작용하는 문화적 재현물들 속에서 구성되고 강화된다. 그 결과 특정한 종류의 드라마가 나타나는데, 이런 드라마는 장애인의 재생산을 둘러싼 강렬한 감정을 구성하고 이를 이용한다. 또한 장애가 있는 아이를 낳았을 때 생기는 괴로움을 당연시하고 사회적으로 어떤 결과를 초래하는지 극대화해 보여 준다. 그렇게 함으로써 여성이 겪게 되는 사회적 어려움을 피하기 위해 장애가 없는 자녀를 낳으려는 바람을 강조한다.

정책이나 국가 행위에 대한 논의가 서사와 상호작용하기 때문에 문화 텍스트는 전통, 근대성, 도덕성을 그려 내며 욕망을 만들어 내고 정동을 불러일으킨다. 나는 이번 장에서 근대 한국 문화에서 재생산이 어떻게 장애를 적대시하며 구성되었는지 탐구하기 위해 문학작품, 정치적·법적 담론, 정보의 초국가적 흐름, 영화, TV 다큐멘터리, 독립 영화 등을 면밀하게 분석한다. 그러면서 세 영역을 논의한다. 첫째, '유전 드라마'와 1930년대 우생학 운동을 다룬다. 둘째, 장애를 거부하는 입장을 도덕적으로 정당화하는 데 유전을 활용한 상황, 그 결과로 생긴 1970년대 우생학의 법제화 과정, 재생산 대리 행위, 낙태 논쟁을 다룬다. 셋째, 2000년대의 착상 전 유전자 검사preimplantation genetic screening와 재생산 가능성에 기반한 결혼 부적격성을 다룬다.

이성으로 억제되어야 하는 사랑, 그리고 유전 드라마

영국의 우생학을 받아들인 일본을 통해, 그리고 유럽, 미국에서 공부한 조선인 엘리트들을 통해 인종의 '본질'을 '고치고 개선한다'는 우생학적 사상과 방법이 식민지 조선에 도입되었다. 우생학 이데올로기와 그 방법은, 서구 국가들의 이름에서 풍기는 선진 문명이란 강력한 이미지와 더불어 태평양을 넘어서 식민주의적인 방식으로 도입되었다. 이런 우생학의 도입은 자손 번식을 자연스러운 본능이자 의무로 여기는 전통적인 사고방식과 충돌하면서, 한국의 일상생활에서 근대성이 어떻게 상상되고 실현되는지에 강력한 영향을 끼쳤다. 조선인들을 '계몽'하기 위해서 이갑수와 윤치호 같은 개혁가들은 식민지 근대성이 만들어 낸 기회를 잡았다. 이 같은 근대성은 신기욱과 마이클 로빈슨이 관찰한 바대로, "식민지에 존재하는 좀 더 섬세한 형태의 지배 및 억압"과 복합적으로 공존하는 "해방을 가져오는 힘이자, 날것이면서도 변화를 추동하는 권력"이다.4

1933년에 일본, 중국, 독일, 미국, 영국, 조선에서 공부한 의사, 교육자, 정치인, 언론인, 개신교 성직자 등 80여 명의 인사들이 모여 조선우생협회를 만들었다.5 컬럼비아대학에서 공부한 의학교수 이명혁은 협회지인 『우생』 창간호에서 이렇게 발표했다. "사회학상으로 본다 하여도 국가의 안전함이라든지 가정의 평화스러운 것이 인구 수량에 있지 아니하고 기품과 질에 있다고 하여도 과언이 아니다. 일사회에 불량분자인 살인, 강도, 사기, 부랑, 광인, 난음, 불구자 등이 많을 것 같으면 제일로 경제상 불리할 것은 물론이고, 치안상 발전상에 중대한 문제일 것은 명확하다. ……기대책 중에 하나가 되는 것도 우생 운동 — 즉 사회에 해를 주는 불구의 유전병자 불량분자들을 산출치 못하도록 근본적으로 방지하자는 것이다."6 『우생』은 총 3권(1934년 제1호, 1935년 제2호, 1936년 제 3호)이 발간됐는데, 각각의 권호에는 단종법으로 번역된 불임수술을 비롯해 미국, 스위스, 캐나다, 덴마크, 독일, 멕시코, 스웨덴, 노르웨이, 핀란드에서 시행되었다고 알려진 해외 우생학 사례에 대한 정보가 담겼다.7 이 잡지는 우생학과 영아 살해를 구별하면서 인도주의적 우려를 잠재우기도 했다.

3호까지 발간된『우생』의 내용에 따르면 우생학 개입의 대상은 "백치" "광인" 혹은 성병, "나병"(한센병), 혈우병, 주류 중독, 결핵이 있는 사람부터 범죄를 행한 사람에 이르기까지 다양하다. 여기 수록된 글들은 조선 민족성과 건강을 강화할 수 있는 방법을 비롯해 혈액형, 결혼 적령기, 성교육, 장수長壽, 성병, 나치의 사례, 강제 불임, 장애인에 대한 전면적인 격리 등에 대한 정보를 담고 있었다.[8] 이명혁은 전통적인 중매혼이 심리적 고통을 비롯한 상당한 해악을 끼쳤다고 보고 폐지를 주장했다. 그는 대신 "우수한 청년 남녀의 동등 동지의 자유결혼"을 장려했다. 그러면서 "직접 간접으로 불구, 불량, 열성의 유전질을 가진 사람들"은 결혼하지 말아야 하고 "부득이한 경우에는 강제로 격리법과 거세법 등을 사용함이 필요하다"고 주장했다.[9] 하지만 사랑에 기반을 둔 혼인은 위험 요소가 있을 수 있으므로, 이를 규제하려는 노력이 있었고, 재생산 전망과 우생학이 배우자를 스스로 선택할 때 고려하는 조건으로 떠올랐다. 이후 의사의 철저한 의료적 진단, 학교 성적, 사회적 배경과 지위, 지능, 판단력과 이성적 능력에 대한 증거, 부모의 사회적 지위, 신분 여하, 알코올중독과 질병의 가족력, 그리고 용모와 자태, 위생과 생활 안전 습관 등을 통해 유전적 특성을 밝혀낼 수 있다는 내용도 실렸다.[10]

우생학적 사고에서는 가족 전체의 건강이 배우자 선택에 달려 있는데, 이는 곧 좋은 아내를 선택하는 것에 좌우된다는 젠더화된 의미로 여겨졌다. 이런 관점은 특정한 행동적·신체적·정신적 특성을 가족이라는 개념 자체와 공존할 수 없는 영구적이고 유전적인 결함으로 보았다. 자유연애와 자유결혼의 사고방식이 1920년대에 유행하면서 남성들에게 성적으로 일부일처제를 지키고 여성들과 동등한 관계를 맺도록 권하는 소위 '신도덕'이 요구되었다. 동시에 결혼의 공인된 목적은 '인격의 완성'과 조선 민족의 개선이었다.[11] 그러므로 사랑에 기반을 둔 근대식 결혼이라는 개념은 유전, 건강 상태, 가계도, 민족, 사회적 신분, 지능을 이성적으로 고려하는 방식과 결합했다.[12] 개인의 자율성과 결합된 신도덕 및 우생학적 이성을 강조하는 관점은 가족 안에서 장애를 뿌리 뽑을 것을 요구했다. 그뿐 아니라 이갑수는 『우생』 창간호 논평에서 높은 도덕성 탓에 인류가 퇴보했다고 보았다. 그는 다윈을 인용하며 우생학이 좀 더 중요한 목적을 위해 꼭 필요한, 새로운 형태의 도덕이라고 규정했다. "그럼으로 인류의 도덕이 진보되매 지식이 발달됨에 따라 반대로 인간의 체질은 점점 악화하야 퇴보되여 왔다. 그것은 체질이 허약하야 당연히 사망할 사람도 의학의 발달로 인하야 불행을 면하매 따라서 악질과 폐질을 가진 사람도 인류 도덕의 은탁으로 자손을 자유스럽게 생산할 수 있는 결과라고 보겠다. 다시 말하자면 생물계의 현상과 반대로 적자생존이 아니요 부적자생존인 까닭이라 하겠다."[13]

1930년대 대중잡지와 신문들은 성교육과 유전학의 원리를 다루면서, 건강과 위생을 지키기 위한 일상적 실천을 강조했다. 『신여성』은 전형적인 근대 여성을 "건강체의 씩씩한 투사적 기분이 도는 처녀"[14]라고 묘사했다. 또 다른 잡지는 "산아조절소"라는 제목의 특집 기사를 냈다. 이 기사는 산아조절을 우생학과 연결시켰다. 우량 아동을 낳고, 산모를 보호하며, 건강한 가족생활을 보장하는 게 산아조절의 목적이라는 것이다.[15] 이 기사는 산아조절 방법을 자세히 다루고 "다산에 괴로워하는" 여성들의 질문에 답을 제공했다. 또한 양보다는 질을 강조하고, "정신적으로 정당치 않은 자"나 "육체적으로 악질자 등" 존재 가치가 별로 없는 비생산적 인간 부류가 존재한다고 가정하면서 이들의 수가 늘어나면 사회의 부담도 증가한다는 이유로 인구 감소에 대한 우려를 반박했다. '양질의 인간'과 '건강한 여성'이 근대적 식민 시민의 이상으로 부상했다.

조선인을 개조와 재생16이 필요한 동질적인 집단으로 설명하는 관점은 우생학적 식민지 근대성의 중첩성을 드러냈다. 개조될 필요성은 식민주의 개입을 정당화했으며, 일본이 주장한 조선인의 열등함을 거부하기보다 발전을 바랐던 조선 엘리트들의 내재화된 식민주의 열망을 정당화했다. 'Eugenics'는 우생학優生學, 즉 우월한 출생의 과학, 또는 인종개선학人種改善學으로 번역되어 1920년대 초 인쇄 매체에 나타났다. 우생학은 식민지 조선에 고스란히 이식되진 않았으며, 전통적인 가치들의 영향을 받았다. 현상윤은 서구 우생학이 오로지 육체적인 몸에만 집중했다고 비판하며 우생학을 수정하는 작업을 추진했다. 그는 인류를 개선하기 위해서는 영적·정신적 자질을 개조하는 게 중요하다고 주장하며 우수한 마음의 과학, 즉 우심학優心學을 주창했다.17 1926년『동아일보』는 최현배의 칼럼을 게재했는데, 65회가 이어진 칼럼에서 그는 조선을 재활이 필요한 쇠약한 국가로 묘사했다. 최현배는 첫 칼럼에 이렇게 썼다. "조선 민족아 너에게 과연 생명의 자유 발전이 잇스며 생존의 숭고한 영예가 잇느냐 불행하다 너에게는 다만 쇠잔과 고통이 잇스며 영락과 비애가 잇슬 뿐이로다."18

유럽과 북미, 일본의 우생학이 태평양을 횡단해 조선에 전파되었다는 사실은 우생학이 샤론 스나이더Sharon Snyder와 데이비드 미첼David Mitchell이 개념화한 "대서양 우생학"Eugenic Atlantic의 범위를 벗어났음을 입증한다. "대서양 우생학"은 우생학이 서유럽과 북미의 국가 및 그들의 국제적인 협력을 통해 진행되었다는 점에 주목하는 개념이다.19 스나이더와 미첼은 근대국가가 "자국의 영토 내에서 장애를 제거하는 것"에 관심을 가졌다고 지적했다.20 식민성은 우생학 운동이라는 면에서 식민지 조선과 '대서양 우생학' 사이에 커다란 차이를 만들어 냈다. 식민지라는 조건 때문에 우생학 프로젝트의 토대이자 분명한 목표인 국가의 독립을 이룰 수 없었던 것이다. 주권이 없는 상태에서 민족국가의 구성원을 개선하려는 작업은 조선이 열등하다는, 그리하여 자치를 할 자격이 없고 스스로 발전할 능력도 없다는 식민주의의 이미지와 불편하게 병치되었다. 식민화된 공간에서 담론적 제약에 부딪친 조선의 우생학자들은 세계 시민이라는 측면에서 교육과 계몽을 통해 바람직한 특성을 길러 낼 필요성을 촉구하는 방식을 택했다. 최현배는 조선 민족 갱생의 필요성을 촉구하면서 이렇게 썼다. "우리는 조선 사람이다……. 그러치마는[그렇지만]…… 나는 조선 사람도 아니오 일본 사람도 아니오 황인종도 아니오 백인종도 아니오 다만 세계 사람이다."21 윤치호도 교육으로 미래 세대의 유전적 특성을 개선하는 것이 우생학이라고 소개하면서 조선이 세계의 흐름을 따라야 한다고 제안했다. "세상 사람은 그네들의 소용되는 거 가축과 초목 등은 힘써 그 종자를 개택하지만은[고르지만] 자기네들의 귀여운 자손에 있어서는 위인과 천재의 인물이 나고 못 나는 것은 자연적이요 절대로 인력으로는 할 수 없다 하야 우생학적으로써 육체와 정신상 후생의 인간을 개량하려는 운동은 극히 적다. 특히 조선 사회에는 이와 같은 운동은 고사하고 사상까지 전혀 없다는 것은 너무나 한심한 일이다."22

대체로 역사학자들은 공중보건 분야에 주력하며 질병 및 장애가 있는 인구를 줄이려 애쓴 조선 우생학자들을 일제의 식민 지배에 적극적으로 저항하지 않은 순응주의자로 본다.23 그렇지만 조선인 우생학자들의 우생학 프로젝트는 일제 식민 당국에 적극적으로 협력하지 않았을 뿐만 아니라, 오히려 식민 지배를 위협하는 것으로 여겨졌을 수도 있다. 이진경의 주장에 따르면, 1930년대 초에 조선 학자들은 1910년에서 1922년 사이에 나타났던 "민족주의자들의 생명정치적 개혁이 보여 주는 반식민주의 입장"24이라는 흐름을 이어 가면서 조선 민족을 근대적이고 건강하며 위생적인 몸을 가진 민족으로 만들려는 실천을 주도했다. 하지만 이들의 노력은 1930년대 말 일제 당국이 '조선우생협회' 활동을 중단시키며 좌절되었다.25 이갑수는 조선의 민족성을 향상시키기 위해 결혼 상담을 해주다가 일본 경찰에 체포되었다고 회고했다.26 독립 이후 1946년에 '조선우생협회'는 '한국민족우생협회'로 이름을 바꾸고 활동을 재개하며 화신백화점에 '국민우생결혼상담소'를 열었다.27 우생학의 전파를 둘러싸고 조선 엘리트와 식민 당국 사이에 긴장감이 있었다는 데서 국제사회에서 식민 지배를 정당화하기 위해 우생학의 수사적 힘을 활용하려 했던 일제의 식민주의적 의도를 엿볼 수 있다.

1938년 조선총독부가 만든 후생성은 조선 민족의 신체적 힘을 기르고, 열등하거나 질병이 있다고 여겨지는 사람들을 대상으로 불임을 정당화하는 움직임을 주도했다. 김예림은 1935년 이후 조선우생협회의 활동에 대한 보고가 중단된 것이 우생학 담론이 약화되거나 사라졌다는 신호가 아니라고 주장한다.28 우생학 이데올로기와 운동은 다른 대중잡지와 신문에서 계속 다뤄졌고, 우생학 사고방식은 스포츠·레저·연예계에서 그리는 건강한 몸의 이미지를 통해 대중문화와 일상생활에 스며들었기 때문이다. 김예림은 이런 현상을 "문화로서의 우생학"으로 부른다.29 잡지 『보건운동』 창간호 서문에 이런 내용이 있다. "한 개인에 있어서도 무병 건강이 모든 사업의 원동력이 되며 생존의 빛이 된다. 마찬가지로 한 민족으로써의 웅비할 한량할 원기와 기도도 결국 그 민족의 혈관 속에 우렁차게 돌아가는 혈액, 기민하게 작용하는 신경 그리고 준족철완 이 모든 건강의 섬광에 기대하지 아니할 수 없는 것이다. …… 우리의 태중에는 병에 찌들고 빈혈에 지친 민중이 보일 뿐이다."30 이 서문에서 건강은 조선 "개조"의 궁극적 목표이자 도구로 그려지고 "병에 찌들고 빈혈에 지친 민중"에게 비추는 빛으로 비유되는데, 이렇게 병든 민중들의 집단적 혈액이 곧 조선의 민족적 정치체를 이룬다. 따라서 "대중적인 공공-보건 우생학"에 대한 "과학적인 연구와 사회적인 실천"이 민중들의 "무기력"과 질병을 치유할 수 있는 것으로 제시된다.

　　그렇지만 식민지 조선에서 우생학은 법률화되지 않았다(일본에서는 1940년 '국민우생법'과 1948년 '우생보호법'으로 법제화되었다). 신영전은 재생산에 대한 전통적인 가치와 인도주의적 우려 때문에 영아 살해나 불임수술 같은 경성우생학 방식이 법으로 제정되지 못했다고 주장한다.[31] 실제로, 이런 방식에 반대하는 목소리가 잡지『우생』에도 실렸다. 정치체의 건강한 삶이라는 우생학적 이상형의 문화적·대중적 측면은 국가폭력보다, 그리고 아프거나 빈곤한 사람들의 삶이 파괴되는 상황보다 훨씬 더 가시적으로 드러날 수밖에 없었다. 독일이나 미국을 비롯한 서구 국가들에 관한 막연한 정보를 동원해 만들어진 수사학과 새롭게 떠오른 불임수술에 대한 담론은 조선의 대중에게 강렬한 인상을 남겼다. 감금이나 불임수술을 통해 도시 공간과 공공장소에서 추방당하고 조선 민중에서 배제된 사람들은 관심을 거의 받지 못했다. 1929년에 조선 총독부가 첫 번째 조선박람회를 준비하면서 '토막민'(농촌에서 서울 변두리로 이전된 사람들, 임시로 지은 집이나 무허가 영토에 사는 도시 빈민),[32] '걸인',[33] '절도범', '모르핀중독자와 부랑자',[34] '노방 소상' 등을 체포하여 심문하고 서울에서 쫓아냈는데, 그들이 "도시 미관에 해가 되기" 때문이었다.[35] 대중의 불안감은 혐오에 이를 정도로 커져서 질병을 가진 사람들의 생계를 위협하기도 했다.『동아일보』는 "문둥이" 4, 5명이 경찰서에 찾아와 주민들이 학대해 갈 곳이 없고 굶어 죽을 지경이라고 "대담 무적하게도" 항의한 상황을 보도했다. 위생계 주임은 서울 시민들을 안심시키기 위해 기자에게 이렇게 말했다. "우선 어떻게 할 도리가 없습니다. 소록도 나환자 병원이 아직 미완성이니 어떻게 하겠습니까. 그러나 곧 경기도 위생과에 보고하여 일간 이들을 일망타진하여 어디로든 추방하든지 하겠으니 이것을 오십만 주민들에게 알려 주십시오."[36] '나병' 환자들을 향한 대중들의 거부감을 해결하기 위한 방법으로 소록도의 자혜원이 등장한다. 이 기사는 국가가 무엇을 보호해야 하는지에 대한 관점이 다를 때 생길 수 있는 갈등을 보여 주는 좋은 예다. 국가가 환자의 안전과 생존을 보호해야 할지 아니면 환자들을 위험하다고 생각하는 대중을 환자들로부터 보호해야 할지에 대한 두 관점이 그것이다. 도시 공간에서 '나병'이 있는 사람들에 대한 학대가 확산되자 이들을 분리해야 할 필요성이 더욱 정당화되었다. 이후 소록도는 '조선나예방령'(1935)에 따라 운영되었다. 이 법에서는 소록도 원장에게 강제 불임수술을 비롯한 방식으로 거주자들의 행동을 처벌하고 감금할 수 있는 권한을 주었다.37

서구 장애학은 식민지 우생학의 역사가 어떻게 장애와 정치적인 관계를 가지는지에 대해 많이 다루지 않았다. 식민지 우생학은 "인류의 단일성"과 "본질적인 인종 간 차이"라는 역설적인 구조를 종종 드러내 왔다.38 대체로 현대 한국 사회에서 '우생학'이라는 용어는 최근까지 부정적 의미를 가진 것으로 생각되지 않았다(이는 일본에서도 마찬가지다).39 다시 말하면, 우생학이 소위 '하등 인간'으로 분류된 사람들을 대량 학살한 부당한 역사와 확실하게 연결되지도 않았고, 나치의 홀로코스트를 즉각적으로 연상시키지도 않았던 것이다. 1920년대에 우생학 이데올로기는 대중 강연과 인쇄 매체라는 수단을 통해 조선 민족의 미래와 정상적인 가족을 향한 바람이 식민지 공간에서 어떻게 그려지는가에 영향을 미쳤다. 이 같은 우생학 이데올로기의 영향력은 1960년대 말에 우생학의 두 번째 물결을 통해 이어졌다. 이 시기 경제적 번영을 이루고 자본주의 체제의 독립국가로서 힘을 키우려 한 독재 정권 아래에서 '모자보건법'이 탄생했다. '모자보건법'은 임신중절을 불법으로 유지하되, 예외적으로 허용하는 사유 가운데 하나로 우생학이라는 용어를 여전히 사용하고 있다(수정 내용이 포함된 최근의 개정안은 2015년에 나왔다).40 서구 사회와 식민지기 우생학이 남긴 유산, 그리고 식민지 조선에서 독립을 위해 민족성의 개선을 추구했던 몇몇 민족주의적 기획에서 우생학이 과학적 근거로 사용된 방식을 알 수 있다.

유전 드라마

우생학은 결혼과 가족에 대한 이성적 사고에, 식민지 공간에서 작동하는 몸에 대한 검열에, 그리고 부적절한 특성을 가진 '혈통'을 제거하기 위한 불임수술 담론에 문화적 논리를 제공했다. 그렇다면 1930년대의 문학작품들은 장애를 가진 남성과 여성의 일상을 어떻게 그렸을까? 일상 속에서 장애남성과 장애여성은 조선의 민족성을 개선하고 재활해야 한다는 필요성과 자신들의 재생산 가능성 사이에서 협상해야 했다. 사랑에 기반을 둔 자발적인 결혼이라는 새로운 생각, 우생학 원칙에 따라 근대 결혼 과정에서 이성적인 선택을 해야 한다는 새로운 패러다임, 이 둘 사이의 모순이 만들어 내는 효과를 나는 **유전 드라마**heredity drama라고 부를 것이다. 이는 문학이나 영화 작품에서 일탈적인 몸을 가진 등장인물들 사이에서 재생산을 둘러싸고 벌어지는 드라마를 말한다. 유전 드라마는 유전의 담론적 확실성과 출산 전망의 불확실성 사이에서 발생하는 긴장감을 이용한다. 1930년대 말에 발표된 두 개의 단편소설인 주요섭의 「추물」(1936)과 계용묵의 「캥거루의 조상이」(1939)는 '일탈적인' 특성을 가진 남성과 여성을 그리고 있는데, 이들은 유전, 섹슈얼리티, 임신을 두고 벌어지는 사건과 마주하게 된다. 두 작품은 다음 세대에 장애를 물려주는 것이 장애아동과 가족뿐만 아니라 인류 전체에게도 비극이라고 설정한다. 개인의 운명을 다루는 이 서사들 속에 식민주의의 우생학적 상상력이 나타나는데, 이는 무엇이 부적절한 여성성으로 여겨지는지, 무엇이 다가오는 인류의 퇴보로 여겨지는지와 연결된다.

주요섭은 일본, 중국, 미국에서 공부했고, 주로 빈곤이나 노동자 계층을 다루는 사실주의 스타일의 글을 썼다. 주요섭은 1936년에 자신이 편집자로 있던 대중잡지 『신동아』에 「추물」을 발표했다.41 이 소설은 3인칭 화자가 언년이의 임신 소식을 알리며 시작하는데, 이는 자신의 외모를 생각해 보면 언년이도 믿기 힘든 일이었다. 소설은 구순열을 비롯해 여러 가지 보기 드문 특징을 가진 언년이의 얼굴을 자세하게 묘사한다. 소설 도입부터 화자는 언년이가 임신했다는 것이 겉으로 드러나도 아무도 그녀가 임신을 했다고 생각하지 못할 것이라고 말한다. 따라서 언년이는 재생산과 거리가 먼 존재로 설정된다. 언년이의 임신 소식이 알려지자 그제야 동네 사람들은 그녀가 '사람'이라는 사실을 새삼 깨닫는다. 이는 언년이의 장애와 그녀가 무성적일 것이라는 가정 때문에, 임신하기 전까지는 인간이라는 범주의 바깥에 존재했음을 보여 준다. 그녀의 외적인 장애를 묘사하는 내용은 「장화홍련전」을 비롯해서 19세기에 기록된 구전설화의 '못생긴 여자'들의 계보를 따른다.42 「장화홍련전」의 허 씨는 악랄하고 흉악한 계모인데, '쌍언챙이' '곰배팔' '수중다리' 같은 다양한 장애가 있다.43 그렇지만 언년이의 얼굴 및 신체적 장애는, 흔히 장애를 상징적으로 이용하거나 도덕성의 표현으로 보는 문학적 비유에서 벗어나 있다. 허 씨의 경우처럼 장애가 언년이의 부도덕한 성격을 뜻하지는 않는다. 그렇다고 서문에서 논의한 가사 「노처녀가」처럼 수용 가능한 하나의 특성으로 장애를 새롭게 해석하려는 주체성과 연결되지도 않는다. 언년이가 가진 다름은 사람들의 인식과 관련된 것이기 때문에 그녀는 결혼, 가족, 일과 같은 여러 사회적 영역에서 배제된다.

언년이는 신랑과 신부가 사전에 만날 필요가 없는 전통적인 중매를 통해 결혼한 적이 있다. 하지만 신랑이 결혼식 날 밤에 그녀의 외모에 충격을 받아 도망갔다. "첫날밤에 소박을 맞고" 만 언년이는 시가에서 합당한 가족의 지위를 얻지 못했다. 남편이 집을 나간 상태에서 몇 년 동안 시부모를 모시다가 시댁을 떠나 친척을 만날 수 있는 도시로 가서 '자신의 팔자를 고치기로' 결심한다. 팔자를 고친다는 것은 여자가 재혼을 해 갑자기 부자가 되거나 높은 지위를 얻게 됐을 때 쓰는 표현이다.44 도시로 이사하여 결혼할 남자를 찾아 팔자를 고치려는 언년이의 열망은 그녀의 몸과 사회적 환경 사이에 새로운 관계를 만들고자 하는 것으로 나타난다. 즉 언년이에게 치유의 열망은 다른 얼굴을 갖는 것이 아니라 사람들이 자신을 존중하고 친절하게 대했으면 하는 바람으로 드러난다.

언년이는 다양한 사람들이 있는 새로운 도시 서울에서 이처럼 대우받기를 기대한다. 서울에 온 그녀는 꽃구경을 하는 사람들로 붐비는 창경궁에 간다. "말이 꽃구경이지 사실인즉 사람 구경을 가는 것이라 하지만 하여튼 사람이 그렇게도 많이 한 곳에 모인 것을 처음 보는 언년이는 그저 입을 헤하니 벌리고 섰을 수밖에 없는 것이었다."45 수많은 사람들 속에서 언년이는 무대에서는 여자 무용수들이 춤을 추고 흰 휘장 위에 서양 남녀들이 춤추는 장면이 펼쳐지는 것을 보고, 몇 해 전 동네에 찾아온 서양인들의 특이한 외모를 보고 놀랐던 기억을 떠올린다. 다양한 몸들이 즐거움을 주고 장관을 이루는 장소에서, 언년이는 자신의 아름다움을 칭송하는 남자를 상상한다. 그 순간, 한 남자가 조용한 곳으로 가자고 말하는 소리를 듣는다. 하지만 그 남자는 언년이의 얼굴을 보고 "에, 재수 없다"라고 말하며 도망가고, 언년이는 냉정한 현실을 깨닫는다. 이어서 교복을 입은 세 남자가 언년이를 추행하려고 둘러쌌다가, 그녀의 얼굴을 보고 물러나고 '괴물'이라고 부르며 도망간다. 표적이 된 여성의 외모 때문에 폭력이 중단되었다고 묘사하는 부분은 거리에서 남성이 여성을 추행하는 일을 여성성에 대한 이성애적 승인으로 규정하는 것이다. 언년이는 자신의 외모에 대한 사회적 반응을 바꿀 수 있다고 상상한 다른 공간으로 이동함으로써 자신의 운명을 바꾸려고 했지만, 도시에서 길을 잃고, 자신을 낳은 어머니를 향한 원망과 절망감에 주저앉는다. 그녀는 배척과 수모로 점철된 자신의 운명을 쉽게 바꿀 수 없음을 깨닫는다.

언년이는 일자리를 유지하는 데 연이어 실패하고 나서 집에 상주하는 가정부로 취업한다. 그 집 부인은 언년이가 남편을 유혹하는 성적인 위협이 되지 않으리라 생각해서 언년이의 외모를 장점으로 봤다. 어느 더운 여름 날, 언년이가 남자에 대한 욕망에 사로잡혀 있을 때 물장수가 배달을 온다. 그 남자는 언년이가 집에 혼자 있는 걸 알고는 문을 잠그고 그녀의 방으로 쫓아 들어간다. 그 사건 후에 언년이는 그 남자와 결혼하기를 기대하고 있다가 그가 사라져서 괴로워하는 것으로 묘사된다. 언년이는 임신한 사실을 알고 기대와 좌절, 두려움을 느꼈지만 결국에는 잔인한 세상이 잘못되었음을 증명할 수 있도록 예쁜 여자아이를 낳게 해달라고 빈다. "그는 아무리 불행한 일생을 보냈더라도 세상에서 제일 이쁜 여자의 어머니로서의 자랑이면 족히 위안이 되고도 남음이 있으리라고 생각하였다. 그에게 있어서 이 세상 희망이라구는 오직 그것 하나밖에 없다고 단정하였다. 그의 왼 장래가 여기에 결정지어진다고 생각하였다. 기적을 비는 마음! 그것은 우리 못나고 천대받고 조롱받고 무능하고 또 눌림받는 인간들의 공통된 기원인 것이었다."46

여기서 재생산은 주변화된 여성들이 열등하게 태어났다는 전제가 틀렸음을 증명해, 자신들에 대한 사회적 대우를 변화시킬 수 있는 중요한 기회를 제공한다. 어머니와 아기의 운명은 같이 묶여 있기 때문에, 소설의 서사는 태어날 아기의 성별뿐만 아니라 외모에 대해서도 긴장감을 형성해 간다. 언년이가 출산한 직후 산파는 여자 아기가 장애를 가진 어머니와 똑같이 생겼다고 중얼거린다. 이후 언년이는 "저것이 자라나면 또 그런 쓰라린 일생을 되풀이할[되풀이할] 것이로구나" 생각하면서 옷으로 아기를 덮어 짓누르면서 "돼져라, 돼져라" 중얼거리며 질식시켜 죽이려 한다. 언년이가 딸을 치유할 수 있는 유일한 방법은 딸을 죽이는 것이다. 그래야 장애에 대한 사회적 반응으로 딸이 고통스러워하는 상황을 막을 수 있기 때문이다. 언년이는 딸에게 장애가 있다는 소리를 듣고 사람들이 비웃는 모습을 떠올린다. "추물이 추물을 낳았다."[47] 화자는 다음과 같이 말한다. "눈앞에 뚜렷이 나타나는 새로운 생명은 언년이 일생의 부끄러움을 속해 줄 희망이 아니라 그 부끄러움에 새로운 부끄러움을 끼얹어 주는 한 개의 절망이었다."[48] 하지만 아기가 움직이지 않자 그녀는 깜짝 놀라서 손을 뗀다. 차마 옷을 들어서 아이를 볼 수는 없었지만 자신이 만든 예쁜 옷 아래에서 숨 쉬고 있는 아기가 자라면 더 예뻐 보일지도 모른다고 상상한다. 긴장이 풀린 언년이는 자기 젖을 문질러 짜면서 "매낀매낀하는[매끈매끈한] 아기의 살"을 느끼며 잠든다. 아기를 보지 않은 채 감촉으로 유대를 만드는 것이다. 언년이는 자신의 운명을 바꾸지 못해서 느끼는 엄청난 슬픔을, 그리고 딸의 미래에 대해 느끼는 극도의 슬픔을 모성으로 이겨 낸다.

언년이 이야기는 장애를 개인이 피할 수 없는 유전적인 운명으로 그렸다. 유전 원칙의 작용 안에서 기적은 일어날 수 없다. 소설 속에 유전이라는 말이 나오지 않고, 언년이도 이를 분명 모르고 있지만, 마치 유전법칙에 따르면 부모와 자식의 유전자 표현형이 언제나 완벽히 일치하게 나타나는 것처럼 그려진다. 유전적 확실성이라는 틀 안에서, 언년이가 무지하기에 치유에 대한 희망을 갖게 된다는 비극적인 드라마가 형성된다. 재생산의 가능성은 사람들에게 배척당했던 경험을 치유해 줄, 지금까지와는 다른 미래를 상상하는 기회를 준다. 하지만 유전의 영향 때문에 언년이의 꿈은 실현되지 못한다. 그럼에도 결국에 언년이는 딸을 거부하지 않는다. 대신 딸의 외모가 괜찮아질 수 있다고 생각하며 더 나은 미래를 다시 기대한다. 「추물」은 유전되는 장애에 대한 이론을 알고 있는 독자들을 겨냥한 이야기다. 이 소설은 타파해야 할 무지와 비이성적인 사고방식의 사례를 보여 줌으로써 대중들에게 우생학적인 조언을 강화하는 역할을 한다.

「추물」이 장애를 가진 생명을 낳아 유전이 지배하는 삶을 '고치는 데' 실패한 장애여성에 대한 이야기라면, 계용묵의 「캥거루의 조상이」는 유전 원리를 알고 본인의 장애를 재생산하지 않기 위해 파혼하기로 결정하는 장애남성을 그린다. 이 서사에서 일제 식민 지배 상황이 분명하게 드러나거나, 조선 민족이 열등하다는 사고를 만들어 낸 인종주의가 직접적으로 다뤄지지는 않지만, 식민지 도시 공간 및 우생학 담론과 협상하는 개인들을 보여 준다.

「캥거루의 조상이」의 주인공 문보는 한쪽 눈이 보이지 않는다. 이 소설은 문보가 미자와 약혼한 소식으로 시작한다. 문보는 장애가 유전되는 가족력 때문에 마음속으로는 약혼을 있을 수 없는 두려운 일로 생각한다. 그의 가족 구성원 가운데 장애(손의 기형, 절뚝거림, 꼽추, 하지마비)를 가진 사람들이 많기 때문이다. 상당수의 문학작품들이 등장인물에게 장애가 있다는 사실을 드러내지 않다가 나중에 밝히며 이야기를 반전시키는 방식으로 끝나는 것과 달리, 이 소설은 문보의 장애와 가족력에 대한 정보를 그의 약혼 소식과 함께 처음부터 제시한다. 이는 문보와 미자 커플의 재생산에 대한 불확실한 미래를 둘러싸고 서사가 전개될 것이라는 점을 암시한다. 아토 퀘이슨에 의하면, 랠프 엘리슨Ralph Ellison이 쓴 미국 소설 『보이지 않는 인간』Invisible Man에서 등장인물의 눈이 손상된 사실이 갑자기 밝혀지는 것은 "담론적인 구두점" 기능을 한다. 퀘이슨은 "다양한 은유가 결합된 장애가 예상치 못하게 갑자기 밝혀지면서 사건 전체의 이례적 상태를 강조하는 역할을 한다"고 분석했다.49 이와 대조적으로 유전 드라마에서는 장애에 대한 정보가 재생산의 주요 사건과 함께 제시되고, 양립 불가능해 보이는 장애와 재생산이 나란히 놓이면서 긴장과 불안을 제공한다. 언년이의 임신으로 시작한 「추물」과 마찬가지로 「캥거루의 조상이」는 우생학적 관점에서 스스로 자격이 없다고 여기는 남자의 결혼 계획에서 시작한다. 문보의 전 애인 금봉은 그의 장애를 알게 되자 그를 떠났다. 금봉은 도쿄에서 공부한 현대적이고 이성적인 신여성으로 묘사된다. 문보의 장애나 미자의 무조건적인 사랑과 대조를 이루면서 금봉의 미모, 교육 배경, 현대적인 외모가 강조된다. 교육받고 장애가 없는 신여성은 장애 남성과 대립적인 위치에 놓인다. 문보는 우생학적 이유 때문에 금봉이 자신을 떠난 것을 이성적인 결정으로 이해했고, 이 결정에 오히려 안도한다.

문보는 인류가 캥거루로 퇴화해 가고 있다고 생각하면서 유전적인 장애가 인류의 미래와 연결되어 있다고 믿는다.

> 어떤 학자는 인류 다음에 올 고등동물은 캥거루라고까지 설파하였다. 이 학설을 그대로 믿고 본다면 인류는 올챙이가 개구리로 화하듯 캥거루로 화하여 가는 그 과정에 처한 존재가 아닌가. …… 영원한 인류 문화의 축적에 피를 흘린 거룩한 역사에 한 개 삽이 되어 미진의 북돋음이 되지는 못할지언정 장래 사회의 인류의 혹을 애석히 추모하는 캥거루의 조상이 될진댄, 차라리 값 없는 목숨이 귀할 것 없었다.50

1934년에 『우생』은 장차 미래에는 인류가 모두 장애를 가지게 될 것이라는 문보의 두려움과 유사한 견해를 제시하는 뉴욕 심리학자의 이론을 게재했다. 그 심리학자에 따르면, 지난 10년간 광기가 30퍼센트 증가했으며, 이런 추세에 따라 200년 내에, 정확히 2139년에 "전 세계 인류가 전부 정신병자"가 된다는 것이다.51 문보는 멘델의 유전법칙을 무시한다고 하더라도 그의 가족에게 드러나는 유전적 장애의 내력을 무시할 수는 없었다. 이런 발현은 인류의 미래를 암울하게 보는 관점을 뒷받침하는 계보학적 증거를 보여 준다. 문보는 "불구의 불행한 씨"52를 낳는 것을 멈춰서 인류가 캥거루로 변하는 상황을 막고자 한다. 그는 이혼한 경험이 있고 자신을 작가로서 존경하는 미자를 만나기 전까지 금욕적인 생활을 택했다. 그녀와 약혼을 하고 난 뒤, 임신 가능성을 걱정하는 문보의 두려움은 커져 간다. 문보의 서사에서, 그의 이성애는 장애가 계속 이어지는 상황을 예방하고 궁극적으로 인류를 구하려는 우생학적 책임감과 갈등을 일으키게 된다. 문보는 스스로를 장애의 확산을 앞당기는 주범 가운데 하나라고 여기는데, 장애의 확산은 인간의 멸종으로 이어진다고 생각한다. 미자가 임신하지 않은 걸 알고 안심한 문보는 미자와 동반 자살하기를 원한다. 그렇게 해서 미래 세대의 행복을 위해 자신들의 삶을 희생하고 싶어 한다.

문보는 장애인들로 채워진 미래를 디스토피아로 상상하면서, SF 희곡 『R.U.R.』 Rossum's Universal Robots(1923)을 쓴 체코 작가 카렐 차페크Karel Čapek에게 배운 교훈을 이야기한다. "일찍이 차페크는 그의 작품에서 인조인간의 출현을 예언했다."53 「캥거루의 조상이」에는 문보의 관점에서 이 작품을 우생학적으로 해석하는 내용이 들어 있다. 이 희곡은 인간이 이성적으로 행동하지 않자 인간을 파괴하는 로봇에 관한 것이다. 자신의 재생산을 인류의 멸종과 연결 지어 생각하는 문보의 불안을 정당화하기 위해 계용묵은 이 작품을 제목도 밝히지 않은 채 잠깐 언급했을 뿐이지만, 1925년에 처음 한국어로 번역된 『R.U.R.』은 작품 속 계급투쟁에 대한 묘사로 조선에 영향을 끼쳤다.54 이 작품은 또한 중요한 우생학적 메시지를 제시하며, 이와 동시에 생명을 과학적으로 조작하려는 시도에도 경고를 보낸다. 『R.U.R.』에서 남성 과학자들은 로봇(이 희곡에서 처음 만들어진 단어이다)을 만들어 인간의 노동을 대체하는 기계 노예로 삼고 이로써 인간 사이의 계급적인 위계를 없애고자 한다. 로봇 공장의 대표는 이렇게 말한다. "난 인류 전체를 귀족계급으로 만들고 싶었네. 기계 노예들이 받드는 귀족. 자유롭고 어떤 제약도 없는 완벽한 인간이지. 말하자면 기존의 인간보다 더 위대한 인간이 되는 것이었네."55 로봇에 동정심을 느끼는 헬레나는 로봇이 인간에 저항하는 데 필요한 핵심 요소인 영혼을 만들게 되는 계기를 제공한다. 헬레나는 '간질'과 비슷한 움직임으로 묘사되는 로봇의 동작에 대해 듣게 되고, 이런 움직임이 로봇이 영혼을 갖고 있으며 내적인 고민을 하고 있음을 암시한다고 해석한다. 헬레나가 로봇에게 영혼을 만들어 주자고 과학자들을 설득하자 그중 한 명이 "그건 우리에게 이로울 게 없어요"라고 대답한다.56 헬레나는 결국 로봇에게 영혼을 만들어 주도록 자신을 연모하고 있던 과학자를 설득하는 데 성공한다. 우생학적 관점에서 보면 로봇에 대한 헬레나의 동정심은 열등한 존재가 감정적으로 재생산하지 못하게 하기 위해 이성적으로 판단해야 한다는 우생학적 원칙을 위배하는 것이다. 이로 인해 열등한 존재로 살았던 로봇들은 "자신들이 인간보다 훨씬 진화된 존재이고, 더 강하고 똑똑하며, 인간들은 로봇에게 기생하는 동물"임을 깨닫고 인간에게 저항한다.57 로봇들이 배포한 전단지에는 이렇게 적혀 있다. "전 세계의 로봇들이여, 모든 인류를 다 죽일 것을 명령한다. 어떤 남자도 살려 주지 말라. 어떤 여자도 살려 주지 말라. 공장, 철도, 기계, 광산, 원료들을 보전하라."58 하지만 아이러니하게도 로봇에게 재생산 능력이 없기 때문에 이 작품은 로봇의 멸종이 임박했음을 예상하며 끝난다. 인간이 로봇에게 스스로 재생산할 수 있는 기술을 주지 않았고, 로봇을 만드는 기술을 가진 인간들을 로봇이 다 죽였기 때문이다.

「캥거루의 조상이」에서 문보가 인조인간(로봇)이 세상을 지배하게 되는 두려움을 언급한 것은, 『R.U.R.』에서 과학자들이 헬레나에게 설득당해 인류가 멸종했기 때문에 자신은 이들처럼 약해지면 안 된다는 생각을 보여 준다. 이 희곡을 경고 삼아 사랑에 마음이 약해져 장애를 재생산해서는 안 된다는 마음을 더욱 굳힌 문보는 미자가 동반 자살 제안을 일축하자 실망한다. 그들의 관계가 결국 인류의 퇴행을 앞당길 뿐이기에 미자에 대한 자신의 감정적 관계를 끝내기로 결심한다. 미자는 "사람의 마음을 긁어 먹는" "어여쁜 악마"였다.59 문보는 미자가 자신의 장애에 대해 알면서도 사랑하는 것은, 재생산을 하지 않으려는 자신의 사명을 실패하도록 만들려는 감정적인 유혹일 뿐이라고 생각한다. 로봇에 대한 헬레나의 감정이입이 인류를 멸종에 이르게 한 것처럼, 미자의 섹슈얼리티와 재생산 가능성은 이런 문보의 노력을 도덕적으로 위협한다.

이 작품의 중요한 한 장면에서 문보는 서울의 복잡한 거리에 서 있다. 빠르게 움직이는 자동차, 전차, 자전거, 인력거, 오토바이를 보고 머뭇거린다. 문보는 움직이는 군중 속에서 온갖 종류의 외모를 가진 사람들을 발견한다. 이 모습은 "쓰레기통을 쏟아 놓은 듯이 정리의 필요가 있는 듯" 혼란스럽다.60 거지를 마주친 문보는 돈을 주고 나서, 다른 사람들이 그 거지를 그냥 지나치거나 못 본 척하는 것을 보게 된다. 이런 관찰을 통해 그는 많은 사람들이 도덕적으로 '불구자'라고 진단한다. 문보는 스스로를 희생하면서 인류의 발전에 기여하려는 자신의 도덕성을 긍정하며 마음의 '불구자들'을 치유하려는 열망을 표현한다.

맘의 불구자는 삶을 찾고 육체의 불구자는 죽음을 찾는다! 자기가 이미 자살을 도모하였을진댄 맘의 불구자들은 벌써 이 세상 사람이 아니었어야 옳을 것이 아닌가. 그러고도 그러이[그리고도 그들이] 그렇게도 살기를 원할진댄, 제 책임을 다하지 못하는 시계는 불충분한 기계를 드러내고 완전한 것으로 갈아 넣어야 되듯이 그 맘의 불구한 부분을 갈아 넣어 주고 싶다. 그리하여 그

들에게 영원한 값있는 생명을 부어 넣어 캥거루의 조상이 되기
전에 인류 문화의 축적에 빛이 되는 거룩한 인류의 조상을 만들
어 주고 싶다. 이 거리는 이런 인간 수선의 기사는 없는가.61

문보는 자신의 결함을 고쳐야 한다는 점을 잊지 않으면서 다시 살고자 하
는 열망을 가진다. 그가 자발적으로 금욕적인 생활을 하고, 도시와 사랑하
는 여자에게서 떠나는 것은 결혼할 자격에 대한 그 시대의 지배적인 사회
적 담론, 그리고 건강한 시민을 재생산해야 한다는 사회적 책임감과 같은
선상에 있다. 인류 진화를 보장하려는 문보의 그 성스러운 치유를 향한 사
명은 자신을 탈성화desexulize해 완수되는 것이다. 이는 문보만큼 이성적이
지 않은 장애인, 즉 스스로 자제하거나 피임을 통해 재생산을 방지할 사명
을 수행할 의지가 없는 장애인의 불임수술에 대한 우생학적 정당화를 제
공한다.

　「추물」과 「캥거루의 조상이」에는 '팔자 고치기'와 '인류의 개조'라
는 두 가지 핵심적인 생각이 담겨 있다. 이 두 가지는 재생산을 하거나 하지
않음을 통해 사회적 배척과 퇴행을 '치유'하려는 것이다. 장애를 가진 어머
니는 예쁜 자녀를 낳아서 자신의 운명을 고치려고, 즉 자신의 외모와 관련
된 장애에 대한 사회적인 거부를 완화하려고 한다. 태어난 아기의 성별, 인
종, 장애 여부와 같은 특성에 따라 어머니의 운명이 결정된다는 것이 재생
산 유전 드라마의 핵심 주제다. 비장애 아이를 재생산함으로써 달성된 치
유는 어떤 의미에서는 연계 치유courtesy cure이다. 이는 장애인이 비장애인
과 맺는 연관성을 통해 장애인 본인이 어떻게 인식되는지가 달라지는 경
우다. 어빙 고프먼Erving Goffman은 이와 관련된 개념인 연계 낙인courtesy
stigma에 대해 이렇게 설명한다.＋ "낙인이 찍힌 사람과 사회적 구조를 통해
연결된 사람"에게 따라오는 것이며, 이 관계 때문에 더 넓은 사회에서 그

101

두 사람을 어떤 면에서는 한 사람인 것처럼 대하게 된다.62 반대로 어머니에 대한 연계 치유는 비장애 자녀를 낳았을 때 생기는 치유적인 효과를 말한다. 언년이는 유전적인 장애를 가졌으므로 이런 연계 치유에 실패할 수밖에 없다. 치유의 개념을 인류에 적용한 문보는 유전의 법칙을 근거로 자신의 유전자가 인류를 퇴행시킬 것이라고 생각한다. 문보의 생각에는 자살을 할 수 없다면 금욕 생활을 통해서 자신의 씨가 교배되지 않도록 하는 것이 인류가 캥거루로 대체되는 운명을 막는 길이다.

하지만 미래 세대에 장애가 없어지기를 바라는 언년이와 문보의 열망은 서로 다른 국면으로 나아간다. 언년이는 딸의 얼굴을 차마 보지 못하고 어느 정도 거리를 두긴 하지만 딸의 외모가 나아질 수도 있다는 기대를 하며 딸을 받아들인다. 그러나 이런 태도가 장애인으로 살아갈 딸의 삶을 받아들이는 것은 아니다. 오히려 언년이는 딸의 미래를 슬퍼하면서도 이와 동시에 희망을 품는 양가적인 태도를 보인다. 한편 문보는 도움이 필요한 사람들에 대한 자신의 자선을 도덕적으로 우월한 행동이라 여기며 또 다른 계층을 만들어 자신을 대중과 구별한다. 두 단편소설의 작가인 주요섭과 계용묵은 개인의 욕망과 특정한 유전적 특성을 없애려는 우생학적 원칙 사이의 갈등을 이용한다. 개인의 선택과 사랑에 기반을 둔 근대식 결혼은 공공의 이익에 부합하는 것으로 여겨졌고, 비정상적인 특성이 없고 건강한 상태가 결혼의 전제 조건으로 간주되었다. 식민지 조선에서는 시설 안에서만이 아니라 밖에서도 강제 불임 시술이 이뤄졌는데, 범죄와 빈곤 문제의 해결책으로 여겨진 불임수술 담론은 결혼을 통제하고 장애가 있는 사람들의 재생산을 바람직하지 않게 그리는 기능을 했다.63

+　[옮긴이] 고프먼의 courtesy stigma를 '명예 낙인'으로 옮기는 경우도 있지만, 낙인찍힌 사람과 관계된 사람이 겪는 경험이라는 점을 잘 드러낼 수 있다고 생각해서 '연계 낙인'이라는 용어를 선택했다. courtesy cure는 '연계 치유'로 옮겼다.

그렇지만 우생학적 문화의 존재와 문학적 상상력이 장애를 전면적으로 거부했던 것은 아니다. 편의 시설과 한글 점자를 비롯한 보조 기구로 장애를 소위 '치유'할 수 있다는 생각도 존재했다. 잡지 『별건곤』은 시각장애인들을 깨우치고 계몽하는 방식으로 점자를 소개했다. 이 잡지는 또한 점자 교육의 필요성을 다루었고, 1913년에 설립한 최초의 특수교육 기관인 제생원에 있는 맹아부를 취재하기도 했다.[64] 1937년 헬렌 켈러의 방문은 장애아동의 삶에 대한 관심을 촉발했고, 장애아동의 교육을 지지할 수 있는 기회가 되었다. 헬렌 켈러 본인은 우생학 지지자였지만 말이다. 한 신문 기사의 내용은 이렇다. "그 누가 불구자의 이상 아동을 원하리요마는 [원할까 싶지만] 전체 사회로 볼 때에는 아무리 의학과 위생이 발달된다 해도 일부 인간의 불구자를 근절시킬 수는 없는 만치 어느 가정에서고 불구자가 없으리라고는 보증할 수 없는 것이다. 그렇다면 이 불구 아동이 있는 가정에서는 종래의 천대와 멸시하든 폐습을 버리고 그 아동도 사람으로서 교도하여야 할 것이다."[65] 이 발언은 장애를 부정적인 것으로 보고 장애 아동을 아직 사람이 아닌 존재로 묘사하는 문제가 있지만, 장애인이 언제나 존재하리라는 생각에 따라 장애아동이 돌봄과 교육을 받아야 한다고 보고 동등한 행복을 강조하는 입장을 담고 있다. 이런 입장은 제한적이나마 장애를 없애려는 우생학의 목표와도, 근대 결혼이 비장애아동만을 재생산하는 장으로 구성되는 방식과도 대조를 이룬다.

혼외 재생산과 살 수 없는 삶

또 다른 종류의 유전 드라마는 불임과 혼혈의 재생산을 둘러싸고 구성된다. 조선의 전근대 시기와 근대 초기에 여성의 불임은 시가에서 가족 구성원의 자격을 위협하는 문제가 되고, 내쫓을 수 있는 근거가 된다. 부부에게 자녀가 없는 경우 여자 탓으로 여겨졌고, 아이를 낳지 못하는 여성은 쓸모 없고 열등하다는 낙인이 찍혔으며 '둘소'(새끼를 낳지 못하는 암소를 뜻하는 방언) 혹은 '석녀'라는 꼬리표가 붙기도 했다. 재생산에 대한 전통적 입장은 아들 출산과 생식력을 중시했다. 이 같은 전통적 입장은 재생산의 양보다 질을 강조했던 우생학과 대조적으로, 태평양 전쟁을 준비하는 과정에서 "출산하라, 번식하라, 양육하라"는 슬로건 아래 1930년대 식민지 전략으로 채택되고 강화됐다.66 김혜수는 1930년대에 여성의 임신이 10대 후반에 시작해서 40대 중반까지 이어졌고 여성의 평균 출산율이 6~8명이었다고 설명한다. 당시 잦은 임신, 영양실조, 농촌 지역의 육체노동, 자가 낙태 등은 여성의 건강에 심각한 영향을 끼쳤다.67 출산을 여성의 가치와 연결하는 사회문화적 환경에서 아이를 낳지 못하는 몸을 가진 여성은 구성원의 자격을 박탈당했고, 다른 여성과의 결혼을 통해 대체 가능한 것으로 여겨졌다. 아이가 없는 여성이 임신 가능성을 높이기 위한 전략으로 활용하는 혼외 성관계는 극적인 사건을 만들어 낸다. 그 하나의 예가 이효석의 「산협」(1941)이다. 이 소설은 어떤 여성이 남편이 아닌 다른 남자의 아이를 출산하고, 그 때문에 숨겨야 할 자신의 성적인 일탈과 남편의 불임이 드러나는 상황을 그린다. 부인 송 씨는 부부에게 아이가 없는 것을 두고 여자로서 비난받아 온 상황에서, 남편이 후실을 데려온 후 극심한 스트레스를 받아 자살을 시도하지만 실패한다. 그 후 송 씨는 아이를 갖게 해달라는 기도를 하려고 절에 머무는 동안 다른 남자와 성관계를 하고 임신하게 된다. 집으로 돌아와 아들을 낳은 그녀는 '둘소'가 아니라는 게 밝혀졌지만, 남편의 떳떳하고 정당화된 불륜과 대조적으로 송 씨는 성규범을 위반했다는 죄책감 때문에 죽고 싶어 한다. 남편이 불임의 원인이라고 의심받지만 분명하게 밝혀지지 않은 상태에서, 다른 남자의 아이를 임신했던 후실은 이 사실이 알려지자 남편을 떠난다. 송 씨는 아들을 낳았지만 다시 자살을 시도하고, 아기가 한 달 만에 돌연사하자 이에 안도한다. 결말에서 이웃 사람들은 남자가 대를 물려줄 자식을 갖기 위해 마을에서 다른 여자를 데려오리라 예상한다. 이 단편소설에서는 모두가 불임이라고 단정했던 여성이 다른 남자의 아이를 임신함으로써 그녀가 불임이 아니라는 사실이 밝혀진다. 하지만 아들을 낳는 성공적인 재생산을 했다고 해도, 성적인 위반 행위와 혼외 관계를 통한 재생산이 성별에 따라 도덕적으로 다른 결과를 초래하게 된다.

태어난 아기가 예상치 못하게 인종이 다른 상황 또한 산모의 인생을 위험에 빠뜨리고, 성도덕 및 가족의 명예와 복잡한 방식으로 교차하면서 유전 드라마를 만들어 낸다. 유주현의 「태양의 유산」(1958)에는 가난하게 살지만 가족의 내력과 명예를 중요하게 여기는 남자가 등장한다. 그는 도시로 나간 딸이 돌아오기를 기다리고 있다. 소설의 전체적인 서사는 미혼인 딸이 집에 아기를 데려왔다는 사실이 밝혀지고, 이 상황이 가족의 명성에 대한 그의 자부심과 어떻게 충돌하는지를 보여 주면서 진행된다. 검은 피부를 가진 아기 얼굴을 봤을 때 아버지는 거의 기절할 지경이 되고 딸과 아기를 바로 쫓아낸다. 딸이 한국전쟁 이후 흑인 미군과 성매매를 했다는 사실과 더불어 아기가 흑인의 자손이라는 유전의 표지標識는 혐오와 추방의 대상으로 여겨진다.

태어난 아기의 특성이 어머니의 지위를 위태롭게 할 수 있다는 사실은 유전 드라마의 서사적 클라이맥스를 구성한다. 혼인한 부모에서 태어나고 한국 민족이며 장애가 없는 아들을 선호하는 문화에서 장애, 젠더, 인종, 혼외정사 같은 요인은 사회와 가족이 어머니와 아이를 거부하게 만든다. 「태양의 유산」에서 신체장애가 있으면서 성적으로 자유로운 무당이 그 아버지의 폭력과 파괴적인 도덕성을 목격하는 점은 주목할 만하다. 이 소설에서 무당은 아버지가 젠더화된 전통적 이데올로기인 성도덕과 인종주의에 집착함으로써 발생하는 가족의 폭력성을 드러내는 역할을 한다.

유전, 도덕, 우생학의 법제화

분단과 한국전쟁 시기부터 이미 출산을 장려했던 정부는 1960년대까지
산아제한 방법에 대한 정보가 확산되지 못하게 막았다.68 1960년대에
는 '국제가족계획연맹'International Planned Parenthood과 '미국인구협회'The
U.S. Population Council가 산아제한 프로그램을 장려하는 국제 원조를 한국
에 제공했다. 여성운동계가 주도한 한국의 산아제한 운동은 국가적 지지
를 얻기 위해 '양보다 질'이라는 인구 담론을 다시 활성화했다.69 박정희
정권의 유명한 슬로건 "체력은 국력이다"는 개인의 체력, 건강, 정상적인
신체를 국가의 경제성장 및 정치적 힘과 동일시하는 우생학적 관점을 보
여 준다.70

    1970년대 한국 법에 우생학이 법제화된 과정, 특히 장애여성을 그 대
상으로 삼았던 과정은 1920년대 및 1930년대의 우생학 운동과 직접적인
관련이 있지만, 1970년대에는 주권국가를 강화해야 한다는 목표가 명확
히 강조되었다. 1960년대 억압적인 군사정권에서는 우생학 운동을 강화
하고 법률적으로도 재논의하는 것이 독립 이후 국가를 재건하고 경제를
발전하는 데 필요한 과정으로 여겨졌다. 아기 선발 대회가 다시 등장한 것
이 이런 우생학 운동의 한 가지 사례다. 식민지기에 아기들을 심사해 건강
한 아기에게 상을 주는 대회는 영양, 위생, 아동 발육에 대한 인식을 높이기
위한 목적으로 시작됐다. 1924년 서울의 태화여자관에서 영유아를 진찰
하여 상을 준 것을 비롯해, 1925년에는 아기 선발 대회 중 하나가 공주에
있는 기독교의원에서 열렸다. 아기들의 신체 사이즈, 몸무게, 의복, 청결
여하 등을 측정하고 순위를 매겨 35명 중에 15명의 "우량자"가 상을 받았

다.71 1927년 부터 본격적으로 총독부는 신체적 건강의 중요성을 강조하기 위해 해마다 태화여자진찰소에서 아동들을 검사해서 건강한 아동에게 상을 주었다.72 한국전쟁 이후 다양한 민간·공공 기관들이 건강한 아기 선발 대회를 열었고 1970년대에는 이런 대회가 더 유행했다.73 1971년에 남양유업과 MBC는 〈전국 우량아 선발대회〉를 시작했다. 경쟁이 상당히 치열하고 인기가 많았던 이 대회는 영아용 분유의 영양가를 강조했고, 우승자를 정하기 위해 아기의 키와 몸무게, 체형과 그 밖의 성장 지수를 심사했다. 측정 결과는 다른 나라 아기들의 평균적인 수치와 비교되었다. 일부 사람들은 이 선발 대회의 경쟁이 지나치게 심해졌고 "갓난아기가 축산 품평회에 출품되는 가축처럼" 상품화된다고 비판했다.74 우량아 선발 대회는 상업적인 이익을 추구했을 뿐만 아니라, 바람직한 신체적 특성과 서구적 체형을 갖춘 국민으로 구성된 국가에 대한 바람, 그리고 국가 내부적으로는 계급 간의 차이를 만들어 내고자 하는 의식을 반영한다.

우생학, 인구 통제, 경제성장을 국가적으로 장려하는 이 같은 맥락에서, 결혼 전에 유전적 특성을 확인해야 할 필요성이 영화 〈만종〉(1970)에서 잘 드러난다. 이 영화는 영화감독 신상옥이 연출했다. 영화의 상당 부분은 수어로만 이뤄져 있어 농인 부부가 대화할 때 자막이 나오지 않을 뿐만 아니라, 청인 등장인물도 농인 등장인물과 대화할 때 음성언어 없이 수어로만 소통한다. 이렇게 농인 사회의 내부 문화가 영화의 중심에 놓여 있기 때문에 어떻게든 청각장애를 피하려는 등장인물들의 노력이 두드러져 보인다. 동시에 농인 등장인물과 청인 관객 사이에 소통이 이뤄지지 않음을 강조함으로써 타자화하는 시선이 만들어지기도 한다. 이런 방식으로 이 영화는 농인 부부에게 태어난 청인 아들의 유전 드라마를 그리고 있는데, 이 아들은 분리되어 보이는 두 세계 사이의 중간자적 인물이다.

청인인 아들 용식은 청인 여성 미아와 사랑에 빠진다. 용식의 결혼 가능성과 청각장애가 유전될 수 있는 상황은 서사적 긴장을 형성한다. 용식의 삼촌은 용식을 부잣집 농인 여성과 결혼시키고 그녀의 집에서 많은 돈을 받으려고 한다. 용식의 삼촌은 용식이 청인이고 농인 부모가 있기 때문에 하층계급일지라도 상류층 농인 여성에게 좋은 짝이라고 생각한다. 그는 미아와 용식의 관계를 끝내기 위해 의사인 미아의 오빠를 찾아가 용식의 부모가 농인이라는 사실을 밝힌다. 동시에 용식도 미아에게 자신의 부모님이 농인이라고 얘기한다. 미아는 자신의 자녀 출산에 영향을 줄 수 있는 이 소식에 충격을 받고 농학교에 찾아간다. 그곳에서 미아는 담장 너머로 한 무리의 농인 학생들이 수어로 소통하는 모습을 보고 낯선 소리와 광경에 놀라 달아난다. 나무 뒤에 숨어 농인 세계와 자신을 공간적으로 분리한 채 공포와 이질감의 시선으로 농인 학생들을 바라보는 미아의 눈을, 영화는 극도로 클로즈업한다.

미아는 용식 가족의 청각장애가 유전되는 것인지 걱정하며, 아는 의사를 찾아가 농인 부모의 청인 아들이 "건강하고 피가 아주 깨끗한" 여자와 결혼하면 어떻게 되는지 묻는다. 이런 표현과 논리는 유전적 청각장애를 오염된 피로 규정하는 것이다. 이 의사는 미아 오빠의 친구인데, 그는 태어날 아이가 "숙명적인 불행"이며 예외는 "없다고 봐야지"라고 거짓말을 해서 그녀의 우려가 사실임을 확인해 준다. 그리고 "건강이라는 것은 감정으로 처리할 문제가 아닌 거란 말이야"라고 덧붙인다. 한편 용식과 만난 미아의 오빠는 용식과 결혼하면 미아는 아이를 갖지 말아야 할 거라며 용식에게 "어떻게 자식 없는 엄마를 만들 수 있겠나"라고 하면서 청각장애의 재생산을 막아야 한다는 입장을 분명히 밝힌다. 이런 사건들은 용식이 다음 세대에 발현되는 유전적 특징을 가지고 있다는 의학적 설명으로 그를 규정하고 장애화한다. 이 점을 극적으로 표현하는 한 장면에서, 용식은 술집에서 농인 행세를 하며 혼자 술을 마신다. 용식은 마치 「캥거루의 조상이」에서 우생학 이데올로기를 내면화하고 유전자 공급원gene pool에서 자신을 없애고 싶어 하는 문보처럼 자기를 희생하는 반反장애 이데올로기의 순교자가 되려고 자살을 시도한다. 영화의 결말에서 미아의 오빠와 그 친구인 의사가 용식과 헤어지도록 미아를 겁주기 위해 거짓말을 공모했다는 사실이 밝혀진다. 용식의 자녀가 반드시 농인으로 태어날 거라고 믿을 만한 과학적 근거는 없었다. 미아의 오빠는 단지 용식의 부모가 농인이라는 사실 때문에 동생이 그와 결혼하지 않기를 바랐다. 청각장애의 유전 가능성은 마치 거부의 정당한 이유가 되는 것처럼 장애에 대한 사회적 편견을 숨기는 데 이용된다. 용식은 청각장애와 밀접한 관계에 있는 사람이기 때문에 연계 낙인으로 장애화되는 것이다.

유전 가능성으로 인해 장애화되고 배척당한 용식은 삼촌이 주선한 농인 여성과의 중매를 받아들이기로 하고 그의 가족은 여성의 집안으로부터 지참금을 받는다. 하지만 용식의 어머니는 아들에게 농인 여성은 "슬픔이 많기" 때문에 적절한 상대가 아니라고 수어로 이야기하며 이중적 심경을 드러낸다. 어머니 스스로 농인 여성과는 결혼하지 않는 게 좋다고 표현하는 것이다. 아들의 사랑을 이뤄 주고 싶은 용식의 어머니는 미아에게 용식을 받아 달라고 설득한다. 서사의 클라이맥스 부분에서 용식의 어머니는 지참금을 돌려주러 급히 길을 나서고 길에서 미아와 마주치게 된다. 미아에게 필담으로 용식이가 사랑하고 있다고 전하는 순간 어머니는 트럭에 치이는 사고를 당하고 병원에서 미아의 손을 잡은 채 사망한다. 어머니의 진심에 감동한 미아는 만약 농인 자녀를 낳는다고 해도 어머니처럼 아이들을 키울 수 있다며 용식에게 결혼을 설득한다. 이 부분이 영화에서 농인 아이를 키우는 것이 가능하다고 그려지는 유일한 순간이다. 그러나 용식은 어머니의 죽음으로 인한 슬픔과 장애에 대한 편견 때문에 미아에게 "깨끗하고 좋은 데로 시집"가라고 권한다.

영화 〈만종〉에서 유전학은 연인이 결혼하지 말아야 할 (혹은 친자식을 낳지 말아야 할) 분명한 이유를 제공한다. 그런데 사실 미아의 오빠가 결혼을 허락하지 않은 진짜 이유는 자신의 가족이 농인들과 엮이기를 원치 않았기 때문이다. 즉, 청각장애의 유전 가능성이 사실이 아니라고 밝혀져도 농인 부모를 두었다는 점이 사회적으로 수용되지 않는 것이다. 이 영화는 장애인에 대한 편견 그리고 장애인이 재생산을 해서는 안 된다는 원칙이 강조될 때, 농인 어머니의 죽음처럼 엄청난 희생이 있어야만 장애를 사회적·문화적으로 거부하는 태도를 재고할 여지가 생긴다는 것을 보여 준다. 미아는 잠시나마 장애를 가진 아이를 낳아 키울 수 있겠다는 생각을 하게 되었지만 곧 그럴 필요가 없음을 알게 된다. 미아의 오빠가 청각장애의 유전 가능성에 대해 거짓말했다고 고백하면서 미아와 용식이 농인 자식을 가질 일은 없다고 확인해 주었기 때문이다. 이 소식은 미아가 농인 아이를 가질 가능성을 받아들인 태도에 대한 도덕적 보상인 것처럼 등장한다. 신부의 보호자이자 의사인 오빠가 정상적인 재생산의 예후를 마치 '축복'인 것처럼 확인해 준 후, 영화는 그들의 결혼식으로 끝을 맺는다. 청각장애를 재생산할 여지를 부정하는 비장애 중심적 메시지로 서사적 결말을 확정하는 것이다.

1970년대는 문화적으로 영향을 미치던 우생학이 법제화되고, 이를 통해 시설에 거주하는 특정 장애인들을 대상으로 강제 불임 시술이 시행된 시기다. 이에 앞서 1964년 국회의원 박규상은 인구 증가를 억제하는 하나의 방법으로 '국민우생법안'을 제안한 바 있었다. 이 법안에는 장애가 있는 산모의 낙태, 그리고 '우생 수술'이라는 이름으로 그들에게 시행하는 영구적인 불임수술을 합법화하려는 내용이 포함됐다. 박규상은 이 법안이 "가정의 근대화와 인구의 근대화를 목적으로 한다"고 주장했다. 이 법안에는 가족 내 유전적 질병을 이유로 불임수술을 시행하는 조항이 있었다.

그리고 이미 세 명 이상의 자녀가 있는 모체의 건강이 나쁘거나 새로 태어날 아기의 양육에 지장이 있는 경우, 분만 이후 2년이 경과하지 않은 경우, 그리고 임신의 지속이나 분만이 모체 건강에 해로운 경우, 강간으로 인한 임신의 경우에 합법적으로 중절이나 우생 수술을 할 수 있다는 내용이 있었다. 장애가 재생산될 수 있다는 가능성 때문에 실시하는 단종과 낙태가 비정하게 들릴 수 있기에, 우생학이라는 표현을 사용하면 대중들이 받아들이기 쉬울 것이라 여겨졌다. 따라서 이 법안에 반대했던 진영은 우생학 자체가 부당하다고 주장하지 않았고, 낙태와 불임수술에 대한 도덕적·종교적 관점을 폭넓게 이용하거나 또는 그런 수술이 여성의 건강에 끼치는 해악에 중점을 두고 낙태를 살인으로 규정하는 데 초점을 맞췄다.[75] 이 법안 자체는 더 진전되지 않았지만, 1973년에 '모자보건법'이 제정되는 기반을 마련했다.

'국민우생법안'이 제안된 지 1년 후에 국회와 언론에서 '모자보건법'을 둘러싸고 논쟁이 다시 일어났다. 이후 법제처에 법안들이 제출될 때마다 반대 의견 때문에 번번이 철회되었다. '모자보건법' 초안에는 경제적 이유로 인공임신중절을 허용하고 모든 임신을 임신 24주까지 정부 당국에 보고하도록 요구하는 조항이 있었다. 이후 악명 높은 유신 독재 체제에서 헌법의 효력이 정지되고 국회가 해산된 상태에서, 1973년에 이런 조항을 지우고 수정한 법안을 비상국무회의에서 '모자보건법'으로 통과시켰다. 이 법의 8조는 1953년부터 범죄로 규정된 낙태[76]를 다음 상황에서 당사자와 그 배우자의 동의하에 허용했다. (1) 본인 또는 배우자가 대통령령으로 정하는 우생학적 또는 유전학적 정신장애나 신체 질환이 있는 경우(유전성 정신분열증, 유전성 조울증, 유전성 간질증, 유전성 정신박약, 유전성 운동신경원 질환, 혈우병, 현저한 유전성 범죄 경향이 있는 정신장애, 기타 유전성 질환으로써 그 질환의 태아에 미치는 발생 빈도가 10퍼센트 이상의 위험성이 있는 질환) (2) 본인 또는 배우자가 전염병 예방법이 정한 전염성 질환이 있는 경우(콜레라, 페스트, 천연두, 결핵, 성병, 나병 등) (3) 강간 또는 준강간에 의하여 임신된 경우 (4) 법률상 혼인할 수 없는 혈족 또는 인척간에 임신된 경우 (5) 임신의 지속이 보건 의학적 이유로 모체의 건강을 심히 해하고 있거나 해할 우려가 있는 경우. 이 법의 시행은 임신 28주 전에 병원에서 이뤄지는 임신중절을 사실상 합법화했다.77 임신중절 수술은 병원에서 대부분 가능했고, 2000년대 들어 기독교 진영의 낙태 반대 운동이 사회적으로 가시화되고 한국의 낮은 출산율이 상당히 정치적인 문제가 되기 전까지는, 여성운동이 임신중지에 대한 접근성을 합법화하기 위한 활동을 할 필요가 많지 않았다. 이 낙태 반대론자들은 낙태 수술을 한 의사들을 기소해야 한다고 주장하면서 낙태를 공격했지만 장애를 이유로 이뤄지는 낙태는 예외적으로 인정했다. 2012년 헌법재판소는 임신중절 수술을 한 조산사가 유죄임을 확정하는 판결을 내렸다.78 이는 간접적으로 허용되었던 임신중지에 대한 여성의 접근성이 쉽게 사라질 수 있음을 의미했다.+ '모자보건법'은 제정된 이후 여러 차례 개정되었지만(이전에 8조였고 현재 14조인) 이 조항은 상당 부분 동일한 내용으로 남아 있다. 시행령에서만 작은 변화가 있었을 뿐이다.79

　　1973년의 '모자보건법'에는 환자가 특정한 질병을 가진 것으로 밝혀

+ 　[옮긴이] 헌법재판소에서 다시 한번 '낙태죄'의 위헌 여부를 둘러싼 재판이 진행되었고 2019년 4월 11일 헌법불합치로 판결되었다. 이는 지난 몇 년간 '낙태죄' 폐지와 재생산 권리를 외치며 다양한 활동을 펼쳐 온 사회운동의 중요한 성과이기도 했다. 헌법재판소의 판결에 따라 정부는 2020년 말까지 관련 법 개정을 해야 했지만, 대체 입법을 위한 적극적인 노력을 하지 않다가 2020년 10월에서야 형법 및 모자보건법 개정안을 내놓았다. 하지만 정부안에 문제가 되는 부분이 많아서 '모두를위한낙태죄폐지공동행동'을 비롯해 많은 운동 진영에서 규탄하는 목소리가 높았다. 이후 국회의원들이 몇 개의 개정안을 발의했지만 국회 내에서 논의가 진행되지 못했고, '낙태죄'는 2021년 1월 1일 (2020년 12월 31일 자정)부로 자동 폐지되었다.

지고 이 병이 유전되거나 다른 사람이 감염되는 것을 예방하기 위해 불임 수술이 필요하다고 판단하는 경우에 의사들이 지체 없이 정부에 보고하도록 규정하는 9조가 포함돼 있었다. 보고를 받은 보건사회부 장관이 그 환자에게 불임수술을 할 의사를 지정할 수 있었다. 정부는 이런 내용이 실제로 시행된 적이 없다고 주장했지만,80 이 조항은 1999년에 삭제될 때까지 유효했다. '모자보건법'은 정부 허가로 시행하는 강제적인 불임수술을 의료인들이 의무적으로 하도록 명시했던 것이다.

실제로 이 조항 때문에 1975년에 12명의 여성들은 장애가 있다는 이유로 심각한 논란의 대상이 되었고 검사를 받아야 했다. 당국은 이 가운데 9명의 여성에게 강제적인 불임이 필요한 '유전적 장애'가 있다고 밝혔다. 이들이 거주하던 사회복지 시설인 충남 정심원의 원장은 '모자보건법' 9조에 따라 이들 9명에게 불임수술을 하도록 허가해 줄 것을 요청했다. 이 중 한 명이 가진 '염색체 이상'을 보여 주는 이미지가 이들의 장애가 유전된다는 분명한 증거로 신문에 보도되었고, 이 이미지 양쪽에는 불임수술에 대한 찬반 의견이 제시되었다.81 재생산 권리나 이 여성들의 관점은 한번도 언급되거나 고려되지 않았다. 며칠 후 『조선일보』는 「정박아 천형의 사춘기」라는 기사에 충남 정심원의 정문 사진을 게재했다. 이 기사는 발달장애를 가진 여성이 위험할 정도로 통제 불가능한 성적 욕구를 가진 존재라는 인상을 주면서, "이성 눈떠 남사 기웃. 제 밥 못 찾아 먹기도"라고 설명을 달았다.82 이런 논의는 장애여성의 섹슈얼리티를 위험하다고 보고, 이들의 재생산 능력을 제거하는 게 필요하다고 규정했다.

『조선일보』는 강제 불임수술(1930년대에 사용된 '단종법'이라는 말은 당시 '불임수술'로 바뀌었다)이 '후생 수술'이라고도 불린다고 설명하며, 정심원의 장애여성 불임수술에는 반대하지만 우생학을 반대하지는 않는다는 입장을 다음과 같이 게재했다. "공익과 우생을 위한 이 강제 불임수술은 인간 본능과 종족 본능을 손상시키는 것으로 적지 않은 반발이 예상되며 특히 공익이나 우생에 관한 인식이 박약한 우리나라에서 이 최초의 강제 불임 명령은 적지 않은 충격이 예상되기도 한다."83 가장 큰 반대 목소리는 특정한 질병의 유전 가능성에 이의를 제기하는 대한신경정신의학회에서 나왔다.84 불임수술에 대한 반대 입장은 지적장애나 다른 유전적 특징을 가진 사람들이 재생산 권리와 태어날 권리를 가지고 있다고 주장하기보다는 장애를 잘못 판정했을 가능성과 미래에 장애에 대한 치료법이 개발될 수 있는 가능성에 중점을 두었다.

정심원은 결국 수술 허가를 받지 못했다. 대중들뿐만 아니라 정신과 의사들과 종교 지도자들도 강력하게 반대했기 때문이다. 그런데도 이 시설이 허가 없이 총 57명(남성 32명, 여성 25명)에게 불임수술을 한 사실이 나중에 밝혀졌는데, 지역 당국은 이 수술에 대해 보고받아 알고 있었다. 1999년에 국회의원 김홍신은 1983년부터 전국 6개 장애인 거주 시설에서 66명의 남녀 거주인들에게 불법적인 불임수술을 진행했다는 사실을 밝혔다.85 '모자보건법' 9조는 김홍신의 보고서가 나오기 전에 삭제되었지만, 이 폭로 이후에 강제적인 불임수술을 둘러싼 찬반 의견을 두고 동일한 논쟁이 재개되었다. 강제적인 불임수술의 유일한 옹호자는 우생학의 입장을 반복하는 법학 교수 지광준뿐이었다. "정신지체 장애인들은 본인 스스로는 그 불편을 느끼지 못할 수도 있지만 그를 둘러싸고 있는 많은 사람들에게 불편을 주고 사회에 누를 끼칠 수도 있다. 그들은 또 정신지체 장애 아이를 낳을 가능성이 높은 유전인자를 가지고 있어 후손들에게까지 비극과 불행을 잉태시킬 수도 있다." 1930년대 우생학 담론이 그랬던 것처럼 지광준은 유전성 장애의 비극적 사례로 미국의 칼리카크가Kallikak Family를 언급했다. 그는 불임수술이 미국, 스웨덴, 이탈리아, 프랑스에서 시행되었다는 이야기를 하며, 강제적인 불임수술이 야만적인 방식이 아니라고 강조했다. 그러나 지광준은 인권으로서 재생산 권리에 대한 이해가 부족했을 뿐만 아니라 헨리 고다드Henry Goddard가 쓴 『칼리카크가』의 연구 방식과 결과가 미국 내에서 이미 반박을 받아 1940년대에 전혀 사실이 아닌 것으로 밝혀졌다는 것86도 몰랐다. 그럼에도 지광준은 국가가 허가하는 불임수술이 '정신지체'를 가진 사람들에게 더 인도적이라고 주장하면서 '모자보건법' 9조를 되살려야 한다고 말했다.87 이런 상황에서 『서울신문』은 장애인의 목소리를 고려하지 않은 채 강제 불임을 둘러싼 과거의 논쟁을 불러일으키기 위해 장애인에 대한 강제 불임을 심각한 인권침해로 봐서 반대하는 가톨릭 신부 이동익의 입장을 나란히 게재하면서 지광준의 의견에 일정 정도 정당성을 부여했다. 이동익 신부는 강제 불임은 인간의 종족 보존 본능을 무시하는 행위라고 비판하면서 사회는 약하고 취약한 존재를 보호할 의무가 있다고 주장했다. 우생학적 불임수술이라는 생각이 한국에 소개된 지 거의 70년이 지난 후에도 장애가 위험하다는 담론에 명확하게 문제 제기하지 않은 채 장애인의 재생산에 대한 동일한 논쟁이 다시 반복된 것이다.

장애인 거주 시설 및 이와 공모한 지역 당국만 강제 불임을 지지했던 게 아니다. 김홍신의 보고서에 따르면 6개 시설 외에도 두 곳은 불임수술 당사자 9명의 부모에게 허락을 받고 시행했다고 밝혔다. 정부 차원에서도 인구 통제를 공격적으로 진행하며 지역별로 피임 시술 할당량을 지정하고, 공무원들은 수술 건수를 늘리기 위해 종종 거주 시설을 방문하기도 했다.88 시설 거주인들은 격렬하게 저항하다가 수술 전에 구타와 감금을 당했다고 증언했다. 심지어 시설 내에서 가부장 행세를 하는 관리자가 회유와 협박을 동원하기도 했다.89 최원규는 불임수술이라는 폭력에서 작동하는 생명권력biopower을 분석하면서, 시설에 사는 장애인들이 강하게 저항했고 일부는 수술을 피하는 데 성공했다고 설명한다. 그는 장애인 당사자들과 인권 활동가들의 노력으로 강제 불임수술에 대한 저항이 커졌기 때문에 지광준의 입장이 한국 사회에서 더는 수용되지 않았다고 본다.[90] 그렇지만 고통의 문제를 강조하는 인도주의적인 관점에서 강제 불임이 강력하게 비난받았다고 할지라도, 임신중지에 대한 합법적인 접근성을 비롯한 장애인의 재생산 권리를 지지하는 활동은 별로 없었다. 아주 근본적인 우생학의 전제와 그 전제가 가진 국가주의 및 공리주의적인 토대를 비판하는 작업이 더 많이 요구된다.

결과적으로 재생산 결과를 통제하려는 열망은 21세기 초에 더 강력해진 듯하고, 그와 동시에 여성의 재생산 권리에 대한 낙태 반대론자들의 공격 역시 전반적으로 심해졌다. 한편 여성주의자들은 '낙태죄' 문제에 대해 두 가지를 집중적으로 주장해 왔다. (1) 임신 12주까지는 모든 임신중지를 법적으로 허용하는 것 (2) 임신 24주까지는 경제적 사유가 있거나 산모나 태아에게 전염성 질환이 있는 경우, 혹은 강간, 근친상간에 의한 경우, 모체의 건강에 문제가 있는 경우, 태아 기형이 태아와 모체의 생존에 영향을 미치는 경우에 임신중지를 허용하자는 것이다.[91] 2012년 '모자보건법' 개정안에서는 임신중지 허용 사유로 포함됐던 '우생학'을 삭제했지만, 장애여성과 비장애여성의 선택권을 완전히 보장하지 않았고, 태아 및 산모의 진단 결과와 예후, 빈곤한 상황을 예외 규정으로 두면서 임신 후기 중절을 허용하는 요건을 열거하는 방식을 택했다.

우생학의 언어로 장애인 재생산권을 침해하는 내용이 '모자보건법'에 법제화되었다는 것은 모체의 건강에 대한 인식에 상당한 문제가 있음을 보여 준다. '모자보건법'은 자동적으로 장애여성을 아예 재생산할 자격이 없는 존재로 만들었다. 장애여성에게 강제 불임수술을 시키는 것은 전적으로 비판받아야 하고 장애여성의 재생산 권리를 보장하기 위해 중단되어야 한다. 임신중지 자체가 불법인 상황이 여성의 재생산권을 제한하는 심각한 문제를 갖고 있기 때문에, 부모의 장애와 태아의 장애를 이유로 하는 임신중지를 금지하는 것이 해결책이 될 수 없다. 여성들이 안전하고 합법적으로 임신중지에 접근할 권리가 없는 상태에서 장애를 사유로 하는 임신중지를 문제로 보는 입장은, 여성의 재생산을 국가가 통제하는 상황을 지속시킬 뿐이다. 장애여성이 재생산에 관련된 이슈들에 대해 단순하게 접근할 수 없다는 점과 장애여성이 임신중지 접근권을 가져야 한다는 점, 그리고 장애여성의 입장에서 폭력의 역사를 조명할 필요가 있다는 점을 장애여성 운동은 주장한다. 또한 장애 운동이 장애를 사유로 한 임신중지에 무조건 반대하기 전에 장애여성들의 가려진 목소리를 신중하게 고려해야 할 필요가 있다고 장애여성 운동은 지적하고 있다.[92] 실제로, 낙태를 반대하는 프로라이프 활동가들이 장애를 사유로 하는 임신중지를 반대하진 않는 반면, 동시대의 장애 운동 내에서는 낙태 비범죄화의 중요성을 고려하지 않은 채 장애를 사유로 하는 임신중지에 반대하는 입장이 좀 더 두드러졌다. 전 장애여성공감 활동가 강진경은 일부 장애여성 단체들도 이 입장에 동조했다고 설명한다.[93]

이명박 전 대통령이 당선되기 전에 한 인터뷰에서 했던 발언으로 논란이 불거졌던 상황을 생각해 보자. 그는 자신이 기본적으로 낙태를 반대하지만 장애가 있는 아이의 출산을 예방하기 위해 어떤 낙태는 불가피하다고 말했다.[94] 이에 대응하여 장애 운동 활동가들은 시위를 시작했고 이명박의 선거 사무실을 점거했다. 이들은 이명박의 발언이 "장애아를 둔 모든 부모와 출산을 앞둔 모든 사람을 낙태를 할 수도 있었던, 할 수도 있는 잠정적 살인자로 만든 것"이며, 이명박이 장애인을 죽여도 되는 존재로 여긴다는 점을 보여 준다고 주장했다.[95] 장애 운동 진영의 남성 활동가들은 낙태를 살인과 동일시하면서 장애인의 재생산 권리와 장애를 가진 아기가 태어날 권리를 강조했다. 『한겨레신문』의 한 기사는 활동가들의 주장을 보도하면서 일제강점기에 한센병을 가진 사람들을 불임수술 한 식민지 역사와 장애인을 대상으로 한 나치의 T-4 안락사 프로그램 역사를 함께 다뤘다. 이는 이명박의 발언과 이런 사건들이 동일한 우생학 논리를 기반으로 한다는 점을 암시하는 것이다.[96]

사회적으로 장애여성의 재생산은 계속 부정적으로 여겨져 왔지만, 장애여성의 재생산 능력이 착취당하는 경우도 있었다. 2002년에 중년의 시각장애 여성들이 전북 장애 인권 단체의 도움을 받아 자신들이 겪어 온 삶을 이야기했고, 이 내용을 『전북일보』가 보도했다. 이들 가운데 네 명의 여성은 젊었을 때 다른 집으로 보내져 후처 역할을 하고 아이를 낳아야 했다고 말했다.[97] 이 시각장애 여성들은 소위 '씨받이'였던 것이다. 가정 내에서 이들의 위치는 비장애인 부인이 낳지 못하는 아들을 낳을 능력이 있는지에 달려 있었다. 신문에 나온 이야기에 따르면 아이를 출산한 이후 어머니로서 자격은 일시적이었다고 한다. 한 여성은 자신이 낳은 아이에게 '이모'로 불렸고 다른 여성들도 유모나 가정부 역할을 맡았다. 많은 논평가들은 이 사건을 두고 여성을 대를 이을 아들을 낳는 도구로 만드는 비인간적인 전통 관습의 잔재이자 인권침해라고 규정하고, 현대의 사고방식으로 보면 '충격적인' 일이라고 입을 모아 이야기했다.

기사에 나온 네 명의 여성 중 두 명은 선천적 시각장애가 있었고 두 명은 후천적으로 시각장애를 갖게 됐다. 대체로 맹(盲)은 우생학 문헌에서 재생산을 금지하여 예방해야 하는 장애 목록에 나타나지 않는다. 시각장애를 유전되는 질병으로 보지 않았기 때문에 시각장애 여성을 대리모가 되도록 하여 재생산에 이용했을 가능성이 있다. 황순원의 단편소설 「맹아원에서」는 1950년대에 시각장애 여성이 대리모 역할을 한 이런 사례를 언급하고 있다. "똑똑하고 참한 소경 계집애일 경우에는 자식이나 보려는 사람의 첩 자리로 들어가는 수가 있었다"라고 소설 속 화자는 설명한다.[98]

신문 보도 이후 시각장애 여성들이 자신의 삶에 대해 증언하는 내용이 담긴 여러 TV 프로그램이 방송되었다. 시사 교양 프로그램 〈우리시대〉에서는 "나는 씨받이였다"라는 제목의 프로그램을 방영해, 50대 시각장애 여성의 사연을 소개했다.99 이 여성은 어머니가 돌아가신 후 시각장애를 갖게 됐다. 그녀가 집을 나가길 원했던 계모는 자신이 소개해 주는 남자와 결혼하면 그가 그녀의 장애를 치료해 줄 것이라고 말했다. 이 여성의 가족은 이미 결혼해 딸이 다섯 있는 나이 든 남자 집에 강제로 그녀를 데려갔다. 그녀는 아들을 낳도록 요구당하는 대리모가 되었다. 치료에 대한 약속은 거짓이었고 돌아갈 집도 없다는 것을 알고 난 후 그녀는 아들을 낳기를 바라며 자신의 삶이 나아질 거라 믿었다. 하지만 딸을 낳았고 삶은 더 힘들어졌다. 결국에는 아들 둘을 낳았지만 삶은 나아지지 않았고, 아이들은 그녀를 어머니로 부르지 못했다. 나중에 딸과 둘째 아들을 데리고 집을 나가려고 했지만 남편은 아들을 빼앗았다. 그녀는 친모였고 아이들을 직접 키우고 돌봤지만 어머니가 될 수 없었다.

이런 이야기들은 시각장애 여성들이 재생산 도구로 이용되고 부계를 지키기 위해 아내의 불임을 해결할 수 있는 방식으로 활용되었다는 사실을 드러낸다. 또한 장애여성들이 재생산과 맺고 있는 관계가 간단하지 않다는 점을 보여 준다. 어떤 장애여성들은 장애가 유전된다는 가정 때문에, 그리고 장애아를 낳으면 안 된다는 강요 때문에 재생산이 금지된다. 또 다른 장애여성들은 주변화된 위치 때문에 출산 능력이 착취되거나 도구화될 수 있는 자원으로 여겨진다.100

위험을 치유하기

시설에 사는 여성들에 대한 강제 불임수술, 이명박의 발언에 대응한 장애남성 활동가들의 낙태 반대 목소리는 모두 찬반 논쟁을 불러일으켰다. 그에 비해 '착상 전 유전자 진단'Preimplantation Genetic Diagnosis, PGD을 이용해 '위험 요소를 제거'하는 재생산 방식이 등장했을 때는 이에 관한 윤리적 합의에 대한 논란이 거의 없었다. 2007년 5월 가정의 달 특집 방송으로 황금시간대에 방영된 〈엄지공주 엄마가 되고 싶어요〉(이하 〈엄지공주〉)는 저신장 여성 윤선아의 감동적인 이야기로 대한민국을 사로잡았다. 그녀는 선천성 질환인 골형성부전증(취약성 골절증으로도 부른다)을 가진 장애여성이었다. 이 방송은 엄청난 인기를 모았고 시청자들은 "보는 내내 눈물을 흘렸어요" "근래 본 방송 중 가장 감동적이었다"[101] 같은 반응을 보였다. 의학 다큐멘터리와 거의 흡사한 이 방송은 장애의 가능성을 제거하는 보조생식기술assisted reproductive technology을 이용해서 어머니가 되려는 그녀의 여정을 보여 준다.

이 방송은 장애를 가진 당사자의 삶과 어려움, 그 가족들의 '희생'을 보여 주고, 사회적으로 배제당하는 경험을 비롯한 장애로 인한 어려움과 고통에 초점을 맞춰, 동정심을 불러일으키는 다른 TV 다큐멘터리와 차별화된다. 개인의 고난을 보여 주는 흔한 이미지에서 벗어난다는 점은 가능한 한 '평범하게' 살고 싶은 장애인들의 열망을 점점 더 강조하는 경향을 반영한다. 방송의 내용은 흔히 나오는 장애인의 '인간 승리' 서사, 즉 어려운 과업을 수행하며 장애를 극복하는 이야기가 아니다. 그보다는 장애를 가진 아이를 낳을 가능성이 있는 장애여성이 특별한 방법으로 '치유되어서' 평범한 어머니가 될 수 있게 된 이야기다. 결혼을 통해 장애인에서 여자가 되었다는 윤선아의 말은 이성애 관계로 성별을 인정받을 수 있었다는 뜻이고, 이는 '새로 태어났다'라는 생각으로 나아간다. '남자'와 '여자'라는 이름은 정상 신체를 가진 사람들만 예외적으로 누릴 수 있는 특권으로 이해되고, 장애여성이 친밀한 관계 안에서 남성에게 인정받지 못하면 이분화된 성별 체계 밖에 머물게 된다.102 윤선아는 불가능해 보였던 결혼에 성공하고 나서 도달할 수 없을 것처럼 보이는 또 다른 이름, '엄마'라는 이름을 얻을 수 있을지 고민한다. 이 다큐멘터리는 어머니가 되어 가는 이런 여정을, 기술적 개입을 통해 장애가 없는 아이를 갖게 되는 여정으로 그린다.

방송을 촬영하기 2년 전 한 잡지에서 윤선아와 남편의 러브 스토리를 소개했다. 잡지 기사는 이들이 체외수정In Vitro Fertilization-Embryo Transfer, IVF을 하면 임신이 가능하다는 사실을 알아냈다고 전했다. 임신의 어려움 때문이 아니라 장애가 유전될 가능성 때문에 체외수정이 필요하다고 여긴 것이다.103 〈엄지공주〉는 윤선아가 환자복을 입고 난임 클리닉에서 골반 검사를 기다리다가 잠시 후 검사대에 누워 통증을 느끼며 움찔하는 모습을 보여 주면서 시작한다. 이 장면은 과학기술의 개입 없이 임신하여 태아가 장애를 가질 가능성이 있다면 아이를 낳아서는 안 되므로 잠정적인 불임과 다름없다고 규정하는 셈이다. 마거릿 애트우드Margaret Atwood가 『시녀 이야기』 The Handmaid's Tale(1985)에서 그린 사회에서 불임 여성은 '비여성'unwomen이라고 불린다. 윤선아가 가진 장애의 유전 가능성은 그녀를 '비여성'이 아닌 '비모체'unmother로 만든다. 즉 윤선아는 불임이라는 의미의 '비여성'이 아니라, 자신의 장애와 같은 장애를 가진 아이를 낳을 가능성이 50퍼센트이기 때문에 재생산을 할 수 없는 '비모체'인 것이다. 이렇게 〈엄지공주〉에서는 자녀가 정상 신체를 가진 상태가 되도록 미리 조정하는 것이 모성의 요건이라고 재정의한다. 유전적 장애가 유전될 가능성을 없애지 않는 한 출산도 있을 수 없다는 것이다. 윤선아는 어머니가 되기 위해서 체외수정 시술을 이용하면서 '이상' 유전자가 있는 배아를 가려내기 위해 착상 전 유전자 진단을 받고, 이 과정을 통해 선택된 '정상적인' 배아를 착상시킨다.

〈엄지공주〉 1편이 임신에 성공하지 못한 채 끝나자 언론은 후속편을 기대했다.104 방송이 나간 지 몇 달 후인 2007년 8월, 윤선아는 한 아침 방송에 나와 임신 소식을 알렸다.105 그녀의 임신 사실을 보도한 신문 기사는 윤선아의 출산 프로젝트에 대한 대중의 관심을 보여 준다. 2008년 5월과 2009년 5월에 각각 방영한 두 편의 후속 다큐멘터리는 아들 출산과 아기의 첫돌을 둘러싼 드라마를 다뤘다. 그녀의 삶을 3년 동안 다룬 3부작에서 놀라운 부분은, 특정한 배아를 선택하기 위한 착상 전 유전자 검사 및 진단 기술, 이 과정에서 본인이 감수해야 하는 위험부담, 비장애 아들의 출생이라는 궁극적인 보상 등을 둘러싼 복잡한 감정이 드러나지 않는다는 점이다. 엑스레이 사진 등을 이용해 윤선아의 몸의 차이를 부각시키는 스펙터클과 더불어 해당 3부작은 유전 드라마를 구성한다. 이 유전 드라마는 비장애 몸에 대한 열망을 강화하며 특정한 정서적 반응, 예를 들면, 임신에 '실패'해서 슬퍼하고 장애를 가진 아이를 낳을까 봐 불안해하며 비장애 아기를 낳는 데 '성공'해서 기뻐하는 감정들을 통해 시청자들이 감응하고 동일시하게 만든다.

착상 전 유전자 진단을 활용해 재생산의 위험 요소를 제거한다는 논리는 장애를 위험 요소로 보는 것이지만 재생산 과정에 존재하는 다른 위험들은 드러내지 않는다. 정작 이 유전 드라마는 장애가 생길 가능성 때문에 발생하는 긴장을 넘어서 다른 긴장감을 둘러싸고 형성된다. 골형성부전증을 갖지 않은 아이의 출생을 보장하도록 선별하는 과정이 이미 이뤄졌으므로, 시청자의 긴장감을 유발하는 지점은 아기의 장애 여부가 아니라 제왕절개 수술 과정에서 산모가 사망할 수도 있다는 사실이다. 산모의 장애로 인해 수술 중 과다 출혈이나 골절이 발생할 위험이 극도로 높기 때문이다. 담당 의사는 그녀와 같은 장애를 가진 사람이 사망했던 사례들에 대해 남편에게 알려 준다. 시청자들은 수술실의 카메라를 통해 제왕절개의 전 과정을 지켜보게 되고 극적인 음악이 깔리는 가운데 아들이 태어나는 순간을 목격한다.

이 다큐 시리즈에서 장애아동에 비해 비장애아동을 선호하는 입장은 당사자나 가족의 선택이 아니라 도덕적이고 자연스러운 태도로 그려진다. 어머니가 된다는 것은 의심할 여지없이 비장애아동의 어머니가 된다는 뜻으로 간주된다. 착상 전에 이미 장애가 없는 상태임이 확실했는데도 출산 후에 이를 다시 한번 확인하는 과정을 거친다. 의사는 신생아의 유전자 검사 결과를 확인하고 이 소식을 '선물'이라며 전한다. 아기가 유전적인 장애를 갖고 있지 않을 뿐만 아니라 골형성부전증 유전자를 보유하지도 않았다고 말한다. 출생 시 진단을 통해 미래에 장애를 갖지 않은 아이를 낳을 것이라는 사실까지 확인된 것이다. 담당 의사는 기쁜 목소리로 선언한다. "그런 유전병은 당대에서 끝나는 거죠." 이는 또 다른 전제를 보여주는 발언인데, 부부의 아들이 유전적 장애를 가진 파트너와 아이를 가질 수 있다는 가능성을 지우는 것이다. 이 다큐멘터리는 아기에게 다른 장애가 있을 가능성과 산모가 위험할 수 있는 가능성을 둘러싼 불안감을 극적으로 활용하면서, 착상 전 유전자 진단을 통해 산모의 장애가 유전되지 않도록 예방하고 치유된 상태로 출산할 수 있게 된 점에 찬사를 보낸다.

윤선아는 어머니가 된 이후에 비로소 세 번째 다큐멘터리에서 (작가가 쓴 이야기이긴 하지만) 일인칭으로 서술하는 힘을 갖는다. 그 시기에 출산한 배우 김희선의 목소리로 내레이션이 전해진다. 앞의 두 편에서 내레이션 화자는 남편의 관점으로 말했다. 세 번째 방송 시작 부분에 이런 내레이션이 나온다. "나는 '좋은' 엄마가 되고 싶다." 이 세 번째 편에는 윤선아가 눈물을 흘리는 장면이 많이 나온다. 때로는 '완벽한 가족'을 가진 것에 행복해서 울고, 때로는 비장애 어머니가 자녀를 키울 때 해야 하는 신체적으로 힘든 일들을 해내지 못하는 상황에 좌절해서 운다. 게다가 임신 중에 척추가 더 휘어졌고 뼈가 약해져 통증이 더 심해졌다. 그 여파로 윤선아는 큰 수술을 받을지 말지를 결정해야 한다. 이 수술을 받으면 3개월 동안 움직일 수 없고 생존 가능성이 10퍼센트밖에 안 된다. 이 방송 프로그램을 다룬 상당수 신문 기사들이 어머니가 되기 위해 자신의 생명을 거는 결정을 한 감동적인 이야기에 찬사를 보냈다는 사실은 그리 놀랍지 않다. 그녀는 순식간에 장애를 극복한 위대한 모성애의 상징이 되었다. 『여성신문』은 윤선아를 20명의 여성 희망 리더 중 한 명으로 선정했다.106 그녀의 '성공'에 고무되어 한 신문의 논설위원은 유전자 검사와 선별을 정부가 지원할 필요가 있고, 검사 가능하고 제거할 수 있는 유전병 목록에 대한 제한(현재 법에는 63개로 제한되어 있다)을 해지할 필요가 있다고 썼다. 그는 이런 법적 제한이 환자들을 동등하게 대우하지 않고 그들의 자기결정권을 침해한다고 비판했다.107

장애가 있는 배아를 걸러내기 위해 착상 전 유전자 진단을 사용하는 방식의 윤리적·사회적 함의를 살펴보는 중요한 논의가 많지 않은 상황에서, 이 다큐가 방송되고 언론이 앞 다퉈 이를 다루자 착상 전 유전자 진단에 대한 관심이 높아졌다. 한 신문은 착상 전 유전자 진단이 임신중절을 대신할 수 있고 고통과 사회적 비용을 줄이는 해결책이라며 긍정적으로 평가했다. "유전병은 치료가 거의 불가능하기 때문에 출산의 예방이 최선의 방법이다. 기존의 산전 진단법으로, 즉 양수 검사나 융모막 융모 검사를 하여 유전병이나 염색체 이상이 진단되면 임신을 종료하는 방법으로 이들을 예방할 수는 있으나 정신적, 신체적 고통을 피할 수 없다."108 이 같은 논평에는 임신중지 권리를 반대하는 입장이 담겨 있지만, 동시에 여기에는 태아에게서 장애가 발견된 경우에 이뤄지는 임신중절을 의심 없이 당연한 것으로 승인하는 입장도 담겨 있다. 우려하는 목소리를 낸 소수의 사람 중 한 명이 동아일보 과학 칼럼니스트 이은희였는데, 그는 〈엄지공주〉 이야기가 유전될 수 있는 모든 질병을 찾아서 예방하려는 열망으로 이어질 수 있다는 글을 썼다.109 이은희는 독자들에게 착상 전 유전자 진단이 장애를 치료하는 게 아니라 장애를 가진 아기의 출생을 선별하는 과정이라는 점을 상기시키면서 할리우드 영화 〈가타카〉(1997)에 그려진 디스토피아적 광경을 언급하며 글을 맺었다. 〈가타카〉는 유전공학을 통한 재생산이 표준이 된 미래를 그린 영화다. 하지만 이런 소수 의견이 나왔다고 해서 검사 기술의 사용에 대한 논쟁이 제대로 이뤄졌다고 보기는 어렵다. 적어도 1970년대와 1990년대 당시 불임수술을 둘러싼 찬반 논쟁과 같은 강도라고 볼 수 없는 것이다. 영화 〈가타카〉에서는 유전공학을 통해 탄생한 사람들을 발리드(시험관에서 태어난 사람, 적격자를 의미한다)로 분류하고, 유전적 결함을 가진 채 자연적으로 탄생한 사람들을 인발리드(자궁에서 태어난 사람, 부적격자를 의미한다)로 분류한다. 대중 담론에서 이 영화를 언급하며 유전공학의 위험성을 알리기에는 경고 효과가 매우 미미한 듯하다.

〈엄지공주〉는 장애여성에게 가능한 재생산 방식을 그리지만 동시에 어머니가 되기 위해서는 맞춤 재생산 기술을 통해 장애를 물려주는 재생산 '위험성'을 '치유하도록' 요구한다. 그렇지만 이렇게 해서 가능해진 모성은 '좋은' 어머니가 되기 위해, 또 장애를 갖고 살아가기 위해 애쓰는 과정에서, 윤선아의 삶에 또 다른 과제를 끊임없이 요구한다.

재생산을 주제로 장애여성들을 인터뷰한 황지성의 연구에 따르면, 착상 전 유전자 진단을 이용한 윤선아의 성공적인 출산 이야기가 유명해지고 나서, 착상 전 유전자 진단을 이용하지 않고 유전되는 장애를 가진 아이를 낳기로 결정한 장애여성을 향한 적대감이 윤선아 사례와 연결되고 있다. 예를 들어, 골형성부전증을 가진 여성 현미는 골형성부전증을 가진 아이를 낳았다. 출산 후 추가적인 검사를 위해 병원의 유전학과로 보내졌는데 그곳에서 그녀는 일련의 비난 섞인 질문을 받았다고 한다. 현미는 연구자에게 이렇게 말한다. "나보고 유전 안 되게 해서 애 낳을 수 있는데 왜 낳았네. 막 그렇게 말을. 인공수정, 그 텔레비전 얘기하는 거 같애요. 유전이 안 되게도 다 방법이 있는데 왜 나보고 그런 것도 안 알아보고 낳았냐고. 유전학과 의사가."[110] 페미니스트 장애학자 수전 웬델은 태아 선별과 장애 여부에 근거한 선별적인 임신중지가 처음에는 자발적으로 하는 것일 수 있지만 이런 사례가 상당히 빠르게 사회적 의무가 되고 있다는 점을 지적한다. 누군가 장애를 가지고 태어나는 상황이 어머니에게 장애를 예방하지 않은 과실이 있다는 증거로 여겨지는 분위기를 형성하는 것이다.[111]

침묵의 웨딩드레스

위험 요소를 치유하려는 유전 드라마의 경향과 달리, 계운경의 독립 다큐멘터리 〈팬지와 담쟁이〉(2000)는 장애여성의 관점에서 결혼 판타지를 해체하며, 또한 장애가 있는 아이를 낳아서는 안 된다는 의무가 장애여성을 어떻게 억압하는지도 드러낸다. 〈팬지와 담쟁이〉는 저신장 자매 윤정과 수정이 주인공이며 이들의 일상에서 일어나는 짧은 에피소드들로 이뤄져 있다. 영화의 시작은 가벼운 파티 장면인데, 남자와 여자 여러 명이 술집에 모여서 술을 마시고 같이 노래를 부른다. 이때 수정과 비장애남성으로 보이는 성주가 가까워지는 모습이 나온다. 그리고 3부에 걸친 "웨딩드레스 제작 중"이라는 에피소드에서 수정이 결혼을 하게 될 수도 있다는 가능성에 대해 두 자매가 심각하게 고민하는 모습이 나온다. 연애를 둘러싼 사회적 각본이 비장애인 관객들에게 익숙하지만 수정의 관점에서는 낯설고 이상하고 당황스러운 듯하다.

　자매는 지체장애가 있는 기혼 친구를 방문하는데, 이 친구는 수정에게 좀 더 적극적으로 성주와 연애를 하라고 독려한다. 친구가 손님들을 위해 식사를 준비할 때 그녀의 왼손에 있는 결혼반지가 클로즈업된다. 친구는 자매의 멘토 역할을 하고 결혼까지 이르는 데 놓인 장애물을 수정이 극복할 수 있도록 도와준다. 친구의 결혼반지를 잠깐 보여 주는 장면은 의미심장하다. 서른여섯 살이라 혼기가 얼마 남지 않았다고 여겨지는 수정에게 결혼은 중요하고 다급한 목표로 제시되는데, 수정은 수줍음 많은 성격이며 자신의 감정이나 상대방의 감정에도 확신이 없다. 수정은 꼬치꼬치 캐묻는 동생과 친구 앞에서 마지못해 성주에게 호감이 있다고 인정한다. 친구는 그 남자에게 적극적으로 표현해야 한다고 설득하면서 말한다. "물론 거기도 장애인이란 말이야. 근데 우리보단 나서[나아]." 이 말을 통해 관객은 성주에게도 잘 드러나지 않는 장애가 있음을 알게 된다. 잘 드러나지 않는 장애를 가졌다는 것은 유전 가능성과 가시성을 기반으로 만들어진, 장애를 둘러싼 사회적 위계에서 성주가 수정보다 '높은' 위치를 차지한다는 뜻이다.

수정은 성주와 친밀한 관계로 진전될 것이라는 기대 속에서 성에 대해 배우기로 결심한다. "웨딩드레스 제작 중 2"에서 자매는 친구 집에 포르노 비디오테이프를 가지고 간다. 텔레비전에서 과장된 신음 소리가 배경으로 나오는 동안 카메라는 수정의 얼굴에 나타난 불편하고 근심 어린 표정을 포착한다. 수정의 친구는 산부인과에 가서 자기 몸에 대해 더 알아보고 위험 요소가 있는지 성관계가 '가능할지' 알아보라고 충고한다. 그들은 성관계, 임신, 출산으로 인해 자매가 겪을 수 있는 신체적 위험을 매우 걱정한다. 점차 결혼 기대가 높아지자 수정은 동생과 함께 산부인과를 방문한다. 처음으로 산부인과에 간 이들은 중년의 남자 의사 앞에서 불편하고 당황한 듯 보인다. 의사는 이렇게 설명한다. "상대를 만나서 2세를 이어나갈 것인가 그게 문제가 되겠지요. 여러분들은 아주 많은 고민이 있으실 겁니다. 저희 의학자들은 조금 냉정하거든요. 여러분들이 옛날에 배웠던 학문 중에서 우성의 법칙이라고 있지 않습니까. 여러분들이 고통당한 만큼 자녀들에게 이런 고통을 주기가 어렵지 않습니까. 그런 경우에는 어떤 방법을 제시한다든지, 그 방법이 안 맞을 때는 양아들 양딸을······." 의사는 자매의 장애를 직접적으로 언급하지 않지만 그들과 같은 장애를 가진 아이가 태어나면 안 된다는 점을 분명히 한다. 이 의사는 저신장인 사람들이 고통을 겪는다고 가정하기 때문에 장애인들의 재생산을 본인들이 결정해야 할 문제가 아니라 반드시 막아야 할 대상으로 본다. 의사는 여러 질문들에 대답하기 위해서는 검사가 필요하다고 말한다. 한눈에 출산해서는 안 된다고 판단한 후 검사를 받아야 알 수 있다고 말하는 역설적인 상황에 자매는 어색하고 당혹스러워 보인다.

영화는 결혼을 하나의 목표로 강조하고 있는데, 자매가 야학 교사의 결혼식에 가는 에피소드에서 이 지점이 잘 드러난다. 수정과 윤정은 신부 대기실을 찾아가 비장애인 신부가 웨딩드레스를 입고 앉아 있는 의자 양쪽에 선다. 얼마 후 그들은 결혼식장 뒤쪽에 앉아 신랑과 신부를 바라보며 주례사를 듣는다. 카메라는 앞쪽을 무표정하게 바라보는 이 둘의 얼굴을 확대해 보여 준다. 그러나 그들이 느끼는 감정이 무엇인지를 설명하지 않는다. 그들 얼굴에 담긴 감정을 해석하는 것은 이 결혼식과 병치된 그들의 결혼 가능성을 비교하고 있는 관객의 몫이다.

이 영화는 결혼을 둘러싼 다양한 문화적 공간에서 자매가 느끼는 모순적이고 복잡한 감정을 설득력 있게 보여 준다. 그리고 다른 여러 공간에 있는 모습도 담아낸다. 자매는 노래 대회에 참가하고, 바닷가에서 선탠을 한다. 윤정은 어머니를 사진관에 데려간다. 그들이 사는 일상의 한 부분으로 그려지는 이런 일들이 관객들에게 비혼 여성의 의미 있는 삶의 방식이라는 인상을 주지는 못한다. 자매끼리만 있거나 가족들하고만 있는 장면이 주를 이루기 때문이다.

마지막 에피소드인 "웨딩드레스 제작 중 3"에서 수정과 애인 성주의 대화가 롱테이크로 나온다. 수정은 관계에 대한 질문으로 대화를 시작하며 그들 관계에 문제가 생겼음을 암시한다. 그녀는 성주와의 관계에 대한 추측과 소문 때문에 괴로웠다고 말한다. 성주는 왜 수정과 결혼할 수 없는지 길게 대답한다.

니도 결혼을 해야 될 끼고 나도 결혼을 해야 되는 거고. 나는 장남이다 보니까. 물론 내가 이런 소리 하면 좀 그리하겠지만, 내가 외동이고 장남이다 보니까 엄마한테 손자를 안아 드려야 되고. 엄마 외롭지 않게 며느리 구해야 되고. 장애도 어느 정도 내하고 비슷한 사람이 …… 그래 있으면 …… 생각하고 있고, 내 마음은 그렇다. 니도 나이가 있다 아이가. 나도 나이가 있고. 내는 그래도 남자니까 좀 낫지마는 니는 여자니까 조금이라도 빨리, 사십 되기 전에는 빨리 해야지. 니도 빨리 해라. 자꾸 있으면 날짜만 가고. 나이 먹다 보면 결혼도 못하고. 일단 사람은 결혼을 한 번 해야 될 거 아이가.

수정은 성주 옆에 조용히 앉아서 아무 말도 하지 않고 어떤 분노나 실망도 드러내지 않는다. 가만히 듣고 있으면 그의 말을 이해라도 할 수 있을 것처럼 성주가 변명하도록 내버려둔다. 성주가 헤어지자며 건넨 이야기에는 결혼할 자격을 논할 때 등장하는 성차별주의, 비장애중심주의, 나이차별주의가 압축돼 있다. 이는 다양한 차원에서 장애여성에게 불리하게 작동한다. 첫째, 부계를 잇기 위해 아들을 낳을 의무, 둘째, 그들의 장애에 따른 위계(후천적인 장애 대 유전적인 장애), 셋째, 결혼 가능한 나이에 대한 이중적 기준, 넷째, 결혼을 해야 할 의무가 그러하다.

수정의 침묵은 강력한 반응이다. 관객들은 침묵을 통해 수정이 느낄 법한 감정이 무엇인지 추측해 볼 수 있지만 정답을 찾을 수는 없다. 그녀의 침묵은 그런 이별 장면에 나타나는 이야기의 전형에 저항하고, 그런 서사가 반복될 것이라는 관객의 예상을 저버린다. 그렇지만 이런 침묵은 수정이 자신의 감정을 표현할 수 있는 언어가 없다는 사실을 암시하기도 한다.

〈팬지와 담쟁이〉는 장애여성의 섹슈얼리티를 주제로 하는 몇 안 되는 독립영화 중 하나로서 장애를 다루는 다큐멘터리 장르에 큰 기여를 했다. 영화학자 김선아에 따르면, 이 영화는 서사적 드라마의 말하기 방식을 이용해 드라마와 다큐멘터리 사이의 경계를 무너뜨린다.112 김선아는 이 영화가 주변부 존재들을 대신하여 말하려 하지 않으면서도 영화의 대상이 되는 주변부 존재들의 입장에서 찍었다고 설명한다. 감독('나')과 대상('그들') 사이에 있는 힘의 불균형을 바로잡기 위해 카메라는 계속 아래에서 바라보는 로우 앵글로 찍는다. 〈엄지공주〉를 포함해 장애를 다루는 대부분의 TV 다큐멘터리와 달리 이 영화에는 주요 서사를 제시하는 인터뷰나 내레이션이 없다. 관객은 단지 일상적인 상황에서 인물들이 주고받는 실제 대화를 듣게 된다.

그럼에도 카메라의 시선을 의식하는 주요 인물들의 약간 경직된 얼굴을 통해 카메라의 조용한 존재감이 느껴진다. 사실 이 영화는 대화에 주목하지 않고 여러 개의 짧은 장면을 연결해 에피소드를 만든다. 해체된 조각처럼 보이는 이런 장면들은 결혼이라는 주제로 연결되는데, 결혼은 두 장애여성에게 다소 낯선 주제로 그려진다. 칼럼니스트이자 영화감독인 류미례는 이 영화가 두 자매를 장애인이 아니라 결혼을 꿈꾸는 여성으로 표현하면서 비장애인들에게 좀 더 와 닿게 만들어졌다고 지적했다.113 하지만 류미례가 장애인과 여성의 범주를 구분한 것은 재고해 볼 필요가 있다. 결혼을 통해 두 자매가 장애인이 아닌 여성으로 그려졌다는 것은 윤선아의 말처럼 장애인을 성별 범주에서 벗어나 있는 존재로 바라보는 것이기 때문이다. 위험하고 느린 지하철 리프트를 탈 때처럼 대중교통을 이용하는 상황에서 부산 시민들이 빤히 쳐다보는 장면을 비롯해 이 영화는 자매의 일상적인 여정을 담는 데 상당한 시간을 할애하지만, 결혼이라는 주제가 그들의 여성성을 분명하게 확인해 주는 것으로 읽힌다. 물리적 장벽이나 태도의 장벽을 경험하는 상황, 일자리가 없는 상태, 이들이 경험하는 일상적인 어려움보다는 결혼하려는 노력이 그들의 성별과 연결된다.

〈팬지와 담쟁이〉의 결말은 극적으로 구성되어 또 다른 도발적인 침묵을 보여 준다. 자매는 웨딩드레스를 입고 바다에 뜬 작은 배에 앉아 있다(그림3). 유일하게 들리는 소리는 그들 주변에서 크고 무섭게 까악거리는 갈매기 소리뿐이다. 그들은 서로 붙어 앉아 있는데, 롱테이크로 그들에게 고정되어 있는 카메라에서 눈길을 돌린 채 무표정한 모습이다. 관객들은 영화 내내 에피소드 제목으로 계속 나온 웨딩드레스를 마침내 보게 된다. 관객들이 자매가 웨딩드레스를 입고 싶어 한다고 상상하던 바람은 실제로 결혼하지 않은 상태에서 이뤄진다. 이 환상적인 장면은 웨딩드레스가 애초에 실제 결혼식에서 입으려고 했던 것이 아니라고 해석할 수도 있음을 보여 주면서, 결혼의 환상을 해체한다. 미동도 없이 앉아 있는 윤정과 수정은 관객의 시선을 사로잡고 그들의 힘이 결혼 밖에 존재함을 보여 준다. 결혼을 통해 문화적으로 치유되려고 한 고된 노력이 실패한 상황은 이들 자매에게 그런 치유가 비현실적임을 보여 주는 증거가 된다.

웨딩드레스를 입고 보트에 앉아 있는 자매의 마지막 이미지는 결혼의 기반으로 여겨지는 낭만적 사랑에 대한 강력한 비판이기도 하다. 두 여성은 아이를 낳을 기회를 차단당하고 따라서 비장애인을 낳는 재생산을 위한 결혼 제도 안으로 진입하지 못한다. 이처럼 장애인들이 결혼이라는 제도에 들어가지 못하는 모습은 그 자체로, 혹은 결혼이라는 제도에 들어

그림3 다큐멘터리 〈팬지와 담쟁이〉(2000)의 스틸 사진.
자매가 웨딩드레스를 입고 배에 앉아 먼 곳을 보고 있다. ⓒ인디스토리

가길 스스로 거부하는 모습은 재생산과 결혼을 둘러싼 비장애 중심적이며 젠더화된 관행을 비판하는 것으로 볼 수 있다.

장애와 이분화된 성별이 서로 얽힌 구조 안에서 결혼이라는 제도, 섹슈얼리티, 재생산, 핵가족은 장애와 결부된 낙인의 완화를 통해 장애인을 재활시키는 장場이 되기도 한다. 그리고 이 같은 낙인의 완화는 성별에 따른 요구들과 이성애라는 가부장적인 문화적 관습을 수행하면 장애가 없어질 수 있다는 환상으로 이어진다. 이런 서사적 공식은 장애여성 삶의 지극히 사적인 부분까지 규제하는 규범적인 질서를 반영하고 강화한다. 하지만 비장애를 재생산하려는 목적을 가진 의학적 치유(〈엄지공주〉의 경우처럼)만 있는 것이 아니라, 이런 현실을 해체하려는 시도(〈팬지와 담쟁이〉)도 동시에 존재한다. 이를 통해 장애가 있는 몸이 젠더화된 의무를 벗어나 존재하면서 규범적인 질서를 깨트릴 수 있는 가능성이 강조된다.

한국 문화에서 장애아동을 낳으면 안 된다는 책임을 어머니에게 부여하는 상황은 우생학 캠페인 및 식민지기 이후의 국가 건설 과정, 그리고 유전 드라마가 문화적 재현을 통해 구성되는 역사에서 비롯된다. 장애가 없는 상태를 원한다는 가정 아래 동원되는 생명정치는 장애가 계속해서 사회 주변부에 머물러 있어야 가능한 것이다. 사회적·물리적 비용이 든다는 증거를 통해 장애가 '바람직하지 않다'는 점을 상기시켜야 하기 때문이다. 장애가 계속 존재할 수 없도록 작동되는 재생산은 '어머니에게 장애가 없어야 하며, 장애가 없는 아이를 낳아야 한다'는 생각, 그리고 가족과 도덕성의 개념 안에서 구성되어 왔다. 이렇게 제한된 공간 속에서 작가와 영화감독이 자살을 시도하거나 아기를 죽이는 방법으로 삶을 부정하는 선택을 하는 문보, 언년이, 송 씨, 용식이 같은 캐릭터들을 그려 내는 게 놀라운 일은 아니다. 또한 〈팬지와 담쟁이〉는 두 자매의 침묵을 유일하게 가능한 대응으로 표현한다. 따라서 치유는 장애를 예방하는 방식뿐만 아니라 장애를 없애는 방식으로 정상에서 벗어난 몸들을 부정하는 입장을 드러내는 것이다. 장애 있는 아이를 낳은 장애인 어머니와 비장애인 어머니, 그리고 장애아동 본인은 무책임하고 무지하며 부도덕하다고 비난받을 수도 있지만, 그들의 존재와 경험은 어머니가 되지 않기로 선택해 여성으로서 성별이분법에 온전히 포섭되지 않는 장애여성들과 함께, 비장애non-disability를 지향해야 한다는 의무가 과연 도덕적으로 확고한 가치인지에 대해 문제 제기하고 있다. 치유라는 이름으로 이뤄지는 폭력은 대체로 장애를 직접적으로 겨냥하기보다는 장애가 생길 가능성이 있는 재생산을, 더 정확히는 해악으로 설정된 장애의 재생산을 겨냥한다. 문화 텍스트는 장애를 낳지 않는 재생산 미래상에 투여된 복잡한 과학적·의료적·역사적·도덕적·감정적 지형을 살펴볼 수 있는 분명한 매개체가 되었다고 할 수 있다.

2장

대리 치유

몸의 경계들에 대해 만들어진 이야기들을 생각해 보면 우리 몸 안에 우리가 혼자 존재하지 않음을 알게 된다.

— 타냐 티츠코스키, 「교육적 가능성으로서 몸의 경계들」 +

1937년 잘 알려진 설화를 바탕으로 제작된 영화〈심청〉이 서울 단성사에서 상영되었고, 이듬해에는 호놀룰루의 릴리하 극장에서 상영됐다. 점점 심해지는 일제의 검열로 영화 제작에 어려움을 겪던 당시,〈심청〉의 해외 상영을 둘러싼 조선 안팎의 담론은 이 이야기에 담긴 한국적인 것, 특히 한국적인 이미지를 강조했다.[1]『동아일보』는 한국 영화 최초의 해외 상영 소식을 보도하면서 이 영화가 조선의 "특이한 윤리관" "전통적 도덕과 적성" "특이한 혈성과 지효의 정서"를 알릴 수 있는 기회가 될 것이라고 설명했다.[2] 이 영화는 호놀룰루에서 "한국어로 된 특별한 한국어 유성영화"이며 "순 한국제 순 한인 배우 순 한인 예술가 순 한국 배경 순 한국어로 만든 한국 활동사진"이라는 설명과 함께 홍보되었다.[3] 호놀룰루의 한 한국어 신문은 영화의 줄거리를 이렇게 설명했다. "효도의 모범을 이야기에 발표

+ Tanya Titchkosky, "The Ends of the Body as Pedagogic Possibility".

137

한 것은 지성인 딸이 아버지의 먼눈을 다시 밝게 하기 위하야 자기의 생명을 배군[선원]들에게 판 것이다. 그 희생, 풍랑이 험한 바다에 생명을 희생함으로 인하야 그 아버지가 눈을 다시 보아 그 눈으로 그 딸의 영혼이 구름 타고 나아가는 것을 보게 되었다.”[4] 호놀룰루에서의 첫 상영 때 하와이에 거주하는 한국인 사이에서 인기를 얻었고 이는 재상영 요구로 이어졌다.[5] 이 영화의 상영을 둘러싼 담론은 맹인인 아버지를 치유하기 위한 심청의 희생이 드러내는 효의 가치에 대한 강한 문화적 애착을 보여 주고 있다. 효는 진정한 한국의 정서를 보여 주는 본질적인 가치이자 엄청난 자부심의 원천으로 나타난다.

〈심청〉은 유명 설화 「심청전」에 기반해 만들어졌는데, 「심청전」에는 수많은 이본異本과 여러 기원이 존재한다. 그 기원은 12, 13세기에 기록된 신라 시대의 유사한 이야기까지 거슬러 올라간다.[6] 장로교 신도였던 미국인 의사 호러스 앨런Horace Allen이 1889년에 번역한 영문 버전에서는 심 씨가 딸 청이를 낳고 죽은 부인에 대한 상실감에 슬퍼하다가 맹인이 된다고 서술한다.[7] 심 씨가 다리를 건너다 개천에 빠져 도움을 청할 때 한 승려가 그를 구해 주며 “장님임에 틀림없지만 고칠 수 없는 건 아니오”라고 말한다.[8] 그러고 나서 승려는 심 씨에게 자신의 절에 쌀 300석을 시주하면 그가 시력을 되찾고 온 가족이 지위와 명성을 누릴 것이라고 알려 준다. 이에 심 씨는 절에 시주하기로 약속했지만 자신에게 그 정도 거금이 없다는 사실 때문에 시름에 빠진다. 이 약속을 알게 된 심 씨의 열네 살짜리 딸 청은 마침 거친 바다를 안전하게 항해할 수 있도록 제물로 바칠 처녀를 사려고 마을에 들른 선원들에게 자신을 팔기로 한다. 바다에 던져진 심청은 용왕을 만나는데, 용왕은 자기를 버린 효심과 희생에 대한 보상으로 심청을 육지로 돌려보낸다. 연꽃 안에 있던 심청은 그 나라의 왕에게 발견된다. 심청은 왕과 결혼해 왕후가 된다. 고향을 떠난 아버지를 찾기 위해 왕과 왕후는 왕국의 모든 맹인 남성을 궁으로 초대한다. 심청이 아버지와 재회하게 되었을 때 아버지는 여전히 맹인이었다. 심청은 그동안 자신에게 있었던 일들을 이야기해 준다. 심 씨는 말한다. "'오, 내 아이야, 죽은 자가 돌아올 수 있단 말인가? 네 목소리가 들리는구나. 네 형체도 느낄 수 있다. 하지만 눈이 없으니 너인지 어떻게 알 수 있단 말이냐? 이런 안 보이는 눈은 없어졌으면 좋겠다.' 그는 손톱으로 눈을 후벼 판다. 그러자 놀랍게도 눈에 낀 비늘 같은 것이 떨어지고 시력이 돌아온다. 이에 그는 크게 감격한다."9 심 씨의 시각장애는 갑자기 치유되었고 그는 왕후가 된 딸을 볼 수 있게 된다. 이 설화는 딸의 환생과 부녀의 재회로 심 씨의 시각장애가 즉시 치유되고, 이를 통해 두 몸이 연결되어 있다는 것 그리고 죽음/재탄생과 치유 사이에 상호신체적intercorporeal 인과관계가 존재한다는 것을 보여 준다.

고려 시대에 기록된 치유 서사에서는 장애 치유가 불교의 신성한 힘을 보여 주는 증거로 나온다.10 이와 달리 심청의 이야기에서 경제적 거래를 통해 구매된 부처의 치유력은 모호하다. 딸이 시주를 한 이후에도 아버지는 여전히 치유되지 않았기 때문이다. 그의 치유는 딸이 목숨을 희생하고, 그후에 환생하여 아버지와 재회할 때까지 유예된다. 심청의 출생이 심 씨의 시각장애의 발단으로 규정되기 때문에 그녀의 희생이 있어야 아버지의 시력이 회복된다. 가족 구성원의 도덕적 지위와 비장애는 이런 상호신체적 치유 효과를 통해 서로를 구성한다.

이 장에서 가족과 치유 사이의 관계를 탐색하면서 타냐 티츠코스키가 다음과 같이 예리하게 지적한 내용을 문자 그대로 해석해 보고자 한다. "우리 몸 안에서 우리는 혼자가 아니다." 즉 우리 몸 안에 우리와 함께 공존하는 것은 무엇이 '인간'으로 간주되는지에 대한 규범적 기준이다. 티츠코스키는 서구 맥락에서 "인간됨의 가장자리"에 위치한 장애화된 몸disabled body을 관찰하면서, 장애가 "어떤 가능성도 존재하지 않는 한계점"으로 간주된다고 주장한다. 즉 "장애가 인간으로 여겨지는 기준의 한계점과 최극단에 있는 것으로 간주되면, 그 생명력이 박탈되며, 장애가 자연적으로 생겨나는 것이 아니리 문화에 의해 구성된다는 사실도 은폐된다."[11] 티츠코스키는 예를 들어 시각장애가 세상을 다르게 인지하는 상태가 아니라 보지 못하는 상태로만 이해된다는 점을 설명한다.

나는 한 개인의 몸에 존재하는 다중성이라는 티츠코스키의 개념을 통해 장애인의 몸이 다른 사람들의 몸과 하나로 묶여 있다는 것을 치유가 어떻게 드러내는지 보여 주고자 한다. 장애화된 몸은 단지 "어떤 가능성도 존재하지 않는 한계점"으로 여겨질 뿐만 아니라, 변화되기를 기다리는 상태로 여겨지고 다른 사람들에게 변화의 기회를 제공한다고 여겨진다. 장애 경험의 관계적이고 젠더화된 양상은 비장애 가족 구성원들이 치유 행위자의 역할을 하도록 요구하는데, 이들의 행동은 직접적으로든 간접적으로든 장애에 영향을 끼친다. 나는 이런 행위자를 치유를 위한 대리인proxy for cure으로 부른다. 대리인을 통한 치유(혹은 대리 치유)cure by proxy는 비장애 가족의 행동에 따라 장애인의 치유가 결정되는 의존의 조건을 형성한다. 심청은 아버지가 승려와 맺은 치유 거래를 지키기 위해서 아버지를 대신해 행동하는 대리인이 되어 절에 공양미를 바치는데, 결국엔 이를 위해 자신의 생명을 제물로 삼는다. 다시 말해, 대리인은 초자연적이거나 종교적인 방법으로 자신의 행동이 보상받을 것이라는 믿음에 따라 다른 사람의 장애나 질병을 치유하기 위해 극단적인 임무를 수행하도록 동기가 부여된다.

나는 이 글에서 가족 구성원 누군가에게 장애가 있을 때 **뭐라도 하지 않으면 안 된다는** 사회적으로 형성된 의무감을 둘러싸고 사람들 사이에서 나타나는 역동을 포착하고자 대리인이라는 개념을 사용한다. 대리인은 장애나 질병을 직접적으로 치유하지는 않지만 치유를 위해 헌신하며,

통증이 없고 정상적인 형태로 잘 기능할 수 있는 몸을 향한 열망을 지속적으로 드러낸다. 정상적인 몸을 향한 바람을 멈추면 마치 그 자체가 도덕적으로 문제가 있거나, 심지어 병적인 상태라도 되는 것처럼 여겨지기도 한다. 치유를 위한 노동에는 장애인을 위해 기도하거나 장애인이 나아지는 것을 자신의 이익보다 우선시하는 것이 포함된다. 대리인은 장애인의 욕구를 대변하기보다 강제적 정상성compulsory normality의 시스템을 강화하고, 치유를 위해 노력해야 하는 책임을 스스로에게 부여하며, 이와 동시에 장애인을 이러한 노력의 보상을 받게 되는 수동적인 대상으로 만든다. 대리 치유의 논리는 장애를 부정적으로 바라보는 것이며 장애인이 있는 그대로 살아갈 수 있는 기회를 부정하는 것이다. 행위성과 주체성이 자신을 대표하고 자신의 최선의 이익을 추구하는 개인을 상정한다면, 대리성이 존재한다는 것은 이런 행위성과 주체성에 복잡한 문제를 제기한다고 할수 있다. 초자연적인 영역이나 현실적인 영역 모두에서 대리 치유에 관련된 사람들이 도구화된다는 점, 즉 가족이 장애인을 치유하기 위해 무언가를 희생해야 한다는 점은 가족이 사회와는 분리되어 생존을 위해 수단과 방법을 가리지 않는 배타적이고 유일한 공동체로 어떻게 작동하고 있는지 검토해 볼 필요가 있음을 보여 준다. 이는 장애가 있는 몸의 생존을 어렵게 하는 치유 명령에 도전하기 위해서다.

장애인과 가족 구성원의 신체가 하나로 묶여 있다는 점 때문에 공동체의 이익을 위해 장애가 치유되기를 바라는 열망이 생기고, 한 사람의 행위가 장애인의 치유로 이어질 수 있을 것이라는 믿음이 가능해진다. 가부장제 가족의 생존을 위해 치유가 필요하다고 여겨지면 치유 행위는 개인의 선택이냐 사회적 강요냐로 구분되는 이분법에서 벗어나 가족 공동체의 이익과 희생을 두고 협상하는 거래의 영역으로 이동한다. 이때 자기희생, 순결, 정조, 종교적 신앙심과 같은 도덕적 가치들, 그리고 사회적으로 구성된 헌신에 대한 의무감, 뭐라도 해야 한다는 정서적 감정은 이타적이라고 여겨지는 행동으로 이어지게 된다. 장애 때문에 '부담'이 생긴다는 논리는 돌봄의 경제적·신체적·정서적 비용을 강조해 왔다. 장애인이 가족과 사회 전체에 '부담'이 된다는 가정은 장애인을 죽음으로 내몰고, 사회가 모두에게 당연히 제공해야 할 자원들을 제공하지 않는 행위를 정당화하는 비장애 중심적 논리를 뒷받침한다. 이 장에서는 여러 가지 형태의 가족 신체성multitude of familial corporeality + 에 초점을 두어, 가족이 정상성이라는 도덕적 지위를 획득하기 위해 장애가 치유되어야 한다는 부담이 장애인에게 주어지는 것에 대해 면밀하게 서술한다.

'대리인'이라는 용어는 '대리인에 의한 뮌하우젠 증후군'이라는, 논란이 된 의학적 진단이 대중문화에 등장하는 사례를 생각나게 한다. '대리인에 의한 뮌하우젠 증후군'은 보호자(일반적으로 여성)가 대리인(일반적으로 어린이)의 질병이나 손상을 거짓으로 주장하거나 일으키는 증상을 말하는데, 종종 직접적인 해를 끼치기도 한다.12 이 증후군은 『정신장애 진단 및 통계 편람』 5판에는 "타인에게 부여하는 인위성 장애"라는 용어로 표현돼 있다. 이 장애는 "다른 사람의 신체적 혹은 심리적 징후나 증상을 허위로 조작하거나, 확인된 속임수로 상처나 질병을 유도하는 것"이라고 정의된다.13 이런 경우 대리인으로 삼은 사람의 건강에 문제가 있다고 거짓말하거나 직접 그런 문제를 만들어 내어 주변의 동정과 의료진의 관심을 받을 수 있다. 대리인에게 부상을 입히거나 없는 질병을 만들어 내는 대신 치유를 강제하는 것으로 이 논리를 뒤집어 본다면, 대리성의 또 다른 개념이 등장한다. 기존의 공식에서는 장애인을 위해 치유를 추구하는 비

+   [옮긴이] 저자가 '가족 구성원이 하나의 신체를 이룬다'는 개념으로 사용한 것이며 이후에 '연결된 신체'라고 표현되기도 한다.

장애 가족 구성원이 대리인이었지만, 뒤집힌 개념에서는 장애인이 비장애인 가족 구성원의 행동과 열망을 통해 치유되어야 하는 존재로서 대리인이 된다. 가족 구성원은 장애인이 신체적으로 향상되었다는 주장을 하거나, 신체적인 향상으로 간주되는 변화를 직접 유도함으로써 장애인을 자신들이 원하는 이익을 획득하게 해주는 대리인으로 삼을 수 있다. 그 이익에는 가족의 생존, 정상성 획득, 혹은 자신들의 행동에 대한 사회적 관심과 보상이 포함된다. 다시 말해, 심청의 효심이 귀감이 되려면 맹인 아버지의 치유가 필요하기 때문에 아버지가 대리인이 되는 것이다. 이렇게 대리성이 반대로 적용될 수 있다는 점을 지적하는 이유는 단지 가족 구성원의 치유에 대한 바람을 비판하거나 정신 질환에 상응하는 형태로 병리화하거나, 장애인을 수동적인 피해자로 규정하기 위해서가 아니다. 사회적으로 쓰인 각본에 따른 행동과 사람들에게 부여된 젠더화된 압력을 드러내고, 관계 내에 존재하는 치유 폭력에 대해 생각해 보기 위한 것이다.

나는 공동체의 도덕적인 목표로 부여된 치유 명령에 따라 가족 안의 대리성을 통해 만들어진 신체적 결합에 치유 폭력이 내재되어 있음을 주장하면서 두 가지 형태의 대리성을 다룬다. 가족이 치유를 통해 변화해야 할 필요성이 강조되는 상황에서 사회의 역할은 사라진다. 이런 주장은 그동안 공동체성과 관계성을 강조하는 '아시아' 문화가 자유주의적 개념인 자율적인 자아와 개인성을 강조하는 '서구'보다 종종 높게 평가받는 현상에 대해 비판적으로 시사하는 바가 있다. 상호 간의 동등한 돌봄 관계 안에서 형성되는 상호 의존은 장애인의 '개선'을 요구하지 않는다. 반면 가족 내의 신체 결합은 "장애화된 가족"을 만들고,14 이때 가족은 물질적으로 생존을 도모하고 명예를 유지하기 위해 정상성을 획득해야 한다는 압박감을 느끼기 때문에 장애인 구성원은 반드시 치유되어야만 하거나 가족에서 사라져야 하는 상황이 발생한다. 장애 가족이 등장하는 재현물에서는 장애가 가족의 문제로 등장하기 때문에 장애인의 몸은 당사자의 욕구와 상관없이 해결되어야 하거나 숨겨야 하는 소유물이 된다.

대리 치유의 필요성은 비장애 어머니들이 장애가 있는 자녀를 지극정성으로 돌보고 직접적으로 개입해 자녀의 장애를 즉각적으로 치유하고 나아지게 해야 한다는 지속적인 사회적 기대와 비교될 수 있다. 장애아를 낳으면 안 된다는 우생학적 명령(장애여성은 모성을 가질 자격이 없고, 장애를 가진 아이의 출생을 막아야 한다는 내용으로 앞장에 나온다)을 따르지 못했을 때, 어머니는 자녀의 장애 때문에 종종 비난받는다. 자폐증과 자폐인 자녀를 둔 부모들의 문화사를 다룬 『낯설지 않은 아이들』*Unstrange Minds*에서 로이 그린커*Roy Grinker*는 한 연구를 소개한다. 이 연구는 한국에서 장애인 자녀를 둔 어머니들이 나쁜 어머니로 비난당하는 상황을 다루면서, 어머니들의 부적절한 양육 방식의 원인으로 연구자들이 어떻게 '화병'이라는 담론을 사용하는지 논의한다.15 화병은 한국 문화 특유의 질병으로 정의되는데, 여성들이 주변화되면서 생기는 분노와 억울함을 느낄 때 발생하는 심신의 증후를 의미한다. 자녀의 장애 때문에 어머니를 비난하는 상황은 한국에서 어머니들이 경험하는 딜레마를 나타낸다. 어머니들은 직장에서 일하느라 아이를 돌볼 여유가 없다고 비난받기도 하고, 반대로 아이를 지나치게 돌본다고 비난받기도 한다. 치유 및 훈련 명령은 의무가 될 수도 있고 동시에 병적인 현상으로 여겨질 수도 있다.

영화 〈말아톤〉(감독 정윤철)은 한국 대중들에게 자폐성 장애에 대해 널리 알린 작품인데, 이 영화는 장애인 아들 초원을 정상화하려는 어머니의 열망을 치유를 향한 병적인 노력으로 그린다. 어머니는 남편의 지원 없이 아들 교육에 전념하며 아들을 훈련하려고 애쓴다. 달리기와 수영은 아들의 집중력을 높이고 소위 문제 행동을 없애 주는 등 장애를 치유하는 효과가 있는 것처럼 보인다. 주변 사람들은 아들 초원이 일상적인 활동에 참여할 수 있다는 기대를 별로 하지 않는다. 어머니는 초원이 다른 사람들하고 다르니까 달리기에 집착하지 말라는 말을 듣자, 달리는 동안에는 초원이 다른 사람과 똑같고 정상이라고 말하면서 소리 지른다. 그러다가 결국 초원이 다른 사람들과 똑같아질 수 없다는 것을 깨닫게 되고, 초원의 달리기를 폭력적인 방식으로 금지한다. 어머니는 자신이 아들을 완전히 치유할 수 없다는 사실을 깨닫자 정반대의 극단으로 나아가 아들이 몇 년간 격려 속에 해온 활동을 못하게 만든다. 그러나 초원이 마라톤에 참여하고 싶다는 욕구를 스스로 표현하자 그제야 어머니는 아들에게 어느 쪽으로도 강요할 필요가 없다는 사실을 받아들이게 된다. 의미심장하게도 이 깨달음을 통해 영화의 후반부에서 그동안 소원했던 남편이나 비장애 아들과의 관계가 회복된다.16 초원이 마라톤 대회에 극적으로 참여하게 되고 어머니가 초원의 차이를 수용할 수 있게 되면서 분열되었던 가족이 합쳐진다. 영화에서 어머니는 장애인 아들의 통합을 향한 통로로서 동일성을 강요하며 강제적으로 치유하려고 하거나, 혹은 차이 때문에 아들을 강제적으로 고립시키는 모습을 보인다. 이를 통해 어머니-장애인 아들 관계를 다루는 한국 영화의 풍성한 사례들과 자료들을 장애학에서 연구할 필요가 있음을 알 수 있다.

여기서 어머니와 장애인 아들 간의 관계가 아닌 아버지와 딸 간의 치유 대리성을 통해 다른 방식으로 가족 관계에 접근해 보려고 한다. 먼저 치유적인 정서가 국가주의적으로 공식화됨으로써 국가가 사회적 지원을 제공해야 할 책임을 지지 않게 된다는 점을 탐구할 것이다. 국가주의를 위하여 효를 장려하는 흐름은 〈심청전〉(1937)의 호놀룰루 상영과 관련하여 앞에서 간단히 언급한 바 있는데, 이런 흐름은 심청의 이야기를 기반으로 만들어진 다른 두 영화 〈효녀 심청〉(1972), 〈하늘나라 엄마별이〉(1981)에서도 마찬가지로 나타난다. 다음에는 어떻게 아버지의 장애가 딸의 몸으로 시각적으로 전이되어 치유가 이뤄지는지, 어떻게 딸이 아버지뿐만 아니라 국가 전체를 위한 치유 대리인이 되는지를 면밀히 살펴본다. 영화 〈옥례기〉(1977)에서는 딸이 아니라 비장애인 부인이 이러한 역할을 한다. 비장애인 부인은 정조를 의심받았다가 장애인 남편의 재활과 아픈 시어머니의 회복을 이뤄 내는 데 성공함으로써 자신의 헌신을 증명한다. 국민국가와 재활의 연결 고리 역시 좀 더 자세히 분석할 필요가 있는데, 이를 위해 이 글에서는 〈월남에서 돌아온 김상사〉(1971), 〈영자의 전성시대〉(1975)를 통해 치유 구원자로 나오는 참전 용사와 장애여성 사이의 관계를 검토한다. 이성애 결혼은 커플의 장애 여부가 일치하는지에 따라 이뤄진다. (두 장애인 혹은 두 비장애인 사이에서만 결혼이 가능하다.) 앞 장에서도 다뤘듯 장애여성의 치유나 재활이라는 기적은 비장애 자녀를 출산하여 정상적인 핵가족을 구성할 때 완성된다.

마지막으로 영화 〈장화, 홍련〉(감독 김지운)을 논의한다. 이 영화의 제목은 전근대 설화인 「장화홍련전」에서 따왔는데, 장애가 있는 잔인한 의붓어머니가 의붓딸을 살해하는 이야기를 둘러싼 문화적 불안을 이용하기 위해 가져온 제목이다. 영화에서 아픈 어머니[친모]가 여자 간호사[훗날 계모]의 돌봄을 받는데, 이 외부자의 존재는 이성애 결혼과 생물학적 핵가족에 위협을 가하며, 딸들이 겪는 폭력에 대한 뿌리 깊은 공포를 불러일으킨다. 이 폭력의 공포는 두 딸 중 한 명의 정신장애 형태로 드러나는데, 이 아이는 자신의 트라우마를 치유하기 위해 대리인, 즉 어머니와 동생의 죽음에 책임이 있는 또 다른 자아를 만들어 낸다. 결론에서 나는 젠더화된 가족 결합의 양상과 관련 법률 사이의 관계를 살펴볼 것이다. 법에 따르면 경제활동을 하는 가족 구성원이 있으면 비고용 상태의 장애인이 사회복지 지원을 받을 수 없다. 이렇게 가족에게 의존하게 하고 가족과의 관계를 강요하는 구조는 한국에서 장애인의 생존을 매우 어렵게 만든다.

국가적으로 '효'를 모든 여성의 덕목으로 만들기

심청 이야기는 가부장과 국가의 권력을 키우기 위해 딸들이 일하고 희생해야 한다고 제시함으로써 성별 위계를 강화하는 이데올로기적 장치의 역할을 해왔다. 고전소설을 연구한 페미니스트 비평가들은 이 작품에 내재된 이데올로기가 근대국가 건설을 위해 여성의 희생을 요구했다고 지적하며,[17] 심청의 아버지를 자신의 이익을 위해 딸을 팔아넘긴, 도덕적으로 타락한 인물로 봤다.[18] 이런 비평에 더해 정지영은 이 이야기가 효라는 명목으로 국가를 위해 기꺼이 희생하도록 여성들을 훈계하는 교육 도구로 어떻게 이용되어 왔는지를 추적한다.[19] 심청 이야기는 식민지기 『조선어 독본』(1924) 교재에 실렸으며 오늘날까지 초등학교, 중학교 교과서에 등장한다.[20] 장애는 희생을 통한 효의 실천을 자연스럽게 만드는 조건으로서 이 이야기의 핵심적인 요소지만, 이런 페미니스트 비평은 장애가 이 이야기에서 수행하는 핵심 역할을 면밀히 검토하지 않으며, 아버지의 시각장애가 치유되는 것이 딸에 대한 보상으로 여겨지는 사고방식에 문제 제기하지 않았다.

한국인의 하와이 이주 역사를 보면 왜 〈심청전〉이 해외에서 상영된 첫 번째 한국 영화였는지 알 수 있다. 국내에서 〈심청전〉은 〈춘향전〉(1935)만큼 흥행에 성공하지 못했다. 〈춘향전〉은 최초의 유성영화로, 사랑과 정조가 등장하는 고전 설화의 내용을 바탕으로 제작되었다.[21] 1882년 제정된 '중국인 배척법' 이후 일본인들의 하와이 이주가 시작되었고 뒤이어 한국인들은 20세기 초부터 사탕수수, 바나나 농장에서 일하기 위해 하와이로 이주했다. 한 통계에 의하면 1921년에 하와이에 사는 한국인이 6000명에 이르렀다고 한다.[22] 심청 이야기를 번역한 호러스 앨런을 비롯해서 미국 선교사들은 한국인들에게는 하와이 이주를 장려했고, 하와이에 거주하는 미국인들에게는 한국인들이 "오랜 복종의 습관으로 다루기 쉽다"[23]고 설득했다. 1910년부터 1924년 사이에 거의 1000명의 한국 여성들이 '사진 신부'가 되어 하와이로 이주했다. '사진 신부'는 결혼 중개업자들이 하와이 노동자들에게 사진으로 소개해 준 여성을 나타내는 용어다.[24] 1920년대에 신문에서는 이런 결혼 중개를 통해 이주한 여성들이 겪는 사기, 이혼, 폭력 등에 대해 자주 보도했다.[25] 호놀룰루에 사는 많은 이주 여성들에게 〈춘향전〉처럼 사랑 이야기를 다룬 인기 영화보다 〈심청전〉이 더 와 닿고 한국적 가치를 대표하는 영화로 여겨졌을 수 있다. 이 여성들은 더 나은 미래에 대한 약속을 믿고, 배를 타고 고국을 떠나서 별다른 정보도 없이 잘 모르는 섬에 갔기 때문에 아마도 심청과 자신을 동일시했을 수도 있다.

심청 이야기에서 부녀 관계는 시각장애를 치유하기 위해 노력해야 하는 하나의 신체를 구성한다. 영화에서 이 점이 잘 드러나는데, 장애와 장애에 대한 상상의 경험이 아버지에서 딸에게로 전이되는 것이다. 이 영화는 14분 분량만 복원되었지만 영화의 한 장면을 담은 사진이 신문에 인쇄되어 있어 이 사진을 통해 이와 같은 전이를 엿볼 수 있다(그림4).[26] 이 장면에서 심청은 눈을 가리고 친구들을 찾는 술래잡기를 하고 있다. 서광제는 영화 비평에서 이 장면이 가장 창의력이 돋보이는 장면이라고 설명한다. "이 영화에 있어서 특히 우리가 상찬해야 할 것은 심청이 숨바꼭질하는 장면인데 재래의 심청전을 개작 각색하야 이번 영화를 만든 중에서 제일 좋은 착상을 잡았다고 볼 수 있다."[27] 그러나 서광제는 심청이 눈이 보이지 않는 게 얼마나 힘든지 깨닫고 울면서 집으로 걸어가는 모습을 보여 주지만, 영화가 심청이 겪을 것으로 예상되는 감정적 고통을 적절하게 포착해 내지는 못했다고 지적한다. 그는 눈이 보이지 않을 때 짐작되는 고통을 격렬한 감정과 함께 보다 극적으로, 심청이 몸으로 표현하는 방식으로 시각

그림4　영화 〈심청전〉의 한 장면. 심청이 눈가리개를 쓰고 두 소녀와 놀고 있다.
『동아일보』(1937/11/10).

화했어야 한다고 강조한다. 절망감에 주저앉거나 아버지를 향해 집으로 달려가는 식으로 말이다. 서광제는 이런 아쉬움을 표현하면서도 이 장면을 감독의 "최고의 아이디어"라고 이야기한다. 심청이 눈이 보이지 않는 상태를 체험하고 감정적 반응을 겪은 일은 어떤 대가를 치르더라도 아버지의 시각장애를 치유하고자 하는 동기를 부여하는 데 중요한 역할을 하기 때문이다. 이 짧은 체험은 심청뿐만 아니라 관객들에게도 심 씨의 고난을 적절하게 전달한다. 그러나 심 씨가 10년 넘게 눈이 보이지 않는 상태로 살면서 다른 사람들의 도움을 받으며 홀로 심청을 잘 키우는 동안 몸으로 터득한 기술이나 그가 적응해 온 능력은 고려되지 않았다. 이 장면은 1972년에 개봉한 영화에도 등장한다. 이렇게 딸에게 장애가 전이되는 상황은 딸을 아버지의 시각장애를 치유하는 대리인으로 임명하면서 딸의 욕망을 아버지에게 투사한다. 따라서 이 영화에서 심청이 시각장애를 수행하는 것은 그녀가 대리인으로서 장애인이 되는 결정적 순간이며, 그녀의 죽음이 아버지의 시각장애를 치유하는 것으로 이어진다.

1937년 작 영화의 복원된 부분은 아버지의 시각장애를 치유하기 위한 심청의 헌신과 매일 치성을 드리는 노동을 보여 준다. 심청은 밤이면 밖에 물그릇을 떠놓고 무릎 꿇고 앉아 빌면서 기도한다. 돌아가신 어머니의 친구였던 귀덕어멈은 심청의 효심과 선행을 칭찬하고, 아버지의 시각장애를 치유할지 모른다며 절에서 얻은 특효약 한 병을 가져다준다. 또 아버지의 치유에 효과를 줄 수 있는 부적도 가지고 다니라며 준다. 치유를 위해 노력하는 대리인을 중심으로 이를 돕는 종교적인 공동체가 만들어지고 유지된다. 어머니 묘지에 들르고, 아버지를 챙기고, 가족의 생계를 위해 바느질하고, 아버지의 치유를 바라며 기도하는 일이 심청의 일상을 이룬다. 그러다가 자신을 팔아서 소원을 이룰 수 있는 다른 방법을 찾게 된다.

치유를 위해 기꺼이 자신을 희생하려는 심청의 의지는 해저 영역에서 육지 영역으로, 이후 천상계로 이동하는 데 결정적인 역할을 한다. 호놀룰루에서 발행되던 신문『국민보』에는 심청이 아버지를 두고 구름 위로 날아오른다고 묘사되어 있다.28 물은 이런 이동이 새로운 탄생이라는 점을 뜻한다. 심 씨가 시각장애의 치유가 가능하다는 이야기를 들은 곳이 개울물 속이고 심청이 빠져서 환생한 곳은 바다이다. 앨런의 번역본과 '경판본' 버전에서, 용왕은 심청이 천상에서 보낸 전생에 대해 설명해 준다. 심청은 천상에서 술을 주관했다. 심청과 심 씨는 연인이었고, 심청은 그에게 모든 술에 접근할 수 있도록 해줬다. 심 씨는 자신도 모르게 옥황상제가 아끼는 금단의 술을 마셔 버렸고 심청은 이런 사실을 나중에 알게 된다. "그에 대한 벌로 옥황상제는 너희 두 사람을 땅으로 추방하기로 결정하는데, 두 사람을 한 번에 보내는 걸 염려해서 둘이 거기서 같이 있지 못하도록 너의 연인을 먼저 보내고 너는 오랫동안 감옥에 가둔 후 전 애인의 딸로 보낸 것이다. 네가 아버지라고 부르는 그 남자다. 그렇지만 천상은 너의 효심을 지켜보면서 후회했다. 충실한 행동에 대한 보상으로 너는 내세에서 극진한 대우를 받을 것이다."29 이 전생 이야기는 아내로서의 의무를 대신하여 효심과 치유의 의무가 주어졌음을 알려 준다.30

앨런의 번역본에서는 자손이 없는 것이 심 씨에게 시각장애가 생긴 심신의 원인으로 그려진다.31 심 씨는 아름답고 우아한 이상적인 여성 곽 씨와 결혼하지만 아들이 없는 괴로움에 상심한 나머지 시력이 약해진다. 부인이 딸을 낳고 죽자 그는 완전히 눈이 보이지 않게 된다. 전생에 하늘에서 지은 죄와 아들이 없는 상태를 시각장애와 연결시킨 이 버전은 심 씨가 눈이 보이게 된 것을 도덕적 지위의 회복으로 규정한다. 아들이 없어서 장애가 생겼다는 점은 아들을 갖는 것이 치유 서사에서 중요한 요소가 된다는 논리를 구성한다. 이런 아들의 부재는 경판본 버전에서 심 씨가 시력을 회복하고 재혼해서 아들을 낳는 것으로 치유가 궁극적으로 완성되었음을 보여 준다. 앨런의 번역본은 신분 상승이라는 또 다른 성공 요소로 끝맺는다. "왕은 사랑스러운 왕후가 이전의 행복한 마음을 되찾게 되어 크게 기뻐했다. 왕은 심 씨를 고위 신료로 임명하고 좋은 집을 하사하여 적절한 지위에 있는 신료의 딸과 결혼하도록 했다. 그렇게 해서 노승과 용왕이 모두 예언했던 결말을 실현시켰다."[32] 심청이 자신의 목숨을 희생해서 이 모든 변화를 가져온 것이다.

소위 사람으로서의 온전함을 장애가 훼손한다고 생각한다면, 그 상태에서의 '개선'은 도덕적·정신적·심리적·육체적 변화를 요구하는 것으로 그려진다. 그럴 때 장애는 누군가의 몸에 존재하는 것이 아니라 그와 결합해 있는 가족 전체의 특성이 되며, 가족 공동의 신체는 부양하고, 개선시키고, 치료해야 할 의무를 갖는다. 한국적 덕목을 가진 한국인으로 사는 게 어떤 의미인지를 보여 주는 심청 이야기를 국가주의와 연결해 보면, 가족의 집단적 이익을 위해 여성의 희생을 요구할 뿐만 아니라 장애를 끊임없이 치료해야 하는 대상으로 상상하고, 가족 구성원을 도덕적으로 시험한다는 것을 알 수 있다. 치유는 장애를 가진 사람에게도 살 만한 인생이 있다는 생각을 하지 못하게 한다. 심청 이야기가 수없이 반복해서 만들어졌다는 사실은 '자신을 희생하여 효를 행하는' 딸의 역할을 강화하는 치유 서사의 문화적 영향력과 그 중요성을 보여 준다.

심청이 자신을 제물로 바치기로 한 줄을 심 씨는 몰랐지만(이 이야기의 많은 버전이 심 씨가 알지 못했다는 점을 강조하면서 딸을 매매했다는 비난으로부터 그를 보호하려고 한다), 그는 상징적 차원에서 신봉자devotee가 되어 치유의 대가로 신적인 존재에게 딸을 제물로 바친다. 앙리 위베르Henri Herbert와 마르셀 모스Marcel Mauss는 희생에 대한 이론에서 제물을 바치는 사람에게 일어나는 변화는 종교적인 차원이라고 주장했다. "봉헌의 대상이 되는 희생자를 바치는 신봉자는 봉헌이 완료되면 시작했을 때와는 다른 사람이 된다. 이전에 없었던 종교적 특성이 그에게 생기거나 그를 괴롭히던 부정적인 특성이 사라지게 된다. 스스로를 축복된 상태로 끌어올리거나 죄의 상태에서 벗어나게 한다. 어떤 경우든 그는 종교적으로 변화한 것이다.''33 아버지 심 씨는 시력을 얻고 도덕적으로, 종교적으로 변화하게 된다. 반대로 그의 시각장애는 "부정적인 특성"이며, 바로잡아야 하는 참을 수 없는 죄악으로 여겨진다. 치유를 위해 승려에게 돈을 내겠다는 심 씨의 경솔한 약속은 선원들이 심청을 사고 나서야 지켜졌다. 따라서 이 이야기에서 심청이 인당수에 제물로 바쳐진 것을 통해 해신[용왕] 숭배와 불교 신앙의 부패한 결합이 나타난다. 해신 숭배와 불교 신앙 모두 마을 사람들의 가난을 이용하는 데 공모한 것이다. 시력을 원하고 명성과 명예에 유혹을 느끼는 아버지의 취약성과 효도에 대한 이념을 따라야 하는 심청의 취약성이 이런 거래를 가능하게 했다. 호놀룰루 상영과 관련된 담론에 나타났듯, 효의 이념, 장애 및 장애 치유의 이미지는 찬양하고 보존해야 하는 한국 문화의 고유 요소들을 재현하기 위해 구성된다.

국가를 구하기

대리 치유가 항상 가족에게만 국한되지는 않는 듯하다. 대리 치유는 장애인, 국가 정치, 영토 사이에 상상의 관계를 형성하기도 한다. 정지영은 심청 이야기에 나오는 아버지와 딸의 재회 장면이 다양한 정치적 목적을 위해 인용되어 왔다고 지적한다. 한 가지 예로, 소설가 최인호가 신문에 쓴 논평이 있다. 최인호는 2000년 광복절을 맞아 이뤄진 남북 이산가족 상봉을 기념한 기고문 「눈을 떠라 민족이여」에서 시각장애의 치유와 남북통일을 비유적으로 동일시하며 시적으로 표현한다. "이제야말로 그러할 때가 되었다. 지금이야말로 우리 민족이 공양미 삼백 석의 미망迷妄에서 벗어나 꿈속으로만 그렸던 내 딸, 우리 민족의 소원인 통일의 얼굴 심청의 얼굴을, 심 봉사처럼 감았던 눈을 휘번쩍 뜨고 바라볼 그때가 된 것이다.''34 최인호는 '우리'와 딸을 구분하면서, 자신과 한국 사람들을 상징적인 통일을 목격하기 위해 치유되어야 하는 시각장애 남성과 동일시한다. 따라서 시력을 얻는 것은 계몽과 희망찬 미래를 의미하며 시각장애를 '무지' '어둠' 그리고 과거의 영역에 남겨 두게 된다. 영화감독 신상옥이 1972년에 연출한 〈효녀 심청〉에서는 아버지가 마법처럼 치유되는 순간에 비가 쏟아지기 시작하면서 가뭄으로 갈라진 땅이 치유되고 비를 맞은 모든 장애인들도 치유된다. 여기서 장애인의 몸은 비유적으로 '국가의 몸'으로 읽히며, 모든 장애인이 치유되고 자연이 회복되는 것은 한국이 풍요로워지고 통일된 자주 국가가 되는 것을 뜻한다.

심청전에 기반한 여러 문학작품들이 심청의 인신매매를 성노동과 관련된 것으로 그리는 점은 그다지 놀랍지 않다. 이는 독자들에게 1960, 70년대 급속한 산업화 시기에 가난한 가족들을 부양하기 위해 도시로 떠나 성매매 업소 집결지에서 일해야 했던 많은 농촌 여성들을 생각나게 한다.35 예를 들어, 황석영이 쓴 소설 『심청』(2003)에서 청은 첩으로 팔려 가서 중국, 싱가포르, 대만, 한국을 떠도는 성판매 여성이 된다. 정지영은 작가가 서구 근대화의 강압적인 힘에 쓰러진 동아시아를 상징하기 위해 딸의 신분을 성판매 여성으로 설정했다고 지적한다.36 장애인 아버지와 팔려 간 딸 모두 은유의 가능성을 제공하는데, 시각장애는 딸이 팔려 가고 희생당하는 조건을 만드는 불운으로 나타난다. 이와 유사하게 정지영 자신도 팔려 간 딸을 한국 역사에서 착취당한 여성들에 대한 고통스러운 집단적 기억을 소환하는 인물로 읽는다. "심청은 식민 지배, 근대화의 과정에서 겪은 '딸을 판 일'에 대한 트라우마를 말하는 매개로 작동하고 있다. 다시 말해서 한편에서는 지극한 '효'의 이야기로 유포되지만, 다른 편에서는 돈을 벌기 위해 공장으로 가고, 위안부로 가고, 매춘굴로 갔던 딸들의 이야기를, 그리고 그 딸을 '판/보낸' 아버지의 이야기를 불편하게 말하는, 요동치는 기억의 매개가 바로 심청 이야기다."[37] 이런 기억은 단순하게 보면 하와이의 '사진 신부' 이미지와도 연결될 수 있는데, 이 이미지에는 거래에 참여하는 여성의 주체성이 삭제되어 있다.

아마도 한국 역사에서 착취당한 여성의 이런 이미지 때문에 신상옥의 〈효녀 심청〉에서 모든 사람들과 땅의 치유가 필요했던 것인지 모른다. 영화 후반부에서 왕은 해안가에서 심청을 발견하는데, 이 왕은 최근에 아내를 잃고 슬픔에 빠져 자신의 임무를 방치해 왔다. 왕은 심청을 보고 자신의 죽은 아내가 환생한 것이라고 생각해 그녀와 결혼하려고 한다. 신료들은 처음에 그녀가 용녀인지 물귀신인지 알 수 없어 주저하지만, 그녀와 결혼하는 것이 왕의 권력과 왕국을 책임질 능력을 회복할 유일한 기회라는 점에 동의한다. 사람들이 물을 길어 와 갈라진 논에 붓는 장면에서 왕국이 가진 문제가 상징적으로 잘 드러난다. 심청이 왕비가 되고, 새 왕비의 아버지를 찾기 위해 심청의 고향에 도착한 병사들은 언어장애가 있는 남자, 신체장애가 있는 여자와 마주친다. 장애인 인물 두 명이 소개되는 장면은 그들도 나중에 치유될 것임을 암시하고 있다. 병사들은 심 씨의 시각장애가 치유되지 않았고, 심 씨가 선원들이 준 돈을 다 써 버린 후에 뺑덕이라는 여자와 마을을 떠나서 점쟁이로 일하기 시작했다는 사실을 알아낸다(점복占卜은 전근대기에 시각장애인들이 흔히 하던 일이었다).[38] 뺑덕 때문에 무일푼이 되어 홀로 남겨진 심 씨는 자살하려고 바다에 걸어 들어가다가 병사들에게 발견되고, 이들에게 "나는 딸을 바다에 판 죄인이오. 난 딸을 따라가야 하오"라고 말한다.[39] 그가 스스로 죄를 인정하고 후회하며 자살을 시도하는 일은 다른 많은 버전에는 나오지 않지만, 이 영화에서는 심 씨가 딸의 죽음에 책임이 있으며 치유가 일어나기 전에 도덕적 구원을 받을 필요가 있다고 보게 하는 중요한 기능을 한다. 영화 내내 심 씨는 경솔하고 얄팍하며 천박하게 묘사된다. 그가 승려에게 쌀 300석을 약속한 것도 눈을 뜨고 싶어서라기보다 자신을 가난하게 얕잡아 본 것에 지존심이 상했기 때문이다. 자신이 그만한 돈을 낼 수 없다는 사실을 알면서도 새 종을 만드는 데 필요한 쌀을 사찰에 기부한다고 약속하는 목록에 서둘러 이름을 올린다.

딸은 쌀을 살 목돈을 구하는 대리인의 역할을 하기 위해 죽을 각오를 해야 할 뿐만 아니라 순결한 상태여야 하는데, 이는 선원들이 오직 처녀만 바다를 진정시킬 수 있다고 믿기 때문이다. 심청은 성경험이 없기 때문에 제물로 바칠 수 있는 초자연적 가치를 지니는 상품이 된다. 처음에는 치유 자체가 아니라 가족의 가난이 그녀의 죽음을 요구한다. 하지만 바다의 제물이 되겠다는 심청의 의지는 곧 치유를 위한 제물이 되겠다는 뜻이 된다. 이런 이유로 다른 사람이 대신 절에 쌀을 내줄 수 없게 된다. 심청이 선원들에게 잡혀 가서 죽게 된다는 사실을 마을 사람들이 알게 되자, 누군가 나서서 쌀을 모아 절에 내주겠다고 제안하지만, 심청은 그러면 자신이 선원들에게 한 약속을 어기게 되기 때문에 다른 사람이 대신 기부를 하면 치유가 이뤄지지 않을 거라고 설명한다. 심청은 아버지가 자책하지 않게 하려고 자신이 부유한 집안에 입양되어 영원히 떠난다고 거짓말한다. 심청이 떠나는 날, 석가탄신일을 기념하기 위해 새 종이 울린다. 심청의 희생에 관련된 여러 종교의 다양한 의미를 내포하고 있는 이 종소리는 심청의 죽음을 성스러운 것으로 만들고, 종교적 힘이 그녀를 구원할 것이라는 점을 암시한다. 심청의 희생은 장애를 치유할 수 있는 종교적이고 강력한 어떤 힘에 대한 심청의 신앙을 표현하고 있는데, 이는 면죄가 필요한 업보 때문에 장애가 생겼다는 믿음에 바탕을 두고 있다. 아버지의 죄책감과 딸의 길을 따라가겠다는 의지는 딸과 재회하고 시력을 회복하기 전에 그가 죄를 용서받고 도덕성을 회복하는 기능을 한다.

이제 왕비가 된 심청이 아버지를 만났을 때 그녀는 아버지가 여전히 눈이 보이지 않는다는 사실 때문에, 그리고 아버지가 자신을 볼 수 없다면 왕비가 된 것도 아무 의미가 없다고 생각해 너무나 슬퍼하며 오열한다. 왕비가 자신의 딸임을 알아 챈 심 씨는 심청을 눈으로 볼 수 없다는 것에 극심한 괴로움과 좌절을 느끼며 자신의 눈을 격렬하게 후벼 판다. 강렬한 음악이 점점 커지다가 갑자기 멈추면서 초점이 벗어난 카메라가 심 씨의 눈을 포착한다. 카메라는 천천히 초점을 맞추고 심 씨의 시선으로 바뀐다. 그가 딸의 얼굴을 볼 수 있게 된 것이다. 두 사람이 끌어안고 기뻐하는 바로 그 순간 천둥 번개와 함께 비가 퍼붓기 시작한다. 이 비는 모든 장애인들을 치유하는 매개체의 역할을 하고, 영화 초반부에서 심청이 폭풍우가 몰아치던 밤에 출생한 장면을 관객들에게 상기시킨다. 왕비 앞에 모여 있는 다른 시각장애인들도 비를 맞자 바로 시력을 회복한다.40 심 씨의 고향에서 사람들이 비가 내린다며 기뻐하고 있을 때, 신체장애가 있던 여성은 다리가 치유되고 언어장애가 있던 남성은 말을 하기 시작한다. 번영을 상징하는 장면으로 논에는 물이 넘쳐 나고 심청을 바다에 던진 선원들이 탄 배는 안전하게 항구로 돌아온다.

효심이 깊은 딸의 자발적인 희생이 만들어 낸 치유력은 다양한 차원에서 작동한다. 심청은 환생하여 도덕적·초자연적·세속적 보상을 얻어 지위가 상승했고, 왕은 가부장적 통치성을 회복하여 왕국을 다스리는 능력을 되찾았다. 아버지의 시력은 딸의 행복을 위해 생겨난 변화이자 잘못을 뉘우치고 목숨을 희생하려는 의지를 나타냄으로써 생겨난 변화이다. 그리고 왕이 백성들에게 아버지로서 베푼 은혜와 기도를 통해 다른 모든 장애인들도 치유되어 정상 신체로 변화한다. 게다가 가뭄을 겪던 자연까지 치유된 상황은 기근이라는 국가적 재난을 막는다. 치유는 정상성에 대한 헌신과 희생을 요구하는 것으로 등장하고, 이런 헌신과 희생은 왕국에서 장애가 완전히 사라지는 것으로 보상받는다. 그리고 이런 왕국의 상태가 유토피아라는 결말로 그려진다.

여성의 희생과 남성의 치유가 이렇게 재현되고, 모든 장애가 사라지는 곳이 이상적인 국가 공간으로 재현될 때 생기는 문제는 무엇인가? 1장에서 논의한 것처럼 1970년대 초반 장애인의 재생산을 둘러싼 우생학적 사고는 독재 정권의 공중보건과 수출 주도 산업화가 어떻게 장애인을 탈식민 국가(공산주의 북한에 맞서고 있는)에서 배제해야 할 존재로 상정했는지 보여 준다. 특정 가족과 정치적 공간에 장애인이 있다는 것은 그 집단의 도덕적 퇴보를 상징하고 근대 자본주의 번영을 막는 방해물을 뜻했다. 치유 가능성이 없는 장애의 존재가 가족과 국가의 도덕적 부도덕함을 상징하기 때문에 장애가 있는 몸에서 없는 몸으로 바뀌는 가시적 변화는 장애를 완전히 제거하는 효과를 낳는다.

치유의 필요성과 치유를 향한 열망을 당연한 것으로 여기는 가족 구성원들은 장애인의 몸과 건강 상태에 영향을 미칠 것으로 생각되는 행동을 통해 어떤 대가를 치러서라도 장애를 치유할 방법을 찾아야 한다는 도덕적인 명령을 강요당할 수 있다. 심청 이야기에서 치유는 자기희생적 행동에 대한 단순한 보상이 아니라 부녀의 헤어짐을 비롯한 여러 갈등을 해결하는 복잡한 과정이다. 대리성은 그렇게 공동체의 이익을 위해 장애를 치료하려는 공동체의 노력이 재현되는 도덕 경제 내부에서 작동한다. 대리성이 형성되는 과정에서 탤컷 파슨스Talcott Parsons가 말한 근대 서구 사회의 '환자 역할' 개념(환자는 일상적인 활동과 책임에서 면제될 권리가 있지만 동시에 존재의 정당성을 주장할 수 없고, 다 나을 때까지 '도움을 필요로 하는' 존재로 여겨진다는 점을 강조하는 개념)41과 마찬가지로, 장애인이나 아픈 사람의 욕구와 기여는 전혀 인정되지 않는다. 일상적인 활동에서 면제된다는 것은 그 사람이 치유된 상태를 획득하기 전까지 일상적인 삶을 살아갈 수 없다는 뜻이다. 대리인 역할은 가족 구성원이 치유에 전념할 것을 요구하고, 이렇게 치유 및 기능 향상을 강조하는 태도는 정작 장애를 갖고 살아갈 수 있는 방식을 찾지 못하게 한다. 이런 치유는 젠더화된 방식으로 나타나는데, 비장애인인 딸 혹은 장애남성의 부인(본인의 장애 여부와 상관없이)이 자신을 거래하는 방식으로 희생을 감당하고, 결국에는 남성이 능력을 갖게 되는 대가로 죽음을 받아들인다. 자기 자신을 다른 사람의 대리인으로 임명하는 것은 행위성이 개인을 넘어 관계적인 것임을 드러낸다. 이런 관계적 행위성은 치유 명령과 그에 따르는 대리인의 수동성에 의해 만들어진다. 이때 치유 명령은 대리인의 행동에 정당성을 제공하고 대리인의 욕망을 숨긴다. 장애의 가치를 부정하는 비장애 중심적 이데올로기를 은폐하는 것이다.

의학을 통한 기적적인 치유

효를 민족의 정신으로 가르치기 위해 심청 이야기를 교과서에 계속 싣는 것 외에도 이 이야기를 바탕으로 한 영화가 20세기, 21세기에 지속적으로 만들어졌다.42 기존 이야기에서 시각장애가 신비롭게 치유되는 상황은 현대를 배경으로 한 영화 〈하늘나라 엄마별이〉(감독 이영우)에서는 수술을 통해 치유되는 것으로 바뀌었다. 이 영화는 자신을 희생해서 아버지의 시각장애를 치유하려는 딸의 소원에 의학·자선 행위·기독교 교회가 제도적으로 개입해 발생하는 상황을 그린다. 영화에는 10대 소녀 민순과 눈이 안 보이는 아버지 두철이 나온다.43 이 영화는 효행으로 1981년 대통령 표창을 받은 소녀 김민순의 실화를 바탕으로 했는데, 소녀의 아버지에 대한 효심이 알려져 아버지의 눈 수술비를 댈 만큼 충분한 기부금이 모였고, 수술을 통해 아버지가 시력을 되찾게 된 이야기이다.44

영화는 심청 이야기를 모방하면서 신문에 실렸던 실제 이야기와 매우 다르게 설정되었다. 『동아일보』는 김민순이 두 살 때 어머니가 집을 떠났고 아버지는 행상을 마치고 귀가하다가 교통사고로 맹인이 되었다고 보도했다.[45] 반면 영화에서는 민순의 아버지 두철이 채석장에서 일하다가 산업재해로 맹인이 되고, 어머니는 딸을 구하려다가 기차에 치여 죽은 것으로 나온다. 영화는 어머니의 죽음을 딸의 생명을 구하기 위한 희생으로 그리면서, 눈이 안 보이는 남편과 딸을 두고 집을 나간 실제 인물과 대비되는 도덕적 인물로 그린다. 두철에게 장애가 생긴 원인은 그를 영웅적인 노동자로 만들고, 그렇게 두철은 급격한 경제성장에 박차를 가하기 위해 추진되었던 제1차 국토종합개발계획(1971~81)과 연결된다. 영화에서 민순은 집안의 유일한 부양자로서 초등학교를 다니면서 닭 농장과 벽돌 공장에서 일하는 것으로 그려지는데, 실제로는 아버지와 딸이 행상으로 엿을 팔거나 구걸을 하며 살았다고 한다.

이 영화는 사회복지 서비스나 산재 보상, 그리고 시각장애인의 취업 가능성에 대한 그 어떤 내용도 보여 주지 않는다. 10대인 딸 민순과 시각장애인 아버지는 민순의 임금노동에 전적으로 의존하면서 생존을 위해 단둘이서 고군분투해야 한다. 민순은 같은 학교 학생들이나 이웃의 도움을 받기를 거부한다. 같은 반 아이의 돈을 훔쳤다는 누명을 썼을 때도 실제로 돈을 훔친 친구를 보호하기 위해서 자신의 결백을 주장하지도 않는다. 독립적으로 살기 위해 노력하고, 다른 사람을 위해 자신이 책임을 떠맡는 태도는 민순이가 도덕적 인물이라는 점을 증명하는 것처럼 보인다. 현대의 산업화된 환경에서도 시각장애를 가진 경험은 고전 설화 속 경험과 다를 바 없다. 두철은 집에 고립되어 있고, 집을 나섰을 때는 심 씨가 개울가에 빠진 것처럼, 다리에서 떨어진다. 두철은 딸이 가져오는 음식에 의존할 수밖에 없다. 하지만 딸이 고된 노동 탓에 병이 나자 두철은 생계를 이을 방법을 찾아야겠다고 생각한다. 얼마 되지 않아 두철은 장작을 모으고 대나무 바구니를 짜서 돈을 벌 수 있게 된다. 이런 재활은 두철이 자선사업의 대상자로, 무료 수술을 받을 자격을 얻는 데 중요한 도덕적 전제 조건이 된다.

영화에서 민순은 어버이날을 맞아 공연하는 학교 연극에서 심청 역할을 맡는다. 민순은 심청이 아버지와 재회하고 아버지가 시력을 되찾는 결정적 장면을 연기하다가 자신의 아버지를 생각하며 슬픔에 북받치고 자신이 아버지의 시각장애를 치유하지 못했음을 자책한다. 민순은 연기를 멈추고 갑자기 객석에 앉아 있던 아버지를 향해 뛰어가 말한다. "아버지, 저도 청이처럼 죽을래요. 아버지 눈을 뜨게 해드리고 싶어요." 무대 위에서 펼쳐지는 이런 치유 드라마에서 두철의 시각장애는 신체적 차이가 아니라 민순의 부족한 효심을 보여 주는 '치유되지 않은' 혹은 '치유되어야 할' 상태로 규정된다. 두철은 치료받고 싶다는 바람을 한 번도 내보인 적 없었지만, 이 사건은 아버지를 치유하고 싶다는 민순의 깊은 열망을 분명히 드러내고, 민순의 교사가 아버지를 위한 의학적 치료 방법을 찾게 되는 계기가 된다. 두철은 딸을 위로하며 "이제 눈이 필요 없어요. 아버지는 눈보다 더 밝게 마음으로 세상을 본단다"라고 말한다. 하지만 민순과 교사는 치유 방법을 찾아야 한다는 사명감에 두철의 이런 목소리를 무시한다. 병원에 찾아간 민순은 수술비가 비싸다는 사실을 알게 되고 의사에게 아버지의 시각장애를 치유하는 데 자신의 눈을 쓸 수 있는지 물어본다. 교사는 지역 병원을 비롯해서 많은 장소를 찾아다니며 도움을 구한다. 이윽고 민순은 수술비를 구하기 위해 고향을 떠나 서울에서 돈을 잘 버는 일을 구하기로 하는데, 이는 선원들에게 자신을 팔기로 한 심청의 결심을 연상시킨다.

아버지를 치유하지 못했다는 민순의 괴로움은 문화적 재현의 층위들이 얼마나 강력하게 영화 속의 현실을 만들어 내는지 확실히 보여 준다.

이 현실에서 민순은 자신을 심청과 동일시하고 아버지의 변화를 위한 자기희생을 받아들인다. 시나리오 원본에서는 민순이 자신이 맡은 심청의 역할과 자신에게 요구되는 대리성을 두고 감정적으로 괴로워히는 상황이 더 강조된다.46 아버지가 여전히 눈이 안 보이기 때문에 자신은 심청과 다르다고 생각하며 괴로워하는 민순에게 교사는 이렇게 말한다. "청이처럼 아빠 눈을 뜨게 할 수 있는 길이 과연 무엇인가 생각하면 하나님이 민순에게 은총을 내리실지 어떻게 아니?" 하지만 나중에 교사는 민순에게 심청 역할을 맡긴 게 잔인했다고 후회한다. 심청 이야기는 치유되지 않은 장애에 대해 가족이 직접적인 책임감을 느끼게 하기 때문이다.

영화의 시나리오에는 원래 서울에서 온 사기꾼인 채용 알선자가 심청 이야기의 선원 역할을 한다. 이 사람은 민순에게 가정부나 비서로 일하면 한 달 만에 아버지 수술비를 충분히 벌 수 있다고 말하면서 서울로 가자고 유혹한다.47 사회적인 문제를 시사할 수 있는 이런 착취적인 취업 사기를 다루는 내용은 영화에는 빠져 있다. 이는 뒤에서 살펴볼 〈옥례기〉처럼 〈하늘나라 엄마별이〉도 대중의 행동에 영향을 미치기 위한 정부의 선전 영화임을 알려 준다. 영화는 어려움을 극복하며 재활한 아버지와 열심히 일하는 헌신적인 딸을 보여 주고, 한국 사회를 따뜻하고 온정 있게 묘사하면서 국가주의 프로젝트에 기여한다. 영화의 최종 버전에는 민순 스스로 돈을 벌기 위해 고향을 떠나기로 결심하고 벽돌 공장 사장에게 서울의 일자리를 부탁한다. 서울로 떠나는 날, 교사가 기차역에서 민순을 붙잡고 아버지가 수술을 받을 수 있게 되었다고 말한다. 극적인 긴박함을 고조시키기 위해, 이 장면에 민순의 집에 온 의료진이 두철을 구급차에 태우고 병원에 데려가는 모습을 교차 편집해 보여 준다. 아버지가 수술을 받는 동안 민순은 교회에서 기도한다. 카메라는 십자가에 걸린 예수상을 관객에게 보여 준다. 수술이 끝나자 두철은 딸을 볼 수 있게 된다. 고전 설화에 나타난

유교·불교·무속 등 다양한 종교의 혼합은 영화에서 기독교와 현대 의학으로 대체되는데, 종교와 과학은 기적적인 의학적 치유를 함께 만들어 내기에 서로 상충되지 않는 것으로 그려진다. 정부가 주도한 근대화 운동은 가난한 농촌 마을을 개선하는 데 병원이나 교회 같은 시설에 중요한 인도주의적 역할을 새로이 부여했다. 시력을 되찾은 두철은 처음으로 현대식 양복을 입고 학교 운동장에 서있다. 두철 옆에는 기뻐하는 민순이 있고, "김민순, 만세! 만세!"라고 외치는 아이들이 이들을 둘러싸고 있다. 이 모습은 아버지의 치유된 상태가 민순의 효행을 통한 성취임을 보여 준다. 민순의 목소리로 이런 내레이션이 나온다. "이 세상은 참 아름답습니다. 저는 이렇게 아름다운 세상에 살고 있는 것이 여간 행복하지가 않습니다."

여기에는 다양한 층위의 대리성이 작동하고 있다. 민순의 교사는 민순을 대신해서 수술에 필요한 기부금을 구하러 다닌다. 교사가 민순에게 심청 역할을 맡긴 것이 '잔인했다'고 생각한다는 점은 아버지의 시각장애를 치유하지 못한 상태가 가족 구성원으로서 괴로움을 준다는 것을 의미한다. 치유를 향한 민순의 간절한 마음, 아버지를 낫게 할 만큼 완전히 심청이 되지 못했다는 민순의 죄책감이 교사와 후원자들을 감동시킨다. 민순이 아버지의 치유를 가능하게 했고, 치유가 성공하자 민순의 선행이 찬양받았기 때문에 이 과정에서는 아버지가 민순의 대리인이 된다.

고전 설화를 현대적으로 리메이크한 이 영화에 심청전이 연극으로 직접적으로 등장한다. 장애인 주체는 우선 자신의 의지로 생산적인 국민이 됨으로써 의학적 치유라는 선물을 받을 자격을 갖는다. 두철은 오랫동안 딸의 노동에 의존해 가난하게 살다가 어떤 도움이나 자원 없이 자신의 의지만으로 갑자기 재활을 하고 가족을 부양하기 위해 소득을 만들어 내기 시작한다. 1980년대에 전두환 정권은 '재활 의지'를 강조하면서 의지와 근면함을 통한 개인의 재활을 장려하고 '장애인의 날'을 제정했다. UN

이 1981년을 '국제 장애인의 해'로 선언하면서 장애인의 인권과 사회 통합의 필요성이 이전보다 더 주목받게 되었지만, 이와 동시에 장애를 극복하기 위한 개인의 재활 필요성을 강조하는 흐름도 강해졌다. 보건사회부는 국제 장애인의 해 선언에 응답하기 위해 '심신장애자복지법'을 만들었고, 이는 군사정권의 '복지국가' 선전에 기여했다. 그와 동시에 장애인 수용 시설이 늘어났다. 1973년에 25개 시설에 1718명의 장애인이 수용돼 있었는데, 10년 후에는 시설은 82개로, 수용 장애인은 8021명으로 급격히 증가했다.48+ 이 수치에는 정신장애인, 노인, 한센병 및 결핵 환자가 있는 시설, 장애아동이 있는 고아원은 포함되지 않았다(2014년 기준으로 1397개 시설에 3만 1152명이 거주하고 있다. 이와 별도로 59개의 정신장애인 시설에 1만 1048명이 거주한다). 수용 중심이었던 시설은 의료적 재활, 치료, 직업 훈련까지 표방하기 시작했다.

장애인을 시설에 가두고 분리하여 지역사회에서 구조적으로 제거하는 이런 상황에서 산업재해로 장애를 갖게 된 두철은, 딸과 함께 시각장애인으로 살아갈 수 있게 하는 지역사회 서비스가 마련되거나 편의가 제공되어 시각장애에 적응해 가는 게 아니라, 수술을 통해 필수적으로 여겨지는 시력이라는 정상성을 얻는다. 이는 재활의 노력이 치유의 필요성을 없애지 않는다는 것을 보여 준다. 〈하늘나라 엄마별이〉가 보여 주듯이 치유는 장애를 극복하고 생산성을 획득한 것에 대한 보상, 자신의 교육 기회를 희생하려는 대리인으로서 딸이 보인 의지에 대한 보상, 결코 사라지지 않는 가족의 치유 열망에 대한 보상으로 나타난다.

+ [옮긴이] 주에 밝힌 사이트는 현재 연결되지 않는다. 보건복지부 홈페이지의 '정보'(연구/조사/발간자료) 메뉴에서 보건복지 통계연보를 찾아볼 수 있다.

결혼 치유와 순결

딸이 아버지를 모셔야 할 필요성을 강조하기 위해 효가 젠더화되는 것처럼 부부 사이의 도리 또한 젠더화되면서 비장애인 부인이 남편과 아이들, 친척을 돌봐야 하는 식으로 그 대상이 확장된다. 부부 사이의 도리에는 성에 대한 감시와 정절을 증명하는 것도 포함된다. 급격한 경제성장과 정치적 억압의 시대였던 1970년대에 제작된 또 다른 영화인 임권택 감독의 〈옥례기〉(1977)는 장애인 남편과 아픈 시어머니로 인한 가족의 위기를 극복하는 데 여성의 돌봄과 정절이 중요한 역할을 한다는 것을 보여 준다.

영화사학자 이명자와 황혜진은 〈옥례기〉가 효에 기반한 자기희생적인 며느리와 아내의 전형을 보여 준다고 설명한다. 이런 효 이데올로기는 여성들이 어머니 역할을 통해 민족을 위해 일하도록 요구하는 '모성 민족주의'를 생산한다.[49] 이명자와 황혜진은 이 영화를 새마을운동을 홍보하는 작품으로 보고 정부의 선전용 영화로 분류한다. 새마을운동은 농촌(이후에는 도시) 지역을 현대화하려는 정부 주도의 캠페인으로, 근면, 자조, 협동 정신을 강조했다. 이명자와 황혜진은 가부장제 체제 내에서 주변화된 여성들은 시댁에서 효를 실행하며 아내와 며느리로서만 말할 수 있다고 설명한다. 국가가 여성들을 경제 발전을 위한 도덕적 노동자로 구성했다는 두 사람의 논의에 기반해서, 가족 내 장애와 질병이 이런 종류의 가부장제 이데올로기를 요구하고 비장애여성의 주체성을 작동시키는 방식에 주목할 것이다.

〈옥례기〉의 배경은 1960년대 말 농촌 마을이다. 영화는 소련이 이끄는 공산주의 진영과 미국이 이끄는 자본주의 진영 간의 냉전 체제 속에서 최초의 인공위성인 스푸트니크 1호와 최초로 인류를 달에 착륙시킨 아폴로 11호를 현대적 진보의 신호라고 언급하면서, 전통적인 문중 회의가 유지해 온 전통적인 유교적 지배 방식이 바뀌어야 함을 암시한다. 〈옥례기〉의 주인공 옥례는 어촌에 사는 가난한 집안의 젊은 여성이다. 옥례는 해녀로, 물고기와 해산물을 잡아 팔며 가족을 부양해 왔다. 옥례가 열일곱 살이 되자 부모는 산골 마을에 사는 양반 가문 출신인 근식이라는 남자와 결혼을 시키기로 한다. 중매쟁이는 근식이 다리를 절기 때문에 신랑 집안에서 거금을 줄 거라고 옥례의 집에 약속한다. 비장애여성과 장애남성의 결혼이 이뤄지려면 돈이 지급되어야 하는 걸로 나타나는데, 이를 통해 장애는 보상이 필요한 결점으로 그려진다. (3장에서 논의하는 같은 감독의 연출작 〈아다다〉에서는 장애여성이 상대방에게 값비싼 농토를 주고 나서야 비장애남성과 결혼한다.) 아버지가 아프고, 부양해야 할 형제가 많기 때문에 옥례는 이 결혼 거래를 받아들인다. 이 결혼 협상에는 가문, 재산, 신체적 능력, 속임수가 연루되어 있다. 문중에서는 근식이 유일한 자손이기 때문에 결혼을 하고 가문을 이을 아들을 낳게 하려는 뜻에서, 근식이 가난하고 사지마비라는 사실을 숨기고 장애를 축소해 말하라고 중매쟁이에게 이른다. 사지마비를 숨길 필요가 있다는 점은 어느 정도의 이동성이 결혼할 수 있는 자격에 결정적이라는 점을 말해 준다.

옥례는 중매쟁이와 함께 시댁으로 가던 중 바위산을 넘게 되는데, 이는 그녀 앞에 놓인 고난을 암시한다. 얼굴 한번 보지 못한 남자와 결혼하기 위해 어촌에서 산골 마을로 이주하는 것은 앞서 소개된 '사진 신부'나 심청의 여정을 상기시킨다. 옥례는 시댁에 도착해서야 자신이 속았다는 것을 알게 되고, 어느 날 도망가는 꿈을 꾼다. 그러나 꿈에서 깨어난 옥례는 장애가 있는 남편의 팔을 안마해 주면서 맹세한다. "지는 안 갑니더. 정말이라예. 믿어 주이소. 자 그 손 이리 내이소. 주물러 드릴게. 노력하면 언젠가는 손을 쓰게 될 기라예. 해보는 기라예. 10년이 걸리든 20년이 걸리든." 이후 옥례의 아버지가 찾아와서 이 결혼이 사기라는 사실을 알고 딸을 친정으로 데려가지만, 옥례는 슬픔에 잠겨 미안해하는 남편과 자신에게 늘 고마워하는 시부모를 떠올리고 얼마 후 시댁으로 스스로 돌아간다. 그리고 자신의 고된 노력이 남편의 치유로 보상받으리라 믿으며 남편이 몸을 조금이라도 쓸 수 있도록 하는 임무를 맡는 것으로 시댁을 향한 충실한 마음을 보여 준다.

결혼 전 옥례에게 바다는 자유의 공간이자 가족의 생계를 위한 터전이었다. 자유롭게 일하거나 돌아다니기 어려운 산골 마을로 오고 나서 옥례에게 도덕적이고 육체적인 시험이 시작된다. 옥례는 고향을 그리워하지만 남편과 시어머니를 헌신적으로 돌보며 그들의 장애와 질병이 나아지도록 애써야 한다. 신체적 돌봄과 재생산 노동은 심청의 경우처럼 치유로 보상받는 신성한 제물이 아니라 아내와 며느리 역할에 포함된 의무이다. 이 영화는 이런 의무를 기꺼이 수행하려는 옥례의 마음을 부각하고, 집안에서뿐만 아니라 공동체를 위해서도 이 같은 의무가 필요하다고 강조한다.

이명자와 황혜진은 이 영화가 제작된 1970년대의 정치적 분위기와 사회적 조건을 고려하면서, 농촌 경제 내에 효 이데올로기를 작동시키려는 정치적인 목적을 위해 집 안팎에서 열심히 일하는 이상적인 아내와 며느리 역할이 구성됐다고 지적한다. 농촌 개혁과 경제 발전을 이룰 행위자에 대한 국가주의적인 관심은 여성의 육체노동과 도덕성에 초점을 맞췄다. 여성이 공적인 업무에 참여할 때 생기는 가부장제의 불안을 잠재우기 위해 성적인 통제와 규율을 강화할 필요가 있었던 것이다.

신체적·정서적 돌봄, 치료를 위한 안마 등 옥례가 수행하는 노동의 궁극적 목표는 근식의 재활이다. 영화는 양가를 부양하는 과정에서 옥례가 보여 준 긍정적인 태도를 강조하면서 장애를 그녀의 미덕에 대한 궁극적 '시험'으로 제시한다. 옥례가 임신한 상태에서 시아버지가 죽고 시어머니까지 뇌졸중을 겪게 되면서 고난은 더 심해진다. 시아버지의 장례와 옥례의 산통을 같이 보여 주는 방식으로 인생의 끝과 시작을 교차 편집하면서 영화는 옥례의 삶에 변화가 다가왔음을 암시한다. 가족의 경제적 상황이 계속 악화되는 가운데, 가족 중에서 생산적인 구성원은 오직 옥례뿐이다. 이런 상황은 남성적 힘의 부재를 강조하면서, 근식을 가족에 짐이 되는 무능력한 존재이자 아내의 헌신을 의심하는 부도덕한 존재로 보이게 한다. 이 의심 때문에 가족이 가장 필요로 하는 순간에 옥례는 자유롭게 운신하지 못한다. 근식은 가족을 도와주는 남자인 수돌과 옥례가 이야기하는 것을 보고 의심을 품게 되고, 이 건장하고 일 잘하는 비장애남성이 주는 도움이 부부 관계의 안정을 위협한다고 느낀다. 수돌의 다리부터 위로 올려다보는 근식의 시점에서 잡은 카메라 앵글은 수돌이 더 커 보이도록 하여 두 남자의 몸을 대비시킨다. 근식은 옥례의 정절을 의심하며 아내를 괴롭히고 폭력적으로 대한다. 옥례가 혼자 농사를 지어야 하는 상황에서 일어나는 이 같은 긴장 관계를 보여 주면서 여성의 경제활동을 남편의 노동 무능력 때문에 일어나는 예외적인 상황으로 제시한다. 이는 농업 생산이 상당 부분 여성의 노동에 의존한다는 사실, 여성이 가정 경제에 무보수로 기여한다는 점을 은폐한다.

마을 사람들은 끈끈하게 연결되어 서로 돕지만, 옥례가 집 밖의 공적 영역에 참여해야 하는 상황은 그녀의 섹슈얼리티에 대한 가족의 불안을 고조시킨다. 이런 불안 때문에 옥례에게 적합한 역할이 가정 내 공간으로 제한된다. 옥례는 남편과 시어머니를 낫게 해달라고 절에 기도하러 가는 길에 양말 판 돈을 받으려고 이웃집에 들른다. 그런데 이웃집 여자는 집에 없고 그 여자의 남편이 대신 옥례가 받아야 할 돈보다 많은 금액을 주겠다고 우긴다. 그 남자는 억지로 돈을 쥐여 주고 나서 옥례를 성추행하는데, 이때 수돌이 그를 제지한다. 남자는 앙심을 품고 옥례가 수돌과 바람피우는 모습을 보았다고 주장하고, 그 거짓말은 마을 전체에 추문으로 퍼진다. 가문의 명예가 위태로워지자, 마을의 가부장적 심판과 통치를 담당하는 문중 회의에서 옥례를 쫓아내기로 결정한다. 그들은 옥례가 천민 출신이라서 이런 망신을 초래했다고 여긴다. 근식은 아내가 떠나지 않기를 바라지만 집안 어른들 앞에서 자신의 의견을 말하지 못한다.

　문중 회의의 결정은 옥례가 분명히 목소리를 내는 적극적인 주체로 변화하는 계기가 되고 옥례는 그들의 결정에 반론을 제기한다. 옥례는 거짓 불륜 혐의를 반박하기보다 자신을 쫓아내면 가족의 생존이 위협받을 것이라고 주장한다. 이전에 옥례가 남편에게 보여 준 결심과 비슷한 이야기를 하는데 이번에는 시어머니의 치유에 집중해서 말한다. "누가 뭐라케도 난 이 집에 버티고 살 거라예. 왠지 알아예? 어머님은 이제 사람을 못 알아봐예. 당신까지도 못 알아보지 않아예? 하지만 나만은 알아보시는 기라예. 문중도 당신도 어머님을 살려 내지 못해예. 이 세상에 어머님을 살려 낼 사람은 나밖에 없는 기라예. 시어머니와 며느리 사이 때문에 살려야겠다는 생각도 아니고. 흔히 말하는 효부가 되고 싶어서 그러는 거는 더더구나 아닌 기라예. 다만 이 세상에 많고 많은 사람 중에 나만을 알아보신다는 게 내겐 중요한 기라예." 옥례가 마지막 문장을 말할 때 카메라는 그녀가 시어머니에게 음식을 먹이는 모습을 비춘다. 그러고 나서 음악이 장엄하게 슬픈 분위기로 점점 커지면서 옥례가 치유를 위해 수행하는 엄청난 일들이 짧은 컷들의 몽타주 기법으로 제시된다. 약초를 구하기 위해 산속 바위를 오르고, 약으로 쓸 개구리를 잡기 위해 얼음으로 뒤덮인 개울에 들어가기도 한다. 이어 근식이 맷돌을 갈며 가사노동에 참여하는 모습이 나오는데, 이는 치유를 향한 옥례의 결의에 부응하고자 그가 생산적인 가족 구성원으로 변했다는 점을 보여 준다. 옥례는 나무 앞에 물 한 접시를 떠놓고 무릎을 꿇고 앉아 시어머니의 치유를 기원하는 백일기도를 시작한다.

1937년 영화에서 심청이 아버지의 치유를 위해 기도했던 장면에서도 나타나는 민속 신앙적 관습과 영적 노동의 모습이다.

가족의 모든 문제는 한번에 해결된다. 기도 직후 옥례가 집에서 걸어 나오는 시어머니를 부축하는 모습이 보이는데, 이는 시어머니가 뇌졸중으로 생긴 장애에서 회복됐다는 신호이다. 이때 근식은 마당에서 손으로 목공에 작업을 하고 있다. 문중 회의는 옥례의 불륜 혐의를 철회하고, 옥례에게 일의 자초지종을 설명한다. 불륜 혐의를 받고 마을에서 도망친 수돌이 경찰 심문을 받으면서 옥례를 추행한 남자와 대질 심문을 했고 이를 통해 그가 누명 쓴 것이 밝혀진 것이다. 그 결과 문중 회의는 옥례를 복권시키고, 효를 실천하고 배우자로서 정절을 지키는 진정한 귀감이라며 상을 준다.

영화 〈옥례기〉는 여성들이 전통적으로 정해진 역할 내에서 일해야 하며, 젠더 위계를 무너뜨리지 않으면서 가족을 부양할 수 있다는 이데올로기를 전파한다. 가정의 영역 밖에서 가장으로서 옥례의 힘이 강화되는 것을 막기 위해, 성적인 통제가 감시 형태로 작동한다.[50] 남편의 장애와 시아버지의 부재는 옥례가 대리 가장 역할을 하도록 정당화하지만, 그 역할은 공적인 참여에 대한 요구와 가정 내부에 머물러야 한다는 요구가 만들어 내는 모순 속에서만 허용된다.

옥례의 고난은 남편을 대신해서 가장 역할을 맡은 결과로 그려진다. 장애남성과의 결혼은 가족이 가난하지 않았다면 성사되지 않았거나, 그 누구도 원하지 않았을 상황으로 간주된다. 옥례와 근식은 점점 친밀해지지만 영화는 결혼 생활에 대한 옥례의 헌신이 도덕적 책임감에서 오는 것으로 그린다. 그럼에도 옥례와 근식이 함께하는 장면에서 영화는 장애인과 가족의 일상생활 및 관계를 관객들에게 보여 준다. 옥례와 근식의 육체적 친밀함과 서로에 대한 헌신은 영화에서 과소평가된 부분이지만 중요하며, 중매결혼이 여성에게 폭력적이라고 단순하게 묘사하는 방식에서 벗어난다. 하지만 이 영화는 주로 이상적인 여성상에 중점을 두면서, 이렇게 성적 친밀감을 나누는 관계를 적극적인 비장애인 돌봄 제공자와 수동적인 장애인 돌봄 수여자라는 또 하나의 전형적인 관계로 바꿔 놓는다.

〈옥례기〉에서 비장애여성은 변화하는 사회에서 이상적 여성성을 체화한 롤 모델로 그려진다. 이상적 여성성을 체화했다는 것은 낡은 성역할의 잔재를 없애는 행동을 할 수 있으면서도 성역할에 담긴 가치를 옹호하는 방식으로 행동한다는 의미이다. 옥례는 정절과 자조의 중요성을 확실히 보여 준다. 남성의 장애는 여성에게 자기희생적이면서도 동시에 현대적인 면에서 실용적이고 생산적인 여성성을 향한 동기를 부여한다.

1960년대부터 1980년대까지 이어진 냉전 상황과 정치적 억압은 영화 산업에서 이타적인 여성성을 문화적으로 강조하도록 하는 중요한 사회적 맥락을 제공했다. 1970년 '영화법' 개정으로 영화에 대한 검열이 도입됐다. '영화법' 11조에 따라 촬영을 시작하기 전에 관공서에 보고하고 대본을 제출해야 했으며, 13조는 영화를 검열하는 기준을 나열했다. 만약 "헌법의 기본 질서에 위배"되거나 "국가의 권위를 손상"하거나, "사회질서를 문란"하게 할 우려가 있을 때, "국제 간의 우의를 훼손"하거나 "국민정신을 해이"하게 할 우려가 있다고 판단되면 영화는 아예 금지되거나 수정을 거쳐 상영을 허가받았다. 1972년 박정희는 '한국식 민주주의'를 선언했고 국제 정세로 인한 심각한 위기를 강조하면서 유신 체제를 시작했다. 특히 미군이 베트남에서 철수하고 이후 한국에서도 철수할 것이라는 우려가 위기감을 낳았다. 이런 변화는 "본격적인 공식적 권위주의"의 시작을 알렸다.[51]

이명자와 황혜진은, 검열을 강화하는 과정에서 박정희가 문화적 재현물을 통해 서양과 동양의 양분된 이미지를 구성하려 했고, 한국 전통의 정신적 뿌리를 강조하면서 서구의 헤게모니를 극복하는 방식으로 한국을 근대화하는 방법을 찾으려 했다고 주장한다.[52] 박정희 정권은 국가 개발 과정에 기여할 수 있도록 실용적인 방식으로 구현된 한국적인 전통의 가치를 영화를 통해 전파했다. 생활의 물적 조건과 여성의 역할은 분명히 변했는데도 이 논리에 따라 농촌 생활이 한국인들의 집단적 기억의 근원으로 등장했다. 이런 모순된 상태가 〈옥례기〉에서 시각적으로 나타난다. 텍스트로서 이 영화는 정절이나 대리 치유 서사로 작동할 뿐만 아니라, 독재 정부의 프로젝트를 반영하고 효를 찬양하며 여성의 노동과 치유된 몸을 통해 근대국가라는 이미지를 구축하려 한 정권의 노력을 반영한다.

영화에서 딸과 아내의 치유 노동(기도, 경제활동, 약품 조달, 신체적·정서적 노동 등)은 장애남성의 신체적·도덕적 변화로 이어지고, 장애인의 재활과 생존은 배타적 돌봄 단위로서 자급자족하는 가족 내부에 놓인다. 여성의 섹슈얼리티와 리더십은 가부장 권력을 위협하면서 가족 안팎의 여성을 향한 폭력적인 대응을 야기하고, 여성의 진정한 자기희생적 헌신을 보여 줄 수 있는 시험대로 작용한다. 갈등이 해결되면 가족 구성원들의 치유가 따라온다. 옥례의 아버지와 시어머니의 건강이 나아지고 남편의 신체 기능도 좋아져 생산적인 노동자가 된다. 이렇게 모든 신체적 변화들은 대리 치유를 나타내며 이는 장애인의 성품 변화까지도 포함한다.

베트남 참전 군인과 핵가족

지금까지 살펴본 대로 비장애여성이 장애남성에게 제공하는 치유 돌봄과 경제적·정신적 노동, 그리고 이들의 성도덕에 대리 치유의 성공이 달려 있다면, 영화에서는 치유 대리성과 관련하여 남성성을 어떻게 구성할까? 베트남전쟁에 참전한 장애인 및 비장애인 군인들이 나오고 그들이 장애여성과 맺는 관계를 묘사하는 영화들은 재활 및 치유 드라마에서 젠더, 섹슈얼리티, 국가주의가 어떻게 핵심적 역할을 하는지를 알아볼 수 있는 좋은 기회를 제공한다. 미국의 요청에 따라 한국은 1965년에서 1973년 사이에 총 30만 명의 병력을 파견했고,53 이 파병은 국가 경제에 상당한 기여를 했다.54 베트남 참전 군인들은 경우에 따라 트라우마와 함께 돌아왔고 〈월남에서 돌아온 김상사〉나 〈영자의 전성시대〉 같은 영화에는 그들이 적응하고 경제적으로 생존하기 위해 분투하는 모습이 담겨 있다. 그렇지만 이런 영화들은 한국의 참전 자체에 대해서는 문제 제기를 하지 않았다.

〈월남에서 돌아온 김상사〉는 유행가에서 따온 제목으로, 등장인물로 맹호 부대 출신의 참전 군인 네 명이 나오는데 그중 한 명은 팔이 절단된 인물이다. 이들은 배를 타고 베트남에서 돌아오는데, 이는 할리우드 고전 영화 〈우리 생애 최고의 해〉The Best Years of Our Lives(1946)의 오프닝을 연상시킨다. 이 미국 영화는 제2차 세계대전에 참전한 군인 세 명의 귀향을 그리는데, 그 가운데도 양팔 팔꿈치 아래가 절단된 사람이 등장한다. 〈우리 생애 최고의 해〉는 참전 군인이 민간 사회에 통합되기 위한 방법으로 남성 동지애, 여성의 지원, 이성애 관계를 제시한다. 여기에 더해 〈월남에서 돌아온 김상사〉는 전우의 장애인 가족을 치유하고 독립적인 경제활동을 통해 국가에 기여하는 것이 참전 군인의 의무라는 국가주의 메시지를 추가한다. 이 영화는 죽은 소대장의 부인이 정신장애가 생겼다가 치유되는 것을 핵심 사건으로 보여 주는데, 그로써 참전 군인들은 비로소 자신들의 삶을 살 수 있게 된다. 이와 비슷하게 〈영자의 전성시대〉에 나오는 비장애남성 참전 군인은 사고로 팔이 절단된 후 사창가에서 일하고 있는 영자를 재활시키려고 한다. 이 부분에서 나는 두 영화에서 참전 군인들이 장애여성을 치유하고 재활시키고 결국 그들 자신을 회복하는 노력이 어떻게 가족이라는 경계 바깥에서의 이타적 행동으로 그려지는지 살펴볼 것이다.

두 영화는 참전 군인이 국가 발전에 도움이 되고 힘을 가진 주체로 사회에 편입되기 위해 장애여성을 치유하는 방식을 선택한다. 이는 빈곤과 한국전쟁 이후의 어려움을 성공적으로 극복하지 못하고 재활을 이뤄 내지 못한 상황을 보여 주는 사회 비평적인 이전 시기 영화들과는 확실히 다르다. 〈오발탄〉(1961)은 한국전쟁 참전 군인과 그의 가난한 가족을 그리는데, 치유 드라마를 거부함으로써 작품적으로 중요한 의미를 가진다. 전장에서 발생한 여러 번의 포격에서 살아남은 영호는 어떤 영화에 출연해 달라는 요청을 받는다. 치명적인 총상을 입은 군인이 다정한 간호사의 돌봄과 순수한 의지 덕분에 기적적으로 회복하는 내용을 담은 영화이다. 영화 스태프가 영호에게 상처를 보여 달라고 하자 영호는 몹시 화를 내며 자신의 트라우마를 이용하는 작업에 참여하지 않기로 한다. 영호가 선정적인 작업을 거부한 것은 〈오발탄〉이 영호의 가족이 겪는 고통을 사회적·구조적 요소에 집중해 보여 주려 한다는 점과 연결되어 있다. 더욱이 이 영화에서 장애가 있는 인물들은 결코 치유되거나 재활되지 않는다. 가족 중 유일하게 돈을 버는 영호의 형은 심한 치통을 느끼면서도 방치하며, 수동적으로 법을 따르며 살아가는 인물이다. 형은 전쟁 때문에 심리적 트라우마를 가진 어머니, 미군을 상대하는 성매매에 종사하기로 결정한 여동생, 딸, 임신한 아내와 함께 살고 있다. 이런 답답한 상황 속에 자신이 갇혀 있다고 느낀 영호는 가족의 경제적 상황을 단번에 바꾸기 위해서 은행을 털려고 시도하다가 잡혀 결국 감옥에 가게 된다. 아내가 출산하다 죽자 앓던 이를 뽑은 형은 술에 취한 채로 택시에 오른 뒤, 피 흘리며 이곳저곳을 떠돈다.

〈오발탄〉의 비극적 결말과 〈월남에서 돌아온 김상사〉의 순조로운 미래 사이에 존재하는 중요한 차이는 계급이다. 〈월남에서 돌아온 김상사〉에서 선임하사 김창호의 아버지는 네 명의 참전 군인들에게 스스로의 힘으로 어려움을 극복하도록 요구하는 권위적인 가부장의 역할을 한다.

호텔을 소유한 성공한 사업가인 이 아버지는 돌아온 아들에게 라면을 대접한다. 전쟁터에서 돌아온 아들을 환영하기에는 빈약한 음식이라고 창호가 불평하자, 아버지는 "진짜 전투는 지금부터야"라고 말하며, 민간인 생활에 성공적으로 적응하려면 군사적인 남성성과 검소함이 필요하다는 메시지를 전한다. 군인들은 전투에서 죽은 소대장의 부인과 아들을 방문하고서, 남편을 잃은 부인이 슬픔 때문에 정신장애를 갖게 되었으며, 이들을 돌볼 가족이 없다는 사실을 알게 된다. 그녀는 죽은 남편의 철모를 계속해서 만지기만 할 뿐 다른 반응을 보이지 않는다. 이후 군인들은 창호 아버지의 호텔 지하에 모여서 자신들이 느끼는 죄책감과 민간인 생활에 적응해야 하는 어려움을 회피하려고 술을 마신다. 그때 아버지가 야구 방망이를 들고 들어와 나라를 위해 무엇을 할 수 있는지 반성해야 한다고 가르치며 그들을 때린다. 군인들은 아버지의 가르침을 듣고 지하실에서 나와 옥상으로 올라가서 소대장이 죽고 진영이 팔을 잃었던 전투를 함께 떠올린다. 그들은 이 트라우마적 기억을 마주하고 나서야, 각자 기반을 잡아 사회에 기여하고 1년 후에 다시 모이기로 약속한다. 아버지가 가한 신체적 체벌은 군인들이 알코올중독과 정서적 괴로움을 극복하고 궁극적으로는 그들 자신도 생산적인 가부장이 되도록 다그쳐 이들을 변화시킨다.

이 영화를 후원한 원호처는 사망한 장교의 가족을 돌보는 기관으로 영화에 등장한다. 영화 속에서 원호처는 소대장 부인을 국립정신병원에 입원시키고 치료에 드는 모든 비용을 부담한다. 창호는 전쟁터에서 소대가 기습당했을 때 전사한 소대장의 죽음이 자신의 책임이라고 느끼고 고인의 부인과 아들을 돕는 역할을 자처한다. 창호는 아버지에게 의존하여 호텔에 취업하려 하지 않고 공사 현장에서 일하는데, 공사장에서 들리는 폭발음은 전투 장면을 연상시키면서 고향에 돌아와 민간인으로서 겪는 전쟁의 은유로 나타난다. 소대장 부인이 병원에서 치료를 받는 동안 창호는 아들을 맡아 돌본다. 여자친구가 결혼 계획을 묻자 그는 우선 소대장 부인을 낫게 하는 것이 자신의 의무라고 말한다.

강한 자극을 주는 환경에 환자를 노출시키지 말라고 의사가 경고했지만 창호는 소대장 부인과 아들을 놀이공원에 데려간다. 아무런 반응이 없던 이 여성은 갑자기 멈추지 않는 웃음을 터뜨리면서 옷을 벗어 던지고 길거리로 뛰어든다. 차에 치일 뻔한 상황에서 창호는 그녀를 구하고 대신 차에 치여 쓰러진다. 이 결정적인 장면에서 아들은 쓰러진 창호를 보고 울면서 어머니를 흔든다. 부인은 땅에 쓰러져 있는 창호를 보고 남편을 떠올린 듯 웃음을 멈추고 정신을 차린 뒤 상황에 대처한다. 이 사고가 일어나기 전부터 부인은 창호를 남편으로 착각했기 때문에 창호는 분명 그녀에게 대리인이 된다. 어떤 이유에선지 창호의 희생과 신체적 부상은 그녀의 정신장애가 치유되는 결과로 이어지는데, 심청이 죽었다가 다시 살아난 것과 아버지 심 씨의 시각장애 치유 사이에 신비한 신체적 전이가 일어난 상황과 매우 유사하다. 정신적 트라우마를 가진 사람이 충격을 받으면 갑자기 '깨어날 수 있다'는 사고방식에는 문제가 있다. 이 같은 잘못된 인식은 이 영화에서 장애가 있고 죄책감에 사로잡힌 군인들이 아버지의 신체적 처벌을 통해 갑자기 정신을 차려 도덕적이고 생산적인 주체로 변화되는 장면에서도 나타난다.

소대장 부인이 치유되고 난 이후에는 창호의 회복에 초점이 맞춰진다. 창호는 놀이공원에서 일어난 교통사고로 인해 다리에 부상을 입어 장애를 가지게 되었고 여러 번의 수술을 받아야 했다. 1년이 지난 후 재회하기로 한 날, 창호는 세 명의 동료들을 향해 걸어간다. 고향의 '전쟁터'에서 발생한 장애에서 성공적으로 회복함으로써 사회 적응의 드라마가 완성된다. 창호가 대리인 역할을 수행함으로써 소대장 부인이 치유되고, 이를 통해 그는 의리를 지켰으며 죄책감에서 벗어나 여자친구와 약혼한다. 그들의 약혼식에서 창호의 아버지는 이제 완전히 적응했음을 증명한 이들에게 토지 개발 및 건설 사업을 함께하자며, 자본주의의 미래로 이들을 이끈다. 영화는 경제 발전 광경을 보여 주며 끝맺는다. 새로 건설된 고속도로에서 세 명의 군인이 한 줄로 나란히 각자 화물차를 운전하고 있는데, 이는 성공적인 미래로 향하는 길을 따라가는 듯이 보인다. 예전에 피아니스트였고 지금은 의수를 부착한 진영은 비행기에 타서 아래를 내려다보고 있다. 어린이 합창단의 단장이 된 그는 합창단을 이끌고 해외 공연을 하러 가는 중이다. 네 명의 군인 모두 교통수단에 탑승해 성공적인 커리어를 향해 나아가는 모습은 박정희 정권의 공격적인 경제정책 아래 추진된 경제 발전의 언어로 표현된다.

영화에서 진영의 절단된 팔에 대해 감상적으로 그리지 않고, 진영의 곁에서 힘이 되어 주는 여자친구와의 관계도 순조롭게 그린다는 점은 〈우리 생애 최고의 해〉와 대비된다. 이 영화는 양팔이 절단된 호머의 장애를 이용할 뿐만 아니라, 새로운 몸에 적응하려는 그의 노력과 장애에 대한 사회의 불편한 반응을 둘러싼 멜로드라마를 극대화한다. 〈월남에서 돌아온 김상사〉는 정부의 선전 영화 틀에 정확하게 들어맞는데, 미국이 주도한 베트남전쟁 참전과 그 대가를 탈정치화하고, 대신 치유적 변화를 이용해서 경제적 이득과 애국심을 강조한다. 참전 군인들의 귀향은 대리 치유를 통해 완성된다. 창호는 자신을 살려 준 소대장에게 빚진 상태이고, 소대장의 아내는 창호가 이 빚을 갚아 도덕적인 마음의 짐을 벗고 회복하게 해주는 창호의 대리인이 된다. 반대로 동시에 창호가 부인의 대리인이기도 하다. 창호가 자신을 희생해 장애를 갖게 된 결과가 그녀의 치유로 이어지고 그렇게 남편이 부재한 상황에서 두 몸 사이에 상호 신체적 연결이 형성된다.

영화 〈영자의 전성시대〉는 1974년 출판된 조선작의 동명 연작 소설을 바탕으로 만들어진 세 편의 영화 가운데 첫 작품이다. 이 영화에서 비장애인 참전 군인 창수는 연인 영자를 재활시키기 위해 애쓰는 인물이다.55 비평가들은 식모에서 성폭력 피해자, 봉제 공장 노동자, 버스 차장, 장애인 성노동자로 이어지는 영자의 삶의 궤적이 급격한 경제성장과 산업화를 위해 이용당한 가난한 집안의 교육받지 못한 농촌 여성의 경험을 재현했다고 분석했다. 애국주의 메시지를 담고 있는 〈월남에서 돌아온 김상사〉와 다르게 이 영화는 강력한 사회 비평을 드러내면서, 영자의 "불구는 그 시대의 불구를 나타낸다"고 해석되었다.56 그렇지만 전후 도시 공간에서 '해피엔딩' 없이 끝낸 〈오발탄〉과 다르게 〈영자의 전성시대〉는 헌신적이고 이타적인 참전 군인이 만들어 낸 재활 드라마를 재생산한다.

데이비드 미첼과 샤론 스나이더는 장애가 종종 "사회나 개인이 겪는 좌절의 은유적 기표로 기능하며" 재활이나 치유의 필요성을 만들어 낸다고 설명한다.57 그러나 담론적·시각적 상징으로 구성된 장애는 정해진 사회적 각본을 단순하게 따르지 않는다. 오히려 기대하지 않은 가능성을 만들어 내기도 한다.58 눈앞에 존재하는 장애인의 몸은 그 실체로서 다가오고 일상적인 삶의 경험으로 강조되어 나타난다. 영자는 사창가에 있는 자기 방에 커다란 밀로의 비너스상 모조품을 놓음으로써 고객들이 팔이 절단된 자신의 몸을 아름다움과 연결해 볼 수 있게 유도해 본다. 그러나 비너스상을 보여 주자 한 남성은 "한 방에 팔 병신이 둘씩이나"라고 화를 내며 나가려고 한다. 이는 장애에 대한 생각을 바꾸려는 시도가 오히려 역효과를 낼 수 있음을 보여 준다. 비너스상과 영자의 유사성은 영자의 기대와는 반대로 비너스상을 탐탁지 않은 장애인의 모습으로 바꿔 놓는다. 그럼에도 계급과 몸의 지위를 규정하고 성산업 공간을 지배하고 있는 재현적·사회적·사법적·경제적 제약들을 견디고 생존해 내려는 영자의 노력이 비너스상을 통해 드러난다고 할 수 있다.

이 영화는 경찰이 좁은 뒷골목에서 사창가를 급습하는 장면을 핸드

헬드 카메라로 담아내며 시작한다. 남자 경찰관들에 둘러싸인 속옷 차림의 여성들이 몽타주 화면에 보이고, 영자의 모습을 중간 정도 클로즈업하여 정지한 상태에서 영화 제목이 등장한다. 영자는 도망치면서 자신을 향해 다가오는 경찰(그리고 카메라)을 막으려고 손을 든다. 자신에게 닥쳐오는 어떤 힘을 막아 보려는 영자의 자세는 영자의 캐릭터가 영화 전반에서 반복적으로 무력하게 피해를 당할 것이라는 느낌을 전달한다. '영자의 전성시대'라는 제목은 '우리 생애 최고의 해'라는 제목이 역설적인 것처럼 이 프레임에 보이는 그녀의 이미지로 인해 전복된다. 영자가 폭력과 착취를 경험하고 장애를 갖게 되기 때문이다. 따라서 영자의 순수하지 않지만 취약한 모습을 드러내는 이런 묘사는 영자를 구원해 줄 사람을 요구한다. 그녀에게 행복을 가져다주고, 그녀를 보호하고, 잔인한 시대적 조건 속에서 생겨났다고 그려지는 그녀의 '자기 파괴적인' 알코올중독과 성규범에 위배되는 섹슈얼리티를 '길들일' 수 있는 구원자가 필요한 것이다.

창수가 베트남에 가기 전에 영자와 창수는 사랑하는 사이였다. 전쟁터에서 돌아온 창수는 영자가 장애인이 되어 사창가에서 일하는 것을 알게 되고 영자를 찾아가 어떻게 된 일인지 묻는다. 영자는 창수를 다른 손님들처럼 대하며 돈을 요구한다. 그녀의 천박함에 화가 난 창수는 돈을 바닥에 던지며 영자에게 옷을 벗으라고 소리 지르며 그녀를 넘어뜨린다. 하지만 영자가 막상 성관계를 하려고 하자 밀쳐 낸다. 이어지는 영자의 회상 장면은 창수의 질문에 대한 대답을 관객들에게 보여 준다. 영자는 식모로 일하던 집안의 아들에게 여러 차례 강간을 당하고 결국에는 그 집에서 쫓겨난다. 처음에는 봉제 공장에서 일하다가 나중에 버스 차장으로 일하게 되고 어느 날 만원 버스에서 떨어지며 차에 치여서 팔을 잃는다.

강간당한 경험, 저임금 노동 현장에서 착취당하며 견딜 수 없었던 경험, 장애를 갖게 되고 기찻길에서 자살을 시도했던 일을 통해 영자가 성산업에 들어가게 된 상황을 알 수 있다. 이런 과정을 보여 줌으로써 영자는 힘든 일은 피하고 쉽게 돈을 번다고 비난받는 다른 성노동자들과 구분되는 것이다. 하지만 영자는 자신이 창수의 돌봄과 사랑을 받을 자격이 없다고 느끼기 때문에 창수의 정서적 헌신이 괴롭다. 창수는 영자를 배려하고 보호하는 것처럼 보이지만 자신의 돌봄을 억지로 받아들이게 하려고 종종 폭력을 쓴다. 두 사람 다 성병에 감염된 것을 알게 된 창수는 아무런 설명도 없이 영자를 찾아와 때리며 강제로 병원에 데려가려고 하는데, 영자가 이에 저항하자 "네 몸이 썩어 가고 있단 말이야"라고 소리 지른다. 영자가 자신에게서 성병이 옮았다는 창수에게 다른 여자에게서 감염된 것이라고 말하자, 창수는 또다시 영자의 뺨을 때린다. 창수는 영자를 병원에 끌고 가서 2주치 치료비를 먼저 내는데, 이런 영자를 향한 창수의 신체적 폭력은 그녀의 성병을 치료하기 위해 필요한 행동으로 여겨진다. 더 심각한 문제는 이런 폭력이 자기희생적인 치유자로서 그의 역할이 가진 정당성을 박탈하지 않는다는 점이다. 이런 희생의 하나로 창수는 영자의 단골 고객으로 목욕탕에서 번 돈 대부분을 그녀에게 준다. 또한 치유를 위한 하나의 방법으로 창수는 영자의 달랑거리는 옷소매 때문에 장애가 바로 드러나지 않도록 의수를 만들어 준다. 영자는 의수를 차고 거울 앞에 서서 기뻐하며 눈물을 흘린다. 이어지는 병원 장면에서, 의사는 영자에게 "이젠 아주 깨끗합니다"라고 말한다. 다음 장면에서 창수는 영자를 아무도 없는 목욕탕에 데려온다. 창수가 영자의 몸을 씻겨 줄 때, 그녀는 이제 창수 때문에 창피함을 느끼게 됐다고 고백한다. 영자가 잃었던 '수치심'을 창수가 되살린 듯하고, 이 고백은 그녀의 성도덕이 회복되었다는 신호로 그려진다. 창수는 팔이 하나인 영자의 몸을 치유하지는 못하지만 영자의 성병 치료와 의수 제작이라는 방법을 통해 구원자가 되고, 치유라는 명목으로 영자의 몸에 가하는 그의 반복적인 폭력은 아무 문제가 아닌 것처럼 여겨진다. 영자의 몸은 성노동자라는 신분 때문에 폭력을 당해도 괜찮은 몸인 것이다. 그리고 이런 창수의 개입은 경제적 생존을 위한 영자의 노력에 대해 몸을 망치는 것이라고 보는 그의 도덕적 판단을 정당화한다.

한 고객이 영자의 서비스에 대한 돈을 내지 않고 "팔 병신"이라고 부르며 괴롭히자 창수는 그 남자와 싸우게 되고 결국 감옥에 간다. 창수와 친하게 지내던 김 씨는 창수가 수감돼 있는 동안 "인생을 망치는" 창수를 구해 주고자 영자에게 찾아가 말한다. "짐 싸들고 나와. 나랑 같이 가자고." 영자는 김 씨의 무례한 참견에 강렬하게 저항한다. "창수하고 나 사이의 문제에 왜 아저씨가 감 놔라 배 놔라 하세요? 날 동정해 주시는 건 잘 알지만요. 내가 뭐 거진 줄 아세요? 난 내 힘으로 벌어서 창수하고 살 거예요. 나 창수 씨하고 살려고 내 힘껏 돈 벌고 있다고요"라고 말하는 영자에게 김 씨가 받아친다. "말이면 다 말인 줄 알아? 네 힘껏 번다는 게 어떻게 번다는 거야? 여자 몸뚱이가 무슨 푸줏간 고깃덩이야? 돈 받고 팔라고 있는 거냔 말이야. 창수한테 죄 짓는 거 아니냔 말이야." 영자는 "상관 말란 말이에요"라고 말하며 이 폭력적인 괴롭힘(성노동자들이 많이 경험했을 그런 종류의 괴롭힘)에 맞서긴 했지만, 괴로워하며 길거리로 도망친다. 김 씨가 한 말에 충격을 받은 영자는 술을 많이 마시고 자살을 고민하는 것처럼 다리 너머로 기찻길을 내려다본다. 성노동으로부터, 그리고 장애의 부정적인 영향으로부터 벗어날 수 있도록, 대리인이 되어 자신을 재활시키기 위해 노력하는 창수를 놓아 줄 수 있는 방법으로 자살을 생각하는 것이다.

그 후 영화에서는 예상치 못했던 극적인 변화가 일어난다. 오랜 시간이 흐른 뒤 영자를 봤다는 친구의 이야기를 듣고 영자를 찾아간 창수는 주택 공사장 근처에서 어린 딸을 안고 일을 하는 영자를 발견한다. 장애남성과 결혼해 새 인생을 살고 있는 영자에게 창수는 "하느님은 영자에게 기적을 내리신 거야"라고 말한다. 영화가 끝나는 장면에서 영자의 남편과 창수는 나란히 오토바이를 타고 가는데, 이는 영자를 아끼는 두 남성 사이에 연대가 형성되었음을 의미한다. 딸을 안은 영자의 얼굴이 두 남자와 광활한 도시 광경 위에 오버랩 된다.

이 영화는 창수를 성실한 남자로 그린다. 목욕탕에서 일하는 창수의 육체노동, 그리고 국가에 '봉사한' 그의 부재 기간 동안 영자가 겪은 피해를 보상하고 '자기 파괴적' 상황에서 영자를 구하려는 갈망, 영자를 향한 안타까움이 모두 강조된다. 이는 원작 소설 속 '남자'(영화에서는 창수) 캐릭터를 치밀하게 재창조한 것이다. 주인공인 '남자'는 사회 주변부에서 가난하게 살아가며 성구매에만 의존하여 성적 쾌락을 찾고 전쟁과 자신이 저지른 폭력에 대한 기억을 여전히 생생하게 갖고 있는 사람이다. 소설이 1인칭 시점으로 묘사하는 '남자'는 자신의 만족감에 집중한다. 그는 성노동자와의 관계에서 권력을 누리는 느낌을 즐기고 참전 군인이라는 정체성에 사로잡혀서 자신이 "베트콩" 일곱을 죽였다고 떠벌린다. 남자는 영자가 바닥에 떨어진 돈을 허둥지둥 줍는 모습을 보고 싶은 비뚤어진 즐거움 때문에 돈을 던진다. 그는 베트남에서 비상식량 한 상자를 주고 어떤 여자 아이를 "샀던" 일을 떠올린다. "소녀의 그 슬픈 저항을 이해할 수 없을 만큼 그렇게 내가 무지막지했더라면 얼마나 행복했었을까."[59] 그렇게 작가는 '남자'가 굶주린 여자아이를 강간하는 잔인함을 인식하지 못하면서 스스로를 여성을 동정하는 구원자로 생각한다는 점을 보여 준다. 그는 마을에서 비상식량을 주지 않고도 성적 만족감을 쉽게 얻을 수도 있었지만, '동정심' 때문에 "못생긴 처녀"를 샀다고 설명하기까지 한다. 작가는 이런 왜곡된 동정심을 비판하는 듯하다. 그런 동정심은 자신의 권력을 확대하고, 착취와 폭력을 정당화하는 데 이용되는 방패이다. 영화 속 창수와 다르게 '남자'는 영자를 사창가에서 구하려 하지 않고 오히려 호객을 도우면서 영자의 일을 지원한다. 영자의 장애를 가려 주는 의수를 만든 목적은 길거리에서 호객 행위를 하기 위해서인데, 영자의 장애를 모른 채 일단 방에 들어가고 나면 손님들이 영자를 거부할 가능성이 적기 때문이다. 영화에서 창수의 도덕적 특성은 영자의 도덕적 특성과 대비를 이루며 강조되는데, 영자는 자신이 그의 사랑을 받을 만큼 좋은 사람이 아니라고 생각한다. 그러므로 영자의 재활은 창수가 아닌 장애남성과의 관계를 통해서만 가능하다. 창수는 자신의 헌신에 대해 간접적으로 주어진 상이자 실연에 대한 보상으로 영자의 새로운 인생을 지켜본다. 영자는 장애 이성애 관계와 비장애 이성애 관계 사이의 경계를 넘을 수 없는, 사회의 타자로서 다른 영역에 존재한다. 1982년 리메이크 영화에서 영자가 비장애여성으로 나오고 결말에 창수와 결혼한다는 점은 주목할 필요가 있다. 이 변화는 영화 서사에서 영자가 창수와 맺어지기 위해서는 신체적 장애가 있어서는 안 된다는 점을 시사하기 때문이다.

영화는 영자가 창수를 떠난 시기와 남편, 딸과 다시 나타난 시점 사이의 삶을 보여 주지 않기 때문에 영자가 가정적인 여성으로 변한 것이 더욱 급작스럽고 극적으로 나타난다. 영자가 아이를 등에 업고 집 밖에서 빨래를 너는 장면은 장애가 있는 성매매 여성의 정상화를 묘사하며, 여성이 망가지고 더럽혀지고 위험하다고 여겨지는 사창가의 길거리와 대비된다. 반면 원작 소설에서는 영자가 가정을 이루고 규범적인 삶을 살아가게 되는 이런 식의 극적인 변화가 나타나지 않는다. '남자'와 살기 위해 사창가를 떠났던 영자는 돈을 받기 위해 포주를 찾아갔다가 그곳에 화재가 나서 사망한다. 화재가 진화되고 '남자'는 어떤 시신에 한쪽 팔이 없는 것을 보고 그 시신이 영자라는 것을 알게 된다. 이런 소설의 결말과 자살을 고민하다 어머니와 아내로 탈바꿈한 영화의 결말은 대조적이다. 이 두 결말은 창수와 영자의 관계가 치유와 장애, 폭력과 저항으로 대치를 이룸으로써 생겨난 서사적 위기에 대한 정반대의 해결책이다. 감독은 영자를 "구원"하고 검열을 통과할 가능성을 높이려는 의도로 결말을 바꿨다고 설명했다. 영자의 비극적 죽음은 지나치게 사회 비판적이라고 여겨질 거라 생각했기 때문이다.60 결혼하고 아이를 낳아 가족을 이룬 영자의 변화는 폭력의 비극과 사회 비판적 의식을 피해 가지만 소설과 영화에서 제시된 두 개의 상반된 결말은 동일한 정치적 메시지를 전달한다. 곧 영자는 남성의 보호 없이는 장애를 갖고 살아갈 수 없다는 것이다.

〈월남에서 돌아온 김상사〉와 〈영자의 전성시대〉 두 편에서 모두 남성 대리인에 의한 장애여성의 치유와 재활이 이성애 결혼 밖에서 일어난다. 두 영화는 남성들의 노력을 애국심에서 우러나온 의무로, 즉 가부장적 가족의 확대로 상상되는 국가를 위해 봉사하는 것으로 묘사하면서, 남성 시민들이 그들의 인도주의적 행동을 통해 자신의 가치를 증명함을 보여 준다. 다시 말해 치유를 위한 대리인으로서의 노력과 남성적 이타주의는 국가화된 것이며 장애 상태, 가정, 치유 폭력을 통해 젠더 위계를 유지하는 기능을 한다. 이런 시나리오에서 장애여성의 몸은 남성적 온정주의와 국가가 베푸는 자선을 강조하기 위해 변화되어야 하는 것이다.

트라우마를 기억하지 않기: 대리인 역할을 하는 다중인격과 귀신

치유는 단일민족으로 상상되는 한민족이라는 국가적 차원의 가족 내에서 그리고 도덕적으로 강요되는 관계로 이뤄진 혈연 가족 내에서 규범적인 몸에 대한 사회적 책임을 공유하는 방식으로 작동한다. 따라서 대리 치유 는 누가 친족이고, 누가 친족이 아닌지를 결정한다. 〈장화, 홍련〉은 충격적인 고딕 양식의 반전과 호러 장르 미학으로 호평을 받은 영화로,61 19세기 초에 기록된 잘 알려진 고전 설화 「장화홍련전」을 바탕으로 했다.62 이 고전은 계모라는 존재를 부도덕한 타자로 보는 강력한 한국적 정서를 만드는 데 일조했다. 영화 속 두 자매의 이름은 수미와 수연이지만 영화 제목은 장화와 홍련이라는 고전 속 두 자매의 이름을 차용한다. 심술궂은 계모와 학대를 당하는 딸들을 그리는 줄거리를 예상한 관객들의 기대는 결국 빗나가게 된다.

1장에서 「추물」을 분석할 때 간단히 언급했듯이 「장화홍련전」은 계모 허 씨를 악인으로 그린다. 허 씨의 장애는 내면의 부도덕함을 드러내는 외부적 상징으로 이해된다. 허 씨는 이중 구순열, 다리 부종이 있고 팔에 장애가 있으며 흉녀로 불리기도 한다.63 장애가 있는 이 계모는 첫째 부인이 죽은 후에 아버지와 딸 사이의 애착 관계를 방해하는 존재이다. 계모는 장화를 쫓아내기 위해 쥐의 가죽을 벗겨 장화의 잠자리에 놓아 장화가 유산한 것처럼 꾸미고, 이를 통해 혼전 성관계의 증거를 찾은 척 한다. 아버지는 가문의 명예를 지키기 위해 장화를 쫓아내는데, 허 씨의 아들이 장화를 데리고 나가 호수에 빠트린다. 동생 홍련은 언니의 영혼을 따라 호수로 가서 스스로 물에 빠진다. 그 후 자매는 관청의 부사에게 귀신으로 나타나며 그에게 진실을 밝혀 주기를 간청한다. 허 씨와 아들은 사형당하고 아버지는 새 아내와 결혼하는데, 새 아내가 쌍둥이 딸을 낳자 장화와 홍련이 환생했다고 여긴다.

그렇지만 2003년 영화 〈장화, 홍련〉은 계모를 다루지도 않고 이 줄거리를 따라가지도 않는다. 그보다는 아프다가 자살한 어머니를 둔 두 딸에게 젊은 비장애인 간호사의 존재가 가하는 파괴적인 위협을 그리며, 이 위협을 극도의 공포에 이르는 수준까지 끌고 간다. 〈장화, 홍련〉은 자기 내부에 있는 대리성을 독특하게 표현한다. 즉 자신의 정신적 트라우마를 치유하기 위해 등장하는 대체 인격과 귀신의 형태로 대리성을 담아낸 것이다. 그러나 이런 자기 치유 체계는 정신장애의 징후가 되고, 스스로를 위험에 빠뜨리는 것으로 그려진다.

이언 해킹Ian Hacking은 서구 과학에서 다중인격과 기억을 지식의 대상으로 구성해 온 흐름을 따라가면서, 반복적인 아동 학대가 다중인격 장애의 원인으로 여겨졌다고 지적한다. 또한 다중인격 장애가 기억상실증을 수반하는 대응 기제이며, 이런 기억상실증은 잊어버린 고통스러운 기억을 회복하는 방식으로 치유되어야 한다고 여겨졌다.64 〈장화, 홍련〉은이 이론에 들어맞는데 트라우마를 남긴 경험이 다중인격과 기억상실증을만들어 내며, 이를 정신적 충격을 받은 주체의 대응 기제로 묘사하고 있다. 19세기 말에 진행된 다중인격 장애에 대한 서구의 초기 연구에서는 각각의 인격을 자세 같은 신체적 표현을 통해 알아볼 수 있다고 가정했다. 해킹이 지적한 바대로 [신체를 관찰 할 수 있는] "사진이 다중성에 대한 초창기설명에서 중요한 역할을 했지만", 지금은 분열 정도를 판단하는 수량화된검사가 이를 대신한다.65 〈장화, 홍련〉은 누군가의 다중인격이 시각적으로 각각 다르게 나타난다는 가정을 영화적으로 이용하는데, 이차 인격을다른 배우가 연기함으로써, 관객들이 그 사람을 다른 인물로 오해하게 만든 것이다. 지금부터 이뤄지는 이 영화의 분석에서는 다중인격 장애(혹은이를 대체한 새로운 진단 개념인 '해리성 정체성 장애'dissociative identity disorder66)에 대한 의학적 설명 체계에 집중하기보다, 하나의 몸 안에 존재하는 복수의 자아가 관계성을 드러내는 것으로 이해한다. 이 같은 관계성은가족, 친족, 국가의 경계 내부와 외부를 구분 짓는 한국적 정서를 강화하고, 치유를 위한 의존성을 요구한다.

생모의 죽음 이후에 계모가 아이들의 삶에 들어오는 고전과 다르게,이 영화는 아픈 어머니를 젊은 간호사 은주와 한 집에 배치한다. 은주는 의사인 남편의 친구이다. 딸 수미와 수연은 이 간호사에게 어머니의 자리를빼앗길까 봐 두려워한다. 어머니는 딸들과 2층에 살고 있다. 모순적이게도 남편은 의사이지만 아내를 돌보는 가족으로서 대리인의 역할을 하지 않고, 아내의 병 때문에 이미 위태로워진 부부 관계를 간병을 하는 외부자가 들어와 위협하게 된다. 어느 날 옷장 안에 목을 매고 숨져 있는 어머니를 발견한 수연은 넘어진 옷장 밑에 깔리게 된다. 옷장과 어머니의 시신에 깔린 수연이 힘겹게 벗어나려고 애쓰는 동안 간호사 은주가 위층으로 올라와 무슨 일이 생겼는지 보게 된다. 동생이 다른 방에서 죽어 가고 있는 것을 모르는 수미는 은주를 막고 위층에 올라오지 말라고 소리 지른다. 은주는 수미에게 "지금 이 순간을 후회하게 될지도 몰라"라고 말하고, 수미는 격분해서 집을 뛰어나간다. 이 순간은 가족 둘을 잃게 된 것이 자신의 잘못 때문이라고 여기게 되는 트라우마적 기억으로 남아서, 이후 수미를 계속 따라다니며, 그로 인해 수미는 정신장애를 갖게 된다. 이에 대한 반응으로 수미는 **은주**(간호사 은주와 마찬가지로 염정아가 연기한다)라는 다른 인격이 나타나는데, 이는 폭력적인 계모로 설정된 인물로 자신에게 일어난 일에 대한 책임을 지울 수 있는 대상이 된다. 이 대안적 현실에서 수미는 수연이 아직 살아 있다고 생각한다. (아래 분석에서 영화 속 현실의 인물과 수미의 정신세계 속 대안 현실의 인물을 구분하기 위해서, 수연이 수미가 보는 환영으로 나올 때 **수연**이라고 쓰고, 관객에게는 간호사였다가 어머니의 사망 이후 계모가 된 사람으로 보이지만 분명히 수미의 이차 인격인 경우에 **은주**라고 구분하여 표기했다.)[67]

영화는 테이블 위에 놓인 옛날식 세숫대야에 담긴 투명한 물을 조감도로 비추며 시작한다. 정신병원의 넓고 살균된 공간 속에서 두 개의 커다란 창문 앞에 있는 대야는 마치 수정 구슬과 같은 기능을 한다. 남자 의사와 고개를 숙인 수미가 탁자를 사이에 두고 마주 앉아 있다. 이 장면의 비현실적 공간과 서늘한 단색조는 가족 드라마를 정신병적 미스터리로 바꿔 놓고 수미의 폐쇄된 정신에 들어가는 데 집중하도록 한다. 의사는 "우선 자기소개부터 좀 해봐. 자신이 누구라고 생각해?"라고 말한 다음 가족사진을 보여 준다. 부모님, 두 딸, 간호사 은주가 함께 나온 사진인데, 은주는 아버지 뒤에 어색하게 서 있다. 의사는 은주의 얼굴을 손가락으로 짚으면서 묻는다. "여기 이 사람 누구지? 가족사진인데." 의사의 질문은 수미가 가진 정신장애의 본질이 수미와 은주의 정체성의 문제, 누가 가족에 포함되는지에 대한 문제임을 알려 준다.

의사가 계속 '그날'에 대해 물어보며 무슨 일이 일어났는지 말해 보라고 강요하지만 수미는 대화에 응하지 않는다. 수미가 창문을 향해 천천히 머리를 드는 모습이 프레임에 꽉 차게 잡힌다. 회상 속에서(혹은 수미의 조작된 기억에서) 음악이 나오며 장면이 전환된다. 수미와 **수연**이 아버지와 함께 호숫가의 2층짜리 현대식 목조 주택에 도착하는 모습이다. 병실에서 수미의 얼굴은 머리에 거의 가려져 있는데 억울함을 품고 있는 여자 귀신의 전통적인 이미지와 매우 유사하다. 아름다운 자연 풍경은 그런 병실에서 느껴지던 긴장과 확연히 대조되며, 시각적으로 긴장감을 완화한다. 수미와 **수연**은 호수 끝의 선착장에 앉아 있는데 으스스하게도 고전에서 장화와 홍련이 빠져 죽은 호수를 연상시킨다. 호수의 암흑은 알 수 없는 정신 상태를 표현하며 병원 공간의 투명한 물과 대비된다. 수미와 수연은 어머니의 간호사였고 지금은 계모가 된 **은주**와 어색하게 인사한다. 이후 **은주**는 옛날 가족사진에서 자신의 얼굴이 찢어져 있거나 덧칠해진 것을 발견하고 격분하여 **수연**의 침대로 달려가서 **수연**을 깨우는데, 그러던 도중 담요 밑에 죽어 있는 자신의 새를 발견한다. 허 씨가 피 흘리는 죽은 쥐를 장화의 잠자리에 놓아둔 상황을 연상시키는 장면이다. **은주**는 **수연**을 때리기 시작한다. 그러다가 옷장에 아이를 가둔다. **은주**가 동생을 때렸다는 것을 알고 수미는 관계가 소원한, 집에서 일어나는 일에 관심이 없는 아버지에게 항의한다. 아버지는 수미에게 수연이는 이미 죽었다고 조용히 말한다. 이는 영화가 실제처럼 표현하는 것이 보이는 바와 다를 수 있다는 첫 번째

단서를 제공한다. 그럼에도 수미가 만들어 낸 현실은 계속된다. 아침 햇살이 창문으로 들어올 때, **은주**가 피 묻은 시체 가방을 끌고 나오는 장면은 그녀가 **수연**을 살해했음을 암시한다. 수미는 바닥에 묻은 핏자국과 가방에 있는 **수연**의 시신을 확인하고 **은주**와 싸우다가(실은 수미 혼자 싸우고 있는 것이다) 바닥에 쓰러진다. 수미가 눈을 뜨자 카메라는 수미의 시점에서 바닥의 핏자국이 사라진 것을 보여 준다. 이는 수미의 환각을 증명하는 또 다른 증거이다.

　　은주를 탓하는 것이 일시적인 해결책일 뿐이라고 생각한 수미는 **은주**가 자신을 죽이게 만들어서(즉, 자살을 해서) 고통을 끝내려고 한다. 두 사람의 몸싸움 이후에 수미가 지쳐서 바닥에 누워 있을 때 **은주**가 말한다. "너, 진짜 무서운 게 뭔지 알아? 뭔가 잊고 싶은 게 있는데, 깨끗하게 지워 버리고 싶은 게 있는데…… 도저히 잊지도 못하고 지워지지도 않는 거 있지. 근데 그게 평생 붙어 다녀, 유령처럼." 수미는 애원한다. "날 도와줘." 다른 자아인 **은주**가 "그래, 내가 너 도와줄게"라고 대답하고는 커다란 동상을 수미의 몸 위로 들어올린다. 그러므로 대리인으로서 다른 자아의 역할은 어떤 치유를 제공하기보다 삶을 끝내서 트라우마를 종료시키는 것이다. 석고가 부서지는 소리와 함께 집에 들어온 아버지는 석고 잔해에 둘러싸인 채 바닥에 누워 있는 수미를 발견한다. 진짜 은주가 방에 들어오자 카메라가 수미의 다른 자아 **은주** 주변을 회전하면서 관객의 눈앞에서 **은주**가 수미로 변한다. 수미는 **은주**와 겪은 일이 실제가 아니라는 점을 깨닫고 아버지가 자신의 해리 상태를 멈추기 위해 준 약을 먹는다. 병실에서 은주는 수미에게 말한다. "이제 다 끝났어. 여기서 편히 쉴 수 있을 거야." 수미는 초점이 없는 눈으로 은주의 손을 잡고 놓아 주지 않는다. 둘 사이에 수미의 상상 속 원한을 넘어서는, 해결되지 않은 일이 있음을 암시하는 것이다. 은주가 집에 돌아와서 주방에 혼자 앉아 있을 때 위층에서 나는 소리를 듣고 귀신의 존재를 느낀다. 이 상황은 은주 자신도 수연의 죽음과 자매의 어머니의 죽음에 책임이 있다는 것을 보여 준다고 할 수 있다. 귀신은 수미의 마음속 환영으로만 존재하는 것이 아니라 독자적인 존재로 다른 사람들에게도 나타난다.

아버지가 수미에게 준 약은 다른 인격으로 변하는 전환과 **수연**이 보이는 환각을 막기 위한 것이다. 수미의 2차 자아인 **은주**는 자신의 트라우마와 죄책감을 치료하는 역할을 하는 대리인이기 때문에, 수미의 분열과 환영의 심리적 증상을 없애 주는 약은 트라우마를 겪은 수미의 정신이 요구하는 치유, 즉 잘못을 대신 책임질 악인의 존재와 자신이 보호해 줘야 할 동생을 통해서 가능해지는 치유와 직접적으로 충돌한다.

이 상황에서는 도덕적 보상으로 가족 구성원의 장애를 결국 치유해 내는 효녀 심청처럼 자기희생을 하는 비장애인 대리인이 유지될 수 없다. 치유적 대리성을 가진 존재 자체가 증상을 나타내는 병리적 현상으로 이해되고 의학 및 약물을 통한 방법으로 제거되어야 하기 때문이다. 병이 호전되어야 할 공간인 병실에서 아무런 반응을 보이지 않는다는 것은 수미가 치유되거나 병원 밖에서 생활하기가 불가능하다는 점을 암시한다. 서로 다른 패러다임으로 이뤄진 두 개의 세계가 서로 부딪치며 작동하기 때문이다. 그래서 아버지는 영화 도입부에 나왔듯이 긴장성 분열증으로 반응을 보이지 않는 수미를 입원시키기로 한다. 수미의 과거는 수미의 2차 현실에서 현재로 존재한다. 초반에 수미와 수연(아마도 환영이었던 **수연**)이 함께 있는 것으로 나왔던 호숫가 선착장에 수미 혼자 앉아 있는 장면이 결말에 나오면서 영화의 시간적 순환 구조가 반복된다.

수연의 모습을 한 귀신이나 어머니를 닮은 귀신 등 귀신은 한국 영화에서 중요한 형상이다. 초자연적 현상을 수미가 가진 정신병의 증상으로 설명하는 것은 정신의학적인 관점을 따르는 서사인데, 영화 마지막에 등장하는 귀신의 존재는 이런 서사적 결론을 어렵게 한다. 귀신은 정신적 트라우마를 구성하는 기억이기도 하다. 대리 치유와 의학적 치유가 공존할 수 없다는 점은 각각의 치유 체계가 저마다 장애의 존재를 설명하는 데 있어 우위의 권력을 갖기 위해 서로 경쟁함을 보여 준다. 수미가 수연의 죽음과 아픈 어머니의 자살을 막지 못한 일은 장애를 초래하는 트라우마가 되고, 자신을 재활시키는 유일한 방법은 대신 책임을 질 대리인을 만드는 것이다. 어머니가 아픈 상태로 가족 안에서 살아가는 것을 상상하지 못하고 삶을 끝내야 했다는 사실과 수미가 입원해야 한다는 것은 가족이 오직 비장애인 구성원으로만 이뤄진 공간이라는 점을 분명히 한다.

나는 〈장화, 홍련〉이 대리 치유와 치유적 의존성에 관해 두 가지 통찰을 준다고 생각한다. 첫째, 장애 치유를 위한 대리인의 역할을 당사자가 직접 수행할 수 있는데, 의학적·종교적 혹은 초자연적 방식의 치유 시도 자체가 공동체의 이익을 위한 당사자의 직접적 희생으로 나타날 수 있다. 둘째, 가족 구성원을 지키고 보살펴야 하는 관계적 의무를 논의할 때, 고전 설화의 문화적 이미지는 치유가 불가능하기 때문에 또는 장애인이 자신에게 해를 가했기 때문에 가족의 공간에서 장애인이 사라지는 것을 젠더화된 방식으로 정당화하는 사례를 제공한다.

죽음을 향해 갈 수밖에 없는 연결된 신체

결론을 맺기 위해 이 장을 시작했던 심청 이야기로 돌아가 보자. 1936년에 작가 채만식은 이 이야기를 각색하면서 치유와 장애에 도덕적으로 접근하는 또 다른 방식을 택했다. 채만식의 희곡 「심봉사」는 눈이 안 보이는 아버지에 집중한다.[68] 이 희곡에서는 선원들에 의해 바다에 던져진 심청이 다시 살아 돌아오지 않는다. 심청의 희생을 높게 평가하는 여왕이 시각장애 남성들을 위한 잔치를 열어 심청을 대신해 심 씨를 돌볼 여성을 만나도록 주선한다. 심 씨는 딸의 역할을 대신하는 여성과 만나는 순간에 시력을 되찾고 앞에 있는 여성이 낯선 사람임을 알게 된다. 그는 심청이의 죽음에 극도로 자책하면서 자신의 눈을 파내고 바다로 향한다. 치유가 이뤄진 후에 심 씨는 자신을 벌주기 위해 자해라는 폭력적인 방식으로 치유를 되돌리려고 한다. 자신의 치유 열망이 딸의 죽음으로 이어졌기 때문이다. 대리인의 희생으로 생긴 도덕적 부담에서 자유로워지기 위해 심 씨는 자신을 다시 장애인으로 만들고 나아가 자살 시도를 암시하는 듯 묘사된다. 이는 아버지와 딸이 하나의 운명 공동체로 엮이면서 그에 대한 감정적인 결과로서 폭력이 초래된 것이다. 이 경우에 장애를 중심으로 한 가족과 확대 가족 안에 형성된 상호 의존성과 관계성은 집단의 생존을 위해 몸이 '나아져야' 한다는 억압적인 명령을 뒷받침하고 이는 죽음을 초래한다.

효와 같은 고유한 한국적 가치에 뿌리를 두고 있다고 여기는 한국에서는 국가가 가족에게 장애인을 부양해야 하는 의무를 부여했다. 돌봄에 대한 가족의 법적 의무는 사회적 지원을 제공해야 하는 국가의 의무를 면제시키고, 이는 치명적인 결과를 초래해 왔다. 2010년에 서울의 한 공원에서 건설 노동자가 목을 매고 죽은 채 발견되었다. 그의 주머니에서는 "내가 죽으면 동사무소 분들께서 우리 아들이 혜택을 받을 수 있도록 잘 부탁합니다"라고 적힌 쪽지가 발견되었다.[69] 전과자인 그는 일용직 노동자로 일하고 있었는데, 자신의 소득 때문에 장애가 있는 아들이 의료 급여나 장애인 연금 같은 국가 보조금을 받을 수 없게 되었다는 사실을 알게 되었다. 의료비를 감당할 만한 충분한 소득이 있지도 않았고, 그렇다고 소득이 너무 적어 복지 서비스를 받을 자격이 되는 것도 아니었던 그는 아들에게 부모가 없는 편이 더 나을 거라고 생각했다.[70] 가족 구성원 가운데 누군가에게 일정 정도의 소득이 있다면 제도적으로 그의 자녀나 부모는 국가 지원을 받지 못하게 된다. 가족 구성원의 소득이 다른 가족(특히 장애인 가족) 까지 부양하는 데 충분하지 않다 해도 지원을 받지 못하는 제도 안에서 아 버지의 자살이 벌어진 것이다. 그의 행동이 이성적이었는지 혹은 아들에 게 정말 도움이 되는지, 어떻게든 다른 방법으로 서비스 수혜 자격을 얻을 수는 없었는지에 대한 질문은 별개의 문제다. 아버지는 아들의 수혜 자격 을 위한 모든 법적 선택지에 대해 알지 못했을 것이기 때문이다. 그의 결정 에 담긴 고민은 자신의 소득, 복지 서비스 수혜 자격, 가족 구성원들의 소득 사이에서 행정적으로 강요되는 균형을 맞추기 위해 득실을 따져야 하는 장애인들에게는 익숙한 상황이다.

한국의 장애 운동 활동가들은 이 사건을 장애인들의 생존권이 제도 적으로 침해받고 있음을 보여 주는 수많은 증거 가운데 하나로 보고, 직계 가족이 장애인을 부양해야 할 의무가 있다고 규정하는 법 조항을 폐지하 기 위한 캠페인을 시작했다.71 '민법'과 '국민기초생활보장법'을 비롯해 여러 법의72 내용이 이런 부양 의무 원칙을 따르고 있다. 일하지 않는 성인 장애인은 그의 부모, 자녀 혹은 자녀의 배우자가 특정 소득 한도 이상을 버 는 유급 노동을 할 경우에 정부 지원을 받지 못한다. 경우에 따라 부양 의무 를 가진 사람이 부양 의무를 거부할 수 있고, 그러면 당국에서 "부양할 능 력이 없다"73고 인정받을 수 있다. 하지만 장애인은 소득이 있는 가족 구성 원에게 부양받는 권리를 포기할 수 없다.74 그렇게 해서 강제로 가족에게 의존하는 상태가 되는 것이다. 이 제도를 폐지하자는 요구는 2012년 8월 부터 시작된 광화문역 농성에서 잘 나타난다. 이 농성의 참여자들은 정치 인들에게 지지를 호소하고, 국가의 의무를 부당하게 가족 구성원에게 넘 기고 장애인의 권리를 부정하는 이 법에 대한 대중적 인식을 높이고자 노 력했다.+ 가족 구성원을 신체적·경제적 차원의 운명 공동체로 묶는 것은 지속 가능한 돌봄이 아니라 장애를 치유하기 위한 노동이나 시설화로 이어진다. 장애인 활동가들은 돌봄과 생존에 관한 가족의 배타적 특성에 대해 문제 제기하면서, 장애인들을 가족과 분리하여 개인으로 인식할 것을 요구한다. 이런 공동 신체의 구속은 영화에서 대리인의 희생과 장애인의 자살이 자주 묘사되는 경향과 관련이 있다.

부양 의무를 지닌 가족 구성원의 소득이 증가했다는 이유로 정부의 기본적인 복지 지원을 잃게 되는 상황을 앞두고 당사자가 자살한 사례는 많다.75 2011년 경남 남해시의 요양원에 살던 74세의 노인이 딸 다섯 명의 소득이 생겨서 정부 복지 수당을 받지 못하게 되었고, 딸들에게 매달 요양원 비용을 내달라고 요청해야 하는 상황이 되었다. 이 노인은 딸들에게 부담을 주지 않기 위해서 자살을 택했다. 청주에 사는 60대 남성은 30년 넘게 자녀들과 왕래가 없는 상태였는데도 자녀들의 소득이 증가해서 수당을 잃게 될 것이라는 사실을 통지받았다. 진정서를 통해 가족 관계가 해체되었음을 호소할 수도 있었지만, 그 또한 자살을 택했다. 2012년에 78세 여성이 따로 사는 딸과 사위의 소득이 증가했다는 이유로 더 이상 복지 수당을 받을 수 없게 되자 자살했다.76 2011년, 한국의 자살률은 인구 10만 명당 33.3명에 이르는데, 이는 세계보건기구World Health Organization, WHO에 소속된 저·중소득 국가 평균 11.2명(2012년)과 비교해 보면 거의 세 배가 높은 수치이다.77 이를 비롯한 여러 통계를 통해 장애인들이 생존하기 위해 분투하고 있는 어려움을 알 수 있고 사회적 지원을 확장해야 할 필요성을 확인할 수 있다. 또한 이런 통계에 영향을 미치는 사회구조적인 요인들과

+ [옮긴이] 부양의무자 기준 폐지는 문재인 대통령의 후보 시절 공약이었고, 이후 박능후 보건복지부 장관이 광화문 농성장을 찾아와 부양의무제 폐지를 약속했다. 1842일 동안 유지했던 광화문 농성장이 정리됐지만 정부는 약속을 지키지 않았다. 관련해서는 부양의무자 기준 폐지 투쟁의 과정과 평가를 담은 이 글을 참조. 김윤영, 「1842일의 광화문 농성, 3년의 기다림…… 대통령 약속 잘 지켜졌을까?」, 비마이너(2020/08/25).

상호작용하고 있는 문화적 재현물이 보여 주는 여러 종류의 폭력을 어떻게 해석해야 하는지에 대한 맥락을 제공하기도 한다. 리사 스티븐슨Lisa Stevenson은 캐나다 북극 지방에 사는 이누이트인들과 관련해 "자살은 때로 다르게 살고 싶은 열망의 표현"78이라고 설명한다. 장애인이 다르게 살고 싶은 열망으로 치유나 자살을 택할 수 있다는 점을 인정하는 것이 중요하다. 장애를 치유하거나 제거하기 위해 미래 지향적인 생명공학에 정부가 투자하고 있는 것과 대조적으로 정작 장애인들은 자신들의 삶을 지속하지 못하게 만드는 조건들을 없애 줄 것을 요구하고 있다.

가족들이 하나로 묶인다는 것은 서로 감정적·신체적 영향을 주고받으며 연결되어 있다는 것이다. 이를 통해 가족은 생존을 위한 폐쇄적인 공간이 되며, 자기를 희생해야 하는 여성들은 도덕적인 평가가 남성과는 다르게 내려지는 시스템에 따라 행할 것을 요구받는다. 이런 가족적 구속은 치유 명령이나 장애인을 없애는 일과 얽혀 있다. 인권 영화 시리즈 〈여섯 개의 시선〉(2003)에 포함된 단편영화 〈대륙 횡단〉은 장애남성의 사회적·성적 고립을 그리고 있다. 가족의 결혼식 날 그는 혼자 집에 남겨진다. 나갈 준비를 하느라 바쁘게 움직이는 가족들은 그가 당연히 결혼식에 참석하지 않을 것이라고 생각한다. 이는 실제로 신체장애를 가진 사람들이 흔히 공유하는 경험이다. 가족의 평판을 지키기 위해 장애인의 존재는 지워진다. 이런 텍스트에서 가족은 젠더와 정상성을 중심으로 구성된 위계를 유지하기 위한 폭력이 내재된 공간으로 구성된다. 식민지기와 그 이후에 국가는 어떠한 사회적 지원도 없이 비장애여성과 장애여성에게 가족을 지원하고 헌신하도록 요구하면서 배타적인 방식으로 생존해야 하는 가족 단위를 이용해 온 것이다.

3장

사랑의 방식이라는 폭력

한국의 NGO '장애여성공감'이 운영하는 '장애여성성폭력상담소'에서는 2001년부터 "장애여성은 성폭력의 대상이 되길 원하지 않는다"[1]는 슬로건과 함께 반反성폭력 캠페인을 진행해 왔다. 이 캠페인은 마치 신체장애나 지적장애를 가진 여성은 '누구도 원치 않는 사람' '강간당하는 것이 불가능한 사람'이기 때문에 이들에 대한 성폭력은 오히려 호의에서 나오는 '치료'의 한 형태라는 사고방식에 도전하기 위한 것이다. 이런 사고방식에서는 강간을 통해 장애여성이 여성으로 인정받고, 성적인 존재로 변화되며, 그동안 무시되어 왔던 그들의 성적 욕구가 충족되는 것으로 간주된다. 장애여성에 대한 또 다른 고정관념은 장애여성이 취약해서 폭력을 당할 수밖에 없기 때문에 보호 격리되어야 한다는 것이다.

장애여성의 성에 관련된 이 같은 이분법적 논리 — 성적 욕구를 외부로부터 인정받는 것 아니면 피해를 당하는 것 — 는 억압받는 장애여성의 성적인 삶 혹은 무성적인 삶의 복잡성을 지워 버리게 된다. 그 한 예로 영화 〈오아시스〉(감독 이창동, 2002)가 있다. 종두는 형이 낸 뺑소니 사고로 교도소에 갔다가 출소한 뒤 피해자 가족의 집을 찾아간다. 그 집에 신체장애와 언어장애가 있는 딸 공주가 혼자 살고 있음을 알게 되고, 그뒤 다시 찾아가 공주를 성폭행하다 그녀가 의식을 잃고 쓰러지자 도망친다. 이 둘은 이후에 다시 만나 연애를 시작하게 되고 친밀한 관계로 발전한다. 어느 날 두 사람이 성관계하는 것을 발견한 공주의 오빠 부부는 종두가 공주를 강간했다고 경찰에 신고하고 종두는 결국 교도소에 가게 된다. 공주기 그의 출소를 기다리며 영화는 끝난다. 이 영화에서 두 사람의 합의된 성관계를 강간으로 판결한 것은 종두가 공주를 처음 찾아갔을 때 성폭행한 사건까지 소외된 두 사람 사이에 생겨난 친밀함의 진실된 표현이었다는 판타지를 만들어 낸다.

　　장애여성을 대상으로 하는 강간에 대한 전형적 반응이 〈오아시스〉의 한 장면에서 생생하게 그려진다. 종두가 체포된 후 그를 심문하는 형사는 공주 앞에서 종두를 비난한다. "너 변태지? 저런 애를 보고 성욕이 생기데?" "저런 애"라는 표현에는 공주가 성별을 가질 자격이 없다는 생각은 물론, 성적 혐오가 담겨 있다. 이런 인식 때문에 장애여성의 섹슈얼리티를 부정하는 폭력이 생기고, 이 같은 폭력이 성적 호감의 표현이라는 위험한 전제가 만들어진다. 공주는 강간이 아니었다고 말하려 하지만 형사와 가족 모두 그녀의 목소리를 무시한다. 장애여성이 성관계에 동의하는 것이 가능하다고 상상할 수 없기 때문이다. 이 장면에서 공주가 의사소통이 안돼서 답답해하는 모습, 그리고 비장애인과 다른 공주의 언어 표현은 그녀가 강간 때문에 받은 충격과 정서적 트라우마의 결과로 해석된다. 하지만 이 영화는 종두가 처음에 공주를 성폭행했던 것은 문제 삼지 않고 당시의 폭행으로 생겼을 수 있는 그 어떤 트라우마도 묘사하지 않는다. 그보다는 공주가 가족으로부터 버려진 상태와 공주의 섹슈얼리티가 사회적으로 부정되는 폭력만을 강조한다.

　　『동아일보』는 장애여성을 강간한 혐의로 유죄판결을 받았다가 이후 무죄로 풀려난 남자의 실제 사건을 다룬 「오아시스」라는 칼럼을 게재했다.2 칼럼니스트는 사건에 대해 간략히 설명한다. 피고 N은 이전에 만난적 있는 정신장애 여성 M과 우연히 마주쳤고 같이 저녁을 먹고 나서 N은 M을 근처에 있는 모텔로 데려가서 성관계를 했다. 이후 M은 무서워서 그가 시키는 대로 가만히 있었다고 진술했다. 그는 '심신미약자 간음'으로 유죄판결을 받았고, 이에 항소했다. 칼럼니스트는 M이 나중에 부장판사 앞에서 한 진술에서 섹스를 하도록 강요당하지 않았고, 섹스를 할 때 "스트레스가 풀렸어요……. 상쾌하고 기분도 좋았고요"3라고 했다고 적었다. 항소심에서 대전 고등법원은 그 남자의 유죄판결을 파기했다. M이 했던 두 개의 진술은 이 사건을 강간이거나 아니면 어떤 압력도 없었던 기분 좋은 경험으로 보는 상반된 프레임을 형성한다. 둘 중 어떤 것도 M의 경험을 완전히 담아낸다고 할 수 없지만, 칼럼니스트는 M이 가족한테 혼날까 봐처음에 진실을 말하지 못했다고 주장하면서 그녀의 가족과 사건 신고를 지원한 활동가들을 비판하며 다음과 같이 말했다. "이 사건에서 정작 유죄판결을 받아야 하는 것은 어쩌면 M을 둘러싼 '정상인'들인지 모른다. M이 '강간당했다'고 진술해 주기를 바랐던 사람들, M에게도 '상쾌하고 기분 좋을' 본능과 '스트레스를 풀고 싶은' 권리가 있다는 사실을 인정하지 않았던 사람들, M의 인생을 자신의 체면과 명분으로 바라본 사람들. 그들이야말로 '위선' 또는 '오만'이라는 난치難治의 장애가 있는 진짜 장애인인지도 모른다."4 칼럼니스트는 가족 구성원들과 활동가들에게 장애라는 이름을 부여하면서 섹슈얼리티에 대한 그들의 태도를 공격하기 위해 장애에 결부된 낙인을 활용하지만, 장애여성을 대상으로 자주 일어나는 성폭력에는 문제 제기하지 않는다. 이 칼럼은 단지 영화 제목을 언급하는 것뿐만 아니라 성적 관계가 M의 오아시스라고 하는 영화의 비유적 해석까지 이용하면서 사건을 영화와 연결시키는데, 이는 영화에 나온 성폭행 장면을 지워 버리는 효과를 낳는다. 재판부의 다른 판사는 N의 항소심 부장판사가 논의 중에 이 영화를 언급하면서 "영화 〈오아시스〉 보셨어요? 피고의 말만 들으면, 이건 완전 〈오아시스〉인데"5라고 말했다고 한다.

성폭력에 반대하고 장애인의 자기결정권을 지지하는 현재의 장애운동은 미디어와 문화 진반에 나타난 장애의 이미지를 살펴보는 것이 중요하다고 말한다. 한국 사회에서 문화적 이미지가 만들어 낸 프레임이 폭력과 성적 주체성을 이해하는 방식에 어떤 영향을 미치고, 나아가 이 프레임이 법적 판결에 어떤 영향을 미치는지 살펴보는 것도 중요하다. "장애여성은 성폭력의 대상이 되길 원하지 않는다"라는 장애여성성폭력상담소의 자명한 선언은 강간이 장애여성의 성적 욕구를 인정해 주는 호의라는 신화에 직접적으로 도전한다. 하지만 장애여성은 늘 피해자일 수밖에 없다고 일반화하거나 성과 관련해 장애여성이 겪는 모든 일을 성적 욕구를 인정받는 것으로 보는 이분법적 사고방식 때문에 폭력을 폭력으로 규정하는 데 이미 많은 제약이 가해진다. 성폭력에 대한 처벌 없음이 만연된 상황과 성폭력을 정당화하는 논리를 비판함과 동시에 장애인은 성적인 존재가 될 수 없다는 가정에 문제 제기하는 접근 방식이 중요하다.

폭력을 둘러싼 복잡한 사회적 각본은 누구도 장애여성을 원하지 않는다고 가정하고, 가부장제와 근대적 자본주의국가를 유지하는 특정한 형태의 젠더화된 여성성을 따르도록 장애여성에게 요구한다. 마치 장애여성이 비인간이었던 것처럼 폭력은 역설적으로 폭력적인 주체가 타자화된 대상을 인간으로 인정하는 권력을 만들어 낸다. 장애를 의학적으로 치료하는 것 또한 인간성을 부여하는 것으로 간주된다. 인간성은 이분화된 성별에 따른 이성애에 순응하고 특정한 행동적·언어적 능력을 가진 상태로 인식되기 때문이다. 따라서 장애인은 아직 인간이 되지 못한 존재로 규정된다. 사회에서 인간으로 인정받기 위해 몸이 변화되어야 한다는 명령은 로버트 맥루어와 앨리슨 케이퍼의 설명, 즉 자본주의사회에서 이성애와 함께 촘촘히 짜인 강제적 신체정상성compulsory able-bodiedness 및 정신정상성able-mindedness과 긴밀하게 연결된다.6 나는 이 장에서 장애인 개인을 소위 나아지게 하기 위해 이뤄지는 신체적 개입과 그런 개입이 장애인의 삶에 초래하는 물질적·비물질적 결과에 대해 알아본다. 이런 개입은 장애를 가진 몸이 젠더와 이성애 체계 안으로 들어가게 하기 위해 이뤄지지만, 우리의 몸이 그 체계에 순응하지 않을 때는 삶 자체가 부정되기도 한다.

이 장에서는 장애인과 장애아동에 대한 폭력을 조장하거나 그와 같은 폭력을 적절히 다루지 못한 법적·사회적 대응 방식의 문제에 관심을 기울이며,7 온정적인 치유라는 이름으로 행해지는 심리적·신체적 폭력을 통해 어떤 장애인은 포섭되고 어떤 장애인은 지워지는지 살펴본다. 장애를 가진 몸의 취약성은 종종 식민지 피억압 상태나 국가적·초국가적 피억압 상태를 나타내는 것으로 해석되는데, 이렇게 장애를 집단의 은유로 사용하면, 개인들이 장애인에게 가하는 폭력이 가진 정치적 특성은 은폐된다. 나는 문학작품과 영화에서 장애인들에게 인간성과 적절한 여성성과 남성성을 수행하도록 강요하는 결과로 나타나는 네 가지 주제를 제시할 것이다. 첫째, 여성성을 만들어 낸다고 정당화되는 성폭력(『아가』), 둘째, 전통적 여성성과 그 취약성에 대한 당연한 반응으로 인정되는 폭력(「백치 아다다」, 〈아다다〉), 셋째, 치유를 구매하는 대가로서의 폭력(〈수취인불명〉), 넷째, 다른 사람들의 트라우마를 치유하는 방식이자 치유 불가능성에 대한 벌로 이뤄지는 폭력(「저기 소리 없이 한 점 꽃잎이 지고」, 〈꽃잎〉)이다.

치유라는 이름의 성폭력과 향수

보수 성향의 작가 이문열의 소설 『아가』(2000)에서는 20세기 초 전통적 농촌 공동체가 장애인을 포용하는 공간으로 그려진다.8 작가는 '이상적' 과거에 대한 향수를 자극하면서 장애인들을 공동체에서 시설로 몰아넣는 현대사회를 비판한다. 그러나 이는 지역사회에서 살아갈 권리를 추구하는 장애 운동 활동가들의 탈시설 운동과 뜻을 같이하는 것이 아니라 아무 문제가 없었다고 여겨지는 전통적 과거로의 단순한 회귀를 지향하는 것이다. 이런 향수는 장애여성을 향한 마을 주민들의 성폭력을 따뜻한 포용과 사랑의 방식으로 사실상 재구성한다. 2011년에 『아가』가 영어로 번역되기로 결정됐고 이문열은 관련 인터뷰에서 이 소설에 특별한 애정을 가지고 있다고 말했다. 이 소설이 "우리 사회에서 오래전에 사라진 오래된 한국 문화의 기운을 떠올리게"[9]하기 때문이다. 이문열은 이 소설이 출판되기 전에 『선택』(1997)으로 논란을 낳았고 페미니스트들의 비판을 불러일으켰다. 『선택』은 1인칭 시점으로 조선 시대 여성의 시대착오적 이야기를 들려주는데, 현대 여성의 역할이 변한 것을 개탄하면서 그녀의 유교적 여성다움을 고귀한 선택으로 제시한다. 『선택』은 경제 위기와 가족 내 남성의 권위를 회복하려는 문화적 운동이 있었던 시기인 1997년에 출간되면서 여성운동에 강력히 반발하는 진영의 입장을 대변했다.

서지문은 『선택』이 이문열을 "이 땅에서 가장 유명한 반여성주의자"로 만들었음을 지적하고 나서 이렇게 덧붙인다. "그 후에 그는 『아가』를 썼는데, 이 작품은 모자란 사람들도 적응하며 안식처와 자기 역할을 가졌던 옛날을 향수 어린 시점으로 본다."[10] 서지문은 이 소설을 무해한 우화처럼 표현하고 있지만, 복합 장애를 가진 여성에 대한 묘사와 마을 사람들이 행하는 폭력에 대한 소설의 묘사 또한 커다란 비판을 불러일으켰다. 장애여성 활동가 박영희는 소설에서 주인공이 강간당하는 일이 낭만적으로 표현된 것과 시골 마을에서 있었던 실제 성폭력 사건을 연결한다. 박영희가 쓴 에세이 「나는 성폭력의 대상이 되길 원하지 않는다」는 김 모 씨의 실제 사건을 언급하고 있다. 이 여성은 지적장애가 있고, 2000년에 가해자들의 범행이 밝혀지기 전까지 열세 살 때부터 마을에 사는 일곱 명의 남자들에게 7년 동안 성폭력을 당했다.[11] 이문열은 다양한 집단의 사람들이 자신의 적절한 자리에서 조화롭게 살아가는 곳으로 농촌 마을을 낭만화했지만, 박영희는 이런 농촌 마을의 온정이 허울이라는 것을 지적한다. 소설의 남성 화자에 따르면 옛날에는 마을이 여러 개의 동심원으로 구성되어 있었고, 사람들이 자신의 서열과 역할에 따라 각각의 동심원에 거주했다.[12] 김 모 씨의 피해를 생각하면 소설 속 시골 공동체를 낭만적으로 보기 어려워지는데, 박영희는 이 농촌 공동체가 장애여성의 인권과 안전을 보장해 주지 않았다고 말한다. 1990년대 말 장애여성의 권리와 가시성을 위한 정치적 운동이 형성되었는데, 이 운동에 참여한 장애여성 및 비장애여성 활동가들은 『아가』와 영화 〈오아시스〉에 나오는 폭력의 낭만화가 장애여성에 대한 폭력을 승인하고 조장한다고 보았다.

『아가』는 세 명의 남자가 1940년대에 그들의 고향에 나타난 장애여성 당편이를 기억하며 시작한다. 당편이는 10대 중반에 마을의 녹동 어른 집 앞에 버려졌는데, 그녀의 출신에 대해 알려진 바는 없지만 사람들은 대체로 그녀가 성도 고향도 없이 떠돌아다니던 천민 계급 출신일 것으로 생각했다. 세 남자는 당편이가 여성이 되어 갔던 과정을 회상하는데, 그런 과정이 없었다면 당편이는 여성 혹은 인간으로도 생각될 수 없었을 것이라고 여긴다. 그녀는 "흐느적거리는 생명체"로 불리다가 나중에는 "스스로 장소 이동이 가능한 생물"로 발전하고 이후 "커다란 애벌레"로 변화되었다.[13] 화자는 이렇게 말한다. "그녀의 모습은 남자인지 여자인지뿐만 아니라 사람인지 아닌지조차 분간하기 어려웠다."[14] 소설에서는 성별이 사회적으로 인식되는 하나의 방식으로서 성폭력 같은 신체적 개입을 통해 인간이라는 지위가 부여되는 것으로 그려진다. 화자는 그녀의 성별이 행동이나 신체적 사건에 대한 외부의 반응에 달려 있다고 설명한다. 이런 입장을 강조하는 것은 작가가 성별이 사회적으로 구성된다고 생각해서라기보다는 장애를 가진 몸은 본질적인 성별의 자격에 부합하지 않는다고 생각하기 때문이다. 화자는 개인은 정상적인 남성다움과 여성다움의 생물학적 지표를 나타내는 과정을 통해 인간으로 인식되는데, 장애는 여기에서 예외라고 가정한다. 화자는 "기호는 그것을 가진 자의 것이 아니라 인식하는 자의 것이다. 당편이의 성별 기호도 마찬가지다. 그녀가 여자란 것은 진작부터 여러 가지 특징적인 기호로 드러나 있었지만 의미를 가지기 위해서는 인식해 주는 사람을 기다려야 했다"고 말한다.15

당편이가 초경을 할 때, 화자는 "그녀 자신이 세상 밖으로 신호를 보냈다"16고 이야기 한다. 모든 가족이 당편이가 많이 아프다고 생각해서 당황하는데, 그 이유가 초경 때문이라는 사실을 뒤늦게 깨닫고 중얼거린다. "아이갸, 그것도 꼴에 여자라꼬."17 월경은 당편이의 성별과 출산 능력에 대한 예상치 못한 신호로 작동한다. "그때 이후 당편이는 외양뿐만 아니라 내면적으로도 한 여성으로 인정받게 되고 차츰 그 인정의 범위를 집 밖으로 넓혀 나가게 된다."18

1년 후에 당편이는 산에서 어떤 남자가 작대기로 그녀의 성기를 건드리는 성추행을 당한다. 화자는 이 폭력을 "당편이의 여성성이 최초의 외부 반응을 끌어내는 사건"19으로 묘사한다. 이 사건에 대해 알게 된 마을 여자들은 그 남자가 누구인지 알아낸 뒤 그에게 당편이와 결혼하라고 협박한다. 화자는 그 폭행에 대한 당편이의 반응을 다음과 같이 묘사한다. "총각이 그렇게 사죄하고 가도 당편이의 눈물은 그칠 줄 몰랐다. 그녀에게는 미안한 추측이지만 혹 그것은 낯선 총각에게 보일 것 안 보일 것 다 보여 버린 처녀의 원통함이나 모욕감에서 나온 것이 아니라, 자신이 여인임을 알아보고 다가와 놓고도 끝내 마다하고 돌아서 버린 이성에게 느낀 야속함 때문은 아니었을지."20 화자의 이런 추측은 당편이가 강간당하기를 원했고 그 남자가 자신을 거부해서 화가 났다는 위험한 통념을 보여 준다. 화자는 폭력을 당한 것은 보통 여성의 평판에 흠이 되지만, 당편이의 경우에는 반대였다고 덧붙인다. 그 일은 그녀가 결혼 적령기의 독신 여성임을 주변에 알린 셈이 되었고, 그후 중매쟁이는 당편이에게 한 달 간격으로 연락을 하게 된다.

이 소설에서 화자의 목소리는 시골 마을이 인간적이고 모두를 포용하는 공간이며 계층을 보존한다고 상찬하며 이야기의 흐름을 방해한다. 화자는 여러 개의 동심원 중앙에 "몸과 마음이 모두 성한 사람들이 모여서 만드는 중심"21이 있다고 설명한다. "고정되고 일체화된 중심"22에 있는 사람들은 다양한 능력을 가진 사람들을 보살펴 줘 이들이 공동체에 포용될 수 있도록 한다. 화자는 근대화 방식을 비난하는데, 근대화가 되면서 장애인들이 생산적이지 않고 숨겨야 하는 존재이기 때문에 그들을 공동체에서 쫓아내기 위해 시설, 정신병원, 재활원, 보호소 등을 만들었다는 것이다. 화자는 "구호 대상자" "정신병자" "심신미약자" "장애인"처럼 장애를 가진 사람들을 부르는 새로운 의학적·법적 명칭이 난쟁이, 귀머거리, 장님 같은 전통적 용어("문둥이, 백정, 거지"와 더불어 그들 각자의 자리에서 공동체 주변의 일부가 될 수 있었던 개인들을 나타내는 용어)를 대체했다고 지적한다.23 이 소설이 현대성을 전면적으로 공격하고 있다고 비판받자 이문열은 그런 관점이 자신의 것이 아니라 주인공의 관점이라고 주장하며 방어했다.24 그리고 당편이가 가진 "육체적·정신적 특수성" 때문에 이 소설에 나타난 현대성에 대한 적대감이 보편화되거나 과거를 "사라진 낙원"으로 이상화한다고 해석되지 않을 것이라고 기대했다는 견해를 밝혔다. 그렇지만 페미니스트 학자 김정란은 소설의 서사는 정작 이문열이 주인공의 것이라고 밝혔던 당편이의 관점을 묘사하지 않는다고 지적한다. 즉 현대적 발전으로부터 소외되어 타자가 된 당편이의 경험과 그 해석을 결정하는 사람은 바로 작가라는 것이다.25

장애인에게 온정적이고 자선을 베풀었던 것으로 묘사되는 과거에 대한 향수는 조화를 중시하는 아시아의 전통과 공동체적인 돌봄에 대해 서구 사회가 흔히 갖고 있는 환상과 잘 맞아떨어진다. 이런 전통은 서구적인 개인주의와 현대화에 의해 파괴되었다고 여겨지거나, 개인주의적인 서구 사회와 대조되는 가치를 제시하는 것으로 여겨진다. 하지만 이런 향수는 장애인에 대한 폭력을 가리는 방식으로 묘사된다. 장애사학자 M. 마일스M. Miles는 "**옛날에**, 새하얀 얼굴의 외국인 악마들이 작은 배를 타고 와 상륙하기 이전에는, 장애인들은 가족 안에서 돌봄을 받았고 공동체의 일부로 받아들여졌다"라는 식으로 과거의 아시아 문화를 이상화하는 경향에 대해 지적한다.26 근대화가 실제로 한국에서 장애인 시설 수용을 촉진하긴 했지만, 과거에 대한 향수는 장애인들의 경험에 대한 "대단히 복잡한 질문에 매우 단순하고 왜곡하기 쉬운 대답을 제공하는 셈"이라고 마일스는 경고한다.27 이처럼 이상화된 과거를 현대 담론에서 부활시키는 것은 특히나 위험한데, 이런 작업이 거의 언제나 비장애인의 관점에서 이뤄지고, 공동체와 가족 내에서 장애인이 겪은 폭력과 그것에 대한 기억을 간과하기 때문이다. 이후 다룰 단편소설 「백치 아다다」에 대한 분석이 보여주는 것처럼, 장애인들이 시설에 들어가지 않고 비장애인 옆에서 살아가는 1930년대 농촌 공동체는 장애여성이 살아가기에 잔인한 공간으로 그려졌다.

성폭력을 소속감으로 포장하여 전통적 마을 공동체의 가치를 부여하려는 이문열의 강한 열망은 단편 「익명의 섬」(1982)에도 드러난다. 장애남성이 나오는 이 소설은 2011년에 영어로 번역되어 『뉴요커』에 실렸다. 마을 여성들에게 성적으로 접근하는 외지인인 깨철이라는 남자에게 백치라는 꼬리표는 도덕적인 면죄부가 된다. 성은 그에게 주거지와 음식을 제공해 주는 자원이 되고, 그렇게 그의 장애와 연결된 성적인 전복이 이뤄진다. 소설은 1인칭 여성 화자가 나오고, 도시화에 따른 익명성에 대해 남편이 불평하는 말을 듣는 장면으로 시작한다. 남편의 생각에는 익명성이 "우리 시대의 도덕적 타락, 특히 여자들의 성적 부패를 부추기는 요인"이다. 그는 누구도 익명의 존재가 될 수 없었던 자신의 고향마을을 그리워한다.28 소설의 나머지 부분은 화자가 10년 전에 첫 번째 교직 생활을 했던, 동족 부락으로 이뤄진 한 섬을 회상하는 이야기이다. 그녀는 섬에 도착한 지 얼마 안 돼서 한 남자가 자신을 "끈적끈적 묻어나는 듯한" 눈길로 보고 있다는 것을 알게 된다. 이 남자는 깨철인데, 그녀는 얼마 지나지 않아 깨철이 마을 사람들과 얼마나 이상한 방식으로 소통하고 있는지 알아차린다.29 깨철은 집이나 직업도 없이 섬을 돌아다니는데도 사람들이 그를 먹이고 부양한다. 그녀는 마침내 깨철이 마을 여성들과 성관계를 한다는 사실을 알게 된다. 깨철을 제외한 모든 사람들이 혈연이나 결혼으로 연결되어 있기 때문에 마을 여성들에게는 혼외 관계의 기회가 거의 없다. 사람들은 깨철을 아이처럼 대하고 가끔씩 한 남자가 그를 때리기는 하지만, 깨철은 불임으로 간주되고, 어떤 한 여성에게도 결코 집착하지 않고, 관계에 대해 절대 말하고 다니지 않기 때문에 '모두'에게 받아들여진다. 깨철은 여성들이 그를 원할 때를 정확하게 알고 성적 분출의 기회를 주는 독특한 역할을 수행하는 인물로 그려진다. 마을에 속할 수 없는 영원한 이방인인 깨철은 다른 사람들과 다르다는 점 때문에 보호받는다. 이 차이는 깨철을 도덕적으로 다른 차원에 위치시킨다. 그는 섬의 성도덕과 가부장적 질서의 허울을 지키는 해결사 역할을 하고, 새로 태어난 아기가 깨철을 닮았다고 수군대던 것으로 보아 아마도 불임 부부들은 깨철을 통해 문제를 해결하기도 했을 것이다. 마치 장애 때문에 불임이 확실하다는 듯 마을 사람들은 "깨철이는 빙신"30이라고 서로 상기시키면서 그의 재생산 능력을 둘러싼 불안을 감춘다.

화자인 교사 자신도 이런 관계 속에 휘말린다. 어느 날 그녀는 약혼자의 방문을 많이 기대하고 있다가 그가 못 오게 되어 실망한다. 그러자 그녀의 "몸은 더 뜨겁게 달아올랐고"[31] 폭우를 피해 창고에 들어가는데, 거기서 깨철이 그녀를 공격한다. 그녀의 회상에 따르면, 처음에 받았던 충격이 가시자, "나는 차츰 몽환과도 흡사한 상태에 빠져들면서 모든 저항을 포기하고 말았다. 회상하기도 민망스럽지만 어쩌면 그때 나는 당했다기보다는 차라리 그와 한차례의 정사를 즐긴 것이나 아닌지 모르겠다."[32] 과잉 성애화된 장애남성의 성폭력이 여성을 위한 것이었다는 이런 판타지는 비장애남성이 서술하는 『아가』의 성폭력에 대한 판타지와 유사하다. 두 작품에서 모두 여성은 성폭력당하기를 원하는 것으로 그려진다. 한 판타지에서는 공격자가 장애인이라는 점이 책임을 면제해 주고, 다른 판타지에서는 피해자가 장애인이라는 점이 그녀가 당한 피해를 부정한다. 깨철은 마을 여성들에게 성적인 '오아시스'가 되어 줄 임무를 맡는다. 마을 여성들이 깨철이 아닌 다른 남성과 혼외정사를 하면 친족 관계가 무너지기 때문이다. 깨철의 장애는 그의 역할을 유지하는 데 핵심이 된다. "남자들은 한결같이 그를 반편이나 미치광이 취급을 했지만 그 뒤에는 그가 정말은 그렇지 않을는지도 모른다는 의심을 애써 감추려는 어떤 꾸밈이나 과장 같은 것이 엿보였다."[33] 이문열은 성폭력이 익명의 공격자(깨철)와 피해자(당편이)에게 긍정적인 기능을 하고, 궁극적으로 그들이 공동체에 거주할 수 있게 해준다고 상상하는 것이다.

김정란은 「우아한 사랑 노래? 아가?: 이문열의 퇴행적 세계관」에서 장애여성을 주인공으로 삼은 이문열의 선택 자체가 여성의 행위성과 주체성을 삭제한다고 간주한다. 김정란은 조선 시대 인물 정경부인이 자발적으로 스스로를 남성 지배에 종속시키고, 당편이가 장애 때문에 남성의 자비에 의존해야 한다는 점에서 『선택』과 『아가』가 유사하다고 본다. 김정란이 장애를 행위성의 부재와 동일시하는 문제가 있긴 하지만, 그는 장애를 차이로 규정함으로써 장애가 하위 서열을 점한다고 보는 작가의 관점에 "당편은 '열등한 것'이 아니라 '다를 뿐'이라는 것을 그의 수직적 세계관은 아무리 애써도 이해할 수 없다"라고 문제 제기한다.34 김정란은 작가가 오만하게도 성폭력을 인간적 동정심의 신호로 해석했다고 비판하면서 향수를 정치적 이데올로기로 적용하는 방식이 매우 위험하다고 지적한다. 그런 향수는 단순히 전근대기 공동체의 가치를 높게 평가하는 것만이 아니라 민주주의를 부정하는 신분 기반의 계급제도를 되돌리도록 장려한다.

하지만 김정란이 이문열을 비판하기 위해 장애인을 향한 적대감을 조장하는 데 쓰였던 우생학 용어 '퇴행'degeneracy을 사용한다는 점과 이문열의 입장에 반대하면서 장애인을 대상으로 하는 근대적 시설화를 옹호한다는 점에는 문제가 있다. 『아가』의 결말 부분에서 당편이가 더 이상 마을에서 살지 못하고 시설에 가야 하는 슬픔을 묘사한 것에 대해 김정란은 이렇게 질문한다. "(당편이의) 복지 시설행을 슬픈 눈으로만 바라보는 것이 과연 문제의 해결책인가? 공동체가 와해되어 그녀가 얹혀 살 '틈'이 없어졌다는 것이 그렇게 한탄만 할 일일까?"35 김정란은 장애인이 보호받을 수 있는 공간의 상태를 좀 더 인간적이고 효율적으로 개선하는 것이 시설을 전부 없애는 것보다 낫다고 주장한다. 그는 장애인의 취약성을 언급하며 시설화의 필요성을 옹호하는데, 이는 장애인이 지역사회에서 사는 것을 위험하다고 보는 관점이다. 지역사회에서 장애나 질병을 가진 사람들 또는 나이 든 사람들을 돌보는 여성들의 노동이 보상받지 못한다고 우려하는 비장애 페미니스트들도 이런 관점을 공유한다고 할 수 있다. 이런 입장을 가진 페미니스트들은 시설화가 장애인들이 적절한 자원을 제공받으며 지역사회에서 살아갈 권리를 침해한다는 점에서 정당화될 수 없는 분리라는 사실을 종종 간과한다. 장애 운동 활동가들은 집에서 지내며 활동보조를 받을 수 있기를, 장애인이 지역사회에서 지낼 수 있도록 사회적 지원을 확대할 것을, 지역사회를 폭력이 없는 안전한 공간으로 만들 것을, 장애인의 다양한 기여와 돌봄을 인정할 것을 주장한다.[36]

『아가』에서 당편이는 한국전쟁 이후 번호라는 남자를 만난다. 그 역시 소외된 인물이고 마을 주민들이 무능력하다고 여기는 사람이다. 번호는 반복적으로 당편이를 강간하고 당편이는 매일 밤 소리 지르고 피를 흘린다. 마을 사람들은 당편이가 다친 것을 알고 의사에게 치료해 달라고 부탁한 후에 성폭력의 해결책으로 두 사람의 결혼을 준비한다. 화자는 이 상황을 당편이의 성별이 기호화되는 과정이라고 묘사하는데, 초경과 성폭력에 대한 인식으로 시작된 이 과정은 신체적·사회적으로 결혼을 강제하는 것으로 마무리된다.

이후 화자는 자신이 당편이를 만났으며, 그녀를 희롱하는 무리에 여러 번 가담했었다고 고백한다.

당편이는 용모가 아름답지도 않고 무슨 특별한 성적인 매력이 있는 것도 아니며, 생식능력이 결여되었을 뿐만 아니라 감각적으로 성을 향유하지도 못하는 여자였다. 그 같이 여성으로서 거의 아무것도 갖지 못한 불쌍한 여자를 유독 성적인 측면으로만 접근하여 우스갯거리를 만드는 것은 아직 철이 덜 든 시절의 일이라 할지라도 자발없고 모질어 보일 수도 있다.

하지만 좀 억지스럽기는 해도 우리는 진작부터 우리가 받게 될지 모르는 그런 혐의에 대해 변명을 준비해 놓고 있다. 우리가 성적인 측면에 집착한 것은 그녀의 불행을 즐기는 잔혹 취미가 아니라 불완전한 그녀의 성적 기호를 보완해 주는 의미가 있었다고. 우리는 진심으로 그녀의 여성성을 승인했으며, 방법은 달랐지만 틀림없이 그녀를 한 여성으로 사랑한 것이라고. 그 때문에 우리는 기꺼이 그녀에게 여왕의 칭호를 바치고 스스로 그 마지막 기사임을 자처할 수 있었다고.37

화자는 폭력이 여성성을 승인하는 힘이 있고, 따라서 그런 폭력 행위가 소위 당편이의 성별 결함을 "치유하려는" 개입이었다고 정당화한다. 장애여성이 규범적 여성성에서 일탈된 존재이며 호감을 사지 못한다는 전제로 인해 성폭력이 이를 해결하는 치유적 효과가 있다는 조건이 형성된다. 이런 논리는 장애여성의 삶을 위협하는 동시에 장애여성의 섹슈얼리티를 비장애여성의 섹슈얼리티와 구분해 버린다.

장애여성공감이 만드는 잡지 『공감』에서 세 명의 장애여성 활동가들은 다음과 같이 『아가』를 비판한다. "장애여성이 성에 대해 경험하기 힘들다고 해서 성을 자신의 의도와는 상관없이 경험을 하게 해주는 것이 옳다고 생각하고, 그것이 그렇게도 중요하고 대단한 일인 것처럼 생각하는 것은 엄청난 실수이다. 그것은 절대 아니다. 장애를 가진 여성이 자신의 의지와 사고와는 전혀 상관없이 남성으로부터 강제적으로 성적인 접근을 당하는 것은 성폭행이지 자선이 아니다."38 장애인들을 포용했다고 이상화된 '옛날'에 대한 현대의 가부장적 향수는 성폭력이 장애가 있는 몸을 이성애 여성으로 변화시키는 치료의 한 방법이라고 정당화하면서 비장애남성들에게 '기사' 역할을 부여한다.

전통적 여성성 및 도덕성의 구현과 그 폭력적 파괴

'벙어리 3년, 귀머거리 3년, 장님 3년'은 결혼 초기에 시가에서 지켜야 할

행실에 관해 신부에게 전하는 전통적 조언이다. 이는 장애와 바람직한 여성성의 수행 사이의 간극이 없었음을 간단히 압축한 말이다. 조선 말기의 구전 설화에는 "보이는 것도 보지 않는 척해야 하고, 주변에 들리는 것도 듣지 않는 척해야 하고, 가능한 적게 말해야 한다."[39]는 이야기를 어머니에게 듣고 장애가 있는 것처럼 행동한 여자의 이야기가 나온다. 그녀는 어머니의 말에 따라 3년 동안 말을 하지 않았다. 그러자 시댁 식구들은 "그녀가 귀머거리에 바보라고 생각해서 친정아버지 집에 돌려보내기로 결정했다."[40] 비장애인으로 여겨진 신부들에게 말을 못하고, 눈이 안 보이고, 귀가 안 들리는 것처럼 행동하라는 비유적 제안은 그들의 의견을 표현하지 말고 주변 상황을 목격하지 말고 그저 눈에 띄지 않게 행동해야 한다는 경고였다. 그렇지만 이 설화는 결혼한 조선 시대 여성이 당면한 딜레마를 보여 준다. 가정 내에서 처신을 잘 하려면 장애를 수행해야 하지만 결혼을 유지하려면 실제로 장애가 있어서는 안 되는 것이다.

1930년대의 전통적 시골 마을은 장애여성에게 '계몽된' 비장애 '신여성'으로 변화하라는 명령을 부여받은 장애여성이 생존할 수 없는 냉혹한 공간으로 그려진다. 계용묵의 단편 「백치 아다다」(1935)에는 장애를 가진 인물 가운데 잘 알려진 인물 한 명이 등장한다. 이 소설의 주인공은 시골 마을에 사는 기혼 여성인데, 말을 못 하고 지적장애가 있는 것으로 묘사된다. 이 마을은 식민지기를 거치며 전통적 농촌 사회에서 근대 자본주의 사회로 이행 중이다. 주인공의 이름은 '확실'이지만 그녀가 말하려고 할 때 내는 소리를 흉내 내서 모두 그녀를 '아다다'라고 부른다. 화자는 아다다가 장애 때문에 결혼에 적합하지 않으며 "어머니 아버지가 쓸데없는 자식이라는 구실 밑에, 아니 되레 가문을 더럽히는 앙화 자식이라고 사람으로서의 푼수에도 넣어 주지 않았다"[41]고 설명한다. 아다다의 부모는 결혼을 주선하기 위해 딸을 데려가 주는 대가로 가난한 신랑 가족에게 땅 한 섬지기를 내준다. 신랑은 아다다가 수행할 노동과 그녀가 가져올 땅을 생각하며 기꺼이 결혼한다. "벙어리라는 조건이 귀에 들어맞는 것은 아니었으나, 돈으로 아내를 사지 아니하고는 얻어 볼 수 없는 처지에서……. [그의 부모님은] 벙어리나마 일생을 먹여 줄 것까지 가지고 온다는 데 귀가 번쩍 띄어 그 자리를 앗길까 두렵게 혼사를 지었던 것이니, 그로 인해서 먹고 살게 되는 시집에서는 아다다를 아니 위할 수가 없었던 것이다. 그런 가운데 또한 아다다는 못하는 일이 없이 일 잘하고, 고분고분 말 잘 듣고, 조금도 말썽을 부리는 일이 없었다."[42] 하지만 그 땅에서 5년 동안 풍작을 일군 후에 남편은 아다다의 작은 실수도 점차 참지 못하고 폭력적으로 대한다.

　　남편은 자본시장으로 떠오르는 만주에서 투기를 통해 불린 돈을 들고 "완전한 아내로서의 알뜰한 사랑"을 줄 여성을 데리고 돌아온다. 이 여성은 "명민하고 인자"하다고 여겨진다.[43] 아다다가 가져온 땅이 더 이상 필요 없어지자 남편은 더 잔인하게 그녀를 때리고 시부모도 아다다와 그녀의 장애를 점차 창피하게 여긴다. 사랑에 기반한 남편과 정부의 관계는 경제적 가치에 기반한 전통적 중매결혼과 대조를 이루며 아다다는 가족 안에서 설 자리를 잃게 된다. "그리하여 시부모의 눈에서까지 벗어나게 된 아다다는 호소할 곳조차 없는 사정에 눈감은 남편의 매를 견디다 못해 집으로 쫓겨 오게 되었던 것이다."[44] 아다다는 실수할 때마다 욕을 퍼붓고 잔인하게 때리는 친정어머니에게 돌아가야 했다.

　　결국 아다다는 어머니가 때리는 것을 더 이상 참지 못하고 수룡+에게 도망가는데, 그는 아다다의 고향 마을에서 가족 없이 혼자 사는 가난한 남자다. 아다다를 향한 수룡의 애정은 진심이지만, 이전 결혼처럼 이 관계도

+　[옮긴이] 원작 소설에 나오는 '수롱'은 영화 〈아다다〉에서는 '수룡'이라는 이름으로 나오는데, 혼선을 피하기 위해 이 책에서는 영화 속 인물도 '수룡'으로 표기했다.

장애인이라는 그녀의 신분과 하층계급이라는 그의 신분 사이의 협상을 드러낸다. "벙어리인 아다다가 흡족할 이치는 없었지만, 돈으로 사지 아니하고는 아내라는 것을 얻어 볼 수 없는 처지였다. 그저 생기는 아내는 벙어리였어도 족했다."[45] 수롱과 아다다는 마을을 떠나 부인과 남편으로 새 출발하기 위해 섬으로 간다. 하지만 수롱이 땅을 사기 위해 모아 둔 돈을 아다다에게 보여 주자 돈이 불행을 가져오리라 생각해 두려움에 사로잡힌 아다다는 수롱이 자는 동안 돈을 바다에 몽땅 던져 버린다. 격분한 수롱은 아다다를 발로 차 버리고, 그녀는 깊은 물속으로 빠진다. 수롱은 아다다의 몸 주변에 떠다니는 돈과 함께 가라앉는 그녀를 지켜본다. 「백치 아다다」는 돈의 가치에 따라 가족 구성원으로서의 자격과 삶 자체가 결정되는 장애여성의 비극을 보여 준다. 아다다는 수롱이 전 남편처럼 잔인한 남자로 변하는 것을 막으려고 그의 돈을 버리지만 그 때문에 수롱에게 살해당한 것이다.

이 단편은 계용묵의 작품 가운데 가장 잘 알려진 소설로 아다다는 근대화되는 물질주의 문화에 저항하는, 인간성에 대한 전통적 가치를 대변한다. 이런 해석에서 인간성이라고 하는 것은 비물질주의와 전통적 여성성에 달려 있다. 문학평론가 정창범은 아다다의 행동에서 도덕적 의미를 강조하기 위해 지적장애의 역할을 가볍게 치부하면서 지적장애에 대한 문제적인 편견을 드러낸다. 정창범은 수롱이 저축한 돈을 버리려는 아다다의 결정이 "흥분하면 충동적으로 범죄를 저지르기 쉬운 치우癡愚 특유의 행동에서 나온 것이기도" 하지만, 더불어 행복은 돈에 달린 게 아니라는 생각에 기반한 저항 행위이기도 하며 인권에 대한 주장이기도 하다고 설명한다.[46] 또한 정창범은 아다다가 인간의 가치, 그리고 식민 통치하에 소작농이 겪는 착취를 상징한다고 여긴다. 그는 "아다다의 몸부림과 반항은 단순히 학대받는 불구자의 몸부림과 반항에 그치지 않고, 일제하에서 영토를 빼앗기고도 인종만을 일삼다가 급기야 반항하는 우리 농민의 모습을 은연중에 상징하고 있다"고 했다.47 이 평론가는 아다다가 장애인으로서 한 행동이 잘못되고 어리석은 것으로 간주하면서도 그녀가 목숨을 희생한 용감한 행동으로 보여 준 도덕적 교훈과 장애인으로서의 행동을 분리한다. 하지만 왜 그녀가 죽을 수밖에 없었고, 그 책임을 면제받는 사람은 누구인가라는 질문이 생긴다. 이 소설을 이렇게 관습적으로 해석하면 두 가족이 아다다에게 가한 폭력은 말할 것도 없고 아다다를 죽인 수룡의 폭력을 문제 삼지 않게 된다. 즉 그와 같은 폭력이 장애를 가진 아다다의 존재와 행동에 대한 자연스러운 반응으로 그려지는 것이다.

1980년대에 상업적으로 성공하고 국제 영화계에서 인정받는 감독으로 떠오른 임권택은 이 단편소설을 영화 〈아다다〉(1987)로 만들었다.48 임권택 감독은 한 인터뷰에서 "특정한 지역으로서 한국의 모습을 ⋯⋯ (그리고) 누구도 이야기해 줄 수 없는 우리 이야기를, 한국인이 아니면 생각할 수 없는 이야기를 포착"49하고 싶다고 말했다. 감독은 이런 고유한 한국적 이야기를 그려 내면서 원작에서 '백치'를 지우고 아다다를 수어에 능숙한 청각장애 여성으로 그린다.50 이 영화는 아다다의 도덕성을 정신적으로 건강한 상태와 연결시키면서, 아다다가 보여 준 전통적 여성성이 진정으로 한국적이며 순수한 여성성이라고 강조한다. 영화는 다음과 같은 자막과 함께 지문자를 보여 주며 시작한다. "벙어리인 나는 육체적으로는 불구지만 정신은 건강합니다. 그러나 내 주변을 산 사람들은 육체적으로 건강했지만 정신적으로는 불구였읍니다." 비장애인 인물들의 비도덕성은 정신적 장애로 이해되는 한편, 아다다의 '정신적인 건강'은 도덕적 우월성을 의미하는데, 이는 '백치'나 건강하지 못한 상태와 공존할 수 없는 것으로 구성된다. 이 오프닝은 지문자를 모르는 관객들을 위해 수어가 자막으로 통역되는 유일한 장면이다. 영화는 수어를 번역한 자막을 넣지 않고 종종 프레임 밖에 아다다의 수어를 배치하면서 아다다와 청인 관객과의 소통, 그리고 수어 사용자와의 소통 또한 방해한다. 영화는 아다다를 '백치'가 아닌 것으로, 또한 양반 출신이며 관습적인 기준에서 매력 있는 여성으로 그리며, 단지 사람들에게 자신의 언어를 이해받지 못하는 순수하고 순결한 사람으로 표현한다.

영화평론가인 변인식은 이 영화가 아다다의 지적장애를 없앤 것은 그녀를 "완전한 여성"으로 만들기 위해서라고 설명하는데, 그의 관점에서 보면 '백치'는 주체성을 발휘해 스스로 어려운 상황을 극복하기 힘든 상태를 의미한다. 변인식은 감독이 아다다를 정신적으로 손상되지 않은, "때 묻지 않은 심성"을 가진 "완전한 여성"으로 그리기 위해 양반이라는 지위, 문해력, 지성, 에로티시즘을 만들어 냈다고 말한다.[51] 그녀가 듣지 못하고 말하지 못한다는 설정은 장애가 아니라 1980년대 근대사회의 관점에서 구성된 전통적 여성성의 상징적 재현으로 해석된다. 변인식의 관점에서 볼 때, 정신적인 건강함으로 해석되는 아다다의 선함은 그녀의 죽음을 물질주의 문화와 근대화 과정에서 사라져 가는 전통적 가치를 지키려는 자발적 순교로 바꿔 놓는다. "아다다는 끝내 죽음을 통해서 인간의 삶이 갖는 의미를 되찾았을 성싶다. 또한 이 점이 '임권택 영화'에서 내세운 '인간 회복의 메시지'였다고 본다."[52] 이렇게 재창조된 아다다는 장애에 따른 상징의 가능성과 지적장애에 대한 편견에 기반한 장애 간의 위계를 드러낸다.

영화는 결혼 첫날밤에 저항하며 괴로워하는 아다다의 순결한 몸을 관음증적 시선으로 바라보며 의도적으로 그녀를 성애화한다. 남편이 아다다에게 관심을 잃자 시아버지는 아다다에게 전통적 헤어스타일인 긴 머리를 자르고 "신식 여자처럼" 파마를 해서 남편이 매력을 느낄 수 있게 하라고 조언한다. 아다다는 시아버지의 말에 따라 헤어스타일을 바꾸고 화장을 하고 남편에게 술을 따라 주지만 남편은 그녀를 방에서 쫓아낼 뿐이다. 아다다가 현대식 여성으로 변하여 매력을 보여 주면서 남편의 사랑을 얻으려고 했던 시도가 성공하지 못했다는 점은 그들의 결혼이 경제적 거래임을 강조한다.

원작 소설은 남편의 정부인 미옥에 대해 별로 다루지 않지만 영화는 미옥을 신여성으로 그리고 있다. 미옥은 서양식 복장을 하고 전축이나 담배 같은 현대식 물건을 집에 가져온다. 최혜월은 "신여성을 표현하는 데 있어서 구여성(말 그대로 '구식 여성')은 대립항으로 필수적이다. 새로운 시대의 이상적인 여성으로 여겨지는 존재는 옛날('낙후된'으로 읽히는) '조선 시대 전통에 얽매인 여성의 삶'과 대조를 이룬다"53고 설명한다. 최혜월이 쓴 것처럼 "모던걸은 짧은 헤어스타일, 실크 스타킹, 화장, 서양식 구두, 보석이나 다른 액세서리 등으로 묘사하며 대중매체에 담론적으로 형성된 아이콘과 같은 것이었다. 이런 외양이 모던걸의 물질성을 보여 준다면, 모던걸은 퇴폐적이며 도덕적으로 타락했고 돈 욕심이 많은 여성으로 그려지기도 한다."54 미옥은 유행하는 물건을 선물하며 시부모의 사랑을 받고, 집안의 책임자인 아내의 자리를 얻는 과정에서 소유욕이 강하고 남편을 통제하는 인물로 나타난다. 영화의 한 장면에서 아다다가 무릎을 꿇고 바닥에 앉아 집에서 쫓겨나지 않도록 도와 달라고 미옥에게 빌고 있을 때, 미옥은 서양식 의자에 앉아서 아다다를 거만하게 내려다보며, 아다다의 표현과 수어를 이해하기 어려워 짜증을 낸다. 두 여성은 대립하는 인물이며 둘 다 남편에게 의존하여 생계를 유지하지만, 사라져야 하는 사람이 아다다라는 점을 영화는 분명히 보여 준다. 아내로서 아다다의 자리는 "부족한" 여성성을 보상하기 위한 지참금이 요구되는 전통적 중매결혼의 유물이며, 이런 결혼은 사랑과 바람직한 여성성에 기반한 현대식 결혼과 반대되기 때문이다.

겉으로나마 아다다를 동정했던 시부모는 아다다를 내보낼 때, 지참금으로 가져왔던 땅의 가치에 상응하는 돈을 주면서 도덕적 부담을 털어낸다.55 이는 시댁에서 아다다의 위치가 항상 그 땅의 가치에 좌우되어 왔음을 보여 준다. 수룡은 이 돈을 보고 기뻐하는데, 자신의 얼마 안 되는 저축에 이 돈을 합치면 마침내 땅을 살 수 있고 더 이상 품을 팔지 않아도 되기 때문이다. 수룡이 잠들어 있을 때, 아다다는 수룡이 전 남편처럼 서양식 양복을 입고 있고 미옥이 그 옆에 서 있는 상상을 한다. 영화에서 돈을 내다버리는 아다다의 도덕적 결연함이 강조되면서, 수룡의 폭력은 아다다의 행동에 대한 자연스러운 반응으로 그려지고, 이는 아다다의 죽음을 "자기파괴"로 인식되도록 한다.56

영화가 아다다의 죽음을 미학적으로 묘사하는 것은 장애를 비극의 근원이자 도덕적 교훈으로 여기는 관점과 뒤얽혀 있다.57 물에 잠겨 가는 아다다의 몸은 순응하지 않고 폭력에 저항했기 때문에 수룡에게 처벌받은 증거가 아니라 토지 소유권과 자본축적에 저항한 증거로 해석된다. 사실 이 영화는 부의 영향에서 자유로워지려 했던 아다다가 남들이 원하는 여성으로 변화하지 못했기 때문에 살인으로 처벌받았음을 보여 주는 것으로, 이는 장애인 주체가 변화되어야만 한다는 명령을 강조한다고 할 수 있다. 장애여성 살해를 그녀의 희생이자 자본 가치에 대한 저항으로 보는 것은, 그녀의 치유할 수 없는 장애의 몸이 여러 층위에서 삭제되고 거부당해 온 사실을 탈정치화하는 것이다. 치유 불가능한 장애의 몸은 식민지 공간 내에서 시대에 뒤처지고 공존할 수 없는 여성성으로 간주되는 것이다.

치유와 섹슈얼리티의 정치적 거래

폭력은 종종 장애를 훼손하기도 하고 재구성하기도 하면서 몸의 변화를 강요하는 데 중요한 역할을 한다. 영화 〈수취인불명〉(감독 김기덕)의 배경은 1970년대, 한국에 주둔하는 미군 부대 '캠프 이글' 근처의 시골 마을이다. 이 영화는 냉전 시기에 치유를 둘러싸고 벌어지는 거래의 역동을 명확하게 보여 준다. 치유의 기술은 돈, 권력, 섹슈얼리티, 은혜와 도덕성 같은 가치의 교환을 수반한다. 이 영화에 담긴 잔인함은 여러 차원에서 충격 효과를 만들어 내는데, 그런 잔인함을 가능하게 하는 장애와 치유의 의미를 분석하는 작업을 위해 주의를 기울일 필요가 있다. 이런 폭력의 이미지들은 마치 특정한 몸이 폭력을 불러일으키는 것처럼 보이게 함으로써 폭력을 정당화·합리화하며 또 당연하게 여기도록 만든다. 폭력은 다양한 방식으로 장애의 이미지와 연결되어 있는 체화된 경험이다.

〈수취인불명〉에는 군부대와 가까운 동네에 사는 고등학생 은옥이 나온다. 은옥의 눈에는 장애가 있는데, 이는 오빠가 부대에서 구한 재료로 만든 총에 맞아 생긴 것이다. 그 총에 적힌 'US'라는 글자는 은옥이 장애를 갖도록 만든 폭력을 군의 존재 및 미국의 헤게모니와 연결시킨다. 이 영화는 하늘을 나는 군용기 장면을 계속 삽입하면서 군의 존재가 폭력을 조장한다는 점을 강조하지만, 사람들이 저지르는 일상적 폭력의 잔인함과 평범함 또한 조명한다. 그 과정에서 장애가 있는 몸은 절망과 혼란을 가져오는 존재로 계속 재현된다. 장애가 있는 눈 때문에 아이들에게 놀림과 조롱을 당하는 은옥은 앞머리로 눈을 가리고 다닌다. 은옥은 이웃에 사는 남학생 두 명에게 강간당한 뒤 임신을 하게 되고, 어머니는 낙태를 시키려고 은옥을 병원에 끌고 간다. 그 후 은옥은 학교에서 퇴학당한다. 자신의 삶을 삶이 아닌 '비생'非生의 존재로 만드는 이런 조건들 속에서 은옥은 나은 미래를 위한 기회로서 눈을 치료할 가능성을 생각하게 된다.

이 영화에 담긴 치유와 장애의 묘사에는 두 가지 핵심 요소가 나타난다. 첫째, 의학적 치료를 통해 신체적 변화가 이뤄진다고 해도 장애에서 정상 범주로의 성공적인 이동은 자동적으로 이뤄지지 않는데, 이는 여전히 존재하는 다른 종류의 위계와 치유로 인해 발생하는 부채 때문이다. 치유의 대가에는 금전적·감정적 부채나 은혜가 포함되며, 이로부터 치유를 가능하게 한 기관과 후원자가 치유된 사람을 지배할 수 있는 권력이 생겨난다. 치유로 생긴 부채는 치유된 사람이 치유를 돌이켜 장애를 가진 상태로 되돌아가도록 만들기도 한다. 둘째, 식민주의와 전쟁의 역사 그리고 제국주의 군대의 주둔 때문에 손상된 상태가 된 국가주권은 국적과 인종, 성적 관계, 성별, 장애 여부 등에 기반한 억압과 위계를 한층 강화한다. 게다가 지배자의 언어인 영어를 말할 수 있는 능력, 군의 권력 및 의료 자원에 대한 접근성, 반공주의 및 국가주의 이데올로기, 인간과 비인간 동물의 신분 또한 위계와 가치의 체계를 형성한다. 이 체계로 인해 개인과 가족은 몸을 바꾸는 불확실한 위험을 감수할 수밖에 없다. 체계는 바뀌지 않는다는 것과 현재의 삶 그대로는 살아갈 수 없다는 것을 알기 때문이다. 이런 상황에서 개인들은 지속적으로 **타인들에게** 폭력을 **당하고**, 동시에 **자기 자신**과 자신들보다 더 소외된 사람들에게 폭력을 **가하기도** 하는 것이다.

영화의 한 장면에서 은옥의 남자친구 지흠은 자신이 그린 그림을 은옥에게 선물한다. 은옥은 그림을 본 후 찢어서 바닥에 버린다. 지흠이 그 조각들을 다시 붙이자 다치지 않은 두 눈이 그려진 은옥의 초상화가 드러난다. 장애가 없는 이미지를 그림으로써 은옥의 눈을 치유하려고 했던 지흠의 바람은, 그가 자신의 장애를 미학적 이유로 삭제하고 거부한 것으로 받아들인 은옥의 분노와 충돌한다. 이 장면은 미군이 점령해서 접근할 수 없는 부지 앞에서 펼쳐지는데, "미국 정부 소유지 출입 엄금"이라는 표시는 공간적·정치적 박탈감을 만들어 낸다. 은옥의 정상적인 얼굴을 상상하는 지흠의 열망은 국제 평화와 안전이라는 명목으로 미군에게 빼앗긴 땅을 되찾고 싶은 열망과 공존한다. 하지만 장애인의 몸을 이렇게 국가적인 은유로 해석하는 것은 은옥에게 문제가 되는데, 군부대를 향한 마을 주민들의 저항과 협력이 그녀의 몸에도 작용하여 폭력과 치유를 강요하기 때문이다.

치유의 기회는 당연히 의심할 여지없이 미군의 존재와 연결되어 나타난다. 은옥은 마약에 중독된 백인 미군 제임스와 친해지게 된다. 헌병은 군의 명예를 지키기 위해 제임스가 마을 주민들과 맺는 관계를 계속 감시한다. 한국 영화에서 미군은 주로 군림하는 태도를 보이거나 무신경하고 거친 모습으로 등장해 왔다. 감독은 이 영화에서 이런 이미지와 대조적으로 제임스를 낯선 나라의 외진 마을에서 삶의 목적을 찾지 못하는 인물로 설정하면서58 냉전 체제의 희생양으로 그리려고 했지만 이는 그다지 성공하지 못했다. 제임스는 은옥의 눈을 보고 포르노 잡지에 실린 어느 백인 모델의 눈을 찢어 은옥에게 붙이며, 이 정도면 "미스 아메리카 대회 우승감"이라고 은옥에게 말한다. 지흠이 정상적인 아름다움으로 표현한 은옥의 초상화와 제임스가 은옥의 인종화된 장애를 지우기 위해 붙인 백인 얼굴의 가면은 둘 다 치유가 가져올 수 있는 변화와 가능성의 시각적 표지 역할을 한다. 제임스는 영어로 이렇게 말한다. "눈 수술 하고 싶어? 그 정도는 훌륭한 우리 미군 병원에서 쉽게 할 수 있지. 내가 도와주면 내 여자친구 할래?" 은옥은 조심스레 영어로 "정말 내 눈 고칠 수 있어요?"라고 물어보고 고개를 끄덕인다. 사실 은옥은 사회복지 담당 공무원이 집에 방문했을 때 은옥의 어머니에게 부대에 있는 병원에서는 치료가 가능할지도 모른다고 말하는 것을 들은 후부터 영어 공부를 하려는 의욕을 가지고 있었다. 제임스가 찢어 붙인 눈은 단지 수술 후 은옥의 정상 신체성을 암시하는 것뿐만 아니라 미군과의 성적 거래를 통해 새겨진 인종적 표지의 역할을 한다. 은옥은 치유와 섹스의 교환에 동의하기 전에 은옥의 가족이 받아 왔던 연금이 취소되었음을 알게 된다. 은옥의 아버지가 한국전쟁 때 전사한 군인이라서 그동안 연금을 받았는데, 아버지가 생존해서 북한에 살고 있다는 사실이 밝혀져 연금이 취소된 것이다. 이런 상황은 관객들에게 한국전쟁이 결코 끝나지 않은 채 휴전 상태로 지속되고 있다는 점을 상기시킨다. 훈장을 받은 군인 가족이었다가 월북자의 가족이자 공산주의자와 협력하는지 감시받는 처지로 신분이 급격히 추락했기 때문에 가족은 생계 수단을 잃게 된다. 은옥이 장애를 치유하고 미군과 관계를 맺는 것은 가족의 생존을 위해 필요한 기회로 등장한다.

영화에 등장하는 또 다른 가족은 창국의 가족이다. 창국은 혼혈인이며, 이름 없는 그의 어머니를 향해 마을 사람들은 "미친년"이라고 부르고 "팔자가 개판"이라고 말한다. 창국의 어머니는 사람들에게 양공주로 알려져 있는데, 이는 캠프 타운에 사는 성노동자를 비하하는 말이다. 창국 모자는 동네 주민들과 떨어져 들판에 버려진 군용 버스 안에서 사는데 이는 그들이 지역공동체에 속하지 못하고 어중간한 상태에 있음을 나타낸다. 창국의 어머니는 한국을 떠난 군인 남편 마이클에게 날마다 편지와 창국의 사진을 보낸다. 그녀는 마이클의 답장을 기다리지만 '수취인불명'이라는 도장이 찍힌 편지를 되돌려 받을 뿐이다. 그녀는 주저하지 않고 봉투를 바꿔서 같은 편지를 다시 보낸다. 움직일 수 없는 차에 살면서 닿을 수 없는 편지를 매일 보내는 창국 어머니는 미국에 가기만을 바라며 동네 사람들에게 한국어를 쓰지 않고 영어로 말해 욕을 먹는다. 미국에 가고 싶은 창국 어머니의 소망은 눈이 치유되기를 바라는 은옥의 소망과 유사하다. 둘 다 미군과의 관계를 통해 지속될 수 없는 삶에서 탈출하고자 하는 것이다.

창국이 혼혈인이라는 것과 창국 어머니가 외국인을 상대로 성노동을 하는 것은 한국의 역사적 맥락에서 장애로 구성된다. 한국전쟁 이후에 한국은 '취약 계층'에 대한 연간 통계 보고서에 전염병이 있는 사람들, '나병' 환자, 마약 중독자, 미망인 등과 함께 '혼혈 아동'과 매춘부를 포함시켰다. 1년 후에 장애인과 상이군인이 목록에 추가되었다.59 한국아동복리위원회는 1961년 최초의 전국 단위 조사를 실시하고 다음 해에 『한국 장해障害아동 조사 보고서』를 발행했다.60 이 조사는 혼혈 아동이 "사회적 장애"를 가졌다고 분류했다. 그리고 "혼혈 태생의 아동"을 "한국인 어머니와 외국인(중국인과 일본인 제외) 사이에 태어난 아동"으로 정의했다.61 이 조사 보고서는 성노동에 종사하는 한국 여성과 외국 군인의 혼외 관계에서 태어나는 아이의 문제를 다뤘다.62 성노동자, 성노동자의 혼혈 자녀, 장애인은 소외된 정체성이 상호 교차하는 공간 안에 나란히 존재했음을 보여 준다. 혼혈 아동을 소위 보호한다는 방식은 대개 입양을 통해 미국에 보내는 것이었다. 1960년대 중반에 이런 아이들 중 일부는 특수학교에 다니면서 입양을 준비하기 위해 영어를 배웠다. 전후戰後 맥락에서 사회적 낙인에 기반해 정의되었던 장애는, 1970년대 중반에 이르러 좀 더 의학적으로 정의되는 손상의 범주들로 바뀌었다.

창국 어머니가 미국에 가기를 원하는 이유는 아들의 삶을 위해서이다. 마을 사람들은 흑인인 미군과 낙인찍힌 한국 여성 사이에 태어난 아이인 창국을 경멸하고 불신한다. 그래서 창국이 구할 수 있는 유일한 일자리는 개장수 밑에서 일하는 것이다. 개장수는 개를 나무에 매달아 두고 때려 죽이도록 창국에게 시키는데, 창국이 그 잔인함을 견디지 못해 때리기를 거부하자 개장수는 창국을 난폭하게 구타한다. 개장수가 운전하는 오토바이 뒷좌석에 달린 개 우리에 창국이 타고 판매자에게 개를 받으러 가는 장면은 창국의 몸과 동물의 몸을 연결한다. 이는 단순히 관습적인 의미로 창국을 동물에 비유해 비하하는 방식이 아니라, 마을에서 가장 밑바닥 계층인 동물, 혼혈인, 장애인 사이에 친밀성과 주변성을 공유하는 방식으로 연결하는 것이다.

김기덕은 영화에서 인물들 간의 폭력성을 재현하면서 개를 그 중심에 위치시킨다. 비인간화된 사람들은 문제가 많은 기존의 인간 범주를 벗어난 상태에서 동물과의 연대를 구축한다. 사실 "이 영화를 촬영하는 동안 어떤 방식으로든 동물에게 해를 입히지 않았다"고 나오는 오프닝의 문구는 배우들의 몸에 가해지는 폭력이 실제가 아니라고 설명할 필요가 없다는 점을 생각해 볼 때, 동물을 대상으로 한 폭력은 실제처럼 잔인하게 느껴지거나 실제일 수도 있다는 점을 상기시킨다.[63] 이 문구는 영화에서 동물에게 가해지는 폭력이 "서사 안에서 인간에게 가해지는 폭력의 문제를 드러내기 위한 은유나 상징"으로 등장하는 것이 아니라 "그 자체로 의미가 있는 것"이고 그렇게 느껴질 것이라는 점을 분명히 하고 있다.[64] 개는 직접적인 폭력의 대상이 될 뿐만 아니라 영화에 나오는 소외된 사람들과 친밀감, 유대를 공유한다. 은옥은 자기 앞에서 짝짓기를 하는 개들을 보면서 성에 대해 인식하게 되고, 강아지가 입으로 성기를 자극해 주는 것을 즐긴다. 지흠도 자신의 개에 강한 애착을 갖는다. 마을 안에서 은옥, 창국, 창국 어머니에게 폭력이 가해질 때, 개들도 구타당하고, 죽임당하고, 팔려 가고, 불에 타 죽을 뻔한다. 나중에 창국은 이런 폭력에 대한 복수로 개장수의 목에 밧줄을 매어 놓고 개들에게 줄을 잡아당기게 해 개장수를 죽인다. 창국의 행동은 개를 폭력을 되갚을 수 있는 행위자로 만들면서 사실상 '인간화' 한다. 동시에 개들은 창국의 복수를 위한 도구로 이용된다.

보통 인간이 아닌 존재가 된다는 것은 비하된 상태를 의미하며 폭력을 당해도 되는 상태가 된다는 것을 의미한다. 그런데 이 영화에서 비인간 동물을 재현하는 방식은 이런 비인간화의 개념을 해체한다. 즉 동물을 향한 폭력과 인종적·신체적 차이, 섹슈얼리티, 성별로 인해 소외된 인간들을 향한 폭력을 같은 차원에 위치시키고, 두 가지 폭력을 모두 문제 삼는다. 감독은 피해를 당하는 상황과 폭력으로 인한 고통을 보여 주면서, 동종 내 공통성과 인간중심주의를 내세우지 않고 서로 다른 종 사이의 강한 친밀감을 구성한다. 감독은 나아가 보양식으로 여겨지는 보신탕을 마을 식당에서 파는 평범한 광경과 고기를 더 부드럽고 맛있게 만들려고 개를 죽이기 전에 때리는 잔인한 관습을 나란히 보여 줌으로써, 한국의 특정 요리 문화가 일회용 소모품으로 소비되는 신체를 가진 존재들에게 가해지는 (또한 그런 존재들 사이에서 벌어지는) 폭력의 많은 원인 중 하나라고 제시한다.

　창국의 어머니는 음식을 훔치기도 하고, 마을 사람들에게 물색없이 영어로 미국인 남편을 자랑하거나 캠프 이글 정문 앞에서 남편의 주소를 물어보며 소리 지르기도 한다. 창국은 아버지에 대한 그리움과 마을을 떠나고 싶은 마음을 숨기면서, 어머니가 이런 식으로 마을 사람들과 문제를 일으킬 때마다 어머니를 심하게 때린다. 어머니를 향한 창국의 폭력은 개를 때리고 싶어 하지 않는 그의 모습과 대조를 이루면서 폭력의 피해자와 가해자의 경계를 흐릿하게 만든다. 어느 날 창국이 어머니의 멍든 몸을 씻겨 주자, 어머니는 아들이 자신을 다정하게 보살펴 주는 것이 이상하다고 생각하며 긴장한다. 이때 창국은 칼을 꺼내서 어머니 가슴에 새겨진 아버지 이름의 문신을 도려내기 시작한다. 창국은 어머니의 몸에 새겨진 아버지의 이름이 자신들의 박탈된 삶과 어머니의 정신장애의 원인이라 여기고, 어머니의 몸을 공격함으로써 자신과 어머니를 자유롭게 하려고 시도하는 것이다. 어머니 몸에서 문신을 제거하는 것은 상징적인 치유임과 동시에 신체적인 해를 가하는 치유 폭력이라고 할 수 있다. 어머니의 몸에서 모자 공동체가 가진 장애의 표식을 지운 후에 창국은 목숨을 끊는다. 그는 피로 가득한 물에 어머니를 내버려두고 진흙탕 농지로 오토바이를 돌진해 들어가 자살한다. 어머니는 아들의 죽음에 슬퍼하며 결국 버스와 자신의 몸에 불을 붙이는데, 이는 그들이 삶을 계속해 나갈 수 없다는 것을 보여 준다.

　미군 및 부대와의 관계를 통해 가능해진 은옥의 치유는 한국인 남자친구 지흠과 갈등을 일으킨다. 지흠은 부질없이 은옥에게 치료를 꼭 받아야 하는지 묻는다. 제임스가 수술을 위해 은옥을 부대에 데려가려 할 때 지흠은 그녀의 팔을 잡고 시서 말한다. "이러지 마, 지금이 난 좋아." 이를 믿지 않는 은옥은 "평생 나 웃으면서 봐줄 자신 있어?"라고 되묻는다. 지흠이 아무 말이 없자 은옥은 그를 밀치고 제임스와 떠난다.

은옥이 수술 후 눈에 붕대를 감은 상태로 집에 돌아가는 길에, 제임스는 들판 가운데로 차를 운전하고, 그곳에서 은옥과 섹스를 한다. 다음 장면에서는 은옥의 어머니가 붕대를 풀어 은옥의 눈이 완전히 치료되었음을 확인하고 고마워하며 제임스의 손을 잡는다. 그 후 지흠과 마주친 은옥은 그를 슬픈 눈으로 바라보고, 이때 이들의 머리 위로 날아가는 군 헬리콥터는 미군이 이 공간과 사람들을 지배하고 있음을 관객들에게 상기시킨다. 영화에서 은옥을 사랑하는 지흠이라는 인물은 그녀 주위를 배회하며 힘없이 계속 엿보는 사람으로, 또한 은옥을 강간한 두 남자에게 반복적으로 이용당하고 괴롭힘을 당하는 피해자로 그려진다. 보호자로서의 남성성이라는 가부장적 기대에 부응하기 위해, 지흠은 이후 제임스와 두 강간범에게 복수를 시도하지만, 오히려 다리에 부상을 입는다. 그로 인해 지흠은 한국전쟁 때 장애인이 된 아버지처럼 장애를 갖게 된다. 두 세대로 이어진 장애는 한반도에서 지속되는 지정학적 갈등의 증거이자 그런 갈등의 결과이다.

은옥이 수술을 받은 후 제임스는 은옥을 성적·신체적으로 학대한다. 그는 칼로 은옥의 가슴에 자신의 이름을 새기려고 하는데, 이는 은옥과 창국 어머니 사이에 또 다른 유사성을 만든다. 결국 은옥은 제임스의 폭력과 장애의 치료로 생겨난 부채에서 벗어나기 위해 제임스의 칼을 빼앗아 치료받은 자기 눈을 찌른다. 치유와 폭력의 거래를 통해 형성되는 이 같이 복잡한 관계는 우연히 만들어지지 않는다. 마을 안에서 가치를 판단하는 광범위한 경제 시스템은 장애 여부, 인종, 성별, 성적인 관계, 그리고 주둔하고 있는 미군의 존재를 통해 만들어지는 위계에 달려 있으며, 이 모든 것이 사람들 사이의 폭력을 유발한다. 은옥은 자신의 삶을 불가능하게 만드는 조건들의 한복판에서 생존하기 위해 치유를 선택했다가 나중에는 장애를 선택해야 했던 것이다. 자해를 통해 예전과 똑같이 손상된 상태로 돌아간다는 것은 교정 수술을 통해 완전한 정상성을 획득하는 것만큼이나 개연성이 없지만, 은옥의 얼굴은 치료하기 전의 얼굴과 완전히 똑같아진다. 영화는 장애의 정확한 복원을 통해서 은옥의 장애가 있는 몸을 긍정적으로 그리려고 했다기보다 그 치유가 미군과의 성적인 결탁에 기반한 부도덕한 상태였기 때문에 은옥이 이를 되돌려야 했다는 민족주의적 주장을 보여 준다.

마을에 주둔하는 미군 부대로 인해 마을 주민들의 삶이 나아지기도 하고 장애화되기도 하지만, 여성과 미군의 관계는 도덕적으로 비난받고 국적에 따른 성적 경계를 위반하는 것으로 여겨진다. 창국의 어머니와 은옥은 이렇게 삶이 불가능해진 상태에서 스스로를 향해 폭력을 가한다.

이 마을은 냉전 시기에 작동했던 초국가적 정치의 산물이며, 따라서 여기서 영어를 할 수 있는 능력은 권력을 의미하기도 하고 착취를 가능하게 하기도 한다. 부대에서 일한 적 있는 개장수는 영어를 할 수 있어서 미국인의 노예가 됐다고 말한다. 동시에 영어를 말한다는 건 때로는 광기의 신호이거나 제국주의 세력과 결탁한 반민족적 공모의 신호로 이해된다. 은옥은 미군의 존재를 강조하는 표시가 새겨진 무기로 오빠에 의해 장애를 갖게 되었을 뿐만 아니라, 영어 실력을 떠벌리는 마을의 젊은 남성들에게도 폭력을 당했다. 지금은 사라져 버린 아버지에게 미국 억양의 영어를 배운 창국은 그들이 "영어에 환장했다"고 말한다. 영화에서는 전쟁 중에 '빨갱이'를 죽인 경험도 도덕적 권위를 부여받는 것으로 나온다. 지흠의 아버지는 장애가 있는 다리를 공적의 상징이라며 자랑한다. 그의 공훈은 오랫동안 인정되지 않다가 나중에 결국 훈장을 받는다. 지흠은 은옥을 폭력에서 구하기 위해 제임스의 사타구니에 화살을 쏜다. 제임스를 상징적으로 거세하려고 총이 아닌 전통 무기를 사용하는 지흠의 행동은, 아버지가 아들을 대신해 자수하여 경찰서에 훈장을 반납하는 결과로 이어질 뿐이다. 지흠이 나타나서 자수하자 경찰은 미군을 공격한 그를 나무라며 때린다. 지흠의 아버지가 미국의 헤게모니를 지키는 경찰에게 훈장을 내어놓는 모습은 한국전쟁이 단지 남한과 북한 사이의 전쟁이 아니라 제2차 세계대전 이후 냉전을 만들어 낸 두 강대국을 대신해 진행된 대리전이었으며 이세력들이 아직도 남한과 북한을 지배하고 있다는 것을 보여 준다.

크립 및 퀴어 이론을 연구하는 학자 로버트 맥루어와 앨리슨 케이퍼는 강제적 신체정상성이 비규범적 몸의 존재 자체를 지속할 수 없게 만든다는 점을 보여 준다.65 은옥의 신체정상성은 그녀가 계속 지불해야 하는 대가로 인해 지속되지 못한다. 성별, 섹슈얼리티, 인종의 위계와 남북한 사이의 이념적 분단 때문에 은옥의 치유된 몸은 계속해서 전쟁터가 되는 것이다. 은옥은 장애를 다시 획득함으로써 삶의 기회를 다시 모색해야 한다. 치유는 문제로 여겨지는 몸의 차이에 대한 해결책으로 등장하는데 이는 손실과 이득의 가능성 모두를 수반하는 투기적 위험에 기반하고 있다. 이러한 위험은 치유에 따라오는 피해를 더 이상 감당하지 않기 위해 다시 장애를 가진 상태로 돌아가야 하는 것까지 포함한다.

트라우마와 정신장애

대규모 폭력, 집단적 기억, 장애, 죄책감으로 인한 트라우마, 사람들 사이에 발생하는 폭력은 문화적 이미지 속에서 서로 상호작용한다. 정상의 경계 밖에 있는 여성들을 재현하는 흔한 방식 중 하나로 미친 여성 혹은 정신 장애나 정신 질환을 가진 여성이 등장한다.66 사회의 안전한 생활 영역을 벗어나 항상 머리에 꽃을 꽂고 돌아다니는 정신장애 여성의 이미지는 한 국의 자연에 대한 문화적 상상 속에 자주 등장한다.67 한국의 미친 여성은 다락방에 갇혀 있는 게 아니라 자연 속에, 그리고 사회의 생활 영역 밖에 존 재하는 것이다.

최윤의 중편소설 「저기 소리 없이 한 점 꽃잎이 지고」(1988)(이하 「저 기 소리 없이」)는 정신적 트라우마가 있는 이름 없는 10대 소녀를 주인공 으로 그리는데, 이 소녀는 광주에서 학살이 일어난 날 이후 혼자 떠돌아다 니게 된다. 소설은 광주 민주화 운동 때, 1980년 5월 18일부터 5월 27일까 지 계엄군이 무력으로 대응하며 학살한 사건을 배경으로 삼는다.68 1979 년 박정희가 암살된 후, 당시 장군이었던 전두환이 권력을 잡자, 서울을 비 롯한 여러 도시에서 대통령 직선제를 요구하는 대규모 시위가 일어났고, 이는 계엄령의 선포와 야당 지도자 김대중의 체포로 이어졌다. 신군부 세 력은 학생들과 시민들이 참여한 시위대를 진압하기 위해 광주로 군부대 를 보냈는데, 군이 시위대를 진압하는 과정에서 시민들에게 무분별하게 발포해 약 500명의 민간인이 사망하고 3000명 이상이 부상을 입었다.69 사회학자 정근식은 냉전 이후의 세계 질서가 한국의 권위주의 체제에 기 여했으며, 광주 항쟁 발생 전후에 한국군 투입을 미국이 승인한 것이 그 증 거라고 지적했다.70 광주 항쟁에 대한 미국의 이런 개입으로 인해 반미주 의가 "새로운 형태의 민족주의"로 나타나게 된다.71

1994년 장선우는 최윤의 이 소설을 원작으로 한 영화 〈꽃잎〉을 만들 었다. 원작 소설과 더불어 이 영화는 광주에서 벌어진 학살을 재현한 중요 한 텍스트 중 하나로, 학살의 책임자들이 유죄판결을 받기 전에 만들어졌 다.72 하지만 평론가 고부응은 이 소설이 소녀의 내적 서사에 집중하면서 광주 항쟁과 민주화 운동이라는 역사적 경험을 "탈정치화한다"고 주장한다.[73] 소설과 다르게 영화는 독일 카메라 기자 위르겐 힌츠페터가 항쟁 중에 찍은 다큐멘터리 장면을 넣고 대규모 시위와 군부대의 폭력을 재현하며 역사적 사건을 생생히 보여 주지만, 영화를 본 일반 관객의 반응 역시 고부응의 주장과 유사한 불만을 드러낸다. 한 관객은 영화 잡지 『씨네21』에 편지를 보내 〈꽃잎〉이 관객들이 보고 싶어 했던 광주의 이야기를 보여 주지 않고 감독 자신의 "대변자로 정신이상의 사춘기 소녀를 내세웠다"는 의견을 전한다.[74] 이 관객은 술에 취하지 않고는 아무 말도 할 수 없었고, "내가 아닌 사람이 되어야지 우리는 그날을 이야기할 수 있었다"고 전한다. 또한 이 관객은 광주의 경험 때문에 집단적으로 트라우마를 겪은 주체인 "우리"와 "정신이상의 사춘기 소녀"(폭력에 직접 영향을 받았지만 다른 사람을 위한 대변인으로 여겨지는 가상의 인물)를 구분하면서, 광주 항쟁이라는 역사적 기억을 정확하게 재현하는 어떤 단일한 이야기가 존재한다고 가정한다. 만약 그 소녀가 대변자라면, 그녀는 누구를 대변하고 있는가? 누구의 목소리가 광주에서 일어난 폭력의 정치적·역사적 의미를 직접 표현할 수 있는가? 관객들은 정치적 영역과 무관하다고 여겨지는 10대 정신장애 소녀가 아니라 학생 신분으로 민주화 운동에 참여했다가 정치적 활동 때문에 당국에 의해 고문당하고 살해당한 젊은 남성인 소녀의 오빠, 또는 그렇게 아들을 잃고 시위에 참여하러 나간 소녀의 어머니를 화자로 선호할지도 모른다. 소설 속에서 소녀는 트라우마 이전에도 자신이 "좀 모자란" 아이로 불리며 무시당하는 위치에 있었다는 점을 알고 있었다. 어머니가 그녀에게 "왜 이 난리야, 뭔 일이 난지도 모르고 언제나 정신을 차릴 거여 이 병신아"[75]라고 소리치곤 했기 때문이다. "모든 사람이 널 놀리고 너한테 욕을 퍼붓는 건 당연해"라고 혼잣말을 하는 것으로 봐서 소녀는 예전부터 다른 아이들과는 다르게 여겨졌음을 알 수 있다.[76] 이 소녀가 광주의 정치적·역사적 '진실'을 대변하지 못한다면, 학살이 일어나기 전, 그리고 학살이 일어난 후의 정신 상태 때문에 '부적절한' 대변자라면, 그녀는 광주에 대해 이야기를 하고 있기나 한 것일까? 만약 이야기하고 있다면, 그녀는 누구의 이야기를 하고 있으며, 그 이야기는 어떻게 정치화되는가?

영미권 여성주의 문학 비평에서 미친 여성은 여성주의적 저항의 은유적 인물로 특별한 지위를 점하고 있다. 산드라 길버트Sandra Gilbert와 수전 구바Susan Gubar는 중요한 저서『다락방의 미친 여자』*The Madwoman in the Attic*에서 미친 여자를 이렇게 해석한다. 미친 여자는 여성 "**작가**의 분신이며, 작가 자신의 불안과 분노의 이미지다. 사실 여성이 쓴 많은 소설과 시에는 이 미친 여자가 출현하며 그리하여 여성 작가는 자신들이 파편화되었다는 특유의 느낌, 그리고 자신의 실질적인 모습과 강요되는 모습 사이의 괴리에 대한 그들 자신의 예리한 의식과 타협할 수 있었다."77 이후에『미친 여자는 말할 수 없다』*The Madwoman Can't Speak*에서 마르타 카미네로-산탄젤로Marta Caminero-Santangelo는 길버트와 구바의 주장에 대한 대항 서사를 제시한다. "나의 이론은 문학작품에서 저항적인 미친 여자를 찾고자 하는 시도가 그 자체로 다소 폭력적인 억압을 행사할 뿐만 아니라 …… 근본적으로 잘못되었다는 인식에서 출발한다. 가부장제의 대안으로 미친 여자를 제시하는 상징적 해결책은 궁극적으로 여성을 침묵 속에 가두기 때문이다."78 카미네로-산탄젤로는 "성-성별 체계와 젠더 이데올로기"를 바꾸기 위한 전략으로 광기를 사용하는 것과 관련해 1995년에 전미여성학회National Women's Studies Association가 제기한 두 가지 질문을 인용한다. "어떻게 그리고 왜 여성주의 이론가와 예술가들은 혼돈, 광기, 비이성을 저항의 전략으로 받아들였는가?"라는 질문과 "허구적 텍스트 내의 이런 전략이 여성들의 실제 삶에서 일어나는 폭력, 학대, 구타, 강간, 정치적 불안, 차별로 인한 혼돈 앞에서 어떻게 유지될 수 있는가?"라는 질문이다.79

카미네로-산탄젤로는 두 번째 질문이 첫 번째 질문에 대한 회의적인 반응을 암시한다고 지적한다. 하지만 이런 폭력들을 혼돈으로 묘사하는 것에 문제 제기하면서, 폭력은 지배 질서를 유지하는 수단이며, 광기와 폭력이 "지배 질서에 기여한다"는 점에서 서로 유사하고, 광기는 "미친 (비)주체를 권력이 발휘될 수 있는 모든 영역의 바깥에 위치시키면서도 마치 권력을 가진 것 같은 환상을 만들어 낸다"고 말한다.80 카미네로-산탄젤로는 미국 여성 작가들과 광기를 다룬 그들의 작품에서 "그 자체로 저항의 은유인 광기의 가치"를 검토하면서 그 반대의 상황을 강조한다. 즉 "광기는 권력이 있는 것 같은 환상으로서, 권력이 없는 상태를 가리고, 궁극적으로는 미친 여자를 모든 주체성의 영역에서 제거한다."81 그녀는 자신이 살펴본 여성 작가들의 문학작품에서 인물들은 "침묵 속에 숨어 버리고" "정신이상insanity은 결국 [지배] 담론에 굴복한다. 정신이상은 의미를 만들어 내는 능력(없음), 즉 사회 안에서 의미 있다고 인정될 만한 표현을 만들어 내는 능력(없음)으로 정의되기 때문이다"라고 지적한다.82 카미네로-산탄젤로는 정신이상을 의미 영역 외부에 존재한다고 해석하고 침묵을 무저항으로 여긴다. 쇼샤나 펠먼Shoshana Felman도 비슷한 주장을 한다. "저항의 형태와는 거리가 멀다고 할 수 있는 '정신 질환'은 실은 도움을 요청하는 것이며 문화적으로 무기력하고 정치적으로 거세된 상태의 발현이다. 도움을 필요로 하고 도움을 구한다고 사회적으로 규정된 이런 행동은 그 자체로 여성을 길들이는 과정의 일부이며, 이런 과정은 그런 여성에게 정해진 의존적이고 무력한 역할과 행동 양식에 이념적으로 내재되어 있다."83 이렇게 영문학에서 광기를 해석할 때 정치적 저항 아니면 의미 없는 무력한 굴복이라고 보는 이분화된 패러다임 속에는 행위성과 주체성의 근거로서 말하기, 행동, 일관성, 독립성, 의도성을 최우선시하는 가정이 담겨 있다. 그런 패러다임에서는 미친 여자에 대한 재현이 정신장애를 갖고 살아가는 여성들과 어떻게 상호작용하는지, 그리고 이들과 관련된 의미를 어떻게 생산하는지 질문하지 않는다. 정신장애 여성의 사실성과 현실성은 여성의 일반적 범주에서 추방된다. 게다가 사회적 현상에 대한 반응 ─ 혹은 산물 ─ 으로서 광기가 가진 정치적 효과성에 대한 판단은 기본적인 주체가 온전한 정신이라고 가정하는 것이기 때문에 정신장애를 차이로 용납하지 않는다.

광기/정신 질환에 대한 여성주의적 장애학의 접근법을 제시하는 엘리자베스 도널드슨Elizabeth Donaldson은 정신 질환을 순전히 생물학적인 것으로 축소시키지 않으면서도, 정신 질환이 손상으로서 갖는 신체성corporeality을 분석의 토대로 삼는다.[84] 도널드슨은 "그 자체의 존재"로서 정신 질환의 물질성을 강조한다. 그리고 미친 여자의 재현을 현상학적으로 접근하면서 "정신 질환을 상징적으로 이해하거나 대개 사회적으로 구성된 질병으로 이해하는 비평적 접근은 종종 몸의 신체적 상태를 부정하는 것처럼 보인다. 반면 신체화corporealization는 신체적 차원과 의미론적 차원 사이의 보다 복잡하고 뒤얽힌 관계를 인식하는 것"이라고 주장한다.[85] 만약 우리가 정신장애를 논의의 출발점으로 삼는다면, 현실과 동떨어진 상징이나 현실의 부산물이 아니라 "폭력, 학대, 구타, 강간, 정치적 불안, 차별"을 경험하는 주체의 위치로 다룬다면 분석은 어떻게 달라질까?[86] 여기서 나의 주요한 관심사는 폭력과 치유를 통해 일어나는 변화 사이의 관계이다. 폭력은 마치 어떤 의미를 가진 것처럼 여겨지기를 요구하며, 치유를 통해 일어나는 변화는 정상적인 정신만이 행위성을 가질 수 있다는 비장애 중심적 사고를 강화하고 한 공간에서 다른 방식으로 살아갈 수 있는 가능성을 차단한다.

소설 「저기 소리 없이」와 영화 〈꽃잎〉에 나오는 소녀의 정신장애는 국가가 자행한 대규모의 정치적 폭력과 그것이 남긴 상처에 대한 집단적인 역사적 기억의 비유로 볼 수만은 없다. 그렇게 해석한다면 불가피하게 그 소녀는 매개체 ― 상처 그 자체이며 국가적 치유가 일어나야 할 현장 ― 가 되어, 트라우마를 남긴 사건 이전에도 그 이후에도 남들과 다른 그녀의 존재는 지워지게 된다. 소녀가 경험하는 폭력이 온전히 그녀만의 개인적 이야기이거나 약자를 향한 인간의 잔인함에 대한 증거라고 볼 수만도 없다. 그보다 어머니의 죽음 이후 소녀에게 반복적으로 가해지는 폭력은 다른 정신장애 여성들이 경험하는 폭력과 연결된다. 정신장애 여성들은 치유 불가능한 비정상성과 젠더로 인해 위협적인 존재로 여겨져 공격당할 뿐만 아니라, 그들의 '정신이 돌아오게 하거나' 그들을 '치유하기' 위해 폭력이 필요하다고 여겨져 공격당하기도 한다.

정신장애를 가진 그 소녀의 몸은 광주가 남긴 트라우마적 기억의 환유라고만 볼 수 없다. 그 몸은 완전히 전복적인 정치적 저항도 아니고, 정치와 상관없는 개인이 단지 도움을 요청하는 외침도 아니다. 오히려 소녀의 존재는 그녀가 다르다는 이유만으로 시설과 집 안팎에서 그녀에게 보이는 사회적 적대감과 잔인함을 드러낸다. 광주에서 북쪽으로 멀리 떨어진 대천에서 실종된 소녀의 경로를 쫓아가는 오빠의 친구들은 말한다. "이 지역에 꼭 그녀와 동일한 이유는 아니더라도, 그렇게 많은 사람이 그녀처럼 무엇엔가 홀린 채 떠돌아다니고 있다는 사실은 놀라운 일이었다."[87] 주요 등장인물 중 한 명인 장도 비슷하게 생각했다. "대낮에 술에 취해 비틀거리는 저 나이 또래의 여자애들이란 부지기수일 테고 그 이유란 게 뭐 그리 특출날 것이 있겠는가. 쫓아 버릴 필요도 없는 것이, 이런 종류의 여자애들이란 마치 존재하지 않는 것이나 다름없었으므로."[88] 그 소녀의 존재는 다른 많은 정신장애 여성들을 상상할 수 있게 하는데, 이 여성들은 타인들이 부여한 의미를 전하는 수단으로 이용되며 동시에 현재 시점에서 있는 그대로 이해받을 수 없는 존재이며, 그 때문에 집이나 공적 공간에서 자기 자신으로 안전하게 지낼 수 없다.

소설 「저기 소리 없이」는 트라우마가 생기기 전에는 당연히 정상적인 '온전함'의 상태였을 거라고 생각하지 말 것을 요청한다. 트라우마를 입기 이전에 온전했던 정신이 폭력에 의해 훼손되었고, 트라우마 이후에는 치유되어야만 받아들여질 수 있다고 가정할 수 없다. 그 소녀가 천진함을 잃고 침묵 속에 떨어진 꽃잎이라고 해석할 수 없게 하는 지점들이 존재한다. 소녀는 시들어 가고 있는 것이 아니라 살기 위해 실제로 꽃잎을 먹으면서 생존한다. "꽃잎도 따 먹고 순도 잘라 먹고 가끔 가다 떫은 열매도 따 먹고 아주 드물게, 버려진 산등성이에 심어진 배추 뿌리와 고구마도 먹었어. 그리고 어느 날 정신없이 따 먹은 분홍빛 꽃잎과 싸리 순을 다 게워 냈어. 그래도 다음 날 아침에는 또 꽃가지를 찾으러 비탈을 오르내리고."89 소설에서 꽃잎은 파르마콘으로서 소녀에게 독이 되기도 하고 양분이 되기도 한다. 소녀는 꽃잎으로 스스로를 꾸미고 모르는 사람의 무덤에 꽃잎을 놓아두기도 하는데, 이렇게 소녀는 살아가고 돌보며 죽은 자를 애도하는 일을 하는 것이다. 이런 점에서 나는 소녀의 취약함이 오히려 살아가는 일의 의미를 전복시키는 힘을 가진 상태라고 해석하고자 한다.

"야생"feral이라는 용어에 대한 멜 Y. 첸Mel Y. Chen의 논의는 야생에서 머무는 소녀의 존재가 가정의 공간과 국가 내의 공간에 대해 어떤 문제를 제기한다고 볼 수 있는 여러 방식들을 제시해 준다. "야생이라는 개념은 반가정anti-home의 개념과 양면적으로 연결된다고 할 수 있다. 야생은 고정된 거주지를 거부하지만, 공공의 장소에 있는 피난처의 개념을 되살리기 하기 때문이다. 움직이는 표적으로서의 야생이라는 기호는 디아스포라를 연상시키기도 하는데, 디아스포라는 국가주의와 자본주의적 지정학을 고착시킬 수 있는 잠재성 또한 가지고 있다."90 야생에 머무르는 소녀에게 가해지는 일상적인 폭력은 국내 정치 및 국제적 냉전 정치와 공산주의에 대한 불안 때문에 발생한 학살과 밀접하게 연결되어 있다. 이런 일상적인 폭력은 소녀가 집 밖에서 정신장애를 갖고 삶을 지속할 수 있는 가능성을 완전히 부정한다. 그녀가 국가적 트라우마에 대해 일관적이고 의미 있는 서사를 만들어 내지 않는다면 그리고 치유를 향해 나아가지 않는다면 그런 가능성은 더욱 사라진다.

소설에 나오는 소녀 내면의 독백을 보면 오빠의 죽음이 전해진 소식, 시간이 흐르면서 생긴 어머니의 변화, 어머니가 죽은 날과 같은 여러 기억들이 뒤섞여 있고 반복된다. 소녀는 시간에 대한 감각, 과거와 현재를 구분하는 감각을 잃고서 트라우마적 기억을 덮고 있는 "검은 휘장" 아래서 꿈을 꾸고 깨기를 반복하다가 어느 마을에 도착한다. "말하지 않으면 꼼짝 못 한다"[91]라며 사람들은 소녀에게 무엇을 봤는지 모두 이야기하라고 요구하면서 협박한다. 그 후 소녀는 동굴 속으로 들어가서 괴물 같은 딱정벌레와 싸운다. 의식을 잃자 어떤 덤불에 버려지고, 어두운 산기슭에 남겨진 채 벌레들에게 공격을 당한다. 잠들기를 거부하는 소녀는 어머니에게 생긴 일을 말해 주기 위해 오빠를 찾아 나선다. 소녀는 머릿속에서 들리는 목소리를 따라가고, 목소리는 오빠가 기다리는 곳으로 소녀를 데려간다. 소녀는 깨어나 자신의 얼굴을 내려다보는 벙어리 낚시꾼을 보게 된다. 그 남자는 소녀의 어머니가 "꺼억꺼억 소리만 내면서 가슴을 쳤"던 것처럼 "이상한 소리"를 낸다.[92] 소녀는 그 벙어리 남자가 하려는 말을 이해할 수 있다는 것을 알게 된다. "내가 벙어리하고 얘기한 것은 처음이 아니야."[93] 소녀는 소통의 부재와 침묵을 구별한다. 어머니와 그랬던 것처럼 그리고 마을에 살던 다른 벙어리 남자와 그랬던 것처럼 그 남자와도 언어를 사용하지 않고 대화한다. 사람들로부터 서사를 만들어 내라는 강요를 당하는 소녀는, 자신이 말을 못하게 되면 더 이상 자신에게 말하라고 윽박지르지 않을 것이라 생각해 벙어리가 되기를 원한다. "어떤 사람들은 내가 입을 다물면 다물수록 더욱더 이를 악물고 내게 덤벼들었지. 내가 한마디 말도 하지 않았는데 사람들은 어떻게 내가 벙어리가 아니라는 것을 알았을까. 내가 만났던 그 벙어리처럼 진짜 벙어리였더라도 사람들은 나에게 윽박질렀을까."94

최윤은 친절하게 대해 주고 돌봐 주면서도 폭력을 가하는 사람들을 묘사하면서 뛰어난 신체 능력을 갖춘 군인들의 남성적인 몸과 대조를 이루는 장애를 가진 인물들을 등장시킨다. 벙어리 어부, 말을 더듬는다고 묘사되는 장(영화에서는 다리를 절고, 결말에서 정신장애를 갖게 된다), 늘 병을 갖고 있는 사람으로 농가에서 소녀를 구출한 김상태가 이런 인물들이다. 하지만 장애는 이들과 소녀 사이에 동질감을 형성하지 않는다. 벙어리 남자는 사흘간 소녀에게 먹을 것을 가져다주고 나서 소녀를 강간한다. "그리고 채 밤이 되기도 전에, 눈 깜짝할 사이에 내가 잠시 눈을 붙인 사이에 파랑새 한 마리가 내 가랑이 사이로 해서 내 몸속으로 들어왔지."95 소녀는 계속 이야기한다.

> 나는 그때 내가 조금씩 돌로 변하고 있는 걸 알았어. 내 양손 안에는 언제 주워 들었는지 모르게 돌멩이가 들어 있었어. 그리고 아주 막연하게, 내용 없는 나쁜 꿈의 언저리처럼, 흐릿하게 왜 내 몸속에 파랑새가 들어와 뾰족한 부리로 나를 쪼아 댔는지, 그리고 그게 무엇을 뜻하는지를 알 것 같았어. 그렇지만 그건 잠시 동안의 착각일 뿐이야. 파랑새가 비집고 들어올 때 많이 아팠지만 소리 지르지 않았어. 그 정도는 이제 아무것도 아니야. 수천 마리나 덤벼 보라지. 나는 절대 소리를 지르고 무릎을 꿇거나 빌거나 하지 않을 거야.96

소녀는 강간당한 이야기를 한 직후에 어머니가 죽은 날로 돌아간다. 그날

"모든 것은 돌이킬 수 없이 망쳐져 버렸어. 내가 산그늘 속에서 한밤중에 깨어났을 때는 나 자신도 모르고 있었지만 나는 순식간에 무섭게 바뀌어 있었던 것에 틀림없어."[97] 소녀는 폭력의 순간에 가해자가 아니라 피해의 흔적을 기억하는 몸에 집중한다. 소녀는 강간을 파랑새가 들어와서 자기 안에 남아 있는 것으로 묘사하는데, 이는 폭력을 겪은 후 지속되는 몸의 경험을 가리킨다. 한편 장이 소녀를 때리려고 하는 장면에서는 소녀가 털이 뽑힐 수 있는 "새"로 묘사되기도 한다. 즉, "앙상하고 볼품없는 저 애를, 새의 깃털을 뽑듯 발가벗겨 내쫓아 버릴 수도 있었다."[98] 손에 돌멩이를 쥔 채 돌로 서서히 변해 가는 과정 속에서 소녀는 동물들이 자신에게 보이는 반응에 대한 판단을 유보한다. 그리고 관계를 맺는 사람이 될 수 없는 "얼굴들"이라고 묘사되는 것들과 피상적이고 파편적으로 마주치게 되는 이유에 대한 판단도 유보한다.

벌레, 딱정벌레, 개, 새, 돌과 같은 비인간 동물들과 물체들은 소녀를 공격하고 소녀의 몸에 침투하기도 하는 폭력의 도구나 행위자로 등장한다. 그리고 소녀는 자신의 몸에서 녹색 날개와 더듬이가 자랄까 봐 걱정한다. 다양한 종의 몸이 소녀의 몸과 합쳐지는 과정은 그녀가 자신을 피해자화하는 것을 비판적으로 유보하고 현존에 집중하는 현상학적 실천을 보여 준다.

강가에서도 나는 손으로 헤아릴 수 없을 만큼의 사람을 만났지. 여자도 만났고 남자도 만났고. 도망치는 아이들, 내 길게 자란 머리채를 뒤에서 잡아당기면서 낄낄거리는 아이들, 그리고 으르렁거리며 짖어 대기만 했지 내 뒤를 쫓아 오지조차 않던 개들도 있었어. 강가에서도 여러 번 파랑새가 부리를 틀고 내 몸속으로 들어 왔어. 지금 내 몸속에는 수십 마리의 파랑새가 제각기 둥지를 짓고 살고 있어. 내가 눈을 감고 가만히 있으면 배 속에서 머릿속에서 무수한 새 울음소리가 뒤섞여 내 몸에 경련을 만들 때도 있지. 이 새들은 이렇게 갇혀서 어쩌자는 걸까. 밖으로 가려고, 주인을 찾아가려고 이렇게 짹짹거리는 건지도 모르지. 그러려면 그러라지. 나는 턱뼈가 아플 정도로 입을 크게 벌리고 헛구역질을 하면서 파랑새들이 빠져나오게 안간힘을 써보지만 내가 잠든 사이가 아니라면, 한 마리의 파랑새가 내 입속에서 날아 나오는 걸 본 적이 없어.99

소녀가 목구멍에서 새를 꺼내어 풀어 주지 못하는 것은 소녀의 몸을 새장으로 만들고, 이는 자신의 경험을 말로 분명히 설명할 수 없다는 점을 암시한다. 산과 들판에서 돌아다니다가 배고플 땐 마을로 내려오기도 하는 소녀는 자신이 왜 걷고 있는지 잊어버리곤 한다. "처음에는 어쩌다가 한두 번씩, 그러나 점점 자주 나는 앞으로 앞으로 걸어 나가는 목적을 잃었고 사람들을 만나면 마치 무엇에 홀린 것처럼 아무거나 주는 것을 다 받아먹으면서 하루, 이틀 혹은 더 오랫동안 이유 없이 그 사람들하고 머무르곤 했지."100

장의 관점과 경험은 3인칭 전지적 작가 시점으로 표현된다. 소설은 세 장에 걸쳐 소녀가 사라질 때까지 장과 보낸 몇 달을 그린다. 하지만 장과 보낸 날들은 소녀의 내면 서사에는 등장하지 않는다. 장은 소외된 노동자 계층에 속한 공사장 인부이고 창고 같은 지하실에 살고 있다. 그는 강가에서 "미친개처럼" 자신을 쫓아다니는 소녀를 만난다. "여자애는 반쯤 그쪽으로 돌아앉아 그로서는 이해할 수 없는 몇 마디 말을 입안에서 굴리면서, 그를 섬뜩하게 하는 웃음을 흘렸다."101 장은 무서워져서 소녀가 웃으며 (그의 생각에) 자신을 비웃는 것을 멈추게 하려는 듯 소녀를 공격한다. 하지만 장은 강간으로도 소녀를 쫓아내지 못하고, 소녀는 장을 계속 따라다닌다. 소녀가 기어들어 와 둥지를 쳤다거나, 사지를 오그리고 한 번도 움직이지 않는다거나, "쥐처럼 소리 없이 움직여" 다닌다는 묘사는 보다 직접적으로 소녀를 (비인간)동물로 만든다.102 장은 소녀와 숙소에서 지내는 동안 소녀의 침묵과 무반응을 견디지 못해, 또 소녀의 몸이 눈앞에 있다는 이유로 폭력을 가한다. 그러던 그는 "그녀를 학대할수록 그다음 날은 기분이 좋지 않았고, 그의 손찌검이 여자에게 아무런 변화도 일으키지 않는 것이 그의 신체를 무기력하게 만들었다"는 것을 알고 나서야 폭력을 멈춘다.103 장은 치유의 이름으로 가한 자신의 폭력이 실패했다는 것과 소녀를 이해할 수 없다는 것에 불안을 느낀다. 그러자 이제 그녀를 치유하고 사람으로 만들겠다는 열망이 그를 사로잡는다. "완벽한 무반응이 고통이었다. 그녀를 깨우고, 정상은 아니더라도 조금만이라도 사람 비슷한 무엇으로 돌려놓기 위해 무엇을 어떻게 해야 하는지 깜깜한 것이 미칠 일이었다."104 폭력이 실패하고 나서 장은 보살피는 남자로 변신해 그녀를 변화시키려 하지만 이 또한 성공하지 못한다.

최윤은 모르는 사람의 묘비 앞에서 소녀가 전하는 고백을 통해 검은 휘장 뒤에 숨겨져 있던 것을 드러내고, 그렇게 소녀가 어머니의 시신에 신체적 폭력을 행사한 데서 (소녀는 자신의 손을 잡고 굳어 가는 어머니의 손에서 빠져나오려고 어머니의 팔을 밟아 손을 빼낸 뒤 도망친다) 생겨난 심리적 트라우마를 강조한다. 작가는 소녀의 관점에서는 죄가 있는 사람과 없는 사람 사이에 명확한 경계가 없다는 것을 역설하는 것이다. 학살이 일어나는 동안 누가 폭력을 명령했는지, 누가 그리고 무엇이 상처를 입혔는지 알지 못하는 소녀는 어머니의 다친 몸만을 보았고, 자신이 어머니에게 행한 물리력만을 기억한다. 그날의 이야기를 처음 시작할 때 1인칭이었던 소녀의 목소리는 어머니의 죽음에 가까워지면서 마치 누군가 다른 사람이 다가와서 그녀가 무슨 짓을 했는지 그녀에게 말해 주는 것처럼 2인칭으로 바뀐다. 그러다가 다시 1인칭 서사가 시작된다. "그리고 이후 나는 다시 그날 그 자리로 돌아올 수 없었어. 내 끔찍한 범죄의 자리. 나 혼자 살아남으려고 나는 엄마의 손, 팔, 흰 눈자위를 내 발로 짓이겼어."105 자신이 어머니에게 폭력을 저질렀다는 확고한 생각에서 비롯된 소녀의 죄책감은 살해와 강간에 실제로 책임이 있는 사람들이 처벌받지 않는 상황과 극명한 대조를 이룬다.

그날의 고통스러운 기억의 진술은 소녀의 트라우마를 해결하거나 치유하는 것과는 거리가 멀다. 장은 소녀가 무덤 앞에서 앉아 중얼거리며 몸을 흔들고 목소리를 높여 소리를 지르다 침묵하더니, 머리에 꽃을 꽂은 채 일어나는 모습을 바라본다. "서서히 그녀의 몸이 좌우로 흔들리고 분명 입으로는 무언가를 중얼거리기 시작했고, 그에 따라 좌우의 흔들림이 격렬해졌다. 남자가 있는 곳에서는 들리지 않는 웅얼거림. 설령 남자가 그녀 가까이 다가간다 해도, 발음되어 나오기 전에 이미 입안에서 가루가 되어 풀썩거리는 먼지처럼 새어 나오는 이 말들을 이해할 수 없을 것임을 남자는 미리 알고 있었다."106 며칠 동안 소녀를 쫓아다닌 장은 소녀가 매일 묘지에 찾아간다는 것을 알게 된다. 이는 회복에 대한 정신분석 서사에서 흔히 얘기되는 것과 달리, 그녀의 고백이 트라우마를 해결하는 치유의 순간이 되지 않는다는 점을 보여 준다. (소설과 달리 영화는 묘지에서 이야기하는 소녀의 고백을 최종적 해결책으로 이용한다.) 묘지에 다녀온 소녀는 매일 그렇듯 시장에 간다. 반복적인 행동에서 오는 소름 끼치는 평범함에 장은 공포심을 느끼고, 소녀가 자신의 트라우마적 기억을 내적으로 직면해서 극복한 순간에 극적이고 의미심장한 치유가 이뤄지기를 바라던 독자들의 기대 또한 무너지게 된다. 그녀에 대해 더 이상 알아낼 것이 없는 장은 그녀의 특유의 웃음소리가 있는 "광인들만이 사는 지하 지대"에서 "조건 없는 망각의 행복" "죽음 속의 삶" 그리고 "그녀의 빈 시선"을 마주하게 된다. "그녀와 똑같이 되어, 그녀 속에 들어가서 어딘가에 망가진 장치가 있다면 그걸 고쳐 주고 싶었"던 그의 바람은 이뤄지지 않는다.107 소녀가 죽음 속의 삶을 시작할 것이라는 묘사는 온전한 정신 상태라고 사회적으로 인정되는지에 따라 인간임이 결정됨을 뜻한다. 살아 있다는 신호와 인간임을 알려 주는 지표에서 벗어남으로써, 소녀는 극도로 취약한 상태로 존재한다는 것이 무엇인지 몸으로 보여 주는 것이다.

소설의 마지막 화자는 죽은 친구의 어머니가 시위 때 돌아가셨다는 사실을 알고 친구의 동생을 찾아다닌 대학생들이다. 그들은 광주를 떠나 북쪽으로 소녀의 여정을 쫓아가면서 김상태라는 20대 중반의 남자를 만나는데, 그는 늘 병이 있는 사람이었다. 김상태는 버려진 농가의 잔해 속에서 소녀를 발견했었는데, 동네에 이런 소문이 돌았다.

> 읍 외곽의 이 버려진 농가에 언제부터인지 여자가 하나 살고 있는데 수많은 서천의 남자가 겁 없이, 무상으로 이 여자를 범했다는 소문이었다. 언제든지 이 농가에 들르면 준비를 하고 있던 그 여자를 건드릴 수 있다는 것이었다. 묘령의 젊은 여인이라는 설도 있고 앳된 계집이란 설도, 또 이미 중년을 바라보는 무르익은 여자라는 소문도 있었다. 시집에서 쫓겨난 거지라는 얘기도 나돌고, 창녀촌에서 도망 나온 여자라고도 했고, 아니면 그냥 미친 여자일 거라고도 했다.108

김상태는 소문의 피해자로서 소녀와 자신을 동일시한다. 예전에 그의 어린 여자친구가 죽었을 때, 그 이유가 그의 탓이라는 소문에 시달린 적이 있었다. 김상태는 농가에서 소녀를 구해 병원에 데리간다. 소녀를 구한 일이 자신의 오명을 씻어 주길 바랐지만 이제 동네 사람들은 "소녀 적에 죽은 김의 연인의 혼이 고스란히 앙갚음을 하러 되돌아왔다"고 수군댄다.109 이를 보면 정신장애에 대한 지역 사람들의 인식이 드러나는데, 그들은 소녀가 불결하고 귀신에 씌었다고 생각하면서 그녀의 존재를 비난한다. 주민들은 병원 입구에 모여 든다. "병원 입구에는 사람들이 모여 쑥덕거렸고 그녀가 누워 있는 병실 유리 창문이 깨져 나가기도 했다. 사흘이 지난 다음에는 몇 사람이 병원 원장을 만나 부정한 여자, 남자 귀신이 씐 여자를 서천에서 쫓아내 달라고 행패를 부리는 사람까지 있었다."110 남자의 건강 상태와 어린 연인의 죽음에 대한 두려움이 이해할 수 없는 낯선 소녀의 존재와 합쳐져 마을 주민들의 폭력적인 거부반응을 일으키고, 이 때문에 소녀는 치료를 받을 수도 없고 동네에서 함께 살 수도 없게 된다.

"그녀가 그동안 설령 수천 번의 변신을 했다고 해도, 그녀를 한 번이라도 알았던 사람이면, 어찌 그녀를 알아보지 않을 수 있겠는가"111라고 생각하고 사진 광고를 낸 장의 기대를 저버리기라도 하는 것처럼, 김상태에게 소녀의 상태를 듣고 나서 소녀를 쫓던 오빠의 친구들은 이렇게 생각한다. "우리가 어느 날 그녀를 만난다면 그녀는 우리에게 죽은 사람 이상의 고통을 줄 것임에 틀림없다. …… 다른 것을 너무 순간적으로 어찌해 볼 겨를도 없이 미완성 속에 고정돼 버린 채, 죽음 이상의 어두운 광기의 방 속에 갇혀져 버렸을 것이기 때문에."112 그들은 역설적이게도 소녀를 실제로 만나게 될까 봐 두려워한다.

살기를 그친 산 사람을 만나는 일이 보는 이에게 얼마나 극심한 고문일까. 이것을 사람들은 단순히 미쳐 버렸다고 자주 말한다. 얼마나 간단한 말인가. 그렇게 말해 버리고 나면 다시금 세상에 질서가 잡히는 것 같아 사람들은 여럿이 모여 이구동성으로 친숙한 이름들을 들먹거리고 무릎을 쳐가면서, "글쎄 그 친구가 그만 돌아 버렸다는 구먼" 하고 딱한 표정을 지으며 말한다. 어쩌면 김의 말대로 그녀가 그냥 죽어 버리고 다시는 우리 앞에 나타나지 않는 편이 나을지도 몰랐다.[113]

그들은 상처와 정신장애가 있는 몸을 마주하기가 두렵다. 소녀가 견뎌 온 폭력은 그녀의 인간성을 알아보기 어렵게 만들었고, 그런 상태가 마치 더 많은 폭력을 허용하는 것처럼 여겨지는 것이다.

대학생들은 장이 낸 신문 광고에서 소녀의 사진을 보고 장을 찾아가지만, 소녀가 거기에 없다는 것을 확인했을 뿐이다. 그들은 자책하는 장의 긴 독백을 듣는다. 소설의 결말에는 머리에 시든 꽃을 꽂은 채 꽃자주색 원피스를 입은 소녀의 웃는 모습만 그들의 상상 속에 남아 있다. 기차에서 집단적 환영을 통해 소녀를 본 학생들은 소녀를 찾는 목적이 무엇이었는지 생각하기 시작한다. 성찰적인 질문을 던지던 그들은 결국 자신들을 위해서 소녀를 찾아 변화시키려 했다는 것을 깨닫게 된다.

이미 가 버린 친구의 누이를 찾아 위안해 주려고? 그리고 그의 어머니의 죽은 혼을 안심시키려고? 그렇지 않고서는 더 이상 사는 일이 불가능했기 때문에? 우리의 미성숙한 고통을 섣불리 치유하기 위해서? 그녀의 모습에서 끔찍함의 구체적인 흔적을 찾고자 하는 자학 심리? 아니면 이미 피폐될 대로 피폐된 그녀를 보호해 주겠다는 경박한 인도주의?[114]

이런 질문은 학살에 대한 재현으로서 혹은 각자의 의미를 투영할 수 있는 백지로서 이 소녀를 환유적으로 바꿔 해석하려는 유혹에 대한 작가의 경고다. 이 질문은 연구자인 나 자신의 목적에 대해서도 묻게 만든다. 소녀의 트라우마를 국가의 트라우마로 만들지 않고 소녀를 가부장제 폭력의 전형적인 피해자로 만들지 않으려는 바람과, 소녀를 타자화된 몸들과 연결 짓고자 하는 바람 때문에, 말을 잃고 상처 입은 채 공적 공간과 자연을 떠도는 정신장애 소녀를 타자화된 몸들에게 가해지는 일상적인 폭력의 증거로 만든 것은 아닐까? 소녀를 찾으려고 했던 학생들의 바람은 그녀의 야생적 존재성을 길들이고 가둬 놓으려는 열망에서 나온 것이었을까? 만약 학생들이 소녀를 찾았다면 어떤 일이 생겼을까? 소녀의 고통에서 의미를 찾으려는 시도들은 모두 그녀가 있는 그대로 존재하지 못하게 하는 폭력이 아닐까?

소설에 잠깐 나오는 문장을 통해 소녀가 기차에서 자해하고 난 후 "회색 건물"이라고 부르는 시설 같은 곳에 보내졌다는 사실이 드러난다. 그녀는 자신의 예전 얼굴을 쫓아 이 시설에서 도망쳤다. "찌그러지고 게거품을 뿜어내던 그 얼굴이 아니라, 예쁘지는 않지만 붉은 뺨에 머리에 꽃까지 꽂고 있던 기적 같은 그 얼굴. 엄마가 알아볼 수 있는 얼굴. 오빠가 알아볼 수 있는 얼굴. 매번 그 얼굴이 자꾸 멀어져만 가는 지평선 위를 떠다니면서 내게 길을 가르쳐 주었지. 기차 내에서의 일이 있은 후에 내가 내 또래의 아이들과 같이 갇혀 있던 회색 건물에서 도망치는 길을 알려 준 것은 바로 공중에 떠서 미소를 지을락 말락 하면서 나를 바라보던 그 얼굴이었어."115 여정을 계속하기 위한 소녀의 탈출은 방랑하는 장애여성의 존재에 대한 해결책으로 여겨지는 의료 구금 시설에 대한 도전이다. 다른 사람들이 현재 자신의 모습을 알아보지 못할 것이라는 두려움에 어머니와 나가기 전날, 즉 트라우마가 생기기 전의 기억 속 자신의 형상을 쫓아간다. 그리고 자신의 얼굴이 "괴물"116로 변하는 것을 막으려고 애쓴다. 소녀가 머리에 꽂은 꽃은 — 보통 광기의 표시로 읽히는 — 어머니가 죽기 전날에 대한 기억이며, 그녀의 트라우마 이전과 이후의 존재를 연결해 준다.

자신들의 욕망을 충족시키기 위해 소녀를 찾아 과거의 사회적 관계 망 속으로 데려오고자 했던 학생들과는 달리, 소설의 서문 — 결국 소녀를 찾지 못한 한 학생의 목소리일 수도 있는 — 은 독자에게 소녀와 마주치면 치유하려는 마음이나 두려움으로 대하지 말라고 당부한다. 페트라 쿠퍼 스Petra Kuppers가 말한 "진단적 시선"diagnostic gaze으로 바라보지 말라고 요 구하는 것이다. 이런 시선은 몸의 존재를 해석하고 분류해야 할 텍스트로 축소시키기117 때문이다.

당신이 어쩌다가 도시의 여러 곳에 누워 있는 묘지 옆에 지나갈 때 당신은 꽃자주 빛깔의 우단 치마를 간신히 걸치고 묘지 근처 를 배회하는 한 소녀를 만날지도 모릅니다. 그녀가 당신에게로 다가오더라도 걸음을 멈추지 말고, 그녀가 지나간 후 뒤를 돌아 보지도 마십시오. 찢어지고 때 묻은 치마폭 사이로 상처처럼 드 러난 맨살이 행여 당신의 눈에 띄어도, 아무것도 보지 못한 듯 고 개를 숙이고 지나가 주십시오. …… 그녀를 무서워하지도 말고, 그녀를 피해 뛰면서 위협의 말을 던지지도 마십시오. …… 언성 을 높이지도 말고 더더욱, 당신의 옷자락에 감히 때 낀 손가락을 대고자 하는 그녀에게 냉소적인 야유나 욕설을 삼가 주십시오. 음지에서 양지를 갈망하다 시들어 버린 그 소녀를 섣불리 동정 하지도 말고 당신의 무관심, 혹은 실수처럼 일어난 당신의 미소 와 손짓에 온순히 멀어져 가는 그녀의 뒤에 대고 액땜하듯, 입안 의 농축된 침을 힘껏 모아 그녀가 남긴 발자국 위에 퉤 내뱉지도 마십시오. 당신의 길을 잠시 막아서는 그녀를 구타하고 넘어뜨 리고 짓밟고 목을 졸라 흔적도 없이 없애 버리고 싶은 무지스러

화자는 소녀와 마주칠지 모르는 남자들에게 그녀의 존재를 향해 습관적으로 일어날 수 있는 폭력의 반응을 하나씩 열거하며 말한다. 또한 화자는 불가해한 여성들의 존재를 적대시한다고 해서 한 공간에 공존하는 몸들의 관계성을 없애진 못할 거라고 경고한다. 소녀에게 오빠가 더 이상 존재하지 않기 때문에 익명의 무덤과 다른 젊은 남성의 몸이 오빠를 대신하게 된다. 이는 트라우마와 장애를 가지고 살아가는 소녀들의 존재를 인정하는 윤리가 가족 이외의 사람들에게도 공유되어야 함을 요구한다.

영화 〈꽃잎〉에서 감독은 소설 속 프롤로그를 축약해서 마지막 내레이션으로 활용하는데, 이는 오빠의 친구들 가운데 한 명의 목소리를 통해 전해진다. 내레이션은 다른 친구가 버스에서 눈물을 흘리는 모습으로 시작한다. 카메라는 소녀를 찾으면서 묘지를 돌아다니는 장이 나오는 장면으로 빠르게 넘어간다. "못 본 척 그냥 지나쳐 주십시오. …… 그저 잠시 관심 있게 봐주기만 하면 됩니다." 소설과 다르게 영화는 관객들에게 미친 여성의 존재를 없애려는 충동을 참으라고 호소하지 않는다. 현재 사회에서 정신장애를 갖고 살아가는 여성들의 존재를 부정하기 위해 일상적으로 가해지는 개인들의 폭력은 소녀의 비순응적인 존재와 불가해한 침묵에 대해 반사적으로 일어나는 치료적 반응의 폭력성을 드러내지 못하고, 오히려 거대한 국가 폭력에 의해 야기된 국가 전체의 고통으로 안내하는 시각적·상징적 통로의 역할을 한다. 영화는 국가 폭력을 강조하는 과정에서 장애를 기반으로 하는 젠더화된 일상적 폭력에 작동하는 권력을 삭제한다.

영화에서 소녀는 "스펙터클로 재현되는 폭력"119의 희생자가 되고, 소녀의 심리적·신체적 고통은 그녀를 보면서 지켜 주지 못하고 구해 주지 못하는 사람들에게 고통을 안기는 역할을 한다. 이 과정에서 관객들의 고통이 소녀의 고통보다 중요해진다. 영화는 관음증적 쾌락과 카타르시스를 가져오는 남성적 시선에 기댄 채 소녀의 고통과 취약한 몸을 이용하여 관객들이 학살의 잔혹함을 다시 경험하도록 한다.[120] 장선우 감독은 소녀가 묘지에서 우는 모습을 치유하고 죄책감을 '씻어 낸다'는 의미에서 씻김 굿으로 불리는 무당의 의식을 연기한 것으로 묘사한다.[121] 영화학자 사이토 아야코齊藤綾子는 〈꽃잎〉이 강간 장면을 통해 광주에서 일어난 국가 폭력과 소녀를 향한 일상의 폭력을 결합시킨다고 지적한다. "이 영화는 국가의 기원이라는 근원적 트라우마를 비판하기 위해 폭력을 반복한다."[122] 아야코는 영화가 국가적 트라우마의 고통을 소환하기 위한 도구로서 폭력의 사용을 정당화한다는 타당한 비판을 전개한다. "성스러운 희생양, 무당으로서 소녀는 감독의 '근면한 무녀'가 되어 민족의 비극을 전달한다."[123] 다른 학자들도 영화가 소녀의 몸에 영화의 언어를 새기고 그날에 대한 소녀의 기억과는 다른 기억을 구성한다고 비판한다.[124] 광주에서 일어난 시위, 시민들을 향한 군대의 폭력, 죽은 사람들의 장면을 통해 광주 학살은 소녀의 몸에 투영된다. 소녀의 트라우마는 어머니가 죽은 날에서 비롯되기 때문에, 그 후에 그녀가 경험하는 폭력은 트라우마적 기억으로 들어가는 시각적 통로로 기능하는 것 외에는 의미를 잃게 된다. 아야코가 지적한 것처럼 이 영화는 과거의 트라우마에 집중하면서, 장애가 있고 규범에 순응하지 않는 소녀의 몸을 향해 현재 가해지고 있는 치유 폭력의 정치적이며 젠더화된 의미를 제거해 버린다.

이런 제거의 과정에서 영화는 소녀가 인간이라는 사실이 그녀의 상태에 달려 있다고 여긴다. 장애가 있고 피해를 당한 몸이라면 이미 살아 있음의 범주를 벗어난 것처럼 말이다. 소녀의 몸은 떠도는 귀신, 시체, 육체를 떠난 영혼, 환영과 같이 살아 있지 않은 형태로 바뀐다. 애니메이션 장면에서 소녀는 투명한 몸을 가진 영혼으로 등장한다. 그 상태로 소녀는 집을 찾아가고, 집에 있는 모든 물건에 친밀함을 느끼며 그 물건들이 너무 외로울 것 같다고 생각한다. 텅 빈 집은 소녀가 돌아갈 수 없는, 폭력이 일어나기 전의 시간과 공간을 보여 준다. 다른 장면에서 기차에 타고 있는 소녀는 창문에서 무섭게 생긴 귀신을 보게 된다. 소녀가 보는 귀신은 자신의 얼굴이다. 귀신은 그녀에게 속삭인다. "내 엄마를 어떻게 했어? 말해 봐, 말해 봐." 소녀는 그 목소리가 들리지 않도록 소리를 지르고 창문이 깨질 때까지 머리를 찧는다. 또 다른 장면에서 군인들은 거리에 있던 시체를 쌓은 트럭의 더미 위로 소녀의 몸을 던진다. 그다음에 시체를 묻으려고 구멍을 파고, 소녀의 몸도 거기 같이 던져진다. 김상태가 학생들에게 소녀를 설명하는 내용을 보면 피해자의 몸에 인간성은 더 이상 존재하지 않는다는 사고방식이 단적으로 드러난다. "그 아이는 소문 이상으로 망가져 있었어요. 온몸이 퍼런 멍으로 뒤덮여 있었고 악취가 심하게 났어요. 그래서 난 죽은 줄 알았죠. 시체가 썩어서 냄새가 나는 거다. 순간적으로 손가락이 꿈틀거리지 않았더라면 그냥 돌아섰을 겁니다. 무섭기도 했고요. 제 자신이 그녀와 동일한 인간이라는 것이 그 순간 수치스러울 정도였으니까요." 김상태가 이렇게 수치심을 느꼈음에도 불구하고 소녀가 살아 있는 인간이라는 사실을 부정하지 않는다는 것은 능력과 존엄성에 달려 있는 인간성의 개념을 유보하고, 몸의 상태에 따라 비인간화 될 수 있다는 생각을 거부하는 것이다. 조르조 아감벤Giorgio Agamben이 말한 것처럼 "어떤 윤리(학)도 인간성의 어떤 부분의 배제를, 그러한 인간성을 아무리 보는 게 불쾌하고 어려운 일일지라도, 주장할 수 없다."[125]

영화는 장이 소녀를 강간하는 세 번의 장면을 길게 보여 준다. 영화 초반에 강가에서 소녀가 장을 따라오기 시작할 때 장은 숲속에서 그녀를 강간하고 쫓아 버린다. 강간이 소녀에게 아무런 영향을 끼치지 않은 것처럼 그 후 소녀는 계속 장을 따라가고 그의 옆에 앉아서 "엄마" "여기 구멍" "오빠" 같은 말을 중얼거린다. 오히려 소녀는 장에게 강한 애착을 보이는데 장이 소녀의 오빠와 체구가 비슷하다는 것을 수색 중인 친구들이 알아보았을 때 그 이유가 설명된다. 첫 번째 강간 장면 이후에 나오는 강간 장면들은 학살에서 발생한 폭력을 그린 흑백 회상 장면 그리고 애니메이션으로 표현된 환상 장면들과 뒤섞여 있다. 두 번째 강간 장면 앞에는 총격이 이뤄지고 혼란스러운 거리에서 군인들에게서 도망가는 모습이 나온다. 소녀는 쓰러지고 관객들은 아래에 있는 그녀의 시선을 따라가면서 다가오는 군인들의 발을 바라본다. 강간 장면에서 초점이 없는 소녀의 얼굴은 어머니가 죽는 순간의 얼굴과 교차 편집된다. 세 번째 강간 장면은 장이 술에 취해 집에 들어온 이후에 발생하는데, 소녀가 식사 준비를 하는 것을 알고는 자신을 향한 이상한 애착에 화가 나서 잔인하게 때린다. 장은 소리 지른다. "너 왜 여기 왔어? 누구야 너? 말 안 해?" 소녀도 소리 지른다. "오빠!" 그러자 그는 더 폭력적인 상태가 되어 "내가 오빠야?"라고 소리친다. 바닥에 누워 있는 소녀의 얼굴은 시체 더미 위에 누워 있는 회상 장면으로 이어진다. 강간 이후에 소녀의 얼굴 클로즈업은 덤불 속에서 소녀가 기어가는 모습으로 전환되고, 이어서 나오는 애니메이션 장면에서는 거대한 벌레가 소녀를 공격한다. 군화를 신은 남자의 다리와 군 헬리콥터의 이미지는 벌레와 군대를 명확하게 연결한다. "오빠"라고 부르는 소녀의 목소리는 음성으로 나오지 않고 말풍선으로 처리되는데, 이때 전근대 전사 복장을 한 남자가 백마를 타고 나타나서 검으로 벌레를 죽이고 소녀를 구한다. 그들은 함께 날개 달린 말을 타고 날아간다.126 카메라 숏은 장의 집 어두운 구석 바닥에 누워 있는 소녀로 전환되고, 이는 오빠와 극적으로 날아오르던 모습과 극명한 대조를 이룬다. 이렇게 폭력이 뒤섞인 장면들은 관객들의 눈앞에서 벌어진 강간의 장면을, 분열된 상태에서 몸의 경험과 분리된 채 떠오르는 트라우마적 기억으로 안내하는 시각적 장치로 축소시킨다.

애니메이션으로 표현된 환상 장면은 강간의 순간에 소녀가 간절히 구조를 바란다는 점을 보여 주는 것만은 아니다. 즉, 거대한 벌레의 공격은 학살이 벌어진 날에 있었던 폭력에 대해 소녀가 느끼는 공포와 연결된다. 소녀의 환상 속에서 강간은 오히려 이런 공포로부터 구조되는 순간으로 이어진다. 심각한 문제는 오빠의 대리 역할을 하는 장이 소녀에게 폭력을 가해서 예전의 폭력의 기억을 불러일으킴으로써 소녀를 구해 낸다는 메시지가 담겨 있다는 점이다.127 다음 날 아침, 창고를 둘러싼 빛과 고요는 폭력 이후에 그들의 관계에 어떤 변화가 생겼음을 암시한다. 장은 일하러 나갔다가 시장에 가서 아버지처럼 행세하며 소녀의 옷을 산다. 소녀의 나이를 물어보는 가게 주인의 질문에 대답하지 못하는 장은 다리를 심하게 절면서 가게에서 멀어진다. 주인은 "병신, 자기 딸 나이도 몰라"라고 욕하는데, 이 모습은 배척당하는 존재로서 소녀와 장을 연결시킨다. 폭력 이후 장의 변화는 이 장의 초반에 설명했던 영화 〈오아시스〉와 놀랍도록 유사한 논리를 보여 준다. 장애여성이 소외된 남성을 변화시켜 관계를 맺을 수 있는 사람으로 바꾸는 장치의 역할을 하는 것이다.

이 소녀가 치유될 수 있을지를 묻는 영화의 핵심 질문은 학생들이 과연 소녀를 찾을 수 있을 것인가 하는 질문과 합쳐진다. 감독은 관객을 소녀를 찾고 있는 학생들 중 한 명으로 상상하고, 감독 본인도 대학생들과 같이 버스에 타고 있는 승객으로 영화에 등장한다.128 소녀를 트라우마 이전의 관계로 다시 데려갈 수 있는 사람들이 그녀를 찾아야만 그녀가 주체성을 되찾을 수 있을 것처럼 보인다. 영화평론가 김창환은 소녀의 장애를 통해 광주 항쟁의 역사를 본다. "회복 불가능하게 벌어져 있는 상처를 바라보는 우리의 마음은 균열된다. …… 소녀의 몸을 매개로 우리의 몸도 광주의 시공간을 헤매게 된다."129 이런 상상 속에서는 이름 없는 소녀의 상처 입은 몸은 관객들의 분신이 된다. 소녀의 서사가 광주 항쟁이라는 국가적 트라우마를 치유하기 위한 은유로 변할 때, 치유되어야 하는 것은 소녀의 광기에서 관객의 고통으로 바뀐다.

하지만 소녀의 장애를 치유할 수 없고 소녀를 찾을 수 없는 상황에서 그녀는 역사 서술의 안정적인 매개체가 되지 못한다. "미친 여성의 몸은 '비정상적' 정신의 증거를 찾기 위해 폭력적인 방식으로 분석되어 왔는데"[130] 어디에나 존재하는 이런 여성들은 특히 원작 소설의 곳곳에 나타난다. 정신장애 여성의 존재에 대한 적대감에 초점을 맞춘다고 해서 내가 정신장애를 은유로 사용하는 것 자체에 반대하는 것은 아니다. 은유는 분명한 메시지를 안정적으로 전달하기 위해 무엇이 숨겨지는지, 또한 어떻게 엘리자베스 그로스Elizabeth Grosz가 말한 "가부장제의 여성 삭제"로 이어지는지 분석할 수 있는 기회를 제공한다.[131] 최윤이 쓴 이런 여성들의 이야기는 소녀의 몸에 새겨진 광주의 폭력적인 역사의 재현일 뿐만 아니라, 미쳤다는 낙인이 찍힌 채 시설 밖에서 거주하는 것이 허용되지 않는 사람들에 대한 재현이기도 하다. 영화 〈꽃잎〉은 소녀를 고치려는 장의 열망에서 비롯된 장애여성을 향한 폭력과 분노를 강조하고, 이런 폭력은 그녀의 트라우마적인 기억을 불러일으키는 역할과 장을 변화시키는 중요한 역할을 한다. 트라우마를 겪은 후에도 일상에서 개인들에게서 지속적으로 당하는 폭력의 이런 역할은 국가 폭력에 대한 의미를 만들어 내는 과정 속에 숨겨지게 된다.

광주 학살을 다룬 또 한 편의 영화 〈박하사탕〉(감독 이창동, 2000)은 〈꽃잎〉과 다르게 치유 폭력을 재현하는 방식으로 장애가 있는 인물을 타자화하지 않는 대신 남성화된 방식이 자기 파괴를 보어 준다. 이 영화는 광주로 파견된 부대의 이등병이었던 영호라는 남자의 기억을 따라간다. 그는 발에 총을 맞게 되고 실수로 총을 쏘는 바람에 집에 가던 여자아이를 죽인다. 영화는 1999년부터 영호가 첫사랑을 만났던 1979년까지 거꾸로 흘러가면서 그의 삶을 보여 준다. 1999년으로 설정된 유명한 장면에서 영호는 기차가 달려오는 철로에 팔을 벌리고 서서 "나 다시 돌아갈래"라고 외치며, 자신의 삶을 끝내 줄 거대한 힘을 받아들인다. 심리적인 이유로 인해 나타나는 다리의 장애나 현재의 삶을 벗어나고자 하는 열망의 표현으로 암시된 자살은 그를 치유하려는 다른 사람들의 개입으로 이어지지 않는다. 영호의 삶의 비극은 학살에 강제로 관여되었다는 사실에서 비롯하기 때문이다. 그는 서사적 힘과 주체성을 가지고 트라우마적 기억을 지우기 위해서 트라우마가 생기기 전의 과거로 돌아가기로 한다. 영호는 자살로 자신을 치유하려는 열망 때문에 현재의 시간 속에 장애를 가지고 존재할 수 있는 가능성을 부정한다.

〈박하사탕〉의 영호도 정신적으로 병이 있지만, 트라우마와 관련된 광기를 다룰 때 더 보편적으로 언급되는 대상은 〈꽃잎〉의 소녀처럼 여성이다. 한국에서 미친 여자는 자연 속을 돌아다니는 것으로 흔히 상상된다. 이런 미친 여자의 이미지를 사진으로 포착하는 작업이 이뤄졌는데, 이는 광주 항쟁 같은 특정한 역사적 사건에 대한 것이 아니라 여성 억압의 보편적인 경험과 관련된 것이다. 페미니스트 사진작가 박영숙은 가부장제의 억압을 광기의 이미지와 연결한다. 가부장제의 억압은 저항하는 여성들을 미쳤다고 규정함과 동시에 정신장애를 양산한다. 이런 여성주의적 이미지도 미묘하게 장애를 매개체로 바꿀 수 있다. 「저기 소리 없이」에서 약간의 관심과 위협적이지 않은 시선으로 미친 여성을 바라보라고 당부한 것에 응답하듯, 박영숙은 '미친년 프로젝트'를 통해 광기를 연기하는 이미지를 만들어 냈다. 박영숙은 "이 '미친년'을 연기한 페미니스트들은 모든 여성들을 대변하고 있습니다"라고 설명한다.132 모델들은 사진작가의 "가까운 친구들로 한국의 미술계와 여성주의 진영에서 잘 알려진 미술가,

활동가들"이다.133 정신 질환에 부여된 낙인을 피하기 위해, 박영숙은 모델들이 **실제로** 미치지는 않았다고 강조한다. 비장애 페미니스트들은 그들이 상상하고, 경험하고, 실제 자신들의 삶에서 마주했던 광기를 모방하고 연기한다. 광기를 연기하는 것은 일종의 '드랙'처럼 논리적인 서사를 통해 설명될 수 없는 여성들의 경험을 보여 주는 도구가 되고, 그들의 몸은 모든 여성들의 이야기를 말하고 있는 것처럼 보인다. 하지만 이처럼 정신장애를 가진 몸을 비장애여성이 연기하는 것은 정신장애를 환유로 전용하는 또 하나의 사례이다. 광기가 상징으로 형상화되면 그것이 전달하려는 메시지와 별개인 그 자체의 존재가 사라진다. '미친년 프로젝트'가 전달하려고 했던 메시지는 여성 억압이 야기하는 피해이다. 광기의 물질적인 실재인 몸은 억압을 확인해 주는 상태를 표현한다고 이해되어 오히려 동일시되지 않고 거리를 둔 채 동정받는 존재가 되는 것이다.

한 사진에서 어떤 여성이 텅 빈 추상적 공간으로 이뤄진 프레임의 오른쪽에 서서 마치 아기를 안은 것처럼 팔로 베개를 꼭 안고 있다. 이는 〈꽃잎〉에서 어머니가 죽던 날 입은 옷이 든 보따리를 안고 있는 소녀의 모습을 연상시킨다(그림5). 사진 속 여성의 몸은 측면을 향해 있고, 그녀는 카메라/관객을 주시한다. 여성의 모습은 방어적이며 경계하는 듯하고, 외부 세계로부터 무언가를 지키려 애쓰는 것 같다. 여성을 오른쪽에 배치하고 그녀의 시선이 오른쪽이나 가운데가 아니라 정면을 향하도록 방향을 잡은 것은 그녀에게 열려 있는 공간이나 출구가 남아 있지 않음을 보여 준다. 이 사진은 박영숙 작가가 정신병원을 방문했을 때 봤던 실제 '미친' 여성을 재현한 것이다. 박영숙은 이렇게 회고한다. "그 여성은 무엇인가를 힘껏 껴안고 원장에게 아양을 떨었습니다. 그 모습은 매우 불쌍했습니다."134

박영숙은 그 여성이 이혼 후 양육권을 잃었고 아이를 보고 싶은 바람

그림5 박영숙, '미친년 프로젝트' 〈미친년들〉 연작(1999). 120×150cm.
한 여성이 서서 베개를 안은 채 카메라를 보고 있다. 박영숙 제공.

때문에 "미쳐 버렸다"고 설명한다.135 이 이름 없는 여성의 상황에서 찾아낸 광기는 여성 억압이 끼치는 해를 나타낸다. 이렇게 해석하는 방식은 시설이나 지역사회에서 장애여성이 경험하는 지속적인 소외를 보이지 않게 만들 수 있다. 이 이미지 속에서 장애를 가진 몸은 불의不義와 상처를 일으키는 고통을 구체적으로 형상화하지만, 이와 동시에 장애를 갖게 된 이후의 경험을 지속적으로 만들어 내는 물질적·사회적 상호작용의 복잡한 요소를 가려 버린다. 즉, 장애가 생긴 이후에 개입의 초점은 사회구조에서 개인의 몸으로 옮겨 가고, 왜 장애여성이 무시할 수 있는 존재로 여겨지고, 제거될 수 있고, 지역사회와 단절되는지 문제를 제기하지 않는다. 따라서 장애를 구성하는 역동적인 사회적 관계 대신 장애를 비극으로 보는 고정관념이 지배하게 된다. 이런 방식의 여성주의적 상상에서는 정신장애 여성이 보다 적절한 주거와 돌봄을 얻을 수 있는 지역사회로부터 단절되는 사회구조의 문제가 간과된다.

가부장제 사회에서 저항적인 페미니스트가 '정신병자'라고 비난받는다고 해도, 정신 병동의 복도에 있던 여성, 사진에서 그 여성을 연기하는 사람, 영화에서 묘지를 떠돌아다니고 자신을 강간한 남자를 쫓아가는 소녀, '미친년'이라는 꼬리표를 재정의하려는 사진작가 사이에 존재하는 차이는 이런 이미지가 보여 주는 것보다 훨씬 복잡하다. 누군가를 '미쳤다'고 부르는 것은 실제로 '정상성' 외부에 존재하는 여성을 향해서 폭력을 행사하는 것일 수도 있다. 예를 들어 영화 〈꽃잎〉에는 소녀의 존재에 화가 난 여성 주민들이 병원 창문으로 돌을 던지자 의사가 집게손가락을 머리 옆에서 돌리는 장면 — 미쳤다는 것을 나타내는 전형적인 동작 — 이 나온다. 이들이 외치는 소리는 정확히 들리지 않지만, 소녀가 귀신에 씌었다고 믿는 여성 주민들을 미쳤다고 무시하는 동작은 잘 나타난다. 하지만 비장애여성이 미친 여자로 간주되는 경험을 한다고 해서 '정상성' 바깥에 존재하는 여성들이 어떻게 폭력을 당하고 지워지는지 자동적으로 이해할 수 있게 되거나, 사회정의와 윤리적 반응의 가능성이 커지는 것은 아니다.

광기를 재현할 때, 치유되지 않은 채 장애를 갖고 살아가는 삶의 경험 그리고 지속적인 억압과 폭력의 경험을 살펴보지 못하는 이유는 이미 피해가 끝났다고 보기 때문이다. 그렇지만 이 시리즈의 한 사진(그림6)은 박영숙의 집단 예술 프로젝트가 장애인의 타자성을 유지하는 비장애중심주의에 도전할 수 있는, 정신장애 여성의 존재와 힘을 드러내기 시작하는 가능성을 엿보게 한다.

사진 속의 여성은 분홍색 야생화가 만발한 꽃밭 위에 누워 있다. 눈은 감고 얼굴에는 옅은 미소를 띠고 있다. 정신장애를 낭만화하는 위험을 무릅쓰고 잠시 동안 나는 이 여성을 영화 〈꽃잎〉의 그 소녀의 미래 모습으로, 영화에서는 허용되지 않았던 상상을 시도해 보려고 한다. 이 여성은 이야기를 하라고 요구받거나 치유되라는 강요를 당하지 않고 그 공간에 머물고 있다. 그런 요구를 하지 않는 것이 트라우마에 대한 윤리적 반응일 뿐만 아니라 장애의 존재에 대한 윤리적인 반응일 것이다. 그녀는 학살이 일어난 날에 입었던 치마가 담긴 보자기를 더 이상 움켜쥐지 않고 두 팔을 활짝 펼치고 있다. 이 사진에서 비장애여성이 장애를 재현하는 모습은 많은 비판을 받아 온 장애 체험 훈련처럼 장애인에게 동정심을 갖게 하거나 장애인을 더 타자화하고 거리 두게 만드는 것이 아니라 장애를 갖고 살아가려는 소망의 표현이다. 왼쪽에서 오른쪽으로 기울어진 경사의 구도는 관객에게 불안정함을 느끼게 하지만, 가운데 평온하게 누운 여성의 모습은 그와 대조를 이룬다. 박영숙은 이렇게 설명한다. "'미친년'의 이미지는 자신의 할머니나 엄마를 대변하고 있습니다. …… 이 경험은 나눔의 경험이고 나눔의 작업 그 자체입니다."136 '모든 여성'에 대해 말하고 있다는 일반화의 언어와 거기에서 정신장애 여성이 배제될 수 있다는 가능성이 나를 잠

그림6 박영숙, '미친년 프로젝트' ⟨꽃이 그녀를 흔들다⟩ 연작(2005).
      120×120cm. 한 여성이 눈을 감은 채 분홍색 야생화를 베고 누워 있다.
      박영숙 제공.

시 머뭇거리게 하지만, 이 사진에서 몸으로 표현된 정신장애와 강렬한 침묵에 친밀감을 느끼게 된다. 이 사진에 담긴 광기의 연기는 쿠퍼스가 말한 "통제할 수 없는 몸, 발작, 과잉, '몸과 분리된 경험'의 신경질적 발현으로 그려지는 정신 질환을 가진 사람들에 대한 '전형적인' 이미지"에서 벗어나 있다. 오히려 쿠퍼스가 〈자취들〉Traces이라는 퍼포먼스에서 정신 질환을 가진 사람들을 표현한 모습과 비슷하게, 사진 속 여성의 몸은 "앎을 거부한다. 결말이 허용되지 않는다. 관중은 (그녀의) 경험과 생각의 진실에 접근할 수 없다."137 여기서 침묵은 언어의 부재가 아니다. 정신장애의 신체성은 다양한 의미와 무의미함을 표현하는 많은 소통 방식을 갖고 있기 때문이다.

사적 정의와 비폭력의 윤리

"어쩌면 우리 사회 자체가 도가니다."
― 배복주, 전 장애여성공감 활동가

나는 이 장을 시작하며 장애인에게 폭력을 가하는 것이 장애인에 대한 관심의 표현이며 장애인에게 도움이 되는 돌봄이라는 판타지가 문화 속에서 만들어지는 상황에서, 장애인이 피해를 당하는 것에 반대하는 활동가들의 캠페인에 대해 설명했다. 교사가 청각장애 아동을 성적으로 학대한 내용을 담은 2011년 영화 〈도가니〉(해외 개봉 제목은 'Silenced')는, 반대로 문화적 재현이 사회 변화를 일으키는 역할도 할 수 있다는 사실을 보여준다. 이 영화는 광주 인화학교에서 발생한 실제 사건에서 영감을 얻은 공지영의 동명 소설을 기반으로 제작됐다. 소설 속 가상 도시 무진은 '민주주의의 성지'로, 광주와 그 도시의 역사를 떠올리게 한다. 몇 년 동안 실제 사건을 다룬 언론 보도와 대중소설은 사람들의 큰 관심을 얻지 못한 반면, 이 영화가 극장에서 흥행하면서 도가니 열풍, 도가니 신드롬, 도가니 효과가 시작되었다. 영화는 부패한 형사 사법 제도를 그린다. 부패한 제도 탓에 청각장애인 남학생을 강간한 교장, 청각장애인 남학생들과 지적·청각 장애를 가진 여학생을 성적으로 학대하고 신체적으로 괴롭힌 다른 두 명의 교사는 집행유예를 받고 징역을 살지 않았다. 항소를 비롯한 일련의 법적 조치들이 정의를 실현하는 데 아무런 소용이 없자 피해를 당한 아이들 중 한 명이 직접 나서게 된다. 그 아이는 가해자 교사 한 명을 칼로 찌르고는 그를 데리고 다가오는 기차를 향해 몸을 던진다. 영화는 실제 사건의 가해자 일부가 청각장애가 있는 학생들을 다시 가르치기 시작했다는 사실을 알리면서 끝난다.

영화에 담긴 청각장애 아동들의 성폭력 피해와 부패한 사법 제도를 향한 대중의 분노는 극심했고 매체에 대거 보도되었다. 당국은 성급히 가해자들을 재수사해 다른 혐의로 기소했고 그중 일부는 유죄로 징역형을 선고받았다. 또한 관련 법이 개정되고, 새로운 정책이 마련되었으며, 검찰의 범죄 수사 과정 개혁을 위한 노력과 장애인 피해자에게 적절한 지원과 편의를 제공하기 위한 노력이 시작되었고, 장애아동의 기숙사와 시설에 대한 감독 강화와 인화학교의 영구 폐쇄가 이뤄졌다.

이 같이 정의를 향한 갑작스런 움직임 속에서 장애여성공감은 사람들에게 분노와 연민에 대해 성찰하고 돌아보자고 제안하는 논평을 발표했다. 대부분 비장애인인 대중들은 가해자들의 잔인함에 격분하면서, 주류 사회 및 교육에서 분리되어 사회에서 보이지 않았던 무력하고 순진무구한 청각장애 아동들에게 연민을 표했다. 영화에는 새로 부임한 학교에 와서 폭력을 발견하고 고발하는 내부 고발자 인호가 등장하는데, 장애여성공감은 청인 캐릭터인 인호가 취약한 장애인의 "구원자" "대변인" 그리고 또 다른 "보호자" 역할을 하고, 그럼으로써 관객과 장애인 사이에 안전한 거리를 유지하도록 만든다는 점을 비판한다. 장애여성공감은 이렇게 지적한다. "어린 나이부터 시설에서 자신의 유일하고 중요한 '보호자'에게 인권유린을 당하면서 가장 기본적인 '상식'의 경험을 박탈당하고, 사회의 '정상성'에서 근원적으로 배제되며 살아온 그들이다. 그 아동들이 사회적 '상식' 혹은 '정상성'의 법 제도 틀 안에서 피해를 인정받는 것을 가장 중요한 사건의 해결 지점으로 생각할 거라는 전제는 의심해 봄직하다."138 장애여성공감은 대중들이 장애를 차별하는 사회적 분리에 동조해 왔다는 것부터 인정할 것을 요구했다. "'그들'과 나의 거리를 좁히고 직면할 때 〈도가니〉를 넘어설 수 있다." 지역사회에서 살아가는 장애인을 향한 대중들의 전반적인 거부를 비롯하여 분리된 교육제도와 장애인의 시설화 안에 내재된 폭력에 대해 질문해야 한다는 것이다. 이 논평은 장애아 유기, 장애여성을 대상으로 하는 불임수술, 장애인을 가족이나 이웃이 가하는 폭력과 시설 내 학대에 취약하게 만드는 교육의 부재와 실업 등 비가시화된 폭력 또한 강조한다. 따라서 폭력에 반대하는 해결책은 형사 사법 체계로 국한되어서는 안 되며, 그동안 허용되고 당연하게 여겨졌던 장애차별주의의 전반적 폭력을 다뤄야 한다.

〈도가니〉는 수용 시설에서 이뤄지는 분리 교육에 대해 질문하지 않는다. 이는 많은 가족이 지역사회에서 청각장애 아동을 키울 방법이나 자원이 부족해, 멀리 보내기를 택하거나 유기하는 상황을 반영한다. 영화에서 정의는 복수라는 개인적 차원에서 구현되는데, 이는 장애인이 살아갈 수 없게 만드는 일상적 폭력과 제도적 폭력을 두고 상상할 수 있는 유일한 대응 방법이다. 장애인이 자기 파괴를 통해 정의를 추구하는 과정에서 죽음에 이르는 상황은 〈수취인불명〉에도 나오는데, 창국과 어머니의 자살

263

이 그렇다. 〈도가니〉의 결말에 나오는 살인에 이은 자살은 실제 인화학교 사건에서 일어난 일이 아닌, 저항을 표현하는 하나의 방식으로 설정된 감독의 창작이다. 누군가 폭력을 끝내려는 유일한 방식으로 자기 삶을 끝내는 것은 자신의 취약성을 정치적 주장으로, 즉 폭력을 허용하는 조건이 바뀌지 않으면 살아갈 수 없다는 주장으로 바꾸는 행위이다.

취약성이 폭력을 일으킨다는 생각은 장애인이 가진 힘을 빼앗고 폭력을 당연한 것으로 만든다. 스스로에게 폭력을 가하는 것은 문화적 재현에서 장애인의 주체성이 가시화될 수 있는 몇 안 되는 사례 중 하나이다. 그렇기에 사적 정의의 형태로 시행되는 복수와 자살은, 피해를 당한 장애인의 이미지를 향해 거리감을 두는 분노와 탈정치화된 연민을 거부한다. 자신과 타인을 향한 폭력은 파르마콘으로서, 치유라는 이름으로 이뤄지는 폭력에 대한 개념적인 대응이며 동시에 실제적인 대응으로 등장한다. 이런 폭력적인 상호작용의 도가니 속에서 〈꽃잎〉의 미친 소녀가 보여 주는 비폭력의 윤리, 극도의 취약성, 자기 성찰은 장애를 갖고 폭력 없이 살아가는 삶을 향한 과정의 시작점을 제공할 수 있다.

4장

머물 수 없는 곳, 가족

한센병(나병)과 관련된 지속적인 낙인을 없애기 위한 최근 캠페인은 한센병이 유전되지 않고 전염성이 높지도 않으며 완치 가능하다는 과학적 정보를 알리는 데 집중하고 있다. '세계 한센병의 날'을 기념하여 2009년에 한국한센복지협회에서 공모한 캠페인 포스터에 이런 문구가 있다. "메모하세요. 이제 한센인에 대한 왜곡된 과거사는 없어져야 합니다"(그림7).1 이 슬로건 위를 보면 연한 베이지 바탕에 세 개의 메모지가 핀으로 꽂혀 있고, 메모지마다 영어 단어와 그림이 하나씩 있다. 첫 번째에는 하트 모양으로 맞잡은 두 손 그림과 함께 'touch'가, 두 번째에는 두 개의 알약 그림과 함께 'take'가, 세 번째에는 원에 걸쳐 안쪽을 향하는 네 개의 하트 그림과 함께 'open'이라는 단어가 적혀 있다. 접촉을 강조하는 것은 이 병이 피부 접촉을 통해 전염된다는 오해를 바로잡고, 한센인을 접촉 불가능한 사람들로 생각해 온 편견을 버리도록 설득한다. 알약 그림은 다제 요법을 통해 치료 가능하다는 사실이 포용적인 사회에 통합되는 데 핵심임을 보여 준다.

"왜곡된 과거사"는 지난 세기 동안 이뤄진 한센인 강제 분리, 노동 착취, 신체적 폭력, 학살, 재생산권 침해는 물론이고, 현재까지 이어지고 있는 사회적 배제와 편견을 말한다. 이 포스터는 정부 지원을 받는 기관이 역사적 부정의를 바로잡기 위해 노력한다는 것을 보여 주지만, 그 과정에서 치료를 장려하고 대중을 보호한다는 기치 아래 이 병의 위험성에 대해 잘못된 정보를 퍼트린 정부, 인도주의 단체, 의료 당국이 그런 왜곡된 역사를 만들기도 했다는 사실을 효과적으로 은폐한다. 한국전쟁 이후 한국은 '감염병 예방법'을 통해 일제강점기 때 시작된 강제 분리 정책(1954~63)을 재개했다. 이후 정부는 완치된 사람들을 분리된 정착지로 옮기는 데 집중했는데, 대개 종교 기관이 운영하는 곳이었다.

　　이 병의 낙인을 없애기 위한 다른 작업은 병의 이름을 '나병'에서 노르웨이의 의사 게르하르 아르메우에르 한센Gerhard Armauer Hansen(이 병을 발생시키는 나균 박테리아를 발견한 사람)의 이름을 딴 '한센병'으로 바꾸는 것이었다.2 1940년대에 미국 카빌 지역의 『스타 매거진』 편집장 스탠리 스테인Stanley Stein은 성서의 내용을 연상시키는 '나병'이라는 말보다 과학적 정보를 강조하는 이 용어를 사용하자고 주장했다. 한국에 '한센씨병'이라는 이름은 1950년대에 들어왔고,3 2000년에 '감염병 예방법'에서 '나병'이라는 용어가 '한센병'으로 바뀌었다. 세계적으로 국제 의료계는 '나병'leprosy을 계속 사용하고 있다.4 로드 에드먼드Rod Edmond는 이 병에 대한 의료적·문화적 역사를 분석한 연구에서 '한센병'이라는 이름이 "환자들이 처한 상황을 희석하고 전통적으로 이 병이 불러온 피해를 지워 버리기 때문에" 현대의 일부 환자들은 '나병'이라는 용어를 선호한다고 설명한다.5 '한센'을 중립적인 용어로 보고 오랜 역사를 가진 폭력을 없애기 위해 사용하자고 한 것은 상당히 역설적이다. 의사 한센은 자신이 발견한 간균 때문에 그 병이 생긴다는 점을 증명한다는 명목으로 1880년에 피부 증상을 가진 환자의 결절에서 추출한 물질을 신경상 나병을 가진 여성에게 당사자의 동의 없이 주사한 혐의로 유죄를 선고받았기 때문이다. 게다가 그는 나병에 대한 공포를 불러일으켰고, 이는 환자를 가족에게서 의무적

그림7   제57회 '세계 한센병의 날' 포스터, 한국한센복지협회, 보건복지가족부(2009).
        'touch' 'take' 'open'이라는 단어와 함께 손, 약, 하트의 세 가지 상징이 그려져 있다.
        한국한센복지협회 제공.

으로 분리시키는 법의 통과로 이어졌다.6 그럼에도 나는 현대에 '한센병'이라는 용어를 옹호하는 흐름에 맞춰서 이 용어를 주로 사용하고자 한다. 이 장에서는 언어가 이미지, 권력, 치유의 정치학과 결부되어 종종 갈등을 야기하는 방식을 나타내기 위해, 또한 1차 자료에서 사용된 용어를 반영하기 위해 '나병' '문둥이'라는 용어도 불가피하게 사용될 것이다.

WHO는 2001년 전 세계적으로 한센병이 "퇴치되었다"고 선언했지만,7 다음과 같은 상황을 고려하면 한센병은 과거의 문제만이 아니다. 첫째, 과거의 폭력을 인정하고 보상하는 과정이 없었기에 문제는 해결되지 않았다. 둘째, 병이 치유되어도 한센병의 낙인은 지속되며, 후손들은 계속 낙인을 경험한다. 셋째, 한센병 자체도 특정 지역에서 꾸준히 발생하고 있으며, 감염된 사람들이 진단과 치료를 기피하기도 한다. 넷째, 특정한 경우에 한센병은 HIV 감염과 함께 나타나기도 하는데 "하나는 과거의 질병이고 다른 하나는 현재의 질병이 아니라, 두 질병 다 현재 나타나고 있다."8 낙인을 없애기 위한 캠페인에서 제시하는 내용과는 달리, 생의학적 치료에 대한 정보와 낮은 전염 가능성은 두려움과 낙인을 없애는 쉬운 해결책이 되지 못했다. 의료 분야를 연구하는 사회과학자 낸시 왁슬러Nancy Waxler는 이렇게 묻는다. "이미 효과적인 치료가 가능한데 왜 여전히 많은 나라에서 나병에 대한 낙인과 두려움이 만연할까?"9 종종 한센병과 연결되는 질병인 AIDS10에 대해 글을 쓰면서 폴라 트라이클러Paula Treichler는 이렇게 주장한다. AIDS의 사회적 차원은 "우리가 흔히 생각하는 것보다 훨씬 광범위하고 핵심적이다. 과학은 단순히 상징적인 상부구조를 만들어 내는 물리적 기반이 아니다. 우리가 알고 있는 AIDS라는 사회적 구성물은 …… 객관적이며 과학적으로 결정된 '실재'에 기반한 것이 아니라 이 실재에 대해 우리가 전해 듣는 내용에 기반한다."11 그렇다면 한센인에 대한 문화적 재현물은 한센병의 현실이 경험되고, 이해되고, 상상되고, 왜곡되는 방식을 어떻게 형성해 왔는가? 치유된 사람을 재활시키는 데 젠더, 가족, 결혼이 어떤 역할을 하는가?

이 병에 대해 알려져 있던 지식에 따르면, 환자들을 평생 분리하는 상황은 정당화될 수 없었다. 몇 가지 사실을 통해 이 점을 알 수 있다. 첫째, 이미 1897년 국제나회의에서 환자들을 분리할 필요성에 대한 의구심이 제기되었다. 한센병이 제국주의 사업에 영향을 끼치는 국제적 문제로 떠오르기 전이었다. 둘째, 이 병이 유전되지 않는다는 사실은 한국에서 일찍이 1928년에 언론에 보도되었다.[12] 셋째, 한센병을 성공적으로 치유하는 설폰제인 답손이 1940년대에 최초로 개발되었다. WHO가 1981년에 권고한 보다 효과적인 다제 요법(답손, 리팜피신, 클로파지민)은 1995년부터 전 세계에서 무료로 이용할 수 있었다. 이 병을 반세기 훨씬 이전부터 치료할 수 있었다는 점을 감안할 때, 이후의 역사에서 생의학적 지식 및 기술 그리고 문화적 재현이 차별적인 정책과 편견을 지속하는 데 어떤 역할을 했는지에 대해 몇 가지 질문을 던질 수 있다. 역사의 '왜곡된' 경로가 바로잡혀야 한다면, 역사의 '올바른' 경로는 무엇이었는가? 질병에 대한 사회적 '해결책'이 나타나면, 그 해결책은 감염된 사람들, 가족들, 공동체 사이의 관계를 어떻게 재형성하는가? 과학적·생의학적으로 새로운 '사실'이 밝혀지면 사람들이 병을 이해하기 위해 믿었던 문화적 이미지와 사회적 이해 방식에는 어떤 변화가 일어나는가?

폭력적인 조치가 치유라는 이름으로 정당화되었을 때에도, 정치적·의료적 질병 관리는 과학적으로 합의된 사실에 따라 이뤄지지 않았다. 게다가 의학적으로 완치가 가능하다고 해도 이는 문화적 치유로 저절로 이어지지 않으며, 이로 인해 완치된 사람을 이성애 결혼 및 다른 젠더화 과정을 통해 정상화되는 존재로 재현할 필요성이 생긴다. 의학적 치유가 가능하더라도, 완치되었다고 인식되기 위해서는 다양한 개입을 통해 그 의미가 문화적으로 강조되어야 한다. 그 과정에서 완치되었다는 사실 자체가 장애의 표식이 되기도 한다. 환자를 치료하고 격리하는 시설의 등장은 집 안 공간과 가족 자체를 건강한 몸을 요구하는 곳으로 변화시켰다. 이 장에서 나는 아픈 몸을 둘러싼 가족 및 가정 드라마에서 치료 시설이 어떻게 핵심에 위치하는지, 이런 시설이 어떻게 치유의 의미를 만들어 내는지 살펴보려고 한다. 첫째, 집의 공간에서 아픈 사람을 폭력적으로 쫓아내는 과정과, 아픈 사람을 위험한 존재로 재현하면서 오직 비장애인으로만 가족이 재구성되는 과정을 분석한다(김동리의 「바위」, 김정한의 「옥심이」. 두 작품 모두 1936년에 출판되었다). 둘째, 미국인이 운영하는 기관이 시행한 의료적 중재의 기술과 자선 행위가 냉전 시기에 어떻게 시인 한하운의 전형적인 치유 서사를 구축하는지 분석한다(양승룡의 〈황토길〉, 1962). 셋째, 환자였던 남성과 비감염인 여성의 결혼이 역사적 폭력에 대한 정치적 화해의 상징으로서, 또한 분리된 두 세계의 통합 가능성으로 제시되는 것을 분석한다(이청준의 『당신들의 천국』, 1976). 넷째, 환자였던 남성과 여성 의료진의 결혼이 완치된 상태에 대한 결정적 증거로 등장하는 내용을 분석한다(김휘·강명곤의 〈아! 소록도〉, 2002).

질병의 낙인을 없애기 위해 완치 가능성에 의존하는 것은 "규범적 폭력"에 해당하는데, 이런 폭력은 완치될 수 없거나 아직 완치되지 않은 사람들에 대한 배제를 정당화한다. 완치 가능성에 의존하는 것은 또한 완치된 이후에도 삶이 유예된 사람들의 인간성이 삭제되는 문제를 해결하지 못한다.13 완치 가능성이 장애인에 대한 사회적 적대감을 없애 줄 것이라는 희망 속에 과학적 정보에만 의존하는 방식으로는 문화적 담론에 의해 형성된 공포와 타자화를 인식하지 못한다. 완치되었다고 판정된 상태가 사회 복귀를 보장하는 것처럼 보이지만 정작 완치된 사람들은 자신의 인간성이 부정되는 상황을 계속 마주하게 된다. 시인 한하운은 그 사이에서 생겨나는 존재론적 거리감에 대해 이렇게 썼다.

우리는 종이쪼가리 인간

문서상의 완치

서류상의 사회복귀[14]

한하운이 표현한 것처럼, 질병과 남아 있는 장애를 둘러싼 문화적 서사의 본질이 변하지 않는다면 한센병에서 치유된 사람들은 완전한 '치유'의 순간에 결코 도달하지 못할지도 모른다. 이 본질적인 변화는 한센인이 사회에서 분리되어 있는 상태에서는 일어날 수 없다.

나병을 문제로 만들기

미셸 푸코Michel Foucault는『광기의 역사』에서 '나환자lepers'와 '나병leprosy'은 가톨릭교회의 권력과 더불어 떠올랐다가 사라졌던 개념이라고 설명하면서, 나병은 서구 세계에서 중세 시대 말에 사라졌으나 이런 소멸이 반드시 질병의 발병률이 실제로 줄어들었음을 나타내지는 않는다고 말한다.[15] 역사학자 재커리 거소Zachary Gussow는 나병이 비서구 세계에서 "다시 등장한" 것은 식민주의적 이익을 위해 유럽과 미국이 아시아와 아프리카에 개입할 수 있도록 나병을 "열등한 사람들의 질병"으로 규정한 정치적 활동의 결과였다고 주장한다.[16] 서구 관점에서 본 나병의 소멸과 "재등장"은 그 정치적 가시성 외에는 이 병에 대해 아무것도 보여 주지 않는다. 제국주의가 절정을 이룬 시대에 아시아와 아프리카를 향한 이주민 및 선교사의 국제적 움직임과 식민지로 향하는 이주가 있었는데, 이런 이주는 1897년 국제나회의에서 이뤄진 논의 같은, 나병 통제에 관한 국제 회담이 본격화된 시기와 일치한다.

　이 국제회의에서 한센은 환자들을 식별해서 격리하는 관리자로 비감염인을 활용하는 방식을 제안했다. 격리 필요성에 대한 어떤 합의도 없이 나온 주장이었다. 한센은 노르웨이에서 '나환자'의 강제적 격리를 조장하고 이런 정책에 대한 지지를 얻어 내기 위해 전염을 둘러싼 공포를 유발했다. 그는 우생학적 입장에서 '나병' 치료를 나라의 발전과 동일시하며, "나는 노르웨이가 다른 선진국들과 동등한 입장이 될 수 있도록 올라서기를 바란다"[17]라고 말했다. 한센은 기존의 법을 개정해 환자들을 일반 병동에 있지 못하도록 하자고 제안했다. 그는 회고록에 이렇게 썼다. "그리하여 1885년에 우리는 그런 환자들이 직계가족과 따로 떨어져 살아야 한다는 판결을 받았다. 만약 이런 방법을 실행할 수 없거나 받아들이지 않으면 환자들을 나병 전용 병원에 보낼 수 있었다."[18] 그렇지만 대부분의 노르웨이인은 나병을 인간의 통제를 넘어선 신의 뜻이 담긴 표식으로 생각했기 때문에 그의 분리 정책은 분노와 강력한 반대를 불러왔다. 이에 대응하기 위해 한센은 안전과 애국을 위해서라고 근거를 바꿔 주장했다. 그는 "병자"와 "건강한 사람"을 구분한 뒤, "건강한 사람들"에게 국가를 대표해 힘쓸 것을 요청했다. 즉, "나는 건강한 사람들이 병자들과 동일한 인도적 대우를 받아야 한다고 주장했다. 이 병이 건강한 사람들에게 그리고 공동체 전체에 위협이 될 수 있음을 안다면, 인도주의적 방식을 따르는 한에서, 건강한 사람들은 병자들을 분리시킬 권리와 의무가 있었다. 다행히 대다수가 건강했고, 이들은 궁극적으로 자신들의 힘을 책임감 있게 행사할 준비가 되어 있었다."[19] 한센의 전략은 어떻게 나병을 이용해 국민을 '건강한 사람'과 '병자'로 이분화하고 서로를 적대시하게 할 수 있는지 보여 준다.[20] 나병 환자를 찾아내서 분리시키는 애국적인 자경단 임무를 비장애인에게 맡기는 방법은 관련 입법을 위한 영향력을 확장시키는 효과적인 전략이었으며 동시에 폭력적인 결과를 초래했다.

한센은 '나환자' 분리를 주장하는 국제적인 운동가가 되었으며 나병 예방에 관한 논의에서 핵심 인물이 되었다. 나병 통제에 대한 강조는 초국 가적으로 특정한 의미가 있다. 즉, 한센이 애국주의 관점에서 노르웨이의 국가적 지위 향상에 헌신했다는 사실이 보여 주는 것처럼, 나병 통제를 강 조하는 흐름은 질병을 얼마나 잘 관리하고 전염병을 얼마나 잘 통제하는 지에 따라 국가 간 위계를 만드는 데 기여했다. 베를린에서 열린 제1차 국 제나회의에서 한센은 몇 가지 권고 사항을 제시했다. 첫째, 나병은 격리를 통해 예방될 수 있다고 주장했다. 둘째, 노르웨이에서 시행한 것처럼 강제 적인 "등록, 통제, 격리 제도"를 제안했다. 셋째, "각국의 위생 당국이 정부 의 허가를 받아 자국의 '특정한 사회적 조건'에 맞는 지침을 만들 수 있도록 해야 한다"21는 주장이었다. 반면 프랑스 피부과 의사인 에르네스 베스니 에Ernest Besnier는 나병을 통제하는 데 분리가 필요하다는 의견에 동의하지 않았다. 그는 "격리는 나병이 '널리 퍼진' 곳 또는 집중된 곳에서 적합하 다"22고 생각했다. 베스니에의 수정 의견이 이 회의의 최종 성명에 반영되 기는 했지만, 슈브하다 판디야Shubhada S. Pandya는 인도에 자국의 이해관계 가 걸려 있는 영국이 힘을 써서 제1차 국제나회의가 나병 환자에 대한 분리 를 승인하도록 지지하는 방향으로 기조를 정했다고 설명한다. 1923년에 스트라스부르에서 개최된 제3차 국제나회의는 판디야의 의견을 뒷받침 한다. 이 3차 회의에서 "국가가 '외국의' 나환자 입국을 막거나 거부할 수 있는 안"23이 통과되었다. 1909년 베르겐에서 열린 제2차 국제나회의는 "나병에 걸린 부모"에게서 가능한 빨리 자녀를 분리하라고 권고했다.24 판디야는 소위 서구 문명국가들이 19세기 마지막 10년 동안 나병을 국제 적인 문제로 만들기 위해 노력했던 이유는, 식민지였던 곳에서 돌아오는 자국민과 이민자들을 통해 나병이 자국을 "침략"할 것이라는 두려움 때문이었다고 주장한다. 이 시기에 처음으로 나병이 아시아와 아프리카의 문제가 되었고, 서구 국가로 가는 이민자들은 나병을 전파시킬 수 있는 위협적인 존재로 여겨졌다.

　서구가 아시아 지역에 개입한 이런 상황은 한국 역사에서 의료적 시설화의 배경이 되었다. 1900년대에 한국에 들어온 선교사들의 수가 엄청나게 많아졌고, 1911년에 미국 장로교 의사인 로버트 윌슨Robert Wilson이 광주에 나병원인 애양원을 설립했다. 일제 총독부는 기독교의 의료 자선 활동이 확장되는 상황을 우려하며, 동아시아에서 서구 선교자들의 나병 관리를 적극적으로 따라잡으려 했다. 1916년 총독부는 대규모 병원 및 국립나병원의 전신인 소록도 자혜의원을 설립했고, 결국 1930년대에는 이 병원이 섬 전체로 확장되었다. 사회학자 정근식은 이 병원이 환자를 치료하기보다 기본적으로 식민 통치를 정당화하기 위한 국제적 선전 도구의 기능을 했다고 설명한다.25 식민 정부는 1935년에 제정한 '조선나예방령'으로 나병 관리에 전반적인 주도권을 갖기 시작했다. 소록도 병원은 대부분 환자들의 강제 노동으로 세워지고 확장되었으며, 환자들은 병원 관리자들의 특별 관할권 영향 아래 있었다. 1940년대에 들어서는 이 병원의 전체 환자 수가 6000명을 넘게 되었다. 강제 노동, 징벌적 감금, 강제 불임 및 낙태, 학살, 환자들에게 빼앗은 토지의 국가 전용轉用, 부모로부터 자녀 분리, 평생 동안 이어진 정착지 내 분리 생활은 한센인들이 식민지기와 그 이후, 20세기 내내 경험한 폭력의 일부분일 뿐이다.

　한센병을 가진 사람들과 치유된 사람들은 자신들을 '한센인'이라고 부르며, 공통의 생물학적 조건에 기반한 사회적 정체성biosocial identity과 정치적 공동체를 형성하고 있다. 이들은 공통으로 경험한 폭력의 역사와 인권에 관련된 이슈를 제기하고, 보상 및 더 나은 처우를 요구하고 있다. 치유된 상태를 강조하기 위해서 최근에는 또 다른 범주인 '한센 회복자'가 등장했다. 과거에는 '문둥이'(leper와 비슷한 어감을 가진 한국어) 외에도 '나환자'(1954~99년에 정부가 사용한 용어)나 '레프라 환자' 같은 용어가 쓰였다. '나환자'와 '레프라 환자'의 의학적 어감은 병이 치유된 후에도 개인들을 영원한 환자로 간주되게 했다. 소록도에서는 문둥병의 첫 글자를 딴 문 씨와 한센병의 첫 글자를 딴 한 씨가 환자들의 성으로 쓰이기도 하였다.26 이런 사례는 환자들이 가족에게 의절당하고 나서 병을 바탕으로 새로운 친족을 형성했으며, 진단을 받고 이름을 바꾸는 일이 흔했다는 사실을 보여 준다. '한센인'이라는 표현이 더 넓게는 병에 걸리지 않은 가족 구성원, 특히 자녀들을 포함하기도 한다. 나병이 유전되는 병이고 잠복해 있는 상태라는 잘못된 가정 때문에 한센인의 자녀는 아직 감염되지 않았다는 뜻에서 '미감아'라는 꼬리표가 붙었다. 자녀들은 분리되어 어정초등학교 동진원 분교 같은 별도의 학교를 다녔는데, 이 학교는 1999년에 문을 닫았다. 한센인 가족의 자녀를 가르치는 교사들은 업무가 위험하다고 여겨져서 추가로 위험수당을 받았다.27 질병을 통제하기 위해 필요한 방법이라고 생각하며 이 아이들을 태어나자마자 시설에 보냄으로써 부모와 분리시키는 일은 1960년대에도 일어났다. 나환자의 자녀들과 나병을 가진 아동들은 혼외자나 결혼하지 않은 부모에게서 태어난 혼혈 아동처럼 장애를 가진 것으로 간주되었다.28 1962년에 발행된 『한국 장해아동 조사 보고서』에서 방성준은 환자의 자녀들을 특수 보육 시설에 보내는 방식을 옹호하며, "의사들은 환친患親들로 하여금 자기 자녀에 대한 소유욕(이기심) 때문에 그 자녀의 장래에 대하여 큰 불행을 가져올지도 모른다는 사실을 충분히 이해시킬 책임이 있다"29고 적었다.

정근식은 두려움의 대상이었던 '문둥이'를 부랑자로 표현하는 신문의 묘사가 이들의 사회적 고립을 더 강화했다고 지적한다. 아이를 달랠 때 흔히 썼던 '계속 울면 문둥이가 잡아간다'는 말은 나병 공포leprophobia에 일조했던 표현이자 이런 공포를 반영하는 표현이다. 이는 언론이 만들어 낸 매우 현실적인 공포였으며 '문둥이'가 병을 치료하기 위해 아이들을 유괴해서 살과 장기를 이용한다는 혐의로 이어졌다.30 정근식에 따르면 이런 위협은 아이들을 훈육하기 위해 호랑이나 일본 순사가 잡아간다는 경고와 함께 1960년대까지도 흔히 이용되었다. 1922년에 『동아일보』는 이리 지역에서 문둥이가 어린이를 죽인다는 "괴문"이 돌았다고 보도했다. 이런 소문 때문에 1920년대와 1930년대에 마을 사람들이 지역에 사는 나환자들을 난폭하게 공격하여 구타하고, 그런 범죄를 저질렀다는 혐의로 나환자들을 수차례 체포한 사건들이 보도되었다.31 어떤 여섯 살 아이가 실종되었을 때 가족은 아이의 간을 원한 '문둥이'가 데려갔다고 믿어서 20명의 나환자들이 구금되어 심문을 당했던 사건도 있었다.32 얼마 후 아이가 친척 집에서 발견되고 나서야 환자들은 풀려났다. 1930년대 중반, '조선나예방령'이 환자들의 강제 수용을 지시했던 시기 즈음에 「유아의 부패 시屍 발굴 제주 해먹은 나환자」 「미신이 죄악. 나환자가 십 세 아를 살해 식육」 「생간 먹은 나병자 구형대로 사형 판결」 「아이 잡아먹은 문둥이 사형」 같은 제목의 기사들이 나왔다.33 그러는 동안 소록도의 갱생원은 환자들에게 "천국"이나 "별천지"로 묘사되었다. 1939년에 갱생원 시설 확장이 완료되어 수용 인원이 6020명까지 늘어나면서, 안전과 범죄 예방을 완벽히 결합한 "세계적 수준의" 시설이 되었다고 보도되었다.34

1936년에 발표된 서정주의 유명한 시 「문둥이」는 '문둥이'의 이미지를 "아이를 먹는 자"로 묘사하고 동시에 이런 이미지를 강화한다.

해와 하늘빛이

문둥이는 서러워

보리밭에 달뜨면

애기 하나 먹고

꽃처럼 붉은 울음을 밤새 울었다.35

아이를 먹고 핏빛 눈물을 흘리는 '문둥이'의 강렬한 시각적 이미지를 통해
나병에 감염된 사람은 치유를 위해 아기를 죽이기까지 한다는 이미지가
생겨난다. 이 시는 아기를 먹는 이미지를 '문둥이'의 운명처럼 그리고 있
다. 그들의 존재가 『동아일보』가 말하는 "생의 애착"36에서 비롯되었다
는 것이다.

감염인이 인육을 이용하는 치료법을 찾는다는 예전 기록도 찾을 수
있다. 1880년대 말 원산 지역에 장로교 목사로 새로 임명된 제임스 게일
James Gale은 자신의 집 앞마당을 돌아다니는 호랑이와 '문둥이'에 대해 이
야기하며, "예로부터 문둥병에 효험이 있다는 어린아이의 고기를 무시로
찾아다니는 문둥병 환자"라고 말했다.37 조선인 '문둥이'를 미신을 신봉
하는 인종적 타자로 묘사한 게일과 마찬가지로, 조선인들은 19세기 말에
조선에 처음 들어온 백인 서양인들을 두려워했고, 약을 만들기 위해 어린
이를 데려다가 장기를 떼어 가는 사람들로 보기도 했다.38 "낯선" 신체적
특징이 있는 사람들은 어린이를 데려갈지 모른다는 두려움과 호기심의
대상이 되었다. 이와 관련해, 『코리아타임스』의 한 기사는 어떤 사건에 대
해 다음과 같이 짧게 설명한다. "영아 소동이 일어났다. 서양인이 조선의
어린이를 데려가서 신체 일부로 약을 만들거나 사진을 현상하는 데 쓴다
는 소문이 서양인을 향한 일련의 영아 소동을 불러왔다. 게다가 개신교 선
교사들이 부도덕한 목적으로 아이들을 이용하기 위해 학교와 고아원을
설립했다는 소문도 있었다. 소요 도중에 위협을 가한 몇 명의 조선인들은

살해되었다. 외국인들은 현지인들과 하는 예배를 중단해야 했다.''39 서양 의료 선교사와 나환자들이 인육을 먹는지도 모른다는 두려움은 이들이 가진 신체적·인종적·종교적 차이에 대한 반응으로 구성된 것으로, 이는 선교사들의 치료 행위에 대한 공포, 치유를 위해 무슨 일이든 할 수 있는 나환자들의 열망에 대한 가상의 공포로 나타났다.

식인 이미지와 나병의 관련성은 15세기에 신체 일부를 약으로 사용한 것과 관련이 있다. 『조선왕조실록』에는 간질이나 나병 같은 질병을 치료하기 위해 인육을 이용했다는 기록이 여러 번 나온다.40 예를 들어, 「성종실록」에는 '득비'라는 여성이 나오는데, 그녀는 살로 병을 치료할 수 있다는 이야기를 듣고 자신의 손가락을 잘라 말린 후에 가루로 만들어 나병이라고 불리던 병을 가진 남편에게 먹였다. 현재의 나병과 같은 질병을 가리키는지는 확실하지 않지만, 그렇게 해서 남편이 나았다고 한다. 신료들은 이 여인에게 남편을 향한 충절을 기리는 상을 내려 달라고 성종에게 요청했다.41 「선조실록」에는 부랑자들이 쓸개를 훔쳐서 팔려고 사람들을 덮쳐서 잡아 간다는 기록이 있다. 당시 쓸개가 창질이라는 피부병을 치료하는 데 좋다고 알려졌었다. 선조는 이런 장기 도둑을 잡으라고 명령했다.42 인육을 먹는 것과 관련된 다른 질병도 있었다. 1922년에 매독에 걸린 여자가 병을 치료하려고 무덤에서 시체를 파내서 일부를 먹은 혐의로 고발되었다. 하지만 이 사건은 모든 매독 환자에게 일반화되지 않았고, 매독 환자들이 나병을 가진 사람들처럼 식인 이미지를 갖게 되지는 않았다.43

그렇다고 해서 눈에 띄는 피부병을 가진 사람들이 늘 마을에서 위협적인 존재로 여겨졌던 것은 아니다. 19세기 말과 20세기 초에 유행한 여러 탈춤에는 조선 시대 신분제도의 횡포를 폭로하는 다른 장애인 캐릭터와 더불어 '문둥이' 캐릭터가 중요한 화자로 등장했다.44 가산오광대는 '문둥이' 다섯 명이 다른 거지나 노름꾼과 한 집단으로 섞여 있다.45 통영오광대에는 양반 신분의 '문둥이'가 춤을 추는 공연이 포함된다.46 또 다른 '문둥이'는 조상들의 죄 때문에 병에 걸렸다고 통탄하면서 아픈 몸에는 자신의 양반 신분과 돈조차 무용지물이라며 애통해 한다.47 여기서는 나병이 조상의 도덕적 상태를 드러내는 것으로 해석되었다. 1910년대 말에는 이 병에 대한 이런 방식의 해석이 바뀌어, 아픈 사람은 이제 마을에 위험한 존재로 여겨지게 되었다.

대중들이 접할 수 있는 인쇄 매체를 통해 식인 집단이라는 '문둥이'의 이미지가 확산되는 동안 감염 및 유전에 관한 담론은 1930년대 말에 환자를 대상으로 하는 불임수술과 시설 수용을 장려하는 현상으로 나타나기 시작했다. 범죄자로 여겨지던 '나환자'를 향한 대중의 적대감은 감염에 대한 공포와 공존했다. 그 예로, 1991년에 남자아이들 다섯 명이 도룡뇽 알을 채취하러 산에 갔다가 실종된 사건, 일명 '개구리소년 사건'이 일어났는데, 이듬해인 1992년에 경찰은 이 아이들이 칠곡농원에 묻혀 있다는 제보를 받았다. 칠곡농원은 '나환자'였던 사람들이 정착해서 사는 마을이었다. 관련된 증거가 없었는데도 신문은 이를 보도했다.48 마을 사람들은 격분하여 이런 언론 보도에 항의하는 시위를 했다. 기자들은 시위하는 사람들을 두고 언론의 자유를 위협하고 기자들을 괴롭히는 폭력적인 군중으로 묘사했다. 칠곡농원 사람들이 아이들의 실종과 관련이 있다는 의심은 10년이 지나 다른 지역 산에서 아이들의 시신이 발견된 후에도 계속되었다. 성급하게 한센인을 범죄와 연루시키는 이런 상황은 정착촌에 사는 사람들을 몹시 분노하게 했고, 한센병 공포가 여전히 한국 사회에 깊게 자리 잡고 있음을 보여 준다.49 감염인을 잠재적 범죄자이자 미신에 기반한 치유에 집착하는 사람들로 여기는 이런 이미지는 이들이 감염되지 않은 대중과 공존할 수 없게 했다. 그렇게 치유 명령에 따라 분리할 필요성이 생겨났고, 치유를 원하는 환자들의 열망 때문에 이들이 위험하고 통제가 안 되는 존재가 될 것이라는 가정에 의해 뒷받침되었다.

가족과 모성

김정한의 단편소설 「옥심이」(1936)는 가부장제 가족 구조 내에서 이뤄지는 복잡한 협상, 근대적 여성성의 부상, 농촌 공동체의 사회경제적 변화에 나병이 끼친 영향을 이해할 수 있게 해준다. 이 이야기는 비장애인 주인공 옥심을 통해서 성별 위계에 생겨나는 역동적 변화를 그린다. 무엇보다 중요한 점은 나병에 걸린 옥심의 남편 천수를 소록도에 보내는 것에 가족의 생존이 달려 있다는 것이다.

대체로 김정한의 작품은 변화하는 한국 사회에 대한 강력한 사회주의적 비판 의식을 사실주의 스타일로 담고 있다. 그의 소설은 검열이 점차 강화되던 시기에도 식민 지배 시대에 농민이 겪는 어려움과 박해를 드러내고 문제 삼는다. 김정한은 등단작 「사하촌」(1936)에서 부패한 승려들을 그리는데, 이 승려들은 1931년 만주사변 이후 농민들을 착취하는 지주들이다. 브루스 커밍스에 따르면, 1930년대에 농민의 거의 5분의 4가 경작하는 토지의 일부나 전체를 임대한 소작농이었다.50 「옥심이」가 발표되기 1년 전에 농민운동이 일어났다.51 토지를 소유한 승려들의 착취가 이 소설에서도 옥심의 가족을 경제적으로 몰락시키는 배경으로 등장한다.

소설은 옥심이 봄에 공사 현장에서 남자 인부들과 일하면서 성적인 감정을 경험하는 것으로 시작한다. 옥심 옆에서 일하는 늙은 과부 만두할멈은 "이대로 그만 늙고 말 텐가?"52라고 물어보면서 옥심을 더 자극한다. 만두할멈은 지금의 상황이 나아지지 않을 거라고 말하면서 수절이나 그에 따른 명예는 다 소용없다고 덧붙인다. 만두할멈은 남자가 병에 걸렸을 때와 여자가 병에 걸렸을 때가 다르다며 가부장제에 불만을 드러낸다. 할

멈은 여자가 병이 나면 가족한테 쫓겨나는 일이 더 흔하다고 말한다. 옥심의 삶을 과부와 마찬가지로 묘사하는 이 대화는 옥심의 남편이 어떤 병에 걸린 것인지 독자들이 궁금하게 만든다.

1장에서도 언급했듯이 '팔자 고친다'고 말하는 과부의 재혼 가능성은 20세기 초에 일어난 급진적인 문화의 변화를 암시한다. 옥심은 남편이 죽어서 자신이 새 인생을 살 수 있기를 잠깐 바라다가도 이내 죄책감을 느낀다. 옥심이 만두할멈에게 모든 것이 다 팔자라고 말하자 만두할멈은 이렇게 대꾸한다. "팔자란 게 다 뭐유? 고치면 그것도 팔자라우. 나 같은 바보나 못 고쳤지."53 점심시간에 여자들이 나누는 대화는 길을 내기 위해 산을 부수려고 반복되는 폭발을 배경으로 하고 있다. 이런 설정은 도덕성이 변하고 사회구조가 전환되는 상황을 반영한다.54 만두할멈은 옥심을 계속 설득한다.

이런 말 하는 것이 괜히 수복 어머니의 마음만 더 어지럽게 하는 것 같소마는 수복 어머니 일이 마치 지내 온 내 일같이 감감해서 하는 말이오. 인생이 두 번 있는 게 아니고, 또 여자같이 어리석은 게 없소. 아니 할 말로 수복 어머니가 그렇게 되고 수복 아버지가 성해 보슈만 여태 그냥 있었겠소? 아무리 속아 사는 인생이라 해도, 알고서 속는 건 어리석은 짓이지 뭐유?55

만두할멈이 부추기자 옥심은 어렸을 때 좋아했던 사람이었고 지금은 같은 현장에서 일하고 있는 안 십장什長과 만나 볼까 고민한다.

옥심은 하루의 노동이 끝나고 집에 돌아온 뒤에도 아직 할 일이 많다. 아들 수복이를 포함해서 아픈 시어머니, 두 명의 시동생까지 식구들의 밥을 모두 차려야 한다. 시아버지는 집에서 떨어진 움막에서 지내는 아들을 챙기기 위해 많은 노력을 기울인다. 나환자가 이렇게 가족으로부터 분리되어 지내는 상황은 당시 문학작품에 자주 나온다. 움막은 일시적인 방편으로, 다른 가족 구성원의 감염을 예방하기 위한 것이라기보다 환자를 숨기고 가족의 명예를 지키는 역할을 한다. 감염 가능성에 대한 우려는 큰 문제로 등장하지 않는다. 오히려 「옥심이」는 나병에 대한 감시가 중요해지고 적대감이 커지고 있는 상황에 대해 설명하고 있다. "그것이 동네 사람들에게 알려지자, 시대가 시댄지라 그는 하는 수 없이 지금의 움막으로 쫓겨나듯이 옮겨 온 것이었다."[56]

시아버지가 아들 천수의 약에 얼마나 많은 돈을 썼는지 시어머니가 불평하는 것으로 봐서 이 병의 주된 부담은 경제적 어려움이다. "모두가 천수 그놈의 죄지. 병신 자식 둔 죄지. 그놈만 아니더면, 이 집 살림이 이다지는 안 망했을 게고, 딸자식도 공장에는 안 보냈을 게고."[57] 이 이야기는 공사 현장에서 일하는 옥심의 임금노동 외에도 농촌 사회에 일어난 또 다른 변화를 알려준다. 여자들이 공장에서 일하기 위해 이주하는 현상이다. 1930년대에 농민들이 가계의 임금 소득을 위해 공장 일을 찾아 농촌을 떠나기 시작했다. 커밍스가 지적하듯, "불경기와 한반도의 산업화가 결합된 결과 많은 사람들이 농촌을 떠나 신흥 도시와 산업체로 옮겨 갔다"[58] 김정한은 농촌 마을의 이런 변화를 포착하여 농민 가족이 토지를 소유하지 못한 상황에서 어떻게 생존했는지 보여 준다. 시어머니는 현실성과 냉정함을 드러내면서, 빚을 갚기 위해 큰 딸을(나중에는 다른 두 딸까지) 공장에 "팔아야" 할 정도로 남편이 아들의 치료에 매진하는 것을 비난한다. 1930년대에 공장 일이나 서비스직을 찾아 농촌 지역에서 여러 도심지로 떠나는 젊은 여성들의 이주가 남성들보다 많아졌다.[59] 이 같은 상황에서도 적어도 아들을 소록도에 보낼지 결정하는 중요한 선택을 마주하기 전까지, 시아버지에게는 아들을 치료하는 것이 가장 중요하다.

「옥심이」에서 식민지 상황이나 모든 나환자를 강제로 시설에 보내도록 하는 새로운 법(소설이 발표되기 1년 전에 제정되었다)이 언급되지는 않는다. 그렇지만 이런 사실은 이야기의 배경에 전반적으로 깔려 있다. 옥심이 안 십장과 만나게 되자 안 십장은 그녀의 남편이 병들었으니 새로운 인생을 시작하기 위해 떠나자고 제안한다. 그는 이렇게 말한다. "당신의 남편이 다른 병 같으면 당신이 꿈엔들 그런 생각을 가지며, 낸들 또 감히 그런 죄 될 엄두를 내겠어요."[60] 실제로 나병은 대개 동네 사람들의 적대감과 정부의 감시를 불러오기 때문에 그 어떤 병과도 다르게 여겨진다. 정절이나 부부 사이의 정조 같은 유교적 신념을 비롯한 전통적 가치의 영향력이 줄어드는 상황에서, 질병에 대한 두려움이 더해져서 옥심이가 성적 쾌락을 추구하고 삶의 다른 선택지를 가질 수 있는 기회가 생겨나게 된다.

「옥심이」의 원제는 '패덕녀'였는데,[61] 소설이 연재되기 전에 『조선일보』가 제목을 변경했다. 이전 제목이 옥심의 불륜을 비판하는 관점을 드러내긴 하지만 소설 자체는 훈계하는 시선을 취하지 않고, 오히려 남편을 굉장히 폭력적인 인물로 그린다. 옥심이 남편 천수를 떠나긴 하지만, 천수 스스로도 옥심이 더 멀어지게끔 행동한다. 천수는 옥심의 불륜을 직접 확인하고서는 아내를 쫓아가며 이렇게 소리 지른다. "난 처음부터 그년의 눈치를 대강 알아봤어, 그년이 웬걸 일이 하고 싶어서 신작로 역사를 갔을 게라구? 그저 제 맘이 꼴리니 제 길 제 닦으러 간 게지 뭐."[62] 옥심은 아무것도 챙기지 못한 채 한밤중에 안 씨와 같이 도망간다. 옥심이 떠난 후에 가정의 경제적 어려움이 심해졌을 뿐만 아니라, 천수의 병도 악화되고, 그의 어머니의 건강 또한 나빠지게 된다. 천수 아버지는 자신이 소작하던 땅조차 빼앗겨서 다른 소작농 밑에서 일하게 된다.[63]

소설은 옥심이 안 십장과 도망간 이후의 삶에 대해 언급하지 않는다. 이는 이 소설의 초점이 농촌에 사는 주부였다가 사랑과 해방을 추구하는 도시화된 근대 여성이 되는 옥심의 변화가 아니라, 천수가 아플 때 가족이 겪게 되는 생존의 문제임을 분명히 보여 준다. 그러던 어느 날 갑자기 돌아온 옥심은 "주린 짐승 같이"[64] 자기 아들을 끌어안는다. 이런 모성의 갈망은 사실상 연인과 도피한 이전의 행동에 대해 후회하고 있다는 것을 보여준다. 옥심이 돌아오자 천수는 그녀를 잔인하게 때린다. 시어머니는 외도를 한 옥심이 부도덕한 여자라는 사회 통념에 따라 옥심에게 분노하는 반면, 시아버지는 의외로 아들에게 등을 돌린다. "너가 나가거라! 이 더러운 놈아! 그렇지 않으면 이 애비를 좋게 잡아먹든지! 전라도 소록도가 그렇게 무섭더냐? 이 소 같은 놈아!"[65] 아버지는 부계 가족을 지키기 위해 아들의 약값을 대려고 딸을 공장에 보냈던 것과 마찬가지로 가족을 위해 식구들을 챙기고 손자를 키울 수 있는 옥심을 택한다. 아버지가 그렇게 화내는 모습을 본 적이 없는 천수는 물러난다. 그리고 난 뒤 가족과 시설 사이에서 임시 피난처 역할을 하던 천수의 움막이 불에 타오른다. 아내를 향한 천수의 가부장적 폭력에 연민을 품지 않는 작가의 태도는 가족이 천수가 아니라 옥심을 선택한 행위를 옹호한다. 이 소설은 여성의 의무와 도덕성을 전통적으로 강조해 온 흐름에서 벗어나는 중요한 변화를 암시하면서, 병들고 비생산적이며, 권력을 잃고 폭력을 휘두르는 남편은 돈을 벌어 오는 아내와 공존할 수 없으며, 가족에서 제외되어야 함을 강조한다. 옥심은 자신을 선택한 시아버지와 가족에 충실할 것을 맹세한다.

옥심의 귀환은 그녀의 성적 해방이 가진 한계를 보여 주는 신호이기도 하지만, 그 핵심은 경제적 고난을 겪고 있는 가족에 대한 보상이라고 이해할 수 있다. 국문학자 최원식은 옥심이 편견과 처벌을 감수해야 했기에 그녀의 귀환을 용감한 행동으로 평가한다.[66] 옥심이와 천수는 더 이상 한집에 머물 수 없고, 가족을 보살피는 현실적인 가부장은 며느리를 받아들인다. 나병의 존재는 가족의 생존을 위협한다. 그러나 가족의 이런 붕괴는 옥심이 충실한 며느리와 어머니라는 역할을 다시 받아들임으로써 해결된다. 이와 같은 서사 구조에서 다소 급작스럽게 대안으로 등장한 소록도 시설은 가족이 겪는 위기의 해결책인 듯하다. 천수의 퇴장은 가족을 유지하기 위해 그가 시설에 가야 한다는 점을 보여 준다. 최원식은 이 소설을 분석하면서 옥심의 귀환이 작가의 타협이자 농촌 가부장제의 복권인지 아닌지 묻는다.67 그는 이것이 설령 타협으로 보인다고 해도 근대화된 남성과 도망간 농촌 여성에게 다른 선택지는 없었을 거라고 지적한다.68

산업화되는 경제구조의 영향을 받으며 변화된 이 가족은 이런 상황에서 가족을 돌보고 아픈 남편을 대신해 임금노동을 하는 역할을 여성에게 다시 부여한다. 옥심을 받아들인 시아버지의 선택, 소록도로 떠나는 아들을 보는 슬픔, 시설의 존재, 마을 사람들의 커져 가는 적대감, 식민 정부의 질병 감시라는 모든 상황이 합쳐져서 가족이라는 공간은 더 이상 아프고 비생산적인 사람이 존재할 수 없는 곳이 된다. 농촌 사회가 근대적으로 전환하는 과정은 뜻하지 않게 여성들에게 일시적으로 탈출을 모색할 가능성을 열어 주지만, 옥심은 대가족에 대한 책임감에서 벗어나 근대적 생활에 성공적으로 안착하지 못한다. 천수는 아들을 향한 애정을 전혀 드러내지 않는 반면, 옥심이 아들에게 보이는 애정은 모성을 자연적인 것으로 만들고 그녀의 섹슈얼리티를 규율하는 기능을 한다.

「옥심이」는 한국 사회를 사실적으로 묘사해 관심을 받았던 김정한의 다른 작품들만큼 평론가들의 주목을 받지 못했다. 더 자유로운 분위기의 영향을 받기 시작한 비장애여성과 가족 내 자신의 권위가 위협받는다는 이유로 폭력적인 사람이 되어 가는 나병을 가진 남성 사이의 다툼에서 나타나는 권력의 역동이 모호하게 그려졌기 때문이다. 이 소설은 마을에 근대성과 새로운 경제 관계가 등장하고, 국가가 위협적인 존재로 여겨지게 된 나환자를 지역에서 제거하는 절차를 시작함에 따라, 기존의 가치와 사회질서가 변화될 수밖에 없음을 보여 준다.

「옥심이」가 연재된 해에 김동리는 단편소설 「바위」(1936)를 발표했다. 「바위」는 나병을 가진 여성을 그리면서 가정 폭력뿐만 아니라 일제의 의료 치안 제도하에서 병들었거나 통제를 벗어난 사람들을 향해 강화되는 감시와 커져 가는 적대감을 보여 준다. 소설에서 "병신, 거지, 문둥이"를 비롯한 집 없는 사람들이 마을 변두리의 기차 다리 아래 모여 있다. '거지들'은 장타령과 몸짓을 연습하고 있고, '문둥이들'은 모여서 조용히 이야기를 나누고 있다. "'인제 왜놈들이 풍병 든 사람들을 다 죽일 게라더군.' '설마 죄 없는 사람들을 죽일라구.' 제일 신참자인 마을에서 온 '아즈머이'가 대꾸하였다."69 여기서 '풍병'은 나병과 관련된 신체적 장애 및 뇌졸중과 관련된 마비 상태를 포함하는 넓은 범주다. 이 부분은 1947년 작가 수정본의 내용인데, 1936년에 발표된 최초 버전에는 소문으로 들리는 일제의 정책이 훨씬 자세하게 나타난다.

> 참, 인제 얼마 뒤에는 헌병이 나와서 우리 같은 풍병쟁이 모두 총으로 놔없일 게라누마. 젊은 문둥이 하나가 되우 걱정스러운 듯이 중얼거린다. 이 엉뚱한 소리를 그들은 모두 귀담아 들어졌다. 그리고 속으로 모두 설마 싶었다. 오직 "설마"가 그들의 무기였으매. "설마 죄 없는 사람을 죽일라고?" 마을에서 온 아즈머이가 중얼거렸다. 그들은 모두 같은 의미를 되푸리하야 중얼거렸다. 한참 동안 모두 입을 떼지 않는다.70

'문둥이들'은 정부가 헌병을 보내 자신들을 모두 죽이도록 지시했다는 이야기를 듣고, "설마"라며 불안한 희망을 표현해 보지만 이는 곧 침묵으로 바뀐다. 사실상 이들에게 남은 유일한 방법은 이런 가능성을 부정하는 것뿐이다. 작가는 이를 이렇게 표현한다. "그들이 머리를 들 때는 역시 '설마'에 돌아간 것뿐이었다. 그들의 '설마'는 하늘과 같은 움직일 수 없는 그 어떤 권위에 의거한 것이라 믿었다. 그러나 그들의 머리는 그 어떤 권위를 지적하리만치 명석치는 못했다."[71] 작가는 이렇게 공동체의 공간 안에 존재하는 불의와 공포에 대한 공동의 인식을 수정본에서 삭제했고, 이로써 1930년대에 커져 가던 적대감과 공중보건에 대한 감시에 독자가 관심을 갖지 않게 했다. 1947년 수정본의 줄거리는 마을에서 온 이 여성의 과거 회상과 아들에 대한 이야기, 그리고 아들과 재회를 바라는 그녀의 열망으로 빠르게 넘어간다.

아들 술이는 부재不在를 통해 서사에서 중요한 역할을 하는 인물이다. 아들이란 집안의 미래이자 대를 이을 존재로 생각되는데, 어머니의 병이 어떻게 아들의 미래, 나아가 가족의 미래를 변화시키는지 다음과 같이 보여 준다. "그 흉악한 병마의 손이 그의 어미에게 뻗치지 않았던들 그래도 처자나 거느리고 얌전한 사람의 일생을 보냈을 것이라 한다."[72] 아들은 약값 때문에 경제적으로 어려워지자 희망을 잃은 채 떠나 버리고 이로써 한 가문의 대가 끊기게 된다. 원작에서는 아들이 떠나기 전에도 남편의 폭력이 잦았다고 나오지만, 1947년 본에는 그 내용이 빠지고 "아들을 잃은 영감은 날로 더 거칠어져 갔다. 밤마다 술에 취해 와서는 아내를 뚜드렸다"[73]는 부분이 더욱 강조된다. 작가는 아들을 잃은 것과 남편이 변한 것이 모두 이 여자의 질병과 어머니로서 제대로 역할을 하지 못한 것 때문이라고 강조하는 것처럼 보인다. 아내의 존재를 숨기는 것이 더 힘들어지고, '문둥이'가 돌아다니고 아이들이 사라진다는 소문이 심해지고 있는 상황에서 영감은 아내에게 죽어 버리라면서 독극물인 비상을 넣은 떡을 토막에 가져다준다.[74] 나환자가 유괴범으로 간주되고 사람들의 적대감이 커지면서 집이나 마을에 환자들이 지낼 수 있는 공간이 없어졌기에 죽거나 시설로 가는 것만이 가족에게 남은 유일한 선택지이다. 「바위」에서 여자는 죽을 것을 알면서도 독이 든 떡을 먹는다. "마침내 그 떡을 먹기는 먹었으되 쉽사리 죽지도 못하고, 할 수 없이 어디로 떠나 버렸다는 것이었다. 그리고 토막 속에는 벌건 떡을 수두룩이 토해 내놓았더라는 것이었다."[75]

여자는 자신을 살해하려던 남편을 피해 토막에서 달아나 마을 밖에 다시 토막을 짓고, 거기서 다른 부랑인들을 만난다. 그녀는 근처에 있는 '복바위'에 기도하면서 아들을 만날 수 있기를 바라며, "저 바위를 갈기만 하면 그리운 아들의 얼굴을 만나 볼 수 있으리라"[76] 생각한다. 믿기지 않게도 여자는 얼마 후에 아들과 잠시 마주치는데, 아들은 다시 찾아오겠다는 약속을 하고 떠난다. 여자는 아들을 다시 만나길 바라면서 복바위를 계속 만지는데, 사람들을 피하기 위해 해가 진 후에야 찾아간다. "그럴수록 다만 한 가지 믿고 의지할 곳은 저 바위뿐이었다. 저 '복바위'가 제대로 땅 위에 있는 날까지는 언제든 그의 아들은 또 만날 수 있을 것이며, 그리고 자기의 병도 어쩌면 아주 고칠 수 있을는지도 모른다고 그는 생각하였다."[77]

밤에 하는 기도에 응답이 없자 여자는 낮에 찾아가 기도하는 위험을 무릅쓴다. 마을 사람들은 그녀를 발견하고 매우 폭력적으로 바위에서 끌어내리는데, "다리 밑까지 새끼줄에 걸린 채 개같이 끌려갔을 때는 그의 온몸은 터져 피투성이가 되고,"[78] 사람들은 그녀가 의식을 잃을 때까지 때린다. 병에서 회복하고 아들을 찾고자 했던 그녀의 노력은 극심한 폭력으로 단죄된다. 마을 일꾼은 마치 여자가 더럽혔다는 듯, 바위를 물로 씻는다. 종교적 상징물인 복바위는 마을의 중심에 있으며, 여자는 아들을 볼 수 있게 해줄 유일한 방법인 복바위에 더 이상 접근 할 수 없게 된다. 바위의 힘을 빌려 아들을 찾고자 한 그녀의 바람은 도리어 치명적인 결말로 이어진다. 아들이 감옥에 있다는 마을 사람들의 이야기를 들었을 때, 여자는 자신이 살던 토막이 불타고 있는 모습 또한 보게 된다. 여자는 바위에 쓰러져서 얼굴을 비비고, 다음 날 그녀는 죽은 채 발견된다. 마을 사람들의 말은 여자에 대한 심한 거부감을 드러낸다. "더러운 게 하필 예서 죽었노." "문둥이가 복바위를 안고 죽었군." "아까운 바위를……."79 혐오의 대상이 되는 인간의 몸과 추앙받는 초자연적 물체를 병치함으로써, 인간의 가치가 상황에 따라 달라짐을 선명하게 보여 준다. 가족이 신체적 폭력의 공간으로 변하자 아들과 치유를 향한 여자의 열망은 바위에 투영되고, 바위는 그녀의 죽음에 가담하는 도구가 된다.

한혜선은 문학작품에 등장하는 장애인 인물을 분석한 연구에서, 바위가 아들을 대체하는 역할을 한다고 설명한다.80 아들과 함께 살 수 없듯이, 그녀는 마을 사람들이 지키고 있는 종교적 상징물에 다가갈 수 없다. 「바위」는 나환자가 겪는 사회적 고립의 일환으로, 신체적·관계적 합의체인 가족이 어떻게 아픈 어머니에게 적대적일 수 있는지 드러내고, 그 과정에 공동체가 관여하고 있음을 강조한다. 치유라는 이름으로 나환자를 맡기고, 분리시키고, 제거할 수 있는 시설의 등장과 함께 가족은 나환자들이 머무를 수 없는 공간으로 묘사되고, 공동체는 비인간으로 규정되거나 악마화된 타자들의 존재에 위협감을 느끼게 된다. 「옥심이」처럼 「바위」도 질병이 초래하는 안 좋은 영향이 주로 사회적인 부분이라는 해석을 가능하게 한다. 질병 자체에서 오는 위험이나 고통 때문이 아니라 경제적 문제와 가족 및 공동체에서 발생하는 폭력 때문에 생존이 불가능해진다. 두 이야기에서 가족의 운명은 상당히 다르게 나타나지만 여성은 가족을 지키는 사람으로 간주된다. 한 가족은 비장애여성인 옥심이 돌아온 덕분에 생존하고, 다른 가족은 나병을 가진 여성 때문에 무너진 것처럼 보인다. 작가는 「바위」에서 모성을 바위의 초자연적인 힘과 비슷하게 환상화하지만, 마을 사람들의 폭력 때문에 여자는 어머니로서 자신의 역할을 수행하지 못한다.

「바위」와 「옥심이」는 병을 가진 사람들이 가족이라는 공간을 떠나가는 과정을 보여 준다. 한 소설은 환자가 소록도로 떠나면서 끝나고, 다른 소설은 죽음으로 끝난다. 집 외부의 움막은 추방되는 곳이자 치유를 바라는 일시적 장소의 역할을 하지만 결국 파괴되고, 그로 인해 병이 걸린 사람들은 돌아올 것을 기약할 수 없는 장소로 더 멀리 추방된다.

치유의 힘과 치유된 자

한센인에 대한 인권침해와 분리가 계속되는 동안, 이 병에 대한 편견을 없애려는 캠페인은 냉전 시기 미국이 과학적·치유적·인도주의적 힘을 보유한 나라라는 이미지를 홍보하려는 목적과 결합했다. 제인 김Jane Kim은 이렇게 주장한다. "나병은 기독교의 온정, 인도주의, 도덕적 권위가 담긴 가장 인상적인 이미지를 보여 주었다. 나병에 관한 담론이 가진 이런 정서적 특징은 저항을 없애고 권력을 받아들이게 하는 수단을 제공했고, 궁극적으로는 식민지에서 벗어나 독립국가가 된 한국의 반공적·기독교적 특성을 정당화했다."81 프랜시스 손더스Frances Saunders가 "문화적 냉전"이라고 불렀던 움직임의 하나로, 미국은 선전 활동을 하기 위한 주한 미국공보원United States Information Service, USIS을 1949년에 설립했다.82 외국과의 관계를 개선하고 해외에서 미국의 이익을 증진하기 위해서였다.

1962년에 미국공보원 영화 부서는 한센병과 관련해 잘 알려진 시인 한하운의 일생을 다룬 〈황토길〉(감독 양승룡, 영어 더빙)을 제작했다. 이 영화는 5일 동안 서울시민회관에서 일반 관객들을 대상으로 코미디 공연과 함께 상영되었다. 시인의 자서전을 바탕으로 만들었다고 하지만, 이 영화는 탈역사적이고 탈정치적인 방향으로 그의 삶을 대부분 재창조한 작품이다. 태평양 전쟁의 시작을 알리는 한 장면을 제외하면 한하운이 살았던 일본, 중국, 북한과 남한의 공간적·역사적 특수성은 찾아볼 수 없다. 영화의 허구적 요소들은 상징적 인물을 통해 전형적인 치유 서사를 구성하고, 미국의 지원으로 가능했던 신체적 치유의 의미를 강조한다.

병의 진단과 절망에서 시작하여 의학적 치료, 신체 복원, 시인으로서의 성공으로 서사가 이어지고, 결국 이성애 관계로 치유가 완성된다. 이 영화는 미신, 무지, 전통, 가족의 돌봄과 비교되는 이성, 과학, 근대 시설의 중요성을 계속해서 강조한다. 예를 들어 한하운의 어머니가 아들을 낫게 하려고 뱀탕을 끓이는 장면에서 이런 내레이션이 나온다.

어머니의 간절한 바람으로 인해 과거의 잘못된 치료법으로 대체된 의학

사람의 무지에서 태어난 치료법

혐오에 혐오로 맞서는 치료법

질병보다 더 해를 끼칠 수 있는 치료법

무지와 두려움의 방식으로 과학을 거부하는 치료법

(제대로 된 치료를) 지연시켜서 죽게 만들 수 있는 치료법

한때 치유라고 생각했던 방식의 치명적 효과는 변화의 희망을 가져오는 진정한 치유법과 대조된다. 한하운이 치료를 받으러 소록도에 도착하자 영화음악이 국악 연주 음악에서 경쾌한 서구 멜로디로 바뀌며 내레이션이 이어진다. "치료제로 존재와 의미를 갖게 된 공동체에 희망을 품지 않을 사람이 누가 있겠는가." 치유를 바라는 어머니의 미신적 방식이나 미숙한 애인의 돌봄을 소록도에서의 치료와 비교하면서 화자는 이렇게 말한다. "이 치유의 공간에서 …… 나는 헌신에 의해 인도되고 지식과 기술로 무장한 손길을 발견하였다. 기술은 시간의 도가니 속에서 단련되었

다……. 이 세기가 시작되었을 때 바다 건너 미국에서 동정심에 이끌려 온 월슨이라는 사람의 요양원으로." (영화 속 그의 표현에 따르면) 이 병이 약으로 완치될 수 있다는 엄청난 사실을 전하며 한하운은 이 미래에 없는 것은 그의 연인 해경뿐이라고 이야기한다. 그는 소록도에서 나병 치료를 받고, 미국인이 운영하는 요양원인 애양원으로 향한다. 더 나은 새로운 인생을 가져다줄 수 있는 또 다른 형태의 치유, 즉 질병이 남기고 간 '피해'를 복구하는 성형수술을 하기 위해서다. 영화는 한하운이 소록도 병원을 떠날 때 카메라에서 멀어지며 빛을 향해 어두운 복도를 따라 걸어가는 모습을 익스트림 롱숏으로 잡는다. 소록도 병원의 근대적 건축양식은 더 나은 신체적 변화로 향하는 길을 나타낸다. 한하운이 애양원에 도착하자 배경음악이 다시 한번 전통 음악에서 서구 음악으로 바뀐다.

애양원에서 일하는 장로교 의료 선교사인 스탠리 토플Stanley Topple이 (의사 자신이 직접 연기했다) 한하운의 손과 얼굴을 잠깐 보고 나서 한국어로 말한다. "당신 손가락, 눈썹도 다 고칠 수 있습니다." 이 장면에서 의사는 병의 흔적을 없애는 완전한 치료를 약속한다. 하지만 내가 토플 박사와 대화를 나눴을 때 그는 촬영했던 당시를 회고하며 그 장면의 대사는 자신에게 자문을 받지 않고 쓴 것이며 감독이 완전한 치료를 주장하는 대사를 요구해 크게 낙담했다고 말했다. 그는 "우리는 분명 변형된 부분을 상당히 좋아지게 할 수 있습니다. 하지만 어떤 의사도 환자를 완전히 정상적인 상태로 되돌려 놓을 수 있다고 단언하지 않습니다. 그건 정직한 의학이 아닙니다"[83]라고 했다. 토플 박사의 회상을 통해, 정상성을 복원한다는 의학적 능력이 영화에서 과장된 정황을 알 수 있다. 정상성의 복원이 사회 통합을 위한 전제 조건으로 제시되며, 질병이 완치된 후, 장애를 갖고 살아가는 삶의 가능성을 배제한다.

영화는 토플 박사가 환자들을 진료하는 장면으로 이동한다. 이 부분은 영화에서 배우가 아닌 사람들이 나오는 유일한 장면인데, 애양원에서 이뤄지는 의료 구호 활동을 실제로 보여 주기 위한 것이다. 병은 나았지만 몸을 "고쳐야" 할 사람들을 위한 "희망의 연도連禱"로서, 화자는 "정부와 국민들의 자선으로 세운, 다른 나라에서 온 사람들이 세운" "동정과 연민"으로 세운 요양원과 병원 이름을 열거한다. 이 장면에서 한센인의 몸은 미국의 현대 기술 및 온정적인 보살핌이 전시되는 무대가 된다. 다음 장면에서 토플 박사와 간호사는 몸에 가시적인 흔적이 남아 있는 한센인의 집을 방문한다. 카메라는 병실 환자들의 손과 발을 클로즈업하고, 또 집에서 고개를 숙이고 있는 한 남성이 의사에게 이야기할 때 카메라를 가리듯이 손을 얼굴로 가져가는 모습을 클로즈업한다. 이 시설의 종교적 측면과 온정적인 인간성을 강조하면서 이 치유의 장소는 "희망의 안식처"이자 "기적의 집"으로 구성된다. '복원'을 통해서 질병의 흔적을 없애는 행위는 과학적·의료적 중재를 넘어서, 시인 화자가 말하듯, "부끄러움 없이 우리 얼굴을 보여 줄 수 있게 하는 기적, 우리가 알던 집과 마을로 돌아갈 수 있게 해주는 기적"으로 격상된다.

질병이 남긴 모든 흔적을 지우는 성형수술은 치유에서 가장 가시적인 부분이다. 이는 외모가 정상으로 돌아오지 않으면 치유는 완성되지 못하고 진정한 변화를 가져오는 효과도 없다는 뜻이기도 하다. 간호사가 한하운 얼굴의 붕대를 풀 때 카메라는 그 모습을 가까이 들여다보고 화자는 기적이라고 말한다. 의료 기술에 초자연적 힘을 부여하기 위해 기적이라는 용어가 반복해서 나온다. 한하운은 손에 든 거울을 바라보고 의사에게 고개 숙여 인사한다. 이때 질병을 치료하는 의학은 성형수술로 수치심을 없애 주고 완전한 인간성을 되돌려 주는 신비한 영역으로 도약한다. 한하운의 가장 유명한 시 「보리피리」가 실린 신문이 빠르게 인쇄되어 나오는 장면에서 보여 주듯, 눈썹과 코가 복원되고 나서야 그는 시인으로 성공하고 인정받게 된다. 토플 박사가 손을 수술하는 다음 장면은 두 여성이 애양원의 정문을 통과해 걸어가서 한하운을 만나는 장면으로 이어진다. 애인 해경은 뜰에서 한하운과 만나고 의사와도 인사한다. 영화는 해경과 한하운이 해변을 걷는 모습을 와이드 앵글로 보여 주며 끝나는데, 영화가 시작할 때 나왔던 그 장면이다. 영화가 끝날 때 "개인의 믿음과 희망에서 나라의 힘이 나온다"라는 자막이 뜨며, 이는 우생학의 법제화를 위한 향후의 움직임을 암시하는데, 실제로 "체력은 국력이다"[84]라고 자주 이야기한 박정희는 이후 우생화의 법제화를 실행했다. 게다가 이런 표현은 냉전 시대의 지정학적 풍경에서 한미 동맹을 필수 요소로 만든다. 치유 가능성과 성공적으로 사회에 다시 통합되리라는 희망은, 식민지기 및 그 이후의 질병 관리 그리고 치유라는 이름으로 행해진 폭력을 탈정치화한다. 예를 들어, 병이 유전된다는 가설이 틀렸다는 것이 이미 밝혀진 시기에도 어떤 시설에서는 환자들이 불임 시술을 받은 후에야 결혼할 수 있었다.[85]

과학과 의학의 힘을 증명하는 치유는 질병의 모든 흔적이 지워질 때 완성될 수 있고, 그렇게 해서 비장애인과의 이성애 결합이 가능해진다. 따라서 이런 일련의 과정에서, 경멸당하지 않게 해주고 낙인을 없애 준다고 여겨지는 성형수술을 통해 환자가 외적으로 변화한 후에야 치유는 통합으로 나아갈 수 있다. 영화에서는 한하운의 나병 치료 이후 눈썹, 코, 손을 '고치는' 수술, 직업적 성공, 사랑하는 사람과의 재회까지 매끈하게 전환하며, 실제로 그가 겪은 치유의 양가적 경험을 가려 버린다. 영화에 나온 것과 달리 그는 애양원에서 치료받지 않았다. 한하운은 애양원이 아니라 대학 병원에서 코 재건 수술을 받았고 나중에 이를 되돌리기 위한 시술을 받았다. 그는 1958년에 『신문학』에 "지금은 코 수술을 하기 전보다 얼굴이 흉해졌다. 더욱이 기후의 한난에 따라 붉었다, 퍼랬다 변색을 한다"라고 썼다.[86] 한하운은 코 수술의 실패로 두려워져서 눈썹 이식 수술을 받지 않기로 했다. 이후 그는 사람들의 시선을 피하기 위해 썼던 모자를 벗어 눈썹이 없는 것을 드러낸 경험에 대해, "나의 일급비밀, 눈썹 없는 겸손"이라고 적었다.87 게다가 그는 비장애인 애인과 다시 재회하지 못했다. 두 사람은 한하운 남동생의 정치 활동을 도운 혐의로 소련 점령 시기에 북한에서 체포됐다. 한하운은 병 때문에 감옥에 수감되었다가 새로운 약을 찾으러 남한으로 떠났다. 나중에 애인을 찾으러 북한에 돌아갔지만 찾지 못했다. 도리어 감옥에 갇혔다가 탈출해서 다시 남한으로 돌아갔다.88 그는 자신이 사는 정착지에서 한센인 여성과 결혼했다.89

한하운은 한센병을 가진 사람들의 완전한 통합은 이뤄질 수 없다고 생각했다. 그는 한센병을 효과적으로 통제하기 위해 무하공화국이라 부른 자치 독립국가 수립을 꿈꿨다. 역설적이게도 그의 목적은 "혈액을 정화하고 민족 우생학을 도모하는 것"이었다.90 한하운은 삶의 권리가 부정당하고, 폭력을 겪는 감염인의 현실을 이야기하면서, 무하공화국이 "새로운 복지 낙도"가 될 것이라고 상상했다.91 치료 시설 바깥의 사회로 돌아가는 비현실적인 일을 바라기보다 분리주의 공동체를 만들려고 했던 한하운의 꿈과 비슷하게, 1962년 소록도에 살던 3000명 이상의 한센인들은 자급자족하면서 살아갈 수 있는 땅을 만들기 위해 오마도 간척 사업을 시작했다. 3년간의 고된 노동 이후 정부가 간척된 땅을 몰수해 한센인 근처에 살 수 없다고 반발하던 지역 주민들에게 나눠 주면서 이 계획은 무산됐다.

〈황토길〉에 나오는 초국가적 치유의 힘은 결국 질병의 흔적을 지우는 성형수술을 통한 치유가 문학적 성공과 이성애 관계로 이어지는 것을 보여 줌으로써 치유의 가시성에 중점을 둔 인도주의적 논리로 재현된다. 초국가적 선전을 위해, 또 치유가 가능하다는 사실에 근거해 한센병에 대한 낙인을 없애는 캠페인을 위해 구축된 치유 서사의 패러다임은 이 장의 마지막 분석으로 이어진다. 아래에서는 법적·문화적 옹호 활동 및 치유 가능성의 궁극적 상징으로 결혼을 보여 주는 방식을 다룬다.

화해의 상징으로 나타나는 결혼

결혼을 치유에 뒤따르는 보상으로 비유하는 방식은 한국의 문화적 상상에서 흔히 나타난다. 최근까지 평론가들은 이청준의 베스트셀러 소설『당신들의 천국』을 주로 정치적 알레고리로 해석해 왔다. 박정희 정권을 묘사하기 위해 소록도와 이 섬을 통제하는 병원의 통치권을 다뤘다는 것이다. 문학평론가 김현은 다음과 같이 설명한다. "한 작가가 시대적인 제약에 의해서 그가 드러내 보이고 싶은 작품의 주제를 직설적으로 내보이지 못하고, 그것을 우회적으로, 그것이 잘 드러나지 않게 표현한다는 것은 있을 수 있는 일이고, 또 그래야만 하는 일이다."92 작가 자신도 많은 글과 인터뷰에서『당신들의 천국』이 군사정권을 암시하려고 했던 소설이라고 이야기했다.93 소설에서 병원의 새 원장이 섬에 도착하는데, 군복을 입은 조백헌 대령(실제 원장이었던 조창원을 모델로 한 인물)은 쿠데타 이후 박정희의 이미지를 연상시킨다. 의사이자 육군 대령 출신이라는 그의 위치는 의료적·사법적 권한을 가진 병원이 섬을 지배하고 있다는 것을 강조한다.

이 소설은 정치적 알레고리로 읽힐 수 있지만 그런 은유에 한정되는 작품은 아니다. 사실 소록도에 사는 한센인의 실제 역사를 잘 보여 주는 이야기이기도 하다. 이 소설이 1966년에 이규태 기자가 소록도 상황을 대대적으로 폭로한 기사에서 영감을 받았다는 점은 작품에 역사적 의미를 더한다.94 이 소설은 조 원장의 분투에 집중하는데, 그는 농사를 지을 수 있게 땅을 간척해서 거주인들이 자급자족하며 살 수 있는 곳을 만들려고 한다. 환자들 중 연장자인 황 장로는 처음에 조 원장을 믿지 않는다. "천국"을 만들려고 했던 이전의 작업들이 거주인에 대한 폭력을 숨기고, 거주인의 시민권과 참정권을 억압하는 상황을 숨기면서 "개혁자들"의 지위만 높여 주고 끝났기 때문이다. 이후에 황 장로는 입장을 바꿔서 오마도 간척 사업을 지지한다. 이와 반대로, 소록도 병원의 직원이며 환자의 자식인 (미감아로 분류되는) 상욱은 이 사업에 계속 회의를 품고 있으며 나중에 섬을 탈출한다. 상욱은 소록도를 떠남으로써 의료화·군사화된 통제하에서 그런 "천국"이 존재할 수 있다는 환상을 거부한다. 작가는 조 원장이라는 인물과 상당히 정치적인 그의 작업에 대해 모호한 태도를 유지한다.

조 원장의 간척 사업은 정부에 의해 중단된 실제 오마도 간척을 반영한 것인데, 이는 아직도 적절한 해결과 보상이 이뤄지지 않은 사건이다. 소설에서 거주인들이 스스로 간척한 땅에 대한 권리가 심각하게 침해되는 문제는 조 원장의 탓으로 그려진다. 나중에 그는 개인 자격으로 섬에 돌아오고, 섬과 본토를 상징적으로 연결하는 다른 방법, 즉 결혼을 통해 자신이 실패한 통합 프로젝트를 이루려고 한다. 병력이 있는 해원은 조원장의 격려를 받아 비감염인 여성 미연과 곧 결혼할 예정이다. 기자인 정태는 그런 특별한 결혼에 관한 기사를 쓰려고 조 원장을 찾아가고, 조 원장이 신부에 대해 일부러 거짓말했음을 알게 된다. 미연은 부모님이 감염됐던 미감아로, 본인도 환자와 같은 처지였던 것이다. 신랑은 이런 사실을 알지 못한다. "그는 아직도 서미연이라는 아가씨를 순수한 건강인으로만 믿고 있었다."95

윤해원을 위하여, 어차피 문둥이 집단끼리 끼리끼리 모여 살게 된다는 체념 어린 패배 의식을 허용하지 않기 위하여, 건강인 여인에 대한 윤해원 자신의 떳떳한 자기 극복을 위하여, 조 원장과 서미연 사이에선 아직도 그녀의 출생에 얽힌 비밀을 윤해원에게 감추고 있다는 사실을 말하면서, 조 원장은 이제 이정태에게 그

두 사람의 떳떳한 결합을 위해 그의 힘을 보태자던 것이었다. …… "윤해원 그 작자는 물론 이 섬사람들 누구도 그건 알고 있지 못해요. 이 형도 그렇게만 알아 두면 좋겠소. 이번 혼인은 어디까 지나 한 건강인 여자와 환자 사이의 결합이라는 걸 말이오."96

그 결혼은 분명 윤해원의 문화적 재활을 위한 도구가 되어 그를 사회에 통합되도록 이끈다. 조 원장은 지배 집단에 속한 여성과의 결혼을 통해 '문둥이'로 내면화된 해원의 정체성을 바꾸려고 한 것이다.

조 원장은 결혼식 주례를 연습하면서, 지리적·물리적 결합이라는 자신의 실패한 프로젝트를 대체하기 위해 결혼을 활용하는 정치적 의도를 드러낸다. 간척으로 섬과 본토 사이에 영토를 연결하려는 시도가 실패하자, 조 원장은 계속되는 분열을 상징적으로 통합하는 방식을 찾고자 한다.

"흙과 돌멩이보다는 사람의 마음이 먼저 이어져야 합니다. 그리고 그런 의미에서 오늘 이 윤해원과 서미연 두 사람의 결합은 그두 사람의 처지가 특히 남다른 바가 있었던 만큼 사람의 마음과마음이 이어지는 일 가운데 더욱더 뜻이 깊고 튼튼한 결합이 아닐 수 없습니다. 흙더미나 돌멩이로 겉모양만 이어진 채 버려져있던 두 개의 방둑이 오늘 비로소 우리 눈앞에서 굳게 이어지는 절강제를 보게 된 것입니다." …… 긴장하고 있던 상욱의 얼굴위에 비로소 희미한 미소가 한 가닥 떠오르고 있었다. 하지만 이정태는 아직 그 상욱의 웃음의 뜻을 읽어 낼 수 없었다. 어찌 보면 그는 조 원장의 그 너무도 직선적이고 순정적인 생각에 다소의 감동을 받은 듯싶기도 했고, 어찌 보면 오히려 쓸쓸한 비웃음을 보내고 있는 것 같기도 했다.97

소설이 출간된 지 약 30년 후에 진행한 인터뷰에서 이청준은 연설을 엿들으며 희미하게 웃는 상욱이 사회의 지식인을 대변하는 인물 — 모든 것을 끝까지 의심하고, 그 때문에 정치적으로 행동할 수 없다고 해도, 깊이 고민해야 하는 사람 — 로 보았다.[98] 그 연설을 실제 결혼식에서 하지 못하고 그를 의심하는 인물만 그 내용을 들었다는 것은 조 원장이 연설로 대신하려고 했던 시도가 실패한다는 점을 암시한다. 즉 상징적으로 이뤄진 결혼은 땅을 빼앗은 역사적 부정의를 구제할 수 없다. 작가는 이렇게 설명한다. "나는 정치적 신념을 지닌 인물을 끝까지 불신하고 의심하고자 했습니다. 마지막에 조 원장이 연설 연습을 하는 것으로 끝낸 것도 그 때문입니다. 연설하는 인물처럼 정치적인 사람은 없으니까요."[99] 인터뷰를 진행한 평론가 우찬제는 미연을 미감아가 아니라 "순수한 건강인"으로 설정하는 것을 고려해 봤는지 작가에게 물어봤다. 이청준은 자신이 소설가가 아니라 정치인이었다면 그렇게 했을지 모른다고 대답했다. 그 당시에는 환자와 건강한 사람의 결혼은 상상할 수 없는 일이었기 때문이다. "지나치게 순진하거나 낭만적이거나 환상적인 생각에 불과한 것이 아닐까요."[100] 이청준은 통치자의 의도와 목표가 얼마나 고상한지와 관계없이, 통치자가 아니라 "문둥이 편"에 서고 싶었다는 말을 덧붙였다. 진정한 천국은 분리된 상태에서 세워질 수 없기 때문이다.

이 소설이 보여 주는 한 가지 핵심은, 아무리 잘 계획되었다 하더라도 진정한 유토피아가 한 사람의 권력으로 세워질 수 없다는 생각을 전하고, 독재에 경고를 보낸 것이다. 또 다른 핵심은 이타적인 의도가 권력의 부패에 흔들리지 않을 가능성에 주목한 것이다. 이청준은 역사적 부정의에 대한 상징적 해결책을 제시한다며 결혼을 활용하는 방식에 문제 제기하려고 했다. 그럼에도 한센인 남성과 비한센인 여성의 결혼이 한센인의 사회 통합의 증거로 사용되는데, 이는 다음 부분에서 논의할 것이다.

21세기의 한센병

2004년 10월 11일 서울에서 대한변호사협회가 한센인의 인권에 관한 포럼을 개최했다. 언론은 포럼이 "눈물바다"였으며, 한센인이 대외적인 공개 행사를 가진 것은 처음이라고 보도했다.101 장애를 가진 이들을 포함한 한센인 400명 이상이 모여서 자신들의 경험에 대해 이야기했으며, 자신들이 겪었던 엄청난 차별과 평생 지속된 낙인에 대해 특별법 제정을 통해 보상해 줄 것을 요구했다. 한센인의 이런 집단적 목소리는 20세기 내내 자행된 폭력에 대해 상당한 관심을 불러왔다. 그 결과 한센인의 인권은 21세기 초반 한국에서 중요한 사회적·법적 이슈로 떠올랐다.

한센인의 권리와 관련된 이슈가 이렇게 떠올라 공론화된 배경에는 일본의 유명한 판결이 있었다. 2001년 일본 구마모토 지방법원은 '나병예방법'이 위헌이라고 판결했고, 정부가 일본에서 시설에 수용되었던 127명의 원고에게 배상해야 한다고 지시했다.102 당시 고이즈미 준이치로 일본 총리는 이미 신빙성을 잃었던 '과학적' 사고에 따라 한센인들을 강제로 시설에 수용하고 불임수술을 한 것에 대해 공개적으로 사과했고, 일본 의회는 정부에 의해 수십 년 동안 구조적으로 시민권이 침해되었던 사람들이 입은 피해를 보상하는 법안을 통과시켰다.103 일제 시기 소록도에 수용되었던 한국인 117명 역시 일본에서 이뤄진 판결에 고무되어, 2003년, 2004년에 보상을 청구했다.104 일본 정부는 처음에 이들의 요구를 거부했지만, 지속적인 활동의 결과로 2006년에 한국인 한센인의 보상 요구가 승인되기 시작했다.105

이 같은 일련의 사건을 보도하던 기자들은, 애초에 시설 수용과 불임수술을 정당화했던 인식이 잘못되었음을 입증하면서 한센인에 대한 편견을 없앨 필요가 있다고 강조했다.106 한센인 인권에 대한 모든 담론들은 거의 대부분 한센병은 감염률이 높지 않고 유전되지 않는다는 사실에 상당히 의존하고 있기 때문에, 한센인을 격리하는 데 어떤 권력과 지식이 이용되었는지에 관한 의문은 해결되지 않은 채 남아 있다. 한국 정부는 치료법이 개발된 후에도 격리 절차를 이어 갔으며, 국가권력과 민간인에 의한 한센인 대량 학살을 은폐했다. 이런 식민지기 이후의 피해를 조사하고 감염인을 지원하기 위해 2007년 한국에서 '한센인 사건 특별법'이 제정되었다. 최근 판결에서 서울과 광주 지방법원은 국립병원에서 강제로 불임수술과 낙태 수술을 받은 한센인에게 보상하도록 정부에 지시했다.[107][+]

일본에서의 판례에 부응해 MBC는 황금 시간대에 〈아! 소록도〉(연출 김휘·강명곤)라는 2부작 다큐멘터리를 방영했다. 1부 '세상 끝에 선 사람들'은 일본으로부터 독립한 이후 1945년에 발생한 참혹한 대학살의 현장을 연구자들이 발굴하는 장면으로 시작한다. 현장 주변에 선 생존자들은 84명의 환자가 학살된 사건에 대한 증언을 들려준다. 다큐멘터리는 학교에서 배우지 않은 이 사건의 구체적인 내용에 대해 시청자들의 궁금함을 자아낸 뒤, 일본에서 과거에 격리되었던 사람들이 정부를 상대로 한 소송에서 승리했다는 소식을 듣고 기뻐하는 모습을 담은 생생한 장면으로 넘어간다. 이런 장면들은 한센병이 역사적·정치적으로 대단히 중요한 주제임을 인식시킨다.

이어서 다큐멘터리는 미국의 국립한센병연구소 소장 제임스 크라엔뷜James Krahenbuhl과의 짧은 인터뷰를 보여 준다. 그는 "나환자"의 강제 불임은 "야만적"이며 "근대적 사고에 기반하지 않은" 행위라고 말한다. 방송에서 그런 폭력의 역사적 배경으로 나치의 우생학, 일본의 식민정책, 우

[+]   2017년 2월 강제 단종, 낙태를 당한 한센인들에게 정부가 배상해야 한다는 첫 대법원 판결이 나온 바 있다.

생학 관점의 불임수술을 언급하긴 하지만, 이 인터뷰는 근대성을 폭력의 반대 지점에 놓음으로써 폭력이 체계적이고 근대적이며 동시에 과학적인 논리를 통해 이뤄졌다는 사실을 지워 버린다. 이런 입장 때문에 중요한 질문이 제기된다. 한센인에 대한 학대를 야만적이고 전근대적인 행위로 이해한다면, 일제 식민 정권이, 그리고 해방 후 한국 정부가 근대국가라는 지위의 상징으로서 한센인 관리와 시설 수용을 추진했다는 것은 어떻게 설명할 수 있을까? 더구나 아시아 역사의 야만성에 대한 미국인 의학 권위자의 증언은, 서구가 자신들이 저지른 폭력, 우생학적 불임수술,[108] 한센인 격리를 지워 버리는 전형적인 사례이다.

다큐멘터리 2부 '편견과 격리를 넘어서'는 서구 의료계 전문가의 의견을 듣는 방식을 이어 가면서 "나병이 유전병인가? 전염병인가?"라는 질문을 던진다. 한센병은 유전되지도 않고 전염되지도 않는다고 의사가 진술하는 모습을 보여 주며, 다큐멘터리는 사회사적 차원에서 의료적 차원으로 초점을 옮긴다. 결과적으로 이런 접근은 격리와 불임수술이 시행되었던 것이 편견과 잘못된 정보 때문만은 아니라는 점을 가려 버린다. 실제로 이 병의 치료가 가능해지고, 유전되지 않고 쉽게 감염되지 않는다는 점이 밝혀진 후에도 격리와 불임수술은 계속되었다. 이 다큐에서 한센병은 무지 대 계몽, 전근대 대 근대, 문화 대 과학이라는 이분법 안에 놓이고, 전자가 만든 문제를 후자가 해결한다. 이런 논리를 따르면, 한센병 관리가 공중보건 및 과학이라는 이름으로 시행된 국제적 선전 활동뿐 아니라 한국 역사에서 근대화 및 기독교의 확장과도 다양하게 연관된 방식을 드러낼 수 없다. 미국에 사는 한센인 또는 미국의 식민지였던 곳에 사는 한센인의 목소리는 나오지 않기 때문에, 이 다큐멘터리는 〈황토길〉이 그랬던 것처럼 미국을 발전한 사회의 이상으로 보여 준다. 한센병이 치료 가능하고 유전되지 않는다는 설명을 바탕으로 〈아! 소록도〉는 '세상과의 화해'라는 제목의 다음 파트로 넘어간다. 이 부분은 희망찬 미래와 "화해"를 위해 한센인과 "건강인"으로 나눠진 세계를 연결하기 위해 싹트고 있는 사회적 변화를 추적한다. 여기서 통합은 두 쌍의 장애남성과 비장애여성의 결혼으로 그려진다. 『당신들의 천국』과 〈황토길〉에서처럼, 이 다큐는 병에서 완치된 장애남성과 비장애여성의 조합을 해결책으로 그리면서 결과적으로 역사적·사회적 폭력을 사적인 차원에서 해결해 버린다.

이 방송에 나오는 부부 한 쌍은 여자 간호사와 소록도에 수용돼 살았던 남자이다. 간호사라는 아내의 직업은 환자였던 남편을 돌보고 그에게 헌신하는 자격을 입증함과 동시에 남편이 완치되었고 아내에게 병을 옮길 위험이 없는 상태임을 증명하는 방식으로 강조된다. 과학적 담론은 결혼이라는 사회적 관계와 결혼에 대해 만들어진 문화적 이미지로 전환된다. 곧 질병이 감염되고 유전된다는 우려가 사실이 아니라고 밝혀져야 결혼이 가능하다고 전제된다. 이런 논리에 의하면, 결혼은 질병의 부재로 그 상징적 가치를 획득하기 때문에, 오직 장애가 없는 세계에만 존재할 수 있다. 혼인의 성립은 한센병이 치료 가능하며 전염되거나 유전되지 않는다는 것을 증명한다. 이런 특성들이 전제되어야만 삶을 살 수 있고 그 삶이 가치 있게 여겨지는 것이다. 한센인들은 오늘날에도 여전히 식당이나 병원에 들어가지 못하고 대중교통 이용도 거부당하는 경우가 많다고 증언하고 있다. 그럼에도 낙인찍힌 사람들에 대한 인식을 개선하려는 현재의 전략은 성역할의 수행, 인정받는 결혼, 사적인 영역에서 이뤄지는 재생산을 정상화하는 방식으로 문화적 재활을 추구하는 경향을 보인다.

환자였던 남성과 비장애여성의 결혼을 재현하는 것은 그들의 결합이 "나환자"와 "건강인"으로 분리되었던 공간을 잇는 상징적 교량 역할을 하도록 한다. 나라를 다시 통합시키는 이 결합의 힘은 실제라기보다 표면적으로 그렇게 보이는 면이 크다. 〈아! 소록도〉에 나타난 것처럼, 낙인을 없애기 위해 장애남성과 비장애여성의 결혼을 정치적인 상징으로 강조하는 것은 젠더화된 사회질서를 이용해 과거에 이뤄졌던 격리에 대한 보상을 시도하는 방법이라고 할 수 있다. 이는 비장애여성이 장애남성의 통합을 위한 유일한 상징적 통로로 비춰질 때 문제가 된다.

이렇게 인권과 결혼의 정치적이고 개인화된 결합 속에서는 장애여성이 사라지고, 요양원과 정착촌에서 형성된 가족 관계나 친밀성은 보이지 않게 된다. 이런 움직임은 한센인이 교육과 고용을 비롯한 공적인 생활에서 마주하는 문제들은 간과한 채, 한센인의 문제를 가정생활의 영역에 국한시키는 효과를 가진다. 2012년 기준으로 한국에 살고 있는 한센인 1만 2488명 중에서 42퍼센트가 91개의 정착지와 7개의 거주 시설에 살고 있다.[109] 오늘날까지 통합은 거의 명목상으로 존재할 뿐 미래에 대한 희망으로 유보되고, 낙인과 격리 양상은 지속되고 있다. 한센병의 역사와 서사는 우생학적 근대화를 거치며 가정을 장애인이 머물러서는 안 되는 곳으로, 비장애인 단일체로 만든다는 점을 극적으로 드러낸다. 가정은 장애를 가진 몸과 함께할 수 없는 곳으로 형성된다. 이 과정에서 정부는 장애인의 존재를 문제로 만들고 시설 수용을 해결책으로 내세우면서 가족을 재구성했다. 이는 시설 수용을 불가피한 일로 만들었고, 또한 공적 영역에 장애인이 존재하지 않는 것이 당연하다고 여겨지게 했다. 장애인의 존재를 지우는 것은 장애인이 공적 영역에 참여해야 할 필요성을 무시하는 효과를 낳는다. 특히, 격리에 사용되었던 공간을 앞으로 어떻게 할지에 대해서나 감염병을 가진 사람을 위한 정책과 인권 보호에 대해 결정을 내릴 때 장애인이 참여해야 할 필요성을 외면한다.

한센인에 대한 서사 분석은 격리된 상태로 치료가 이뤄지고 시설에 수용됨에 따라 어떻게 가족이 머물 수 없는 공간으로 점차 구성되었는지를 보여 주는 반면, 오늘날의 운동은 그동안 가족에서 배제되고 재생산 능력을 빼앗긴 사람들이 이성애 가족으로 편입되는 방식을 강조한다. 〈아!
소록도〉 같은 작품에 나오듯, 장애남성과 비장애여성의 결혼을 정치적으
로 구성하는 것은 문화적 질서에 따르는 또 하나의 접근 방식을 보여 준다.
그렇지만 이런 대안적 관계들도 장애여성을 비가시화한 채, 젠더화된 질
서를 강화하면서 낙인찍힌 남성을 문화적으로 재활시키고 오랜 격리의
시간을 보상하려고 한다.

지금까지의 분석들은 과학과 생의학적 담론이 사회적 소외와 역사
적으로 구성된 낙인을 없애는 데 한계가 있다는 우려를 드러낸다. 이러한
담론들이 질병을 둘러싼 문화적·사회적·정치적 역동 안에서 차별적인 정
책을 정당화하는 데 이용되기 때문이다. 그렇다면 장애학은 감염병과 공
중보건에 어떻게 접근해야 할까? 한센병이 만들어 낼 수 있는 신체적 장애
와 장애로서의 질병 자체를 분리하지 않아야 한다는 것에 덧붙여, 치유 가
능성 여부에 따라 통합된다는 논리가 난치병 및 감염병에 대해 혹은 공중
보건 조치의 윤리적 한계에 대해 우리에게 말해 주는 것은 무엇인가? 완치
가능하고 전파력이 낮다는 전제 하에 한센인의 인권이 보장되어야 한다
고 주장한다면, 완치가 안 되거나, 감염될 수 있는 병이나 장애를 가진 사람
들 — HIV나 결핵 감염인을 포함 — 의 인권은 별개의 문제가 된다. HIV
연구자, 전문가, 정책 개발자, 역사가들이 HIV와 한센병에 대한 낙인에서
비교할 만한 유사성을 발견했고 "나병의 교훈"을 통해 배우려고 했지만,
그런 유사성이 해답보다는 질문을 많이 만들어 낸다는 것을 알게 되었
다.110 실제로 HIV와 한센병이 유사하다는 인식이 태평양 군도 니우에의
HIV 감염인을 격리시켜야 한다는 한 전문가의 주장에 이용되었고, 이러
한 주장은 감염인뿐만 아니라 주변국들의 반발을 일으켰다.111

의학적 근거 없이 감염에 노출된 사람을 일시 격리하고 감염인을 분
리시키는 행동이 감염병 확산을 막는 데 필요하다고 여겨질 때, 감염병을

다루는 장애학은 인권, 공중보건, 윤리, 접근성, 취약함, 생존, 실제 삶의 경험에 대해 어떤 이야기를 할 수 있을까? 캐서린 쿠드릭Catherine Kudlick은 19세기 프랑스에서 일어난 천연두 유행에 대한 글을 쓰며 이렇게 지적했다. "전염병은 장애 및 생존과 긴밀하게 얽힌 숨은 역사를 갖고 있다. 그렇기 때문에 장애의 역사는 우리가 전염병의 영향을 이해하는 방식을 변화시킬 가능성이 있다. 개인적 차원의 대응 수준뿐만 아니라 사회적·정치적 대응 수준에서도 그렇다." 쿠드릭은 이어서 전염병의 유행은 "역사 속의 장애와 장애인을 새롭게 조명할 수 있는 매우 중요한 지점을 제공한다"[112]고 설명한다. 또한 전염병의 사례를 통해 장애와 공존하는 치유, 그리고 전염병을 중심으로 형성된 공동체에 대한 소속감과도 공존하는 치유를 상상하는 기회를 가질 수 있다.

미국의 장애학자 크리스토퍼 벨Christopher Bell은 본인의 HIV 감염 사실을 알려야 할 개인의 책임과 성적 욕망에 관하여 이야기하면서, 감염 및 재감염 방지나 안전보다 성적인 즐거움에 가치를 두자고 제안한다. 벨은 HIV 양성인 사람이 성적 경험 자체를 하지 못하도록 막는 것은 즐거움의 가능성을 완전히 배제한다고 주장한다. 그는 "'책임'이라는 이데올로기로 HIV 양성인 사람의 행동 규범을 법제화하는 목적은 HIV가 어떻게 전염되는지 전혀 알지 못하는 상황이었다면 효과적이었을지 모른지만 그런 시대는 이미 지나갔다"라고 말한다. 감염의 가능성을 측정할 수 있는 수준에 이른 오늘, 우리는 벨이 말하는 "HIV에 관한 합리성의 시대"[113]에 살고 있다. 벨이 도발적으로 제안한 감염병에 대한 퀴어 장애학적 접근은 감염인의 즐거움과 욕망의 관점에서 출발한다. 이런 접근은 실제 경험과 사회적 관계의 관점에서 감염병의 문화적 이미지를 윤리적으로 해석하는 힘을 키우는 데 도움을 줄 수 있다.

낸시 왁슬러는 1981년에 쓴 글에서 한센병 환자들에 대한 두려움과 낙인이 여전히 남아 있다며 이렇게 설명한다. "'(나환자들이) 재활하도록 지원하고 나병 퇴치를 위해 노력한다'는 목표를 가진 단체들은 동시에 지역사회가 가진 낙인을 지속시키고 있다. 이는 입원 병동을 만들고 장기간의 치료를 제공하는 활동 및 대중 교육 프로그램과 모금 안내 책자 등에 사용되는 언어를 통해서 이뤄진다."114 환자들을 지역사회로부터 분리시키는 것을 정당화하는 특수화된 치료와 요양 자체가 낙인을 유지시키는 역할을 함으로써 그들의 활동을 지속시켜 왔다는 것이다.

2003년에 에리코 사세Eriko Sase, 마사민 짐바Masamine Jimba, 수수무 와카이Susumu Wakai는 장애를 가진 한국의 한센인들이 왜 계속 한센인 요양 시설에서 지내는지에 대한 질적 연구를 진행했다. 이들은 "나병으로 진단을 받은 사람들 대부분이 완치된 후에도, 또한 1963년에 격리 정책이 폐지된 후에도 여전히 가족 및 사회와 단절되어 있다"는 것을 확인했다.115 그들의 이야기는 기나긴 격리의 역사가 단기간의 대책으로 개선될 수 없다는 점을 분명히 보여 준다. 시설, 정착촌 혹은 지역사회 어디에 있든 한센인들의 현재 삶과 그들의 다양한 가족 관계가 무시되어서는 안 된다. 사실 어떤 한센인들은 처음에 소록도를 떠났다가 돌아가기로 결정하기도 했다. AP통신(미국 연합통신)은 "약 10년 전부터 되돌아가는 병력자 수가 점차 늘어나고 있다. 지난 몇 년간 이전 거주인을 다수 포함한 약 70명의 사람들이 매년 여기에 다시 정착했다"고 보도했다. 낙인과 경제적 어려움 때문에 다른 곳에서 살기 어렵다는 것을 알게 되었기 때문이다.116 격리의 역사를 가진 섬에 돌아가는 것은 단순한 도피가 아니라 그 공간과의 연결성을 바탕으로 한 일종의 귀향이라고 볼 수 있다.

감염병에 대한 장애학적 접근 방식을 만들어 가기 위해서는, 한센인의 경험에 담긴 다양한 문화적·사회적 요소들 그리고 이런 요소들이 다른 장애나 감염병의 경험과 분리될 수 없는 지점에 대해 보다 포괄적으로 연결해서 이해하는 것이 필요하다. 한센병이 과거의 질병이라는 이미지는, 치료 중인 사람들이 완치될 때까지 혹은 완치된 이후에도 격리될 필요가 있다고 여겨지는 상황과 모순된다. 또한 그와 같은 이미지는 우리가 이미 반세기 전에 "한센병에 관한 합리성의 시대"에 도달했음에도 통합을 항상 앞으로 일어날 미래의 일이라고 가정하는 것과도 모순된다. 치유 가능성, 합리성, 치료에 대한 보편적 접근성, 질병의 전 세계적 종식은 낙인이 사라지고 있다는 신호가 아니다. 낙인과 격리 양상이 지속되는 상황에서 통합은 희망이라는 이름의 신기루처럼 작동하고 있을 뿐이다. 통합을 지향하며 낙인을 없애기 위한 작업과는 별개로, 질병의 경험을 통해 생겨난 공동체와 친밀하고 가족적인 관계들 그리고 한센인들이 살아온 땅에 느끼는 연결성은 격리되어 살아온 시간으로 구성된 공간에 대한 권리가 한센인에게 있음을 알려 준다.

5장

치유로서의 성경험

〈거사〉(1996)라는 제목의 단편 만화에서 뇌성마비 장애남성은 비장애남성 친구에게 첫 성경험을 할 수 있는 곳으로 데려가 달라고 부탁한다.1 자신의 모습 때문에 받아 주지 않을까 봐 걱정하는 장애남성에게 친구는 자신 있게 말한다. "한국은 자본주의사회라구. 돈이면 안 되는 게 없는 곳이란 말이야." 업소에 도착한 그들은 별도의 룸에서 옆에 앉아 술을 따라 주는 여성들과 동석한다. 짝이 된 여성을 만지고 끌어안는 비장애남성은 그 공간과 그런 관계에 익숙해 보이는 반면, 장애남성은 자신의 짝인 여성과 떨어져 앉은 채 혼자 술을 마시고 있다. 그러자 여성은 그에게 동정심을 보이면서 가까이 다가가 "불쌍한 우리 애기"라고 부르며 그를 아이처럼 대한다. 우리들 팔자는 지지리 복도 없다며 하느님은 불공평하다고 말하는 여성은 장애남성에게 동질감을 갖는 것처럼 보인다. 하지만 장애인과 성노동자라는 소외된 집단에 속한 비슷한 처지라는 그녀의 생각은 오래가지 못한다. 그가 갑자기 "아가씨랑 하고" 싶다고 말하며 상체를 들이밀자, 여성이 소리친다. "내가 아무리 막 살아왔어도 너 따위 놈들한테까지 몸을 팔 정도로 타락하지 않았다구!" 장애남성은 자신이 받은 모욕을 되돌려 주기 위해 그녀의 얼굴에 돈을 던지며, 이렇게 외친다. "나도 남자란 말이야" 이는 비장애남성들이 유흥업소와 같은 상업적인 성적 공간에서 누리는 특권과 남성성이 자신에게는 부당하게 부정당해 왔다는 그의 생각을 드러낸다.

이 만화가 장애 인권 잡지 『함께걸음』에 실렸다는 사실을 감안하면, 이렇게 서로 모욕을 주고받는 행위가 중립적으로 그려진 것처럼 보이지는 않는다. 이 이야기는 장애남성의 관점을 반영하는 것으로, 이는 섹슈얼리티가 완전히 부정되어서 '심지어' 업소에서 일하는 여성에게도 거부당해, 이들에게 섹스를 할 수 있는 선택지가 없음을 보여 준다. 이렇게 거부당한 경험은 장애로 인한 억압 때문에 남성성이 부정당하고 여성의 성노동에 접근할 수 없으며 자본주의의 논리도 통하지 않는다는 것에 대한 감상적인 반응을 이끌어 낸다.

이 이야기는 한국의 매체에서 섹슈얼리티와 장애의 재현이 어떻게 감정적 반응을 만들어 내는지 보여 주는 한 가지 사례이다. 이때의 감정적 반응은 장애인이 성적 욕망을 드러내는 것에 대한 충격, 동정심, 도와주고 싶다는 열망으로 이뤄져 있다. 장애남성의 총각 딱지virginity를 소재로 펼쳐지는 멜로드라마2는 한국 사회에서 장애인의 섹슈얼리티를 문화적·정치적으로 다루는 작업에서 자주 등장하는 모티브이다. 성경험이 없는 처녀나 총각으로 죽는 것이 불행하고 비극적인 일이라는 전통적 관념이 성경험이 없는 장애인의 삶에 대한 동정심과 결합한다.

치유 폭력과 관련된 주제의 역사적 전개를 다룬 다른 장들과 달리 이장에서는 1980년대 말에 등장한 비교적 새로운 담론을 살펴볼 것이다. 이런 새로운 담론은 주류 미디어에서 장애인의 섹슈얼리티를 하나의 사회적 문제로 만들었다. 나는 이성애 경험이, 어떻게 성경험이 결핍되었다고 여겨지는 장애인을 '치유'하는 장치가 되는지, 어떻게 장애인이 인간으로 인정받기 위해 성경험이 필수적이라고 여겨지는지를 중점적으로 다룬다. 동시에 이런 치유 과정은 인간성이 이성애 규범을 따르는 주체를 만드는 과정에 달려 있다고 간주함으로써 성적 억압의 역사를 단순화하고, 장애인을 더욱 타자화한다. 이런 타자화는 장애인의 성을 예외적으로 다룸으로써, 또한 장애를 가진 무성애자나 비이성애자를 훈육함으로써 이뤄진다. 이 장에서는 우선 장편 다큐멘터리 〈핑크 팰리스〉(감독 서동일, 2005)를 분석한다. 이 영화는 서울의 성매매 업소에서 "총각 딱지를 떼려는" 한 장애남성의 이야기를 자세히 다룬다. 또 다른 텍스트는 가와이 가오리河合香織가 쓴 책의 한국어 번역본 『섹스 자원봉사』(2005)인데, 이 책은 장애인을 위한 성性자원봉사자 개념을 소개했다. 이어서 영화 〈섹스 볼란티어: 공공연한 비밀, 첫 번째 이야기〉(감독 조경덕, 2009)에 나온 성노동자, 성자원봉사자, 장애남성의 다층적인 서사를 살펴본다. 마지막으로, 영화제 수상작인 독립 단편영화 〈아빠〉(감독 이수진, 2004)를 다룬다. 이 영화는 장애를 가진 딸의 문제 행동이 성적 욕구 불만 때문이라고 여기는 아버지가 딸을 치료할 방법을 찾는 과정을 그린다. 이 영화는 친족 강간을 성욕을 해결하기 위한 불가피한 폭력으로 그리고 있다.

이 장에서 다루는 작품들과 담론은 오늘날 한국의 정치 및 문화 영역에서 장애와 섹슈얼리티를 둘러싸고 이뤄지는 주요 논쟁을 보여 준다. 이 주제와 관련된 기존의 논의는 신체장애 남성의 '성욕'에 중심을 둔 협소한 접근 방식을 보였고, '성 대리인' ― '성치료'의 일부로 성적 파트너의 역할을 하는 사람 ― 이 제공하는 성적 서비스의 합법화와 보조금 지원과 같은 방안, 또는 '성자원봉사자' ― 인도주의적인 동기를 가지고 보상을 받지 않고 장애인과 성관계를 하는 사람 ― 와 같은 해법들을 찾는 데 집중해 왔다. 이런 논의에 대해 자세히 살펴봄으로써, 나는 장애인의 섹슈얼리티에 대한 담론과 이미지가 비장애 중심적·성기 중심적·생물학적 이성애 규범에 기반한 성을 자연적인 것으로 만들며, 이렇게 규정된 성이 인도주의적 행위와 폭력을 포함한 여러 수단을 통해 달성해야 하는 하나의 목적으로 등장하게 되었다고 주장할 것이다. 섹슈얼리티와 장애의 재현은 감정적 감상주의라는 말로 표현될 수 있는데, 정도의 차이가 있지만 모두 신자유주의적 온정주의에 호소한다. 신자유주의적 온정주의는 몸의 경험, 사회경제적·물리적 폭력, 정치적 소외, 복지 감축, 제도화된 비장애중심주의 등을 감춘다. 이 장에서는 역사적으로 성별이분법과 성적 영역의 외부로 추방되었던 장애인들이 어떻게 인도주의를 표방하는 서비스 등을 통해 성적 정상성 안으로 포섭되고, 이성애 결혼과 핵가족은 여전히 견고하게 비장애인들의 독점적 영역으로 남아 있게 되는지 살펴본다.

"섹슈얼리티 문제"와 타자화

장애와 성을 다루는 대부분의 언론 보도와 기사는, 그동안 장애남성과 장애여성은 성별이 없고 무성적 존재로 여겨져 왔지만 이들의 성욕은 비장애인과 동일하다는 주장으로 시작한다.3 서구 사회에서도 이와 비슷한 주장이 자주 등장하는데, 장애와 성이 양립할 수 없다고 믿는 관점이 존재한다는 것이 이미 수차례 지적되었다.4 서구에서 성, 우정, 친밀성, 결혼, 가족, 출산은 역사적으로 이성애 비장애 시민들의 영역으로 유지되어 왔다.5 마그릿 실드릭Margrit Shildrick은 이를 간결하게 다음과 같이 설명한다. 장애와 섹슈얼리티의 양립 불가능성은 "이성애와 핵가족을 기반으로 하는 사회질서의 안정을 뒷받침하는 규범적인 태도를 유지하는 데 일정한 역할을 한다."6

한 온라인 신문은 무성애를 가정하는 관념에 도전하는, 「장애인도 성욕이 있다」라는 기사를 실으면서, 무성애를 비롯한 장애인의 성적 다양성은 다루지 않았다.7 장애인의 성이라는 주제는 이 슬로건의 다양한 버전으로 요약된다. 장애인은 비장애인과 똑같은 성욕을 갖고 있지만 사회적 고립 때문에 욕구를 분출하지 못하는 존재로 그려진다. 보편적이고 자연스러운 성욕이라는 말은 신체장애나 지적장애를 가진 남성에게만 중점을 두었기 때문에 다른 장애를 가진 남성이나 장애여성은 이 같은 논의에서 소외되어 왔다. 예를 들어, 부산에서 '중증' 장애인의 성을 어떻게 해야 할지 논의하는 토론회가 열렸을 때, 한 발제자는 장애여성의 성은 "조심스럽게 다뤄야 할 문제"이기 때문에 논의하지 않는다고 밝힌 후, 시설에 사는 지적장애 남성들의 성욕을 해소하기 위해 이뤄진 성매매 업주와 시설장의 성공적인 협력 사례에 대해 설명했다. 장애여성의 섹슈얼리티는 기껏해야 부차적인 문제로 다뤄지며, 여성을 상대로 만연한 성착취, 성폭력은 이를 더 조심해야 할 문제로 만든다. 게다가 신체장애 여성을 취약한 존재로 보면서도, 지적장애 여성은 성에 "눈뜨면" 통제가 안 되는 욕구를 갖고 있다고 생각하는 경우가 많다. 이렇게 장애여성을 성적으로 과잉된 존재로 여기고 장애여성의 재생산을 용인하지 않는 인식 때문에(1장), 상당수의 장애여성이 원치 않는 불임수술을 받는다. 혹은 임신을 예방하고 월경을 중단시키기 위해 장애여성에게 데포-프로베라depo provera 같은 피임약을 강제로 투여하기도 한다.8 또한 신체장애가 있거나 만성 질환이 있는 여성, 시각·청각 장애나 정신장애를 가진 여성과 남성은 장애와 섹슈얼리티에 대해 논의하거나 정책을 만들 때 배제되는 경우가 많다. 장애인의 섹슈얼리티에 대한 논의에서 상정되는 전형적인 인물은 성욕이 강한 지적장애 남성 혹은 20대에서 50대의 척수 손상 남성으로, 휠체어를 사용하고 상반신을 움직이는 데 제약이 있는 사람이다(자위를 하기 어렵다는 점이 강조된다).9

장애인의 '성욕'은 이 주제를 다룬 국내외 언론의 보도로 한국에서 장애인의 섹슈얼리티가 이제 막 발견된 것처럼 다소 급작스럽게 대중의 주목을 받았다.10 노인이나 이주 노동자 같은 다른 소수자들의 섹슈얼리티에 대한 논의에서도 성욕과 인도주의 정서가 주를 이룬다.11 1980년대에 농촌 지역의 노총각 문제에 사회적 관심이 쏠리자, 중국이나 동남아시아에서 온 여성들과의 결혼을 장려하는 정책이 나왔던 상황과도 유사하다. 장애남성의 본질적인 성욕이 아니라 성적 자기결정권, 성 향유권, 성적 행위성과 주체성을 가질 권리를 비롯하여 장애인의 성적 권리를 이야기하는 다른 논의들도 등장했다. 그렇지만 이런 주장들은 그 자체로는 충분히 발전하지 않았으며 성욕이나 성적 해소를 위한 출구가 필요하다는 논의와 큰 차이 없이 다뤄졌다.12 섹슈얼리티를 생물학적인 성욕과 동일시하는 관점은 장애인에게 욕구를 해소할 방법이 없다는 가정과 결합되어, 작가나 영화감독이 성을 즉각적인 처방이 필요한 문제로 구성하도록 만들었고, 장애와 성에 대한 역사적·문화적·사회적 맥락을 간과하게 했다.

이런 논의에 더해 다른 나라에서 장애인의 성을 다루는 데 제안된 방식들 또한 등장했다. 그 방식은 전통적인 성매매가 아닌 다른 전략을 취하는 경우가 많았다. 장애에 특화된 서비스에는, 커플이 성행위에 대해 미리 상의하고 실행할 수 있도록 보조하는 것, 모텔 같은 장소에 접근하도록 보조하는 것, 성 관련 용품 및 기구 구입을 보조하는 것, 자위를 보조하는 것, 직접적인 접촉이나 성관계 같은 서비스를 제공하는 것이 포함된다. 국제적으로 알려진 특화된 서비스는 한국의 권리 옹호자들이 장애남성의 성욕을 기관들이 관리하는 제도화된 서비스 등으로 해결하도록 만드는 데 일조했다. 이는 장애의 영향을 받는 여러 생활 영역에서 많은 서비스들이 치료의 이름으로 제공되는 것과 비슷한 방식이다. 자세한 내용은 포함되지 않았지만 언론 보도에 의하면, 덴마크, 독일, 스위스, 네덜란드에서 이미 오래전부터 특화된 프로그램이 시행되었다. 스위스 단체 '프로 인퓌르미스'Pro Infirmis는 2003년 6월 취리히에서 장애인을 위한 접촉자 프로젝트Touchers Project를 시작했고 언론의 주목을 받았다.13 여기서 제안한 서비스는 마사지, 쓰다듬기, 안기, 신체 접촉에서 오르가슴을 느끼게 하는 것까지 포함하는데, 이 프로젝트는 이후에 기금 부족으로 중단되었다. 한국의 미디어는 문화적 특수성이나 해당 지역 장애인들의 관점을 고려하지 않고 이런 프로그램을 논의하는 경우가 많다.

이런 프로그램들은 장애인의 성적 욕구를 당장 해결할 수 있는 방식을 지지한다. 반면에 장애인의 평등을 보장하는 사회적 변화는 훨씬 이루기 어렵다고 여겨진다. 실드릭은 기관이나 정부 등이 제공하는 소위 '성 관계 보조'facilitated sex를 비롯해, 이런 새로운 실천 방식이나 정책을 진정한 진보로 너무 성급하게 판단하지 말라고 경고한다. 즉 공공 정책의 이런 변화를 단순하게 '진보'라고 이름 붙이는 것은 설령 그런 정책으로 즐거움과 의미 있는 경험을 한다 해도, 성적 주체성을 사회적으로 인정받는 것에 수반되는 상당한 위험성을 간과하는 것이다. 이런 경험을 통해 특정한 방식으로 정상화되는 대가를 치러야 하기 때문이다.14 실드릭은 이렇게 주장한다. "성이라는 주제에 관하여 표면적으로는 아무 문제가 없어 보이는 정책이라 할지라도, 대상 자격에 따른 구분이 최종적으로 고착화되는 상황에 저항하는 공간이 근본적으로 만들어지지 못하는 것을 숨길 수 있다."15

성적 자유주의 논리를 이용하는 것 외에도, 한국의 담론적 실천은 일종의 논리적 의존성을 보여 주기도 하는데, 저자들이 서구와 일본의 사례를 진보적인 것으로 보고, 성서비스 제공의 합법화처럼 자신들이 제안한 국내 정책을 정당화하기 위해 외국의 정보를 반복적으로 활용하는 경향이 있다. 성서비스를 이용하거나 제공한 사람들의 실제 경험과 관점에 대해 섬세하게 다루는 이야기는 거의 없고, 언급되는 정보들은 단편적이고 추상적이다. 다른 나라에 대한 이런 인용들을 보면, 젠더와 장애를 둘러싼 관계들의 구체적인 내용과 법적·역사적·문화적 맥락에 대해서도 잘 나타나 있지 않다. 진보적인 분위기에서 시행되는 특화된 서비스는 거의 매번 언급되지만, 장애인의 경험과 다양성은 이야기되지 않는다. 정치적이고 지역적인 차이를 무시한 채, 네덜란드의 플렉 조그Fleks Zorg(남성과 여성을 고용해 장애남성에게 성서비스를 제공하는, 암스텔베인에 있는 영리 사업체)처럼 일부 지역에서 제공되는 프로그램이 전국적인 현상처럼 잘못 제시된다. 이런 서비스들이 널리 이용 가능한 것처럼 소개함으로써, 장애남성의 성욕에 대한 담론은 성적인 금기와 성애 공포증을 깨려고 하며 성서비스 구매와 관련된 도덕적 낙인을 없애고자 한다. 특화된 서비스를 지지하는 사람들은 여성의 상품화와 밀접하게 연관된 성매매와 이런 서비스를 구분하면서, 이를 정책적 해결을 위한 아이디어로 제시한다.

　신체장애나 지적장애가 있는 남성과 여성의 섹슈얼리티를 해결해야 할 문제로 구성하는 것은 정상적인 섹슈얼리티는 혼인 상태의 서로 사랑하는 사적 관계 안에서 이뤄진다는 전제를 바탕으로 형성된 복합적인 편견을 반영한다. 이주 노동자나 노인처럼 성적으로 소외된 다른 사람들보다, 또한 군인이나 재소자 같은 사람들보다, 장애남성의 경우 사회에서 성적 접근성이 제도적으로 부정되는 사람들을 향한 공감을 더 쉽게 불러일으킨다. 그리하여 예외적으로 고안된 지원을 도덕적으로 정당화하기 위해 성욕이라는 논리가 선택적으로 적용되고, 이는 규범적인 섹슈얼리티를 장애인이 접근할 수 없는 것으로 고착시킨다. 이런 해법 속에서는 이성애적 욕망이 정상 규범으로 나타날 뿐만 아니라, 보편적으로 모든 사람이 성적인 존재라는 주장은 장애인은 무성적이라는 고정관념에 대한 대항 서사로 강조된다. 그리하여 처방된 섹슈얼리티가 새로운 규범으로 등장한다. 장애인이 무성애자일 가능성은 고려되지 않고, 그런 생각은 장애인을 억압하는 잘못된 관념으로만 여겨진다. 게다가 성경험을 한 적 없는 사람을 상상할 때 일어나는 타자화와 거리 두기는, 이성애 중심적 섹슈얼리티를 상정하는 것 그리고 이런 가정을 자연적인 것으로 공고히 하는 문화적 분위기를 바탕으로 한다.

아직도 숫총각: 〈핑크 팰리스〉와 성매매 집결지

다큐멘터리 〈핑크 팰리스〉는 장애, 젠더, 국제 담론, 성매매가 어떻게 성경험의 도덕적 위계를 형성하는지 살펴볼 수 있는 풍성한 자료를 제시한다. 스위스의 접촉자 프로젝트가 처음 알려진 후에 한국의 장애 인권 잡지 『함께걸음』은 "성적 권리"라는 이름으로 장애인의 성에 관한 특집 기사를 시리즈로 다루었고, 유럽의 사례, 성매매, 성 정상화, 성산업 내 여성이 겪는 억압 등을 논의했다. 〈핑크 팰리스〉를 연출한 서동일은 「장애우들이여, 이제 성적 권리를 주장하라」라는 제목의 기사를 읽은 적이 있었고, 이기사는 이 장 도입부에서 다룬 단편 만화와 비슷한 이야기를 담고 있었다.16 서동일은 기사에 담긴 이야기로 영화를 시작한다.

> 지방에 살고 있는 한 40대의 중증 뇌성마비 장애를 가진 남성이 무작정 돈 30만 원을 들고 청량리 성매매 업소를 찾아갔다. 전동 스쿠터에 잔뜩 긴장된 몸을 싣고 붉은 빛으로 물든 유리창 위로 서 있는 여성들을 힐끗힐끗 보다가 한 업소로 들어갔다. 그러나 "당신 같은 사람은 돈을 아무리 줘도 싫다. 가라"는 성매매 여성들의 매몰찬 거부에 그는 아무 말도 하지 못하고 눈물을 흘리며 돌아서야 했다. 장애가 심해 결혼은 꿈도 꾸지 못하는 그의 소원은 "섹스 한번 해보는 것"이었다.

서동일은 "나는 이 기사를 보고 장애인에게도 성이 있다는 사실에 놀랐다"고 고백하며 대부분의 사람들처럼 자신도 누가 성적인 존재가 될 수 있을지에 관해 비장애 중심적 시각을 가졌다는 것을 드러낸다.17 그는 기사를 접한 뒤 6개월 후 직장을 그만두었고 장애인의 성에 관한, 더 분명히 말하면 기사에 나온 남성에 관한 다큐멘터리를 만들게 되었다. 〈핑크 팰리스〉는 그의 감독 데뷔작이다.

숫총각인 장애남성이 성노동자에게 거부당한 사연이 여러 번 반복되어 이야기될 만큼 강렬한 인상을 남기는 이유는 무엇이며, 왜 그토록 많은 반응을 이끌어 내는 것일까? 장애와 성매매라는 조합은 사회적으로 소외된 두 집단, 즉 장애남성과 성노동자 여성이 만나는 지점이다. 〈핑크 팰리스〉와 단편 만화 〈거사〉 모두 성적으로 '매력적이지 않은' 남성들을 위한 마지막 수단으로 성노동자 여성이 등장하는데, 이 여성들은 장애남성에 대해 편견을 가진 사람으로 묘사된다. 돈을 주고 살 수 있다고 여겨지고 사회적으로 낙인찍힌 여성, 그래서 선택을 할 권리가 없다고 여겨지는 이들에게 거부당하고 부당한 대우를 받을 때 장애남성이 겪는 사회적 소외감은 더 두드러져 보인다. 이럴 때 성서비스에 접근할 수 있는 장애인 고객의 권리와 고객을 선택할 수 있는 성노동자의 권리가 성의 법적 경계 밖에서 충돌하게 된다. 한국에서 성매매는 불법이지만 특정 지역에서 오랫동안 허용되었고, 지자체와 관할 경찰이 이를 관리해 왔으며 대대적인 성매매 단속은 어쩌다 있을 뿐이었다. 그런데 2000년대 초반 성착취 인신매매에 대한 국제 조사가 진행되고 특히 성매매집결지가 국가 위신의 문제로 등장하면서 정부에 영향을 주기 시작해 2004년에 '성매매 방지 및 피해자 보호법'이 제정되기에 이른다.

남성 구매자의 사회적 지위가 성매매집결지 내 성노동자 여성의 위치를 결정한다는 사실을 통해 여성들이 왜 특정한 구매자들을 차별적으로 선택하는지 알 수 있다. 성매매집결지에서 일한 여성을 인터뷰한 원미혜는 한 여성을 인용하며 이렇게 서술한다. '아가씨'들이 "장애인 받기를 주저하는 것은 장애인에 대한 편견 때문이라기보다는, 제한된 시간 속에서 성매매가 행해져야 하는데 장애인의 경우 시간이 지체되기 때문에 꺼리게 된다고 한다. 또한 장애남성들은 자신들을 무시한다는 의식이 강하고 민감하기 때문에 상대하기가 쉽지 않을 뿐만 아니라, 때때로 '일반' 남성들보다 더 위계적인 태도를 보이기도 하기 때문이라는 것이다."[18] 원미혜는 특정한 고객을 거부하는 것은 '성판매 여성'이 자신의 노동환경을 통제하고 업주나 포주들로 인해 생기는 실질적인 불이익을 피하기 위한 하나의 방법이라고 설명한다.[19] 이 같은 설명은 사회 안에 존재하는 장애남성에 대한 일반화된 편견을 반영하고 있지만, 동시에 이 이야기를 통해, 편의 시설이 갖춰지지 않은 업소 환경과 정해진 규정 안에서 장애남성에게 서비스를 제공할 때 '성판매 여성'들이 겪는 어려움을 엿볼 수 있다. 원미혜는 제약이 많은 업소 밖에서, 가정 방문처럼 보다 유연한 환경에서 장애남성을 전문적으로 응대하는 여성들이 있다고 덧붙였다.[20]

이 다큐멘터리의 제목 〈핑크 팰리스〉는 호주 빅토리아주 멜버른에 있는 한 성매매 업소의 이름을 따왔다.+ 이 업소가 있는 빅토리아주에서는 성매매 업소 운영과 에스코트 서비스가 합법적으로 이뤄진다. 언론에서는 '핑크 팰리스'에서 성적 파트너를 찾는 장애인을 도와주는 진보적인 노력을 한다며 대대적으로 보도했다. 이곳은 휠체어 이용자의 접근성을 위해 큰 문을 만들고 장애남성 고객이 앉아서 씻을 수 있는 샤워 시설을 설치해서 사업을 확장했다.[21] 장애를 가진 관광객과 현지인을 대상으로 성산업 내의 틈새시장을 만든 것이다. 서동일은 이곳의 이름을 제목으로 쓰

+ [옮긴이] 30여 년간 운영된 '핑크 팰리스'(Pink Palace)는 개발 회사에 매각되어 2018년 문을 닫았고, 이 부지에 고급 아파트가 세워질 예정이다.

면서 성에 대해 도덕적으로 억압하는 한국의 상황과 대조적으로, 호주에서는 장애인의 성이 인정된다는 점을 강조한다.

이 영화는 분량이 다르게 할애된 두 부분으로 나눠진다. 첫 번째 부분은 성생활, 결혼, 연애, 자위, 독특한 성감대 등에 관해 장애남성과 장애여성을 인터뷰한 내용이다. 이 부분은 『함께걸음』에 소개된 이야기의 주인공 최동수가 나오는 두 번째 부분의 도입부 같은 느낌을 주긴 하지만, 시각·청각·안면·인지·신체 장애를 가진 남성들과 여성들의 중요한 이야기를 아주 다양하게 보여 준다. 그리고 비장애인 대중에게 알려져 있지 않았던 다양한 관점들을 제시한다. 화상으로 얼굴이 변한 한 남성은 연애는 고사하고 여성과 친구가 되기도 힘들다고 말한다. 청각장애인 커플은 성관계 중에 자신들이 모르게 가족들이 들이닥칠까 봐 걱정하고, 신체장애가 있는 한 여성은 성관계 중에 소변이 나올까 봐 불안하다고 말한다. 휠체어를 이용하는 한 여성은 어머니의 권유로, 실은 어머니의 편의를 위해, 월경을 중단하는 호르몬 치료를 받았다고 말한다. 하지만 한 달 동안 하혈이 계속되어 호르몬 치료를 그만두어야 했는데, 이제 어머니는 자궁절제술을 받는 것에 대해 언급한다고 전한다. 이런 경험은 많은 지적장애 여성이나 신체장애 여성들도 겪는 것으로,[22] 이 장에서 나중에 논의될 〈섹스 볼란티어〉라는 영화에도 등장한다. 이 영화에 나오는 장애여성은 출산할 권리가 없다고 여겨지고, 장애여성의 월경은 돌보는 사람에게 귀찮은 일이며 자괴감이 들게 한다고 여겨진다.

〈핑크 팰리스〉의 인터뷰 부분에서 여성의 성과 남성의 성이 다르게, 균등하지 않게 다뤄지기 때문에 이 영화는 남성 중심적이며 삽입 섹스를 우위에 둔다고 비판받았다.[23] 이 영화에서 장애인의 성과 섹슈얼리티는 본질주의적인 방식으로 구성되며 음식, 물, 수면에 대한 욕구와 종종 동일시된다. 한 장애남성은 자신을 개와 비교하여 설명하면서, 성을 사회적·

신체적으로 접근하기 어려운 환경과 연결된 문제로 보는 것이 아니라, 자신의 기본적 욕구가 무시당하는 것으로 설명한다. "강아지는 발정 났을 때, 이웃집 암캐하고 접붙이는 걸 아는데, 세상에 저희들은 성에 대해서 아예 무시를 해요. 그때 확실히 느낀 게, 이건 참, 강아지보다 못한 대접을 받는구나." 실제로 영화에는 인터뷰 도중 최동수의 집 마당에서 우연히 포착한, 개 두 마리의 짝짓기 장면이 포함돼 있다. 이처럼 성을 기본적 욕구로 규정하며, 영화의 중심 서사는 장애남성의 욕망과 그 욕망을 직접 충족할 수 있는 기회 사이에 존재하는 간극이 너무 커서, 비장애인이 장애인들에게 성경험 기회를 제공해 줘야 한다는 마음을 먹게 된다고 암시한다.

영화의 두 번째 부분에서 서동일과 촬영팀은 농촌에 사는 최동수를 찾아가서 잡지에 나온 이야기를 꺼낸다. 최동수는 업소에서 거부당했을 때 비참했다고 설명한다. "소원을 한번 풀어 드려야 될 거 같은 생각이 드는데"라고 말하는, 스태프나 감독으로 추정되는 사람의 목소리가 카메라 앵글 밖에서 들린다. 이는 그들의 프로젝트가 총각 딱지를 떼고 싶은 최동수의 소원을 이뤄 주는 데 초점을 맞출 것임을 알려 준다. 앞부분에서 다양한 인터뷰를 통해 장애인의 적극적인 성생활에 대해 보여 주긴 하지만, 영화는 48세에도 총각인 최동수가 업소에서 거부당했다는 이야기에 초점을 맞추고 있다. 영화에서 장애인의 무성적인 생활이 중심을 이루고 최동수가 총각인 상태에 감상적으로 집중하면서, 법적·도덕적·사회적으로 허용되지 않는 즉각적인 해결책을 추구할 수밖에 없다는 느낌을 전달한다.

〈핑크 팰리스〉는 최동수의 집에서 진행된 인터뷰 이후 그가 친구를 만나러 서울에 가는 모습을 담는다. 카메라는 초반에 교통사고가 날 뻔한 상황을 비롯해 최동수의 여정을 충실히 보여 주면서, 거리를 유지하며 따라간다. 전동 스쿠터를 타고 기차역에 도착하기까지 세 시간이 걸리고, 버스와 택시는 탈 수 없다. 최동수의 이동 일정에는 스쿠터의 배터리를 충전하기 위해 기차역 공중화장실에서 하룻밤을 보내는 것도 포함된다. 서동일 감독이 왜 여관에 가지 않는지 묻자, 최동수는 이 질문을 제안으로 받은 듯이 "여관에 한번 가볼까?"라고 대답한다. 그때부터 감독은 최동수의 여정에 개입하고, 그렇게 함으로써 객관적인 다큐멘터리 재현이라는 감독의 주장이 약화된다. 이후 두 사람은 텔레비전에 포르노 방송이 나오는 여관방에서 최동수의 성적 욕망에 대한 이야기를 이어 간다. 최동수가 포르노 장면에 쑥스러워하는 모습은 그가 이런 영상에 익숙하지 않음을 보여주고, 영화는 그의 무지를 그 나이의 남자에게 맞지 않는 안타까운 순진함의 표시로 그린다. 최동수의 외출에 따르는 어려움은 성에 대한 접근성 문제가 도시의 사회 공간에 대한 접근성 문제와 분리될 수 없다는 점을 드러낸다. 만약 최동수가 젊은 시절에 스쿠터가 있었다면 그의 경험은 달라졌을 것이다. (감독은 이전에 인터뷰한 젊은 남자를 떠올리는데, 그 사람은 전동 휠체어를 타고 도시에 살기 때문에 이동이 가능해서 사회생활을 적극적으로 한다.) 하지만 최동수는 인프라와 대중교통 접근성이 없는 농촌지역에 살기 때문에 스쿠터가 생긴 이후에도 제한적인 사회생활을 해왔다. 관객은 친구를 만나러 서울에 가는 그의 여정을 통해 그가 성적 관계는 커녕 사회적 관계를 맺는 데 어려움이 있다는 것을 짐작하게 된다.

1차 편집이 끝난 후 감독은 최동수를 다시 한번 방문하기로 한다. 화면에 나오는 자막은 관객들에게 2004년에 '성매매 방지법'이 제정되었으며, 성매매를 금지하고 관련자들을 기소하는 법률이 강화되었음을 알린다. 지난 만남 이후에 시행된 이 법에 대한 최동수의 반응으로 대화가 시작된다. "우리는, 우리 같은 장애인들은, 사람이 아닌가!" 그는 그 소식을 듣고 인도주의에 호소하는 반응을 보인다. 이어지는 대화에서 감독은 "그러면요 아저씨, 지난번에 저희 집에서 아저씨가 제일 하고 싶은 게 총각 딱지 떼는 거였는데, 이제는 포기하셨다고 그때 말씀하셨잖아요." 최동수는 대답한다. "어, 옛날에는 그때만 해도 한창 혈기가 왕성했지. 그런데 이제는 호기심도 다 없어졌고, 이런 거 자꾸 봐가지고" 하면서 텔레비전을 흘끗 본다.

서동일   이제는 호기심도 없어져 가지고 이제 그런 마음도 없어지셨다고요?

최동수   그래.

서동일   그래도…… 다시 한번 기회가 되면…….

최동수   다시 한번 기회가 되면 하고 싶지! 실제하고 그림하고 틀리지. 그치?

감독이 이렇게 권유하는 듯한 말을 한 후 두 사람 모두 법적으로 처벌을 받을 가능성이 있다고 알려 주자 최동수는 고민에 빠진다. 다음 장면에서 그는 성매매집결지 입구에 멈춘 차의 뒷좌석에 앉아 있고 두 사람은 최동수의 결심을 확인하기 위해 마치 설정된 것 같은 대화를 나눈다. 서동일은 최동수에게 사랑하는 여자를 만날 때까지 기다리고 싶지 않은지 묻고 최동수는 단호하게 말한다. "내가 사랑하는 여자가 나타나지 않을 거야. 다 틀렸어. 다 틀렸고 말고지. 오늘 저기 있는 여자한테 내 동정을 주기가 아깝지만 아이 어쩔 수가 없다. 내가, 한번 태어나 가지고 죽으면 또 언제 태어날지도 모르는데 숫총각으로 죽으면 진짜 억울하다 억울해!" 이 대화는 최동수가 지금 하려는 것이 '질이 낮은' 성적 경험으로 여겨진다는 점을 분명히 한다. 기본적인 본능으로서의 성욕에 중점을 두는 것에서 가치가 내재된 규범적 위계에 따라 성적 경험을 규정하는 것으로 관점이 이동했다는 뜻이다. 여성성이 훼손되었다고 여겨지는 "저기 있는 여자"와 업소에서 하는 성적 경험은 사랑하는 사람과 하는 경험보다 못한 것으로 간주된다. 이는 '본능적인' 성욕을 넘어서는 사회적·문화적 가치를 가정하는 것으로, 영화는 상징적으로 또 실제적으로 최동수의 총각 딱지와 업소의 성노동자 여성에게 거부당하는 상황을 둘러싼 멜로드라마로 영화를 구상했던 그 순간으로 돌아간다. 영화는 이때부터 또 다른 멜로드라마를 제시하는데, 최동수는 자신의 계획을 달성하려면, 만날 수 없다고 생각하는 연인 대신 성매매에 의존해야 하는 것이다. 이런 멜로드라마의 재현은, 장애인들이 친밀한 관계로부터 배제되는 과정에서 겪는 체계적인 차별을 다루지 못하고, 장애인의 성적 다양성과 무성적 다양성을 보여 주지 못한다.

최동수가 감독과 스태프를 남겨둔 채 거리로 나가자, 관객은 카메라의 시선을 통해 최동수의 용감하지만 어딘가 서글픈 모험을 지켜보는 관찰자가 되고, 배경음악이 이런 분위기를 고조시킨다. 그가 업소 앞에서 혼자 스쿠터에 앉아 있는 모습이 먼 거리에서 잡힌다. 입구에 있는 여성이 최동수에게 여러 번 마다하는 손짓을 하지만, 스태프가 써준 메모의 도움을 받아 약간 흥정을 한 끝에 최동수는 업소의 문을 통과하고, 카메라는 마침내 업소로 들어가는 그의 모습을 비춘다. 문제는 최동수의 경험에 대한 이야기는 전혀 전하지 않고 업소에 들어가는 모습으로 영화가 끝난다는 점이다. 성매매집결지는 금기의 공간으로, 영화 제작진과 관객에게는 금지된 구역으로 남는다. 어쩌면 최동수의 총각 상태는 성매매 업소 방문으로 '치유'되었을지 모르지만, 그는 여전히 사회환경에 접근할 수 없는 상태로, 시골 지역에 고립돼 있다.

〈핑크 팰리스〉는 장애인 언론뿐만 아니라 주류 언론의 주목을 받는데 대체로 성공했다. 극장과 RTV 같은 케이블TV에서도 상영됐다. RTV가 이 다큐멘터리를 재방영한다는 소식을 발표하자 주요 여성 단체들이 연합해 영화 상영을 반대했다. 여성 단체들은 이 영화가 불법적인 성매매를 사실상 용인한다고 주장했다.[24] 〈핑크 팰리스〉는 反성매매 활동가들과 성매매 합법화를 지지하는 사람들 사이의 뜨거운 논쟁에 놓였다. 합법화를 지지하는 사람들 중에는 예전보다 강화된 반성매매 법률에 직면하여 목소리를 내기 시작한 성노동자들도 있었다. 감독은 직접 〈위드뉴스〉에 글을 써서 이 영화가 성매매 합법화를 지지하는 것이 아니라고 항변했다.25

성노동자 운동을 지지하는 사람들은 2005년 6월 29일을 한국 최초의 '성노동자의 날'로 제정하고 서울에서 기념행사를 열었다. 이 행사의 조직위원회는 〈핑크 팰리스〉의 최동수 이야기만 부분적으로 상영하려고 했다. 성매매 합법화를 추진하기 위해 성매매가 장애남성의 성욕을 충족시킨다는 점을 보여 주고, 성노동자를 교육하려는 목적이었다. 성노동자들이 최동수의 이야기에 공감하게 되면 장애남성을 거부하는 경향이 줄어들 수 있다고 본 것이다.26 성매매 허용의 필요성을 강조하는 이런 입장은 새로운 성매매 방지법이 제정되기 전에 합법화를 요구하는 목소리를 모으려고 했던 비장애인 활동가들의 논리와 유사하다.27 장애남성의 성과 관련해서 성매매가 자주 논의되지만, 비장애남성에게 가능한 만큼 장애남성이 동등하게 접근할 수 있도록 해야 한다며 성매매를 차별의 문제로 보는 것과 성노동자의 권리 및 성매매 합법화를 지지하는 운동에 참여하는 것 사이에는 큰 간극이 존재한다.

성매매의 불법 여부와 관계없이 자본주의 시장은 장애남성을 성매매의 타깃 집단으로 설정하는 것에 상당한 관심을 두고 있다. 남성의 욕망에 맞춰진 산업에 장애남성을 결부시키는 논리에서 성산업에 많이 종사하는 장애여성에 대한 고려는 거의 없다. 섹슈얼리티에 관한 담론은 대체로 여성의 몸을 소비의 대상으로 여기는 전형적인 인식에 기반하고 있기 때문에, 개인의 성적 권리를 법적으로 분석하는 데에는 여성의 관점이 중요하다. 2003년 1월 경찰은 성매매 업소에서 19세의 지적장애 여성 두 명을 찾아냈다. 그 업소에서 탈출해 이들에 대해 제보한 비장애여성 동료의 진술에 따르면, 몇 달 동안 두 장애여성은 업주에게 잔인하게 학대당하고 병원 치료도 받지 못했다.28 장애남성이 접근하기를 바라는 업소라는 공간은 장애여성이 성노동자로 존재하고 착취당하는 경우가 많다는 점을 고려하면 좀 더 복잡하고 불분명한 공간이 된다. 이는 장애여성이 성산업에서 항상 피해를 당한다는 이야기가 아니다. 어떤 장애여성들은 그 안에서 자신들의 자리를 찾고 성노동자 공동체에 소속감을 갖는다.29 그렇지만 성산업 내 장애여성의 위치와 경험을 간과하는 것은 이런 논쟁의 남성 중심적인 성격을 더욱 강화시킨다.

장애와 섹슈얼리티에 관한 담론이 보여 주는 젠더화된 지형을 통해, 사회적 역동과 성산업 내 장애인/비장애인 트랜스젠더 노동자를 비롯한 다양한 소외 집단을 가로지르는 권력의 작동을 좀 더 주의 깊게 살펴봐야 한다는 것을 알 수 있다. 나아가, 성별에 따라 '남성의 성욕'과 '여성의 취약성'을 강조하는 이분법으로는 장애인의 다양한 성생활을 적절하게 설명하지도 못하고, 그런 다양성이 잘 드러나지 않는 문제를 다루지도 못한다. 그렇게 해서 장애인의 섹슈얼리티는, 장애남성과 장애여성의 경험과 구조적 폭력에 대한 깊은 고민 없이, 사회적·문화적·역사적으로 도구화되어 온 성매매의 처방을 통해 해결할 수 있는 — 동시에 더욱 어려워지는 — 문제가 된다.

성적 인도주의와 도움의 정치학

2005년에 출간된 가와이 가오리의 책『섹스 자원봉사』번역본은 한국 사회의 성과 장애에 관한 논의에 중요한 새 개념을 소개했다.30 한자어 '봉사'는 희생과 도움을 의미하는데, '섹스 자원봉사자'는 보상을 받지 않고 장애인에게 성적 서비스를 제공하는 사람이다.[31] '봉사한다'는 것은 금전적 보상이 없는 자선 행위를 내포하기 때문에 성적 영역임에도 성매매와 관련된 불법성이나 착취의 문제는 잠정적으로 유보된다. 이런 논리가 기대고 있는 사회문화적 전제를 살펴볼 필요가 있다. 장애가 있다고 해서, 상호 합의에 따른 성관계가 어떻게 한 사람이 다른 사람의 즐거움을 위해 자발적으로 수행하는 서비스로 변화될까? 어떤 전제들이 이를 가능하게 하는 것인가? 성매매에서 성자원봉사로 전환되는 현상이, 어려움을 겪는다고 여겨지는 이들을 돕는 개별적인 시민이 만들어지고, 이를 통해 신자유주의적 자본주의 및 사회적 지원 감축을 보충하는 것에 대해 무엇을 말해 주는가? 도움의 논리에서 드러나는 권력과 감정의 역동은 무엇인가? 여성이 오랫동안 무급으로 돌봄을 제공할 것을 요구받았다는 점을 고려하면, 이런 유형의 성적 행위는 성별에 따라 어떤 의미를 갖는가?

국내 언론은 가와이 가오리의 책을 다루면서 찬반 의견을 비롯해, 성자원봉사의 실현 가능성에 중점을 두었지만,[32] 이 책은 단순히 성자원봉사를 옹호하는 것과는 거리가 멀다. 책은 관련된 사람들의 다양한 서사를 보여 주면서 개인이 수행하거나 기관을 통해 이뤄지는 다양한 성서비스를 다룬다. 성서비스에는 전형적인 성매매, 남성 출장 호스트, 활동보조인이 해주는 성적 행위, 네덜란드의 대리 파트너 요법 등이 포함된다. 가오리는 돈을 내고 성노동자를 고용하거나 자원봉사자 혹은 '준자원봉사자'(명목상의 적은 보상이나 경비만을 받는 사람)와 성적 활동을 하는 장애남성과 장애여성의 다채로운 이야기를 전한다. 장애인이 성적으로 적극적인 삶을 살기 위해서는 도움이 필요하다는 이 책의 메시지는 장애인 커뮤니티 내부에서 논란이 되었다.

가오리는 장애인에게 상업적인 성서비스를 제공하는 사람들도 인터뷰했다. 한 사례로 저자는 청각장애 여성인 유리나가 엔조이 클럽이라는 곳에서 출장 호스트로 근무를 시작하는 날에 동행한다. 이 클럽은 장애남성 고객 전용 서비스를 제공한다. 유리나는 고등학생 때 청각장애인이 되고 나서 외로움을 해결하는 하나의 방법으로 원조 교제라고 불리는, 돈을 받고 나이 많은 남자와 데이트하는 일을 했었다. 유리나는 다른 성매매 현장에서도 일했는데, 그곳에서는 비장애인 동료들보다 돈을 적게 받았고 자신이 받은 팁을 뺏기는 경우도 있었다. 유리나의 이야기는 장애가 있는 성인 여성들이나 여자아이들이 자원 부족이나 사회적 고립으로 인해 어떻게 성매매 현장으로 들어가는지, 그런 산업에서도 비장애인과 경쟁하는 데 얼마나 불리한지를 전형적으로 보여 준다. 게다가 이 이야기는 장애여성이 성매매를 통해 어떻게 친밀감을 형성하고 소득을 추구하는지 보여 줌으로써, 정책을 논의할 때 협소하게 장애남성 고객에 집중하는 현상에 대해 문제를 제기한다. 저자는 유리나가 신체장애 남성에게 서비스를 제공한 첫 날 즐거워했으며, 청력 회복 수술 경비를 모으기 위해 그 클럽에서 계속 일하고 싶어 한다고 설명한다. 치료를 위한 돈을 벌기 위해 장애남성에게 상업적인 출장 서비스를 하는 청각장애 여성의 이야기는 성매매, 장애, 성별, 의료비가 만나는 중요한 교차점에 주목하게 한다. 장애남성의 성욕에 맞춘 시장은 유리나가 할 수 있는 일을 제공한다. 비록 그녀는 남자친구에게 자신의 직업을 숨겨야 하지만, 자신이 낙인찍혔다고 생각하지 않는다. 유리나의 이야기는 성매매가 여성을 해치는 폭력의 한 유형이라고 보는 단순한 형태의 페미니즘 관점에 도전한다.

가오리는 호스트 클럽에서 남성 출장 호스트를 고용하는 신체장애여성 나츠코도 소개한다. 이 호스트 클럽은 장애인 고객에게 비용을 할인해 주고 중개 수수료를 면제해 준다. 나츠코는 그 남자를 "왕자님"으로 부른다. 그 남자를 사랑하게 됐지만 그렇다고 말할 수 없다. 말하고 나면 그 사람이 더 이상 자신에게 서비스를 제공하지 않을 것이기 때문이다. 이렇게 나츠코는 개인적 차원에서 생긴 친밀한 관계와 돈으로 이뤄진 친밀한 관계 사이의 경계가 모호해지는 경험을 한다. 장애여성과 섹스를 하는 이성애자 남성 자원봉사자인 사토는 그런 경계의 구분이 남성 봉사자에게는 더 어렵다고 생각한다. "업소를 이용할 경우엔 돈이 개입되기 때문에 엄연히 서비스를 제공하는 쪽과 받는 쪽의 구분이 명확합니다. 그런데 섹스 자원봉사 같은 경우는, 제가 사정을 하는 때도 있어서 관계가 참 애매해집니다. 남성 장애인들의 자위를 도울 때는 제 손이 도구로밖에 느껴지지 않았지만, 여성 장애인과 관계를 가질 때는 그렇지 않았어요."[33] 그는 이어서 설명한다. "어쩌면 장애를 가진 여자와 성관계를 갖는 것에 흥미가 있었을지도 모릅니다. 섹스 자원봉사 제도를 위해서 제가 직접 경험을 해보는 것이 중요하다고 생각하긴 했지만, 자원봉사라는 말은 사실 면죄부였어요. 차라리 돈이 개입된 관계가 훨씬 속 편한 것 같아요."[34] 사토의 성적 만족감은 죄책감을 일으키고, 어떤 보상이나 혜택 없이 시간과 노동을 희생하는 것이라고 가정되는 자원봉사로 이뤄진 관계를 혼란스럽게 한다.

봉사를 둘러싸고 생기는 권력관계의 역동 때문에 '성자원봉사자' '성돌보미' '성도우미' 등이 제공하는 성서비스는 성적 권리를 의미 있게 진전시키지 못하지만, 누군가에게 의미 있고 인생을 바꾸는 성적 경험과 즐거움을 제공해 줄 수 있다. 그런 서사들은 성서비스가 항상 여성의 몸에 대한 상품화와 연결되지는 않는다는 점을 보여 준다. 비장애여성들은 자신들이 장애남성을 돕고 지원한다고 생각할 수 있다. 하지만 봉사라는 논리에는 성별이 아닌 다른 위계가 들어 있다. 이 위계는 장애 여부에 기반하며, 또한 제도적 변화에 대한 요구 없이 개인적으로 이뤄지는 도움의 정치학에 기반한다. 봉사와 자선은 어떤 '문제'를 개별적으로 개입해서 해결해야 하는 어려움인 것처럼 사적인 차원으로 만든다.[35] 톰 셰익스피어Tom Shakespeare는 이렇게 지적한다. "특정 집단의 사람들이 자선을 통해 받는 지원과 긴밀하게 연결되면 그에 따라 그 집단의 이미지가 손상된다. …… 권력이나 자원을 가진 사람들은 권력과 자원이 없는 사람들을 자발적으로 돕지만, 후자가 의존적이며 독립적으로 생존할 수 없다고 느끼게 하는 결과를 가져온다. 자선으로 맺는 관계는 불평등한 관계다."[36]

성자원봉사라는 개념에는 만족감도 경제적 보상도 신체적 끌림도 없는(모든 성관계를 봉사로 만드는 요건들) 성적 서비스를 누군가 기꺼이 제공한다면 장애인은 그와의 성관계를 원하리라는 가정이 깔려 있다. 이 개념은 또한 장애인은 서로 성관계를 원하는 상대방을 만나지 못할 것이라고 가정한다. 성자원봉사는 사회구조적 문제에 대한 개인적 차원의 '인도주의적' 해결책이며, 누군가의 괴로움을 짐작해서 이를 덜어 주려는 목표를 가진다. 성자원봉사자와 성노동자를 구분하려는 시도 역시 문제가 있다. 성노동자에 결부된 낙인에 도전하지 않기 때문이다. 따라서 장애인을 위한 성자원봉사/돌봄/도움을 옹호하는 것은 문제적인 방식으로, 장애인에게 가능한 성적 경험의 경계를 만들고 그 안에 가두게 된다.

도덕의 가장자리에 놓인 성적 소외자

2009년 영화 〈섹스 볼란티어: 공공연한 비밀, 첫 번째 이야기〉는 국제 영화계 및 국내 관객들에게 상당한 주목을 받았다. 이 영화는 성자원봉사를 다루면서 장애인 당사자가 죽기 전에 그들의 성 '문제'를 일시적으로 해결해 줄 수 있는 방식으로 그리는데, 사회적으로 수용되는 이성애는 무엇인지 그 경계에 대해 다시 생각하게 만든다. 이 영화의 감독 조경덕은 〈핑크 팰리스〉 감독과 마찬가지로, 장애인의 성에 대한 글을 읽고 영화를 구상했다. 조경덕은 가오리의 책 『섹스 자원봉사』를 읽고 중증 장애를 갖고 태어나는 사람들에게 성욕이 있다는 사실에 충격을 받았다고 말했다.[37] 이 픽

션 영화는 두 편의 영화를 만드는 과정을 따라간다.+ 하나는 기자가 나와서 장애남성을 위한 성자원봉사 사례를 취재하는 탐사 다큐멘터리이고 또 하나는 성노동자와 장애남성의 성적 만남에 대해 한 대학생이 연출하는 단편영화다. 이런 방식으로 〈섹스 볼란티어〉는 성자원봉사라는 선정적인 개념과 거리를 두고, 또한 기자를 등장시켜서 호기심을 가지고 있지만 아직은 회의적인 관객의 시선과도 거리를 둔다. 기자의 탐문 인터뷰와 카메라의 개입을 통해서, 이 영화는 제목에서 주제의 선정적 특성을 이용하면서도 비장애 중심의 도덕적 편견과 성적 특권에 대한 성찰적 인식을 보여 주며 금기시되는 성이라는 주제를 소개한다.

비장애인 대학생 예리는 신체장애가 있는 천길과 성관계를 하고 나서 성매매 혐의로 모텔 방에서 체포된다. 모텔 방에서 성관계를 마친 천길을 보조하던 가톨릭 신부도 그들과 경찰서에 동행한다. 심문을 하는 형사가 예리에게 돈을 받고 성관계를 했는지 물어보고, 예리는 "안 받았다"고 대답한다. 그러자 형사는 천길을 사랑하느냐고 묻는다. 그 질문에도 부정적으로 대답하자 형사는 "성관계를 왜 했냐?"라고 묻는다. 예리는 반문한다. "경찰 아저씨는 손가락을 사랑해서 자위하세요?" 이 말은 자신의 몸을 장애남성의 자위를 위한 보조 기구로 인식한다는 것을 보여 준다. 예리는 자신의 이타적 의도를 강조하면서 인도적 차원에서 도와준 거였다고 말한다. 형사들은 성적인 활동을 하는 이유가 "돈" "사랑" "쾌락", 이 세 가지밖에 없다고 생각하기 때문에, 질색하며 당황스러워 할 뿐 그 외에 다른

+ [옮긴이] 〈섹스 볼란티어〉는 대학생 예리, 장애남성 천길, 가톨릭 신부를 중심으로 진행되는 페이크 다큐 형식의 영화다. 저자가 설명하듯, 영화 속 영화의 설정이 나오는 데다 페이크 다큐 형식이라는 특성 때문에 구성면에서 다소 혼란스럽다. 영화의 구성과 '여대생과 장애남성'이라는 구도에 대한 문제의식은 『장애인 성서비스, 꼭 그것만도 아닌, 꼭 그런 것도 아닌』(2010, 장애여성공감) 84-86쪽에서 확인할 수 있다.

이유로 성관계를 하는 것을 이해하지 못한다. 이런 반응은 예리의 경험이 이해 가능한 성관계의 경계 밖에 있다는 점을 보여 준다.

핸드헬드 카메라로 찍은 급작스러운 경찰 단속 장면으로 시작하는 이 영화는, 기자라는 인물을 통해 체포에 이르게 된 상황을 설명하려고 한다. 모텔 방에 있던 장애남성 천길은 휠체어를 사용하고, 한 장애여성을 사랑하는 시인이다. 천길이 이 여성에게 청혼하자 여성의 아버지가 욕하면서 천길을 집에서 쫓아내고 딸과 만나지 못하게 한다. 천길의 애인은 사지마비 장애가 있는 여성이며 부모님과 살면서 대부분의 시간을 침대에서 보낸다. 그녀는 가족의 편의를 위해 자궁절제술을 받았다. 그녀는 기자와의 인터뷰에서 월경에 대해 이렇게 말한다. "여자로서 끝이구나 하는 생각이 들면 비참하죠. 할 수 있으면 다시 하고 싶죠." 영화는 성자원봉사라는 핵심 주제 외에도 장애인의 섹슈얼리티, 장애인이 그들의 성과 재생산 권리를 부정하는 비장애 중심 사회에서 살면서 겪는 일상적인 어려움에 대해 전한다.

연로한 천길의 어머니는 신문광고를 통해 구한 여성과 아들을 결혼시키려 하지만, 그 여성은 천길이 모은 돈을 가지고 도망간다. 천길의 이런 과거는 자원봉사자 예리와 한 번이라도 섹스를 하는 것이 최후의 방법이라고 기자를 설득하는 것 같다. 특히나 그의 나이를 생각하면 미래의 다른 관계를 기대하기 어려워 보인다. 그의 이름은 저승으로 가는 길이라는 '황천길'과 동음이의어다. 그 이름은 천길에게 상황을 낙관할 미래가 없다는 점을 시사한다.

기자는 처음에 예리와 천길이 모텔에서 성관계를 한 것에 대해 냉소적으로 바라보면서 거리 인터뷰를 통해 사람들의 통념을 전한다. '섹스 자원봉사'라는 개념을 소개하자 모든 사람들이 다양한 이유로 반대한다. "장애인들끼리도 사랑 많이 하구 결혼하시는 분들도 많은데"라거나, "동물 같은 행위" "그 봉사 활동하시는 그분의 만족"이라며 반대의 이유를 말한다. 거리에서 인터뷰한 한 승려는 자원봉사와 개념적으로 연결되는 '육보시'라는 전통 용어를 말한다. '육보시'는 자선을 목적으로 하는 육체노동 행위를 말한다. 이 말은 절에서 아이를 갖게 해달라고 기도하는 여성을 위해 임신 가능성을 높이려고 도움을 주기도 했다는 속설을 칭하기도 했다. (1장에서 불임을 논의한 내용과 연결된다.) 인터뷰한 그 승려는 '섹스 자원봉사'와 육보시를 비판한다. 둘 다 좋은 일을 한다는 말로 가장된 자기 합리화의 논리로 잘못 와전된 것이라고 말한다. 영화 초반부에 배치된 '섹스 자원봉사'에 대한 이런 종교적·도덕적 비난 때문에 예리는 기자에게 적대적인 태도를 보이게 된다. 〈섹스 볼란티어〉는 비판적인 의견들을 기자의 단편적인 보도를 통해 제시하고, 이러한 기자에 대한 예리의 저항을 보여 줌으로써, 관객이 재현의 여러 층위에 대해 인식할 수 있도록 해준다. 또한 관객들이 섹스 자원봉사에 대한 무조건적인 거부감에서 벗어나, 제도적·사회적 고립으로 삶이 억압당하는 장애인에게 그것이 마지막 선택지라는 것을 이해시킨다. 또한 이 영화는 비장애인 관객들에게 당연하게 여겨지는 일상적인 활동을 낯설게 하고, 그런 활동을 해나가는 것이 어떻게 장애인에게는 평생 계속되는 분투가 되는지, 장애인이 출산 기능을 유지하고 공중 화장실을 사용하고 가족을 구성하는 등의 일들이 어떻게 허용되지 않는지 보여 준다.

영화 연출을 전공하는 예리는 천길의 일상생활을 담은 영화를 찍으며 영화의 주인공으로 그를 처음 알게 됐다. 십자가 목걸이를 하고 있는 예리는 보육원과 가톨릭 신부가 일하는 장애인 지원 센터에 봉사를 다닌다. 이런 설정은 천길과 성관계를 하는 예리의 결정을 도덕적·종교적으로 진정성 있게 표현한다. 영화 후반부에 천길의 건강이 안 좋아지자 예리는 〈간이역〉이라는 제목의 단편영화를 기획한다. 자신이 체포되게 만들었던, 천길을 위한 성자원봉사 경험을 바탕으로 한 이 영화에는 성노동자와 장애남성이 등장한다. 이 영화의 제목은 성자원봉사가 최종 목적지가 아니며 예리가 단지 임시적인 해결책으로서 이를 지지한다는 점을 암시한다. 예리의 영화에는 성매매로 유죄판결을 받고 장애인 센터에서 봉사 활동을 하는 성노동자 여성이 나온다. 그런데 성노동자/자원봉사자 역할을 맡은 배우가 장애남성과 연기를 해야 한다는 사실에 기겁해서 그만둬 버리자 감독인 예리는 직접 성노동자를 연기하기로 한다. 예리는 이전에 영화를 찍으면서 성매매집결지에서 일하는 여성 민주의 삶에 대해 잘 알게 되었다. 이런 경험을 통해 이 영화에서 예리는 성노동자 여성과 장애남성, 두 집단 사이에 중요한 연결 고리를 만든다. 성노동자와 장애인 두 집단이 겪는 고립감에 주목한 것은, 성노동자 여성과 장애남성을 적대적으로 구성하는 상호적인 타자화와 구별된다. 이들의 연결 관계는 이 장 도입부에 소개한 단편 만화 〈거사〉에 묘사된 것처럼 적대적으로 서로 타자화하는 관계가 아니다. 예리는 성매매집결지의 유리창 안쪽에 앉아 있는 성노동자 여성과 휠체어를 사용하는 장애인 모두 세상에 접근할 수 없다고 말한다. "성매매 여성과 장애인, 뭔가 비슷하지 않아요? 문턱이 10센티밖에 안 되는데, 세상 밖으로 나오지도 못하고. 높은 통굽 때문에 뒤뚱거리구. 평생 어딜 가나 꼬리표가 졸졸 따라다니구. 왜 저렇게밖에 못 사느냐고 다들 손가락질하잖아요?"

성자원봉사자 예리의 경험과 성노동자 민주의 경험은 영화 속 영화인 〈간이역〉에서 장애남성에게 자원해 성서비스를 하는 성노동자 캐릭터로 합쳐진다. 〈간이역〉의 모텔 장면에서 신부의 도움을 받아 장애남성을 목욕시키고 침대로 옮기면서 성관계를 준비할 때, 이 여성은 성매매집결지에서 있었던 충격적인 기억을 떠올린다. 갑자기 경찰 단속이 나오자 그녀는 성매매의 증거를 숨기기 위해 콘돔을 삼키지만 경찰 앞에서 토해 버린다. 회상 장면 이후, 영화는 배경음악 없이 장애남성과 성노동자가 성관계하는 모습을 비춘다. 끝나고 나서 장애남성이 여성에게 고맙다고 인사하자, 그녀는 "아뇨, 내가 더 고마워요"라고 말한다. 그 후 장면이 성매매 집결지로 전환되고, 여자가 가방을 끌고 업소의 유리창 밖으로 나와 텅 빈 거리를 향해 멀어지는 모습이 나온다. 이 모습은 봉사 경험을 통해, 여성이 치유되고 강해져서 업소의 삶을 뒤로하고 떠날 수 있게 되었다는 점을 암시한다.

예리는 영화 작업을 격려하거나 도운 사람들을 대상으로 〈간이역〉을 상영하는데, 그중에는 반성매매 페미니스트 활동가인 예리의 어머니도 있다. 상영이 끝나고 예리는 기자의 카메라를 향해 말한다. "누군가에겐 하찮은 무엇이지만 그것이 다른 사람에겐 삶의 전부일 수도 있죠." 얼마 안 지나 천길은 병원에서 숨을 거둔다. 천길이 죽기 전 기자가 만약 기회가 생기면 봉사자와 다시 성관계를 할 것인지 묻자, 천길은 의사소통 판을 이용해 마지막 말을 전한다. "나는 배는 안 고파요. 사람이 고파요." 천길이 마지막으로 남긴 이 말은 식욕과 성욕을 동일시하는 관점에 저항함과 동시에, 성자원봉사로 채울 수 없는 친밀한 관계의 결핍, 사회적·성적 접근성이 없는 상황과 외로움을 전하고 있다. 〈섹스 볼란티어〉는 사회적 인식의 변화를 제안하면서 '장애인차별금지법' 제29조 '성에서의 차별 금지' 내용을 보여 주며 끝난다.

천길의 건강이 악화되고 결국 죽음에 이르는 상황은 의미 있는 이성애 관계를 사회적으로 거부당한 그의 삶에 대한 감정적 반응을 고조시키고, 사회적 인식을 높이기 위해 관객에게 그들의 성자원봉사 경험을 알리는 것이 시급하다는 긴박감을 만들어 낸다. 예리는 단편영화 〈간이역〉을 통해 자신을 천길의 경험과 민주의 경험을 재현하는 대리인으로 만든다. 대리인이 되려는 예리의 의무감과 장애인의 건강이 악화되는 상황이 만난다는 점이 어떤 면에서는 라스 폰 트리에의 영화 〈브레이킹 더 웨이브〉 Breaking the Waves(1996)를 연상시킨다. 이 영화에서 베스라는 여자는 자신이 성적인 경험을 쌓을수록 위독한 상태에 있는 장애인 남편을 치유할 수 있다고 믿고, 다른 남성들과 성매매를 하러 나간다. 베스의 남편은 전신이 마비되고 나서 아내와 어떤 성적 관계도 가질 수 없다 생각하고, 다른 남성들을 대리인으로 만들어 아내에게 성적 즐거움을 주려고 한 것이다. 조경덕 감독은 민주와 천길을 대변하는 영화감독 예리라는 인물을 통해, 영화매체를 통해 한국 사회의 성적 소외자들을 대변하려는 자신의 목표를 구현한다. 이런 감독의 노력을 뒷받침하는 역할로 금욕 생활을 하는 가톨릭 신부가 등장하는데, 이 인물로 인해 영화의 주제를 성애혐오적erotophobic 관점으로 쉽게 비판할 수 없게 된다. 이는 할리우드 영화 〈세션〉The Sessions 에서 신부가 했던 역할과 비슷하다. 그렇지만 결과적으로 〈섹스 볼란티어〉가 '문제'로 구성된 장애인의 성에 대한 궁극적인 '해결책'으로 성자원봉사를 지지하는 것은 아니다. 영화에서 신부는 "삶의 정답은 이 세상 사람들 수만큼 많다"고 말하는데, 이는 성에 대한 각자의 의견을 동등하게 가치 있는 다양성의 문제로 본다는 것이다.

다양성으로 귀결되는 결말은, 선의를 가진 사람들이 도움을 주는 과정에서 다른 사람에게 상징적인 폭력을 가할 수 있다는 영화의 비판적 입장을 약화시킨다. 예를 들어, 예리의 어머니는 성매매 여성들을 지원하는 기관을 운영하는 독선적인 사람이다. 예리의 어머니는 여성을 착취하고 여성의 인권을 침해하는 성산업을 정치적으로 비판한다. 하지만 그런 입장 뒤에 숨겨진 그녀의 위선적인 태도와 성매매 여성들에게 느끼는 거리감은 딸을 자신이 돕는 여자들과는 다르게 여길 때 잘 드러난다. 예리의 어머니는 민주가 딸을 업소에 가도록 꾀어 냈다고 생각해 민주를 미워한다. 자선가를 자기 이익만 챙기는 위선자로 생각하는 민주는 기자에게 이들에 대한 반감을 드러낸다. 민주가 업소에서 나와 쉼터로 갔을 때, 쉼터를 개조해 주기로 한 인도주의 단체는 그들의 자선 활동을 알리는 대형 현수막과 사진 촬영 등 홍보를 조건으로 걸며 위선적인 모습을 보인다. 민주는 이미지 홍보에 열을 올리면서 쉼터 사람들을 낙인찍고 소외시키는 지원 단체에 질려서 쉼터를 떠나 업소로 돌아간다.

〈섹스 볼란티어〉는 획일적인 메시지를 거부하며, 장애인의 성욕이라는 '문제'에 대한 '해결책'에 중점을 두었던 기존의 재현 방식을 성노동자, 반성매매 페미니스트, 인도적인 봉사자, 장애남성, 그리고 장애여성이 서로 가까운 관계 혹은 갈등하는 관계를 이루는 이야기의 공간으로 가져간다. 하지만 이런 목소리의 다중성은 성을 두고 협상하는 개인들 사이에 나타나는 권력관계의 역동을 다루지 않는다. 이 영화는 천길의 죽음이라든지 예리의 영화에서 업소를 나오게 된 성노동자의 변화라는 감상적 결말에 기대고 있다. 결말에서 예리는 수업 과제인 〈간이역〉을 수업을 함께 듣는 학생들에게 보여 주지 않고, 영화 속 이야기와 관련된 사람들이나 영화에 나오는 경험을 한 사람들에게만 보여 주는데, 이는 두 가지 의미를 갖는다. 첫째, 감독은 성자원봉사라는 방식이 더 많은 대중에게 이해받을 수 있을 것이라 보지 않는다. 둘째, 공정한 재현이란, 어떤 집단에 속한 사람이 변화를 겪는 이야기를 만들기 위해 다른 집단에 대한 고정관념을 강화하거나 희생시키지 않는 재현이라고 할 수 있다. 이를 위해서는 재현에 등장하는 사람들을 가장 중요한 관객으로 상정하는 책임과 더불어 제작 과정에서 이들과 소통하는 과정이 반드시 있어야 한다. 단편영화 상영 후 예리와 관객들의 얼굴에서 드러나는 애매한 반응은 사회구조적 소외 문제에 접근하는 개인적인 해결책에 대한, 그리고 재현의 어려움에 대한 감독의 양가적인 감정을 드러낸다. 하지만 재현의 윤리에 대한 이런 주장은 젠더와 장애의 역동으로 복잡해진다. 그 과정에서 장애남성과 장애여성의 목소리들보다 비장애인인 예리의 선한 의도가 가장 중요한 사명으로 나타나게 된다. 〈섹스 볼란티어〉에는 장애여성은 단 한 사람만 나오는데, 이 여성은 자신의 성적 욕망에 대해, 혹은 그런 욕망이 없는 것에 대해 말하지 않는다. 그보다 영화는 그녀에게 결혼이 허용되지 않았던 것과 그녀가 가족을 위해 원치 않는 불임수술을 받아야 했던 것에 주목한다. 영화는 성노동자가 장애남성을 위한 성자원봉사 이후 변화되어 업소를 떠나는 손쉬운 해결책을 제시하며, 성산업 내 권력관계의 역동과 경찰 폭력을 단순하게 그린다. 이 변화는 장애남성의 고립이 지속되는 문제뿐만 아니라, 경제적인 면에서 업주와 얽혀 있는 성노동자의 복잡한 현실과 그들에게 부여된 낙인을 간과한다.

치유적 강간

장애여성의 성을 다루는 몇 안 되는 다큐멘터리들은 주로 결혼과 친밀한 관계에 대한 그들의 바람에 중점을 둔다(예를 들어 〈여성 장애인 김진옥 씨의 결혼 이야기〉, MBC 다큐멘터리 〈장애여성의 성과 사랑〉).38 한 가지 예외로 독립 단편영화인 〈아빠〉가 있다. 〈아빠〉에는 장애가 있고 말로 소통하지 않는 딸 민주를 '돌보는' 아버지가 나온다. 아버지는 딸의 손가락에 묻은 피를 보고 민주가 성욕을 풀지 못해 성기를 긁어서 상처를 낸다고 생각한다. 아버지는 해결 방법이 있을지 의사를 찾아 여러 번 상담하고, 길거리에서 민주를 성적으로 만족시켜 줄 남자를 찾고, 가능성이 보이는 사람에게 돈을 주기까지 한다. 영화의 결말에서 딸에게 성적 만족감을 줄 수 있는 다른 방법을 찾지 못한 아버지는 딸을 강간한다. 하지만 흥미롭게도 이 영화는 강간을 재현했다고 여겨진 것이 아니라 근친상간과 '중증' 장애여성의 성욕에 관한 금기를 깬 것으로 간주됐다. 영화평론가 김화범은 익숙한 논리를 이용해 유럽에선 장애인 '성 복지'에 대한 진지한 성찰이 이뤄지고 있다고 지적한다. 김화범은 영화에 나오는 장애인의 성에 대한 사회적 관심을 모으기 위해 아버지와 딸 사이의 '근친상간'에 대한 뻔하고 손쉬운 비판을 넘어설 필요가 있다고 말한다.39 빈곤 속에서 고립되어 살아가는 여성의 자해를 사회가 성욕의 관점으로만 바라보고 성적인 문제로 규정하면서, 이를 해결하기 위한 방법으로 근친 강간이 등장한다. 이런 방법은 마치 성에 대한 도덕적 억압에 도전하는 것으로 나타날 뿐만 아니라 장애인의 성이 허용되지 않는 상황을 드러내는 것으로 제시된다.

이 영화가 딸의 행동을 통제하려는 아버지의 욕망을 묘사한다고 보면, 영화는 완전히 다른 의미를 갖는다. 예를 들면, 아버지는 자신의 환경을 조정하고 통제하려는 사람으로 그려지고 있다. 이는 딸을 치유하려는 아버지의 정신적 집착(이는 장애를 의미하기도 한다)을 다르게, 더 정교하게 묘사한 것이다. 그가 민주의 행동을 상담하기 위해 의사를 찾아갔을 때 그는 의사 책상의 재떨이에 있는 담배꽁초의 줄을 맞춘다. 민주가 성기 부위를 만지지 못하게 하려고 민주의 손에 장갑을 끼워 손목 부분을 테이프로 감고 나중에는 천으로 민주의 손을 가구에 묶는 모습에서 아버지는 주도면밀한 인물로 그려진다. 아버지는 민주가 긁어 상처가 난 부위의 음모를 조심스럽게 밀고 딸의 '문제'를 해결하기 위해 바이브레이터를 이용한다. 그렇게 하면서 그는 마치 의식을 거행하는 것처럼 무릎을 꿇고 비틀스의 음악을 틀어 놓는다. 민주가 바이브레이터로 전달되는 감각 때문에 즐거워하자, 아버지는 울음을 터트린다. 하지만 이후에 딸을 강간했다는 것은 딸의 자해를 중단할 수 있는 유일한 방법이 성적 만족이 아니라 삽입 섹스라고 그가 생각하고 있음을 드러낸다. 강간을 하기 전 장면에서, 아버지는 또 다른 의례적 행동을 한다. 저녁 식사를 준비하면서 닭발의 발톱을 뽑는데, 이는 상처를 내는 민주의 손가락을 자르고 싶은 그의 열망을 상징적으로 보여 주는 행동이다. 방에서 아버지는 식사를 하고 민주는 성기를 만지면서 장난감 말을 타고 있을 때, 카메라는 달려가는 말이 그려진 벽걸이를 비춘다. 아버지는 민주의 성이 달려가는 말처럼 자유로워지기 위해, 민주가 오르가슴을 느끼기 위해, 딸과 '섹스를 하는 것'이 유일한 치유라고 생각한다. 아버지가 울면서 강간할 때 민주는 아파서 소리 지르고 아버지의 등을 계속 때린다. 그의 절망은 이런 행위가 그에게 비극적인 것이지만 장애인의 성을 부정하는 사회 때문에 그렇게 밖에 할 수 없다는 점을 암시한다.

아버지의 딸에 대한 그릇된 생각과 폭력적인 헌신의 배경에는 성욕에 대한 의료화된 치유적 논리가 있으며, 아버지가 의사를 찾아가 성관계를 해줄 수 없냐고 부탁할 때 이 점이 드러난다. 의사는 유럽에서 하는 그런 성서비스는 한국 문화에서 적절하지 않다고 설명한다. 민주의 성적인 '해방'을 얻기 위한 모든 방법은, 사회의 금기와 비장애 중심적인 관점에서 비롯된 장애인의 성을 향한 혐오 때문에 막힌 듯 보인다. 딸에게 섹스 파트너를 찾아 주려는 아버지의 집착은 딸을 보살피려는 절박한 모습으로 그려진다. 한 비장애 남성이 자원했다가 민주와 성관계를 하지 못하자, 아버지가 파트너를 찾으려고 시설을 방문하는 중요한 장면이 나온다.[40] 그는 다양한 장애를 가진 젊은 남성들이 할 일 없이 앉아 있는 방을 둘러보다가 두 남성이 신체적으로 친밀한 행동을 하는 모습을 본다. 한 남성이 상대방을 자극하기 위해 손가락으로 그의 목을 누르고 있다. 관음증이 있는 사람처럼 그려지는 아버지의 눈에는 장애남성들의 성이 비정상적으로 보이며, 어떤 장애남성도 딸에게 적절하지 않다고 여긴다. 마치 장애여성은 장애남성과 관계 맺는 것이 당연하다고 가정되는 상황에서, 민주가 장애남성을 만날 수도 있다는 가능성을 제외하기 위해, 이 시설 장면은 시각적으로 장애남성을 비정상적인 존재로 보여 준다. 그렇게 해서 아버지가 민주의 자해 행동을 치유할 수 있는 유일한 성적 파트너로 남는다. 신미혜는 이 영화가 우리의 인식을 확장하려 한다고 설명한다. "(근친상간에 대한) 고정 관념을 거두고 보면 이 영화는 의외로 쉽게 문을 연다. 극단적인 형식을 취하고 있긴 하지만 그렇다고 아빠의 본의가 부정되는 것은 아니다. 아빠는 민주를 사랑했다."41

민주가 성기에 상처를 내는 것이 어떻게 근친 강간을 불가피하게 만드는가? 강간이 해결하려는 '문제'는 무엇인가? 최동수가 성매매 업소에 들어가는 장면으로 끝나는 〈핑크 팰리스〉처럼 〈아빠〉는 강간 장면으로 끝난다. 그런 '해결책'이 어떻게 트라우마를 만들어 내는지, 성욕/해소 공식과는 다른 새로운 이야기가 어떻게 생겨날 수 있는지 살펴보지 않는다. 도덕적 억압과 그에 대항하는 성적인 저항이라는 이분화된 닫힌 틀 안에서는, 즐거움을 추구하면서도 폭력은 문제시하는 성적 주체성을 인식하는 것이 어려워진다. 자신을 폭행한 남자를 사랑하는 장애여성이 나오는 〈오아시스〉처럼(3장에서 논의했다) 이 영화에서는 장애여성을 성적으로 '자유롭게 해주기' 위해 원치 않는 폭력의 개입이 필요한 것처럼 보인다. 장애여성의 경우 성욕과 폭력을 이렇게 연결하는 방식은, 성욕이 어떻게 작용하는지가 성별에 따라 다르게 재현된다는 점을 보여 준다. 즉, 남성은 주체로서 성욕을 드러내고 성적인 경험을 스스로 추구하지만, 여성은 대상으로서 다른 사람에 의해 성욕이 인식되고, 여성의 몸에 대한 치유적 강간이 일어난다. 〈아빠〉는 강간 장면이 불가피하다는 논리를 보여 주면서 폭력을 드러나지 않게 만들고, '강간을 해야만 하는' 아버지라는 또 다른 멜로드라마를 조장한다.

친밀성, 공간, 성적 즐거움

장애인의 성에 관한 담론적 지형은 대개 도덕적 억압과 성적인 저항이라는 이분화된 논리로 나뉜다. 그런 가운데에서도 장애인의 섹슈얼리티를 예외적인 '문제'로 보지 않으면서, 성매매나 성자원봉사가 장애인의 성적 억압에 도전하는 데 상당한 제약을 가한다는 입장을 신중하게 제시하는 목소리도 존재한다. 장애여성 운동을 하는 활동가들은 기존의 논의가 장애남성을 중심으로 진행되었기에, 자신들의 목소리가 드러나지 않는다고 비판해 왔다. 장애여성의 섹슈얼리티는 주로 성폭력이나 불임 시술 같은 재생산 통제 문제의 맥락에서 논의된다. 또한 성적 즐거움 자체는 덜 강조되고, 사람들 간의 친밀성이나 부부 관계 위주로 규정된다. 활동가들은 이 같은 틀 때문에 성적 즐거움이나 다양한 성적 욕망에 대한 그들의 관점을 표현할 능력이 제한되는 경험을 하게 된다. 박영희는 장애인을 국가나 시설이 제공하는 또 다른 형태의 서비스 수혜자로 만들기 위해 성욕 논의에 재생산이란 틀을 이용하는 것에 반대한다.42 또한 장애인과 그들의 성적·무성적 행위를 규율하며 장애인의 섹슈얼리티를 제도화하는 이런 과정을 경계한다. 즉각적인 해결책은 대개 젠더화되어 있고 제도화된 환경에 따라 관리되기 때문이다. 성적인 활동을 하지 않으려는 욕구를 비롯한 다양성과 서로 다른 욕망이 동등하게 존중되지 않으면, 성적인 경험을 권장하려는 교정 정책이 섹슈얼리티를 통제하는 억압으로 바뀔 수 있다. 나영정(타리)은 안전한 공간, 성적 즐거움을 향한 탐색, 이야기를 만들어 내는 힘이 장애인의 섹슈얼리티에 대한 대안적인 담론으로 이어질 것이라고 말한다.43 예를 들어, 조미경은 한 장애여성 단체가 주최한 워크숍에서 대안적인 공간을 경험한 것에 대해 설명한다.44 그 워크숍에서 여성들은 규범과 도덕에서 자유로운 존재가 되는 즐거운 상상을 공유했고, 섹슈얼리티와 관련된 사회규범이 대체로 특정 집단을 배제하는 것에 대해 어떻게 비판적으로 다시 생각할 수 있을지 고민했다.45 장애가 있는 페미니스트 활동가들은 사회의 장벽과 접근하기 어려운 사회적·물리적 환경이 자신들의 성적·무성적 표현, 즐거움, 친밀한 삶과 관계를 억압한다고 강조한다.

젠더에 따라 다른 성적 억압의 담론에서는 장애여성을 성적으로 착취당하는 피해자나 만족시키기 위해 폭력적으로 개입해야 하는 존재로 보고, 장애남성을 성서비스에 접근이 거부되는 사람으로 여긴다. 이 때문에 장애인이 탈성화되는 경험이나 장애인의 성/무성성이 거부당하는 경험을 제대로 이해하지 못하게 된다. 장애인의 성욕을 '해결한다'고 제안된 방식들은 역설적으로 장애인과 그들의 성적·무성적 행위를 규율한다. 즉각적인 해결책은 대개 성별에 따라 다르게 나타나고 제도화된 환경에 의해 통제되기 때문이다. 단순한 해결책은 장애인이 다양한 지향을 가진 성적인 혹은 무성적인 존재로 인정될 수 있는 가능성을 없애 버린다. 게다가 섹슈얼리티를 단지 성욕으로 축소시키는 것은 섹슈얼리티 논의를 정치적·시민적 권리의 확장된 이슈와 분리시킨다. 또한 장애와 건강 상태에 따라 개인을 고립시키고 탈성화시켜 온 역사가 아직도 계속되고 있다는 사실을 간과하게 만든다. 동시에 성욕 담론이 지배적인 상황은 폭력과 성적 즐거움의 차이를 흐릿하게 하고 장애인이 지역사회에서 살아갈 권리, 친밀한 사회적 공간에 접근할 권리, 적절한 보조를 받을 권리 등이 어떻게 다른 성적 소수자의 권리와 서로 연결되는지를 가려 버린다. 사회 공간의 모든 양상과 정치적·경제적·문화적 영역을 변화시키고 접근성을 확보함과 동시에, 성욕을 생물학적 필요로 보고 성적인 자선 행위를 이에 대한 즉각적인 해결책으로 보는 관점에서 벗어나 장애인의 삶에서 즐거움을 추구하는 다양한 방식이 있다고 인식하는 것이 무엇보다 중요하다.

'문제'와 '해결'에 중점을 둔 섹슈얼리티 논의는 장애인 당사자들이 특정한 성적 만남에 담긴 복잡한 의미나 불확실한 해석에 대해 살펴볼 여지를 주지 않는다. 〈핑크 팰리스〉는 최동수가 업소에서 무엇을 경험했는지, 그가 그 경험을 어떻게 해석하는지 보여 주지 않는다. 〈아빠〉는 장애여성이 성적 즐거움을 추구하는 과정에서 상처가 뒤따를 수도 있다는 걸 상상하지 못하고, 다른 사회적 접촉 없이 방에서 고립된 상태에서 일어나는 자해를 치유해야 한다고 결론 내린다.

장애인이 성적 영역에 들어가도록 '도와주려는' 노력은 즉각적인 해결책에 집중해 왔다. 이런 해결책은 이상적으로 여겨진 해외 사례를 다루는 제한된 정보를 기반으로 한다. 또한 성매매, 그리고 도움을 받는 자보다 주는 자의 힘을 강화하는 자선 활동을 둘러싼 정치에 기반한 것이기도 하다. 이런 접근법은 장애인을 성적 영역 외부로 밀어내는 과정과 같은 방식으로 장애인의 섹슈얼리티를 규율한다. 불가피한 '해소'와 이타적인 '봉사'라는 개념은 성적 억압을 단순하게 성적 해소가 안 되는 상태로 간주하면서 장애인의 '성 문제'를 성폭력으로 이어질 수 있는 방식으로 해결하고자 등장했다. 장애인이 겪는 성적 억압은 한국 문화의 성적 수치심이나 낙인에 관한 정치와 분리될 수 없으며, 장애인의 성욕을 해결하려는 제도적·정책적 방안에 대한 연구는 장애인을 탈성화하는 일반적인 관행들에 의미 있는 변화를 가져오지 못한 채, 장애인의 성을 관리되어야 하는 특별한 것으로 만든다.

시설에 사는 장애여성, 장애인 페미니스트, 성노동자, 장애를 가진 성소수자들이 성애혐오, 탈성화, 과잉성애화에 문제 제기하는 목소리를 통해,46 '괴로움'을 없애 주기 위한 즉각적인 해결책을 제공하는 선정적인 재현 방식은 장애인의 성에 대한 역사적·사회적·문화적 측면에 중점을 두는 것으로 바뀔 수 있다. 이와 함께 장애인의 섹슈얼리티가 가진 다양성과 변화 가능성, 또한 장애인의 일상을 유지시키는 공적 지원을 확대할 필요성도 인식해야 한다. 성적 즐거움을 표현하고 사회적 관계망과 우정을 장려하는 방식을 만드는 것 외에도, 성적으로 피해를 당하고 법으로 보호받지 못하는 문제를 외면하지 않으면서 장애여성의 성적 주체성을 긍정하는 것 또한 중요하다. 장애남성의 성욕과 '총각' 상태는 해결책으로 제시되는 성서비스에 대한 접근을 주장하기 위해 수사적으로 이용되었다. 장애인 성서비스가(영리 목적이든 아니든) 중요한 성적 기회와 선택지를 줄 수 있다고 해도, 이는 성산업 내 장애인의 경험을 비롯하여 성적 주체성과 표현을 위한 공간을 마련하지 못한 채, 단순하고 획일적인 해결책으로 등장했다. 일회성의 '봉사'로 동정virginity을 치유하는 방식은, 현재 한국 사회에서 특정한 형태의 성적 경험에 특권을 부여하는 것과 장애인들이 구조적인 차별을 경험하는 것에 충분한 도전이 되지 못한다. 장애인의 성적 권리를 지지하는 논의들과 이를 위해 만들어진 공간들에서는 다양한 섹슈얼리티를 제한하고 사회 변화의 가능성과 요구를 차단하는 단일한 '해결책'을 제도화하려는 성급한 방식보다는, 우선적으로 장애여성, 성·젠더 소수자, 다양한 장애를 가진 활동가, 성노동자를 포함한 폭넓은 그룹들의 목소리가 중심이 되어야 한다.

장애와 함께
타임머신 안에 머물 수 있는 방법

2014년 나는 여수에 있는 애양병원(윌슨 나병센터 및 재활병원, 보통 애양원으로 불린다)에 방문했다. 4장에서 다룬 전기 영화 〈황토길〉에서 한센병이 있던 시인 한하운이 (사실과는 다르게) 눈썹 이식 수술과 손 수술을 받고 연인과 재회해 치유 서사를 완성하는 장소로 나온 곳이다. 나는 한센병을 가진 여성들이 치료를 받는 동안 그리고 그 이후에도 격리되어 살아야 했던 집에 묵기로 했다. 해안가에 있는 집과 정원은 개조되어, 현재 '치유의 숲'이라는 이름으로 관광객에게 개방돼 있다. 현대적 편의 시설을 완비한 실내 공간은 아마도 예전에 여성들이 거주한 공간과의 유사한 점이 거의 없을 것이다. 벽에 걸린 두 개의 사진을 통해 과거를 얼핏 엿볼 수 있을 뿐이다(그림8). 위에 걸린 사진은 건물이 개조되기 전에 찍은 흑백사진이다. 한겨울의 황량한 나뭇가지가 낡은 집을 향해 뻗어 있다. 약간 위에서 찍은 이 사진은 집을 누르는 듯한 큰 지붕면을 보여 주는데 이는 마치 이집에서 살았던 삶에 대한 상상을 억누르는 것 같은 느낌을 준다. 집의 기울어진 각도는 보는 사람에게 안으로 들어오라고 초대하지 않는다. 아래에 걸린 사진은 컬러사진으로, 재건축 이후 내가 머물게 된 집이다. 울긋불긋단풍이 물든 잎이 풍성한 나무는 집을 따뜻하게 감싸고 있고, 사진 중앙에는 밝은 하늘이 드러나 있다. 지붕은 없어지고 원래 있었던 건물의 돌벽만

이 외벽으로 남아 있다. 닫힌 창문이 있던 부분은 이제 아치 모양의 입구가 되어 있고, 바로 옆에 철제 상자 형태의 집이 카메라를 정면으로 바라보고 있다.

내 앞의 두 개의 사진이 걸린 이 벽에서 시간은 어떻게 나타나 있는 걸까? 이 숙소는 기독교의 인도주의적 의료 선교의 형태로, 식민지 근대성의 국제적 흐름 속에서 만들어진 공간이지만, 이 흑백사진을 보면 "근대성이라는 역사적 시간에 어울리지 않는 …… 시대착오적인 공간"[1]이라는 생각이 든다. 과거의 사진 속 집은 이곳에 살았던 사람들의 삶을 상상할 수 있게 하기보다는, 상처 입은 채 살아가는 삶의 상태를 보여 주기 위해, 낙인과 고립의 역사가 함축된 형태로 현재와 대조를 이루며 서있을 뿐이다. 그렇지만 나는 장식으로만 남아 있는 돌벽과 철제 상자 모양의 집을 치유된 현재의 이미지로 읽을 수 없다고 생각한다. 몸의 전과 후를 보여 주는 사진은 흔히 의료 기술과 소비를 통해 치유되었거나 신체적으로 '전보다 나아진 상태'를 보여 주기 위해 사용된다.[2] 더욱이 이렇게 시간의 변화를 기록하는 사진들은 중간에 존재하는 시간, 즉 곧 사라질 몸의 존재와 그 몸이 살아온 시간을 지워 버린다. 나는 한때 이곳에 살던 사람들이 더 이상 여기에 없다는 생각에 사로잡힌 채 벽에 걸린 액자의 사진을 찍는다. 이 '치유의 숲'에서 관광객들은 사람들이 두려워하는 질병을 가졌던 이들이 살아간 시간에 대해 어떤 감정을 느낄까? 여기서 말하는 치유는 고립을 낳은 편견의 역사에 대한 치유일까, 아니면 바쁜 생활에서 벗어난 관광객의 정신적 힐링을 위한 치유일까? 여기 살았던 사람들은 현재 이 공간을 어떻게 기억할까? 이 공간에 이름을 붙이고 머무를 수 있는 권리는 누구에게 있는 걸까?

병원 건물 앞에는 미국인 의료 선교사의 새로운 동상 두 개가 세워져 있다. 이 동상은 몇 년 전 병원 건립 100주년을 기념해, 한센인을 도왔던 의료 선교사들의 헌신을 기리기 위해 세워졌다. 〈황토길〉에는 그중 한 명이

그림8 여수 애양원 '치유의 숲' 숙소에 걸려 있는 두 장의 사진. 이전 집(위)과
새 집(아래)이다. 김은정 촬영.

등장해 한하운 시인에게 손과 눈썹을 고쳐 드러나는 병의 흔적을 없앨 수 있다고 약속한다. 나는 1970년대부터 이 의사들과 일했던 애양원 역사박물관장을 만나 한하운 시인의 치료를 다룬 1962년 영화에 대해 뭔가 아는지 물었다. 관장은 시인이 애양원에서 치료받은 적이 없다고 말하며, 1960년대 말부터 한센병을 가진 사람들뿐 아니라 소아마비가 있는 사람들이 교정을 위한 정형외과 수술을 받았다는 뜻밖의 이야기를 해주었다.

서울에 돌아온 나는 활동가와 연구자가 모여 장애의 역사와 연대를 논의하는 자리에 참여했는데, 그때 장애여성 운동을 이끌어 온 배복주가 어린 시절 어머니와 함께 애양원에 가본 적이 있다는 이야기를 들려주었다. 애양원에서 자신의 다리 교정 수술을 할 수 있는지 알아보았지만, 무슨 이유에선지 수술을 받지 않았다고 한다. 배복주는 자신의 다리를 쓰다듬으며, 의사가 손대지 않은 상태로 남아 다행이라고 말하며 뿌듯해 했다. 그리고 많은 친구들이 어릴 때 다리를 펴는 교정 수술을 받았는데, 수술 때문에 생긴 것으로 짐작되는 만성적인 통증이 나이 들수록 심해져서 수술을 후회한다고 이야기했다. 반대로 애양원에서 수술을 받은 배복주의 동료는 다른 이야기를 들려주었다고 한다. 수술 후 약간의 장애가 있지만 보조기구 없이 걸을 수 있게 되었고, 수술을 후회하지 않는다는 것이다.

사람은 등장하지 않는 '치유의 숲'에 걸려 있던 사진, 의사들을 기리는 동상, 영화에서 성공적으로 그려진 치유 드라마, 수술 받은 여러 사람들의 이야기는 애양원의 시공간 속에 있는 치유의 다양한 의미를 고민하게 만든다. 만약 치유와 관련된 다양한 경험들과 현재의 삶에 대한 이야기들이 널리 알려지고 그렇게 해서 생명의학과 인도주의가 한 약속의 결과에 대해 알 수 있게 된다면, 정상성에 가까워지는 것의 이익과 그에 따르는 대가에 대한 우리의 생각이 어떻게 달라질까? 나는 이 책 전반에 걸쳐, 어떻게 치유의 이미지가 의도했거나 의도하지 않았던 폭력을 수반하는지 살펴보았다. 이런 폭력은 종종 장애를 훼손하고 disfigure 더 나아가 장애가 있는 사람을 파괴한다. 옥스퍼드 영어사전에 따르면, 'disfigure'는 "모양이나 외형을 손상시키는 것, 아름다움을 망치는 것, 변형시키는 것, 훼손시키는 것, …… (비물질적인 무언가의) 형태나 아름다움을 망가트리는 것, …… 모양이나 외형을 바꾸는 것"을 뜻한다. 즉, 장애를 훼손한다는 것은 장애의 미학적·윤리적 현존과 그런 재현을 부정하는 것이다. 장애가 있는 몸을 무슨 수를 써서라도 정상적인 몸에 가까워지도록 강요할 때 장애는 종종 치유에 의해 훼손된다.

배복주는 자신이 그런 훼손을 피했다고 생각하는 것이다. 그녀는 자신의 다리가 소아마비 바이러스에 손상되었고 고쳐졌어야 한다고 생각하기보다는, 원래의 모양과 아름다움을 유지한 채 나이가 들면서 기능이 달라지고 있다고 생각한다. 통증과 불편함이 교정 수술 때문인 것 같다고 생각한 것은, 개인들이 치료법의 과장된 효과와 그 가능성에 결부된 정치적 성격에 대해 어떻게 인식하고 있는지를 보여 준다. 그렇지만 나는 결과와 상관없이 수술 받은 사람들이 단지 속았거나 피해나 손해를 입었다고 생각하기보다는, 치료를 위한 개입과 시간이 만든 또 다른 형태의 장애를 경험하고 있고, 그러한 장애의 존재를 인정해야 한다는 것을 그들이 알려준다고 생각한다. 내가 치유 이데올로기가 폭력 행위에 이용된다고 주장하고, 치유 자체에 우리가 알아차리기 어려운 폭력적인 효과가 있다고 지적했지만, 어떤 서사에서는 치유 행위가 긍정적인 이익으로 여겨지는 변화를 만들어 내는 것으로 나타난다. 따라서 치유를 이론화하려면 장애와 질병의 정치적·윤리적·미학적 중요성을 희석하지 않으면서, 장애와 질병이 가진 이토록 복합적인 서사와 의미를 탐색하는 과정이 요구된다. 나는 효과를 기대하고 변화를 바라는 사람들의 열망을 무시한 채 치유를 장애의 현존에 적대적인 것으로 간주해 단순히 거부해 버릴 수 없다고 생각한다. 또한 정상성에 가까워지는 것이나 심지어 장애를 완전히 치유하는 것 역시 새로운 형태의 장애를 만들어 낼 수 있으며, 지울 수 없는 장애의 역사와 공존할 수 있다고 생각한다.

과연 우리는 장애가 있는 몸을 과거의 몸이나 앞으로 되어야 할 미래의 몸이 아닌 현재 상태 그 자체로 볼 수 있을까?3 무엇이 장애를 가진 현재의 삶을 가능하게 하거나 불가능하게 하는가, 혹은 그 중간의 무언가로 만드는가? '괜찮았던' 과거를 향한 향수나 '더 나은' 미래에 대한 희망을 장애가 있는 몸에 투영하면서 과거와 미래에만 주목하기 때문에, 몸의 역사와 함께, 그리고 나이든 후의 미래와 함께 현재에 머무르기 힘들다는 것이 접힌 시간 속에 살아가는 삶의 특징이다. 이런 점에서 접힌 시간은 누군가에게 현재를 떠나게 해주는 목적을 가진 타임머신이다. 이런 문제의식은 과거와 미래의 중요성을 일축하며 단순하게 현재주의presentism를 주장하거나 혹은 우리 모두 이 순간만을 위해 살면서 아무것도 하지 말자는 것이 아니라, 개선과 악화의 의미가 어떻게 형성되어 있는지 살펴보자는 것이다. 또한 거창한 희망과 절망이라는 이분화된 도식 밖에 존재하는 미래, 폭력 없이 살 수 있는 미래를 상상해 보려는 것이다.

치유와 죽음은 상반된 것이 아니며, 문제로 여겨지는 몸에 접근할 때 서로 떼어 낼 수 없는 요소이다. 만성적인 질병이나 장애를 갖고 살아가는 것을 생각하기 어려울 때, 그런 삶을 살아 있지 않은 것으로 간주할 때, 치유의 기회를 위해 죽음을 무릅쓰는 일은 이성적인 선택이자 예상되는 행동으로 여겨진다. '장애보정생존연수'Disability-Adjusted Life Year, DALY라고 불리는 WHO 지표 이면에 숨겨진 개념적 모델은 다음과 같은 논리를 담고 있다. 즉, "1 DALY를 '건강한' 삶이 1년만큼 손실된 것으로 생각할 수 있다. 인구 전체의 DALY 합산 수치, 또는 질병 부담은 현재의 건강 상태와 전체 인구가 장애와 질병 없이 노년까지 살 수 있는 이상적인 상황 사이의 차이를 측정한 것으로 볼 수 있다."4 장애보정생존연수는 "인구 중 조기 사망으로 인한 수명손실연수Years of Life Lost, YLL와 건강 문제나 그 후유증을 갖고 사는 사람들의 장애로 인한 수명손실연수Years Lost Due to Disability, YLD를 합해서 계산한다." 장애와 질병을 갖고 사는 연수를 손실된 시간으로 보는 이런 가정은 장애와 질병을 갖고 현재에 머무는 것의 어려움을 보여 준다. 장애나 질병을 갖고 살아온 시간의 유의미함은 "전체 인구가 장애와 질병 없이 노년까지 살 수 있는" 실재하지 않는 시간과 공간에 비교해 측정됨으로써 훼손된다.

장애와 질병으로 '손실된' 그 시간에서, '더 나은' 미래와 통합을 향한 책무는 누군가의 능력을 극대화하도록 요구한다. WHO는 재활에 대해 "장애를 경험하거나 장애를 경험할 가능성이 있는 사람이 환경과 상호작용하며 최적의 기능을 성취하고 유지하도록 돕는 일련의 방법들"이라고 정의한다. 재활은 "기능에 제약이 있는 사람들이 집이나 지역사회로 돌아가, 독립적으로 살며 교육과 노동, 시민 생활에 참여할 수 있도록 하는 데 중요하다."5 재활에 대한 이런 국제 지침에 따르면, '최적의 기능'은 집이나 지역사회에 남거나 돌아가기 위한 조건이다.

유엔 장애인권리협약Convention on the Rights of Persons with Disabilities, CRPD은 훈련habilitation과 재활rehabilitation을 구별한다. 훈련은 "사람들이 새로운 특정 기술, 능력, 지식을 얻도록 돕는 것을 목표로 하는 과정"으로, 장애를 가지고 태어난 사람을 위한 서비스를 포함한다. 비장애인들에게는 학습과 교육이라고 불리는 것들이 장애인들에게는 훈련이라는 특별한 용어로 불린다. 재활은 "장애를 갖게 되었거나 혹은 누군가의 장애나 환경에 변화가 생겨 상실되었거나 손상된 기술, 능력, 지식을 회복하는 것"이다. 장애인권리협약에 따르면 당사국 정부는 훈련과 재활을 통해 "장애인이 **최대한의** 독립성을, 완전한 신체적·정신적·사회적·직업적 능력을, 그리고 삶의 전 분야에서 완전한 통합과 참여를 달성하고 유지할 수 있도록"6 해야 한다. 독립성, 능력, 통합을 병렬적으로 배치한 점은 독립성과 능력이 통합의 전제 조건이 아니라는 점을 제시하지만, 능력 수준에 관계없이 완전한 통합과 참여를 보장한다기보다는 여전히 정상성에 최대한 가까워지는 것을 강조한다. 장애인권리협약 시행에 관한 정보를 제공하는 한 간행물은 "합리적인 편의 제공과 달리, 재활과 훈련은 장애인이 다른 사람들과 동등한 기반에서 성공하기 위해 필요한 요소들을 전반적인 환경, 프로그램, 실행 방식, 직업에 포함시키도록 보장하는 것이 아니라, 요구되는 특정한 지식, 도구, 자원을 당사자가 갖추도록 하는 데 중점을 둔다"7고 설명한다. 이런 언급은 개입이 이뤄져야 할 주요 영역이 어디인지를 둘러싸고 발생하는 긴장을 드러낸다. 개인적 차원에서 개입해야 하는가, 아니면 환경을 변화시키는 데 개입해야 하는가? 능력과 독립성이 "최대한" 혹은 "최적의" 수준에 도달하고 나서야 사회적·물리적 환경을 조정하기 시작해야 하는 것인가? 개인이 훈련을 통해 능력을 갖춰야 한다는 생각, 재활을 통해 이전의 '적절한' 몸이 회복되어야 한다는 생각,8 장애와 만성적 질병은 영적·가족적·의료적 개입을 통해 반드시 치유되어야 한다는 생각 등은 모두 장애인을 가족과 지역사회에서 분리할 뿐만 아니라 그들의 삶을 유예시킴으로써 현재로부터 분리하는 것이기도 하다.

시간 속에 공존하기

가상의 폭력과 실제적인 폭력은 치유되지 않은 몸을 하나의 존재 양식으로 상상하지 못함에 따라 만들어진 간극 속에 축적된다. 이 글에서 살펴본 치유 폭력의 기록이 예외적이거나 특이한 경우이거나 한국의 문화 때문에 생기는 것으로 인식될 수도 있다. 장애를 체계적으로 관리하는 지식의 초국가적 흐름과 역사적 관계들이 그런 폭력에 어떻게 기여했는지 간과한다면, 이런 폭력을 예외적이거나 한국의 문화적 전통에서 기인하는 것으로 설명할 수 있다고 생각할지 모른다. 비서구 문화의 장애와 장애인에 대해 서구 독자들을 위해 글을 쓰는 사람들은 장애인의 낮은 사회적 위치가 그 문화의 후진성을 상징한다고 해석되는 것을 경험한다. 내가 대학원에 입학해 처음 미국에 왔을 때, '장애인의 지위에 관한 총장 직속 위원회'에서 만난 한 사람이 한국의 장애인 상황에 대해 물었던 적이 있다. 나는 전반적으로 환경의 접근성이 매우 부족하고 장애인에 대한 차별이 심하다고 설명했다. 그 사람은 바로 반응했다. "20년 전 미국의 상황과 똑같은 것 같군요." 우리가 나눈 잠깐의 대화는 그렇게 끝났지만, 그 대화는 내게 많은 질문을 남겼다. 예를 들어, 20년 전 미국에서는 가능하지 않았던, 장애에 편의를 제공할 수 있는 선진 기술이 오늘날 한국에서는 이용 가능한데도 대부분의 장애인들이 이용할 형편이 안 된다는 사실을 우리는 어떻게 설명할 수 있을까? 워싱턴D.C에서 이뤄지는 결정에 의해 어떻게 한국 및 미국의 장애인들이 서로 연결되는가? 미국의 장애인 차별이 이미 지나간 과거의 일로 간주된다면, 미국에서 장애를 이유로 지금도 발생하고 있는 차별을 어떻게 해결할 수 있을까? 거리와 문화의 차이를 넘어서, 20년의 격차로 인식되는 발전의 차이를 넘어, 장애 차별에 반대하는 탈식민적인 초국가적 연대를 어떻게 이룰 수 있을까? 그 대화를 나눈 지 10년이 더 지났지만, 나는 이 점이 여전히 궁금하다.

결국 그 사람의 반응은 한 국가를 두고 서구 문명이 그린 진보의 궤적에 "뒤처진다"고 보는 제국주의 논리를 표명한 것이다. 요하네스 파비안 Johannes Fabian은 이를 "동시대성의 부정"denial of coevalness이라고 부른다. 이는 "인류학의 대상을 인류학 담론 생산자의 현재와 다른 시간에 위치시키려는 지속적이고 체계적인 경향"[9]을 말한다. 서문에서 장애인 가수 강원래가 음악회에 출연했던 일을 이야기했다. 장애가 있는 그의 몸을 미래에서 본 과거에만 존재할 수 있다고 생각하는 한국의 비장애인 시청자들과 장애인인 강원래가 공존할 수 없는 것처럼, 이런 시간적 이탈에서 비서구 문화의 장애인은 서구 문화의 장애인과 동시대를 살고 있다는 점을 부정당한다. 미국은 장애인이 살기 더 나은 곳이라는 기대는 실제로 미국에 사는 여러 소외 집단이 겪는 현실과는 다르며, 미국을 찾는 장애인 방문객들을 실망시킨다. 또한 이런 기대는 서로 다른 사회에 살고 있는 장애인들 사이의 소통을 지속적으로 방해하기도 한다. 장애를 갖게 되었을 때 과거의 비장애인 몸과 미래의 치유된 몸을 불러와서 이 장애를 사라지게 하는 것이 시간을 접는 하나의 방법이라면, 이처럼 비서구 사회의 현재 모습을 서구 사회의 과거 모습으로 동일시할 때 또 다른 형태로 시간성을 접는 일이 발생한다.

이런 동시대성의 부정은 공유된 시간 속에서 세상 곳곳을 연결하고 있는 역사적·사회적 힘을 간과하면서, 다른 문화를 자신의 문화와 비슷한 점이 하나도 없는 이국적인 것으로 여기는 관점을 동반한다. 호미 바바 Homi Bhabha는 이렇게 경고한다. "차이에 대한 재현이 전통이라는 고정된 틀에 박힌 **선험적인** 민족적·문화적 특성을 반영하는 것이라고 성급하게 이해해서는 안 된다. 소수자의 관점에서 차이를 사회적으로 설명하는 것은 역사적 변화의 순간에 일어나는 문화적 혼종성을 인정하도록 시도하는, 지속적이고 복잡한 협상을 말한다."[10] 동아시아 문화에 대한 전형적인 일반화로 인해 장애와 관련한 한국의 문화를 서구의 장애 문화와 다르다고 생각하기 쉽다. 혹은 장애인에 대한 젠더화된 폭력을 선입견으로 상상하는 한국의 문화적 차이 때문이라고 여기기 쉽다. 그 대신 바바는 문화적 차이를 표현하는 그 순간에 생산되는 것이 무엇인지 집중하자고 제안한다. 이런 차이를 누가 누구에게, 어떤 목적으로, 어떤 위치에서 이야기하는

가? 차이의 담론을 맥락화해 생각하는 것은 중첩되는 권력관계, 다른 위치의 상호 연결성을 이해하는 데 중요하다. 도나 해러웨이Donna Haraway 역시, 서구의 논리가 다른 문화적 가능성을 서구의 필요와 행동을 위한 자원으로 만든다고 지적한다.11 그런 점에서 비서구권의 장애에 대한 재현들을 이국적인 타자로 위치시키기를 거부하는 것이 중요하다. 그래야 "중요한 차이가 신비스럽게 여겨지는 것이 아니라 존중될 수"12 있다. 차이를 존중하는 이런 입장은 또 다른 함정에 빠지지 않아야 하는데, 그것은 바로 장애를 가진 사람이라면 어디에 있든지 상관없이 모두가 동일한 경험을 겪을 것이라고 생각하며 장애의 보편적 특성을 가정하는 것이다.

탈식민주의 페미니스트 학자들은 비서구 문화가 여성 억압을 해결하는 데 "뒤처져 있다"고 보는 비슷한 논리를 비판해 왔다. 이런 논리는 서로의 삶이 연결되어 있는 서구와 비서구 여성들 사이의 연대를 만들어 내지 못한다. 글로벌 사우스 안팎에서 살아가는 장애인들의 상황은 국제기관 및 각국의 정치적 결정에 따라 좌우된다. 그러는 사이, 일상의 어려움에 편의를 제공하는 기술은, 그것을 이용할 경제적 능력이 있는 사람들을 위해 존재한다. 다시 말해, 장애인이 겪는 어려움은 단순히 20년이 뒤처짐을 말해 주는 지표가 아니라, 다른 곳에서 풍요롭게 살 수 있게 하는 조건과 긴밀하게 관련되어 있는 것이다. "현재의 시간을 공유하는" 동시대성은 "소통의 조건"이며, 일상에서 나오는 민족지적 지식을 만들어 내고, 시간을 펼쳐 함께 존재하도록 한다.13 장애의 동시대성, 즉 여러 문화에 걸쳐, 또 과학적·수사적·시각적·정신적 영역에 걸쳐 장애가 존재하는 시간을 공유하는 것은 장애가 있는 현재를 지워 버리는 행위에 맞설 수 있도록 시간을 펼치는 또 다른 중요한 전략을 제시한다.

비나 다스는 이렇게 설명한다. "시간은 단지 재현되는 무언가가 아니다. 관계를 만들어 내는 행위자로서, 이 관계들이 해석되고, 다시 쓰이고,

덮어 쓰이는 것을 허용한다. 그 과정에서 다른 행위자들이 이야기를 만들어 내기 위해 노력하는 가운데 공동체성이 창조되고 재창조된다."14 행위자로서 시간의 이런 작용은, '개선'을 추구하면서 장애가 있는 몸의 현재를 삭제하는 폭력을 발휘할 수 있을 뿐만 아니라, '악화'를 막으려고 장애가 있는 현재의 몸을 동결하는 방식으로도 폭력적인 효과를 발휘할 수 있다. 앨리슨 케이퍼는 장애가 있는 몸을 현재에 동결시키는 것을 날카롭게 포착하는 사례로 미국의 잘 알려진 애슐리 XAshley X의 케이스에 대해 논의한다. 일곱 살 애슐리 X의 현재 몸을 보존한다는 명목으로 성장 방지 치료, 자궁 절제, 양쪽 유방 절제가 시행되었다. 애슐리가 신체적인 성숙함에 맞게 지적 발달이 이뤄지지 않은 채 완전한 성인이 되면 폭력을 겪을 가능성이 있고, 고통과 불편함이 생길 것이라고 생각했기 때문이다. 케이퍼는 이렇게 설명한다.

> 그 '치료'는 애슐리의 신체 성장을 억제해서 정신과 몸의 간극이 더 이상 벌어지지 않도록 막을 수 있었다. 이런 주장을 하는 과정에서 애슐리의 부모와 의사는 애슐리의 미래의 몸 ─ **상상된** 미래의 몸 ─ 을 애슐리의 적으로 상정하고, '치료'를 정당화하기 위해 그 몸을 이용했다. 즉, 개입하지 않으면 정신과 몸 사이의 비일치성이 더 커질 것이며, 애슐리 자신과 부모, 공적인 공간에서 마주치는 사람들이 애슐리의 몸을 감당할 수 없게 될 것이다. 미래의 애슐리가 가져올 미래의 부담은 애슐리를 현재의 시간에 묶어 둬야만 막을 수 있었다.

케이퍼는 이 "치료"에 의해 애슐리가 "영원한 아이"로서 "시간의 영역에서 추방된다"라고 설명한다.15 케이퍼는 내가 이 책에서 설명했던, 잠재적

'개선'을 가져온다는 다양한 형태의 치유와 대조적인 또 다른 중요한 행위를 강조한다. 이는 잠재적 '악화'를 예방하기 위해 몸을 변화시키는 것을 말한다. 우리를 장애가 없는 과거나 장애가 없는 미래로 데려가기 위해 시간을 접음으로써 치유가 시행되는 한편, '악화'를 예방하기 위해 애슐리가 받은 '치료'는 영어 cure에 담긴 또 다른 의미를 가리키는데, 이는 보존해서 굳히는 것으로, 장애가 심해지는 미래를 예방하기 위해 시간을 동결시킨다는 뜻이다. 두 경우 모두 시간에 따라 살 수 있는 가능성은 부정된다. 하지만 치유의 타임머신이 '더 나은' 미래 혹은 '나빠지지 않는' 미래를 향해 계속 움직이더라도 체화된 장애는 치유에 의해 훼손되든 아니든 분명 현재의 장소에 머문다. 즉, 동결된 시간 속에서도 장애는 여전히 살아 움직인다. 그렇다면 우리는 무엇이 나아진 것이고 무엇이 악화된 것인지에 대한 비장애 중심의 경직된 사고 체계를 넘어서 치유와 장애를 둘러싼 관계가 "해석되고, 다시 쓰이고, 덮어 쓰이도록" 허용하는 시간의 작용을 어떻게 그려 볼 수 있을까?

　　장애의 의미가 다양하고 유동적인 것처럼 장애에서 정상으로 범주를 이동하는 치유의 의미 역시 다양하다. 불확실한 정상성과 장애를 수반하는 사례들을 살펴보면서 나는 장애, 치유된 상태, 정상성의 상태 그 사이에 존재하는 경계의 공간과 겹쳐진 공간을 서술하고자 했다. 성별, 섹슈얼리티, 가족, 국가에 대한 지배적인 사고는 치유를 위한 개입 및 훈련/재활의 개입에 핵심적 역할을 한다. 그런 개입은 성별이 인정되는 방식과 재생산(1장), 영적 도덕성 및 비장애 가족(2장), 계층, 인종, 국가(3장), 결혼과 치유 가능성(4장), 이성애(5장) 등의 많은 표지들로 정상성이 이뤄진다는 점을 드러낸다.

　　치유와 관련된 권력은 장애인과 한국 사회에 광범위하게 영향을 끼쳐 왔다. 치유 행위는 효와 가족의 희생이라는 이데올로기를 통해, 또한 한센인의 시설 격리를 통해 인구 통치에 활용되었으며 인도주의에 기반한 국제적·초국가적 위계를 만들었다. 치유를 위한 자선과 인도주의적 국제 지원은 한국의 민족주의자들이 방어적인 태도로 국력을 증명하고 증진시키는 데 힘쓰도록 했다. 이런 치유의 권력을 둘러싼 역동의 한가운데에서, 치유는 장애인을 향한 일상적인 폭력이 장애인을 위한 것이라며 정당화하는 수사적 도구로 등장하기도 했다. 치유 명령은 폭력을 **폭력으로** 인정하기 어렵게 만든다.

이 책의 전반에 걸쳐, 가족은 정상성을 강화하도록 만들어진 가장 결정적 공간으로 나타남과 동시에 장애인에게는 아예 허락되지 않거나, 최대한 규범적인 성역할·이성애·재생산을 수행하라는 요구가 강요되는 곳으로 나타난다. '어머니가 되는 것'은 그 자체로 '비장애 아이의 어머니가 되는 것'을 의미하게 되었다. 나는 문학과 영화 작품들에서 유전적 장애를 가진 여성을 둘러싼 멜로드라마를 '유전 드라마'라고 불렀는데, 이런 드라마는 신생아의 장애와 인종이 드러나면서 일어나는 감정적 반응을 이용한다. 나는 장애인의 출산 및 장애아동과 혼혈 아동의 출생을 둘러싼 국가 정책과 초국가적 정책을 탐색하면서, 장애가 없기를 바라는 욕망이 만들어진 것이며, 장애의 지속적인 존재 없이는, 그리고 그 장애를 훼손하지 않고는, 표현될 수 없다고 이야기했다. 그렇기에 장애를 없애려고 하는 재현물에 등장하는 장애의 존재에 집중하는 것은 비장애 중심의 사회에서 엄청난 위험을 감수하면서 자신의 환경과 협상하는 개인을 비난하지 않는 윤리적·정치적 작업이다. 예를 들어, 다큐멘터리 〈엄지공주 엄마가 되고 싶어요〉는 윤선아가 재생산 기술을 활용해서 비장애 아이를 낳는(그녀가 어머니가 되는 유일한 방법) 고통스럽고도 엄청난 노력을 보여 준다. 한편으로 이 방송은 장애에 적대적인 관점을 가졌다고 해석될 수 있고, 동일한 과정을 선택하지 않고 장애아를 낳은 장애인 어머니를 비난하는 것으로 이어지기도 했다. 그렇지만 동시에 장애가 있는 어머니를 보여 준 것은 정상 신체를 가진 여성에게만 허용되는 규범적인 어머니나 가족을 향한 의미심장한 도전이기도 하다.

　내가 분석한 작품들에서, 어떤 대가를 치러서라도 치유되어야 할 때, 가족은 희생을 요구하거나 죽음을 야기하기까지 하는 유대 관계로 나타난다. 이에 비해 가족이 장애의 존재를 있는 그대로 인정하는 공간으로 등장하는 경우는 별로 없다. 나는 장애가 있는 가족 구성원을 돌보는 것은 '부담'이라는 광범위한 논리가, 나아야 한다는 특정한 책임과 어떻게 결부되는지 설명했다. 그러면서 치유를 통한 가족의 도덕적 변화라는 상호 신체적 효과를 드러내는 하나의 방법으로 대리성 개념을 사용했다. 장애인의 대리인은 가족이라는 경계 안팎에서 치유를 위해 노력해야 하는 책임을 갖게 된다. 동시에 대리인은 장애인을 자신의 노력에 대해 보상을 제공하는 수단으로 만든다. 대리인의 논리는 집단의 생존을 위해 협상이 일어나는 상호적인 장으로 장애를 이용한다. 또한 이 논리는 도덕적 행위성과 정상성이 개인을 기반으로 한다는 가정에 도전한다. 대리인은 이성애 결혼 관계에서, 또 자녀와 부모의 세대 관계에서 정해진 역할을 수행하면서 가부장적 이성애 가족에 대한 여성의 헌신을 강화한다. 치유 폭력은 강요에 의해서가 아니라 치유되지 않은 상태가 받아들여지지 않는다는 가정에 의해 일어난다. 치유는 개인의 욕망과 의지를 넘어 일어나는 복잡한 사회적·가족적 협상에 기반하기 때문이다. 게다가 가족이라는 생존을 위한 경계의 외부에 놓이게 되면, 장애인은 치유라는 이름으로 가해지는 성폭력과 신체적 폭력의 대상이 된다. 폭력에 대한 복잡한 사회적 각본은 장애가 있는 몸을 바람직하지 않다고 가정하고, 가부장제와 근대 자본주의 국가를 뒷받침하는 특정한 형태의 여성성과 남성성을 장애인이 따르도록 요구한다.

치유라는 이름으로 행해져서 잘 드러나지 않는 폭력에 대해 다룬 이 책을 마무리하며, 한국의 장애여성 단체 장애여성공감의 상상력을 보여 주는 이미지를 살펴보고자 한다. 이 이미지는 치유의 필요성을 의미 없게 만들고, 돌봄과 '개선'의 주요 공간으로 나타나는 가족을 중심에 두지 않는다. 장애여성공감에서 발행하는 잡지 『공감』 7호는 주한 미군 사령부가 있는 용산 기지의 자리에 장애여성 마을을 그린 지도를 담았다.16 이 미군 기지는 원래 일제강점기에 일본군이 건설해 사용했던 곳이다. 2017년까지 미군은 용산을 떠나 서울 외곽으로 이전할 예정이며 한국 정부에 땅을 돌려주게 된다. 그곳에 역사적 기념물이 있는 국립 생태공원을 만들 계획이 세워졌다. "힐링, 더 퓨처 파크"라는 이름으로 계획된 이 공원은 "자연, 역사, 문화를 치유하고자" 한다.17 마치 '치유'라는 이름이 식민 지배라는 역사적 트라우마를 봉합할 수 있다는 듯이 이 공간을 탈정치화된 치유의 국가적 상징으로 재탄생시키려는 이런 시도에서, 기지에 독성 폐기물이 존재하고 오염에 대한 책임을 방기해 온 문제는 드러나지 않는다.

장애여성 마을에 대한 상상을 담은 이 지도에는 페미니즘 학교, 휠체어가 접근 가능한 친환경 농장이 있고, 은행, 병원, 여가 생활을 위한 설비를 비롯해 사회적 기반 시설과 야외 무빙워크도 있다. 통합에 초점을 둔 장애 운동과 다르게, 이 지도는 장애여성의 몸과 욕망에 집중하는 공간을 보여 준다. 이 지도는 건물 중심으로 보는 시각에서 벗어나 장애를 중심으로 구성한 공적 공간을 가시화한다. 나영정(타리)은 이 지도가 현실적인 계획을 담은 것이 아니라 활동가들이 용산 부지가 반환된다는 소식을 듣고 떠올린 단순한 상상에서 시작됐다고 내게 설명했다. 이 지도는 분리주의를 지향하는 유토피아적 미래를 향한 열망을 그렸다기보다는 장애인이 치유나 재활/훈련으로 바뀌어야 한다는 압박 없이 머무르거나 횡단할 수 있게 변화된 공적 공간을 향한 열망을 전한다.

'힐링 파크' 계획과는 달리, 이처럼 창의적으로 즐겁게 공간을 전용하는 방식은 장애인 억압을 없애는 것뿐만 아니라 공동으로 이용하는 환경과 공간의 배치를 바꾸려는 장애여성 운동의 야심을 보여 준다. 시간을 펼치고 장애의 존재를 드러내며, '치유'를 향한 획일화된 요구를 장애여성의 관점에서 이뤄지는 정치적·윤리적 논리로 변화시키면서, 장애 운동을 반군사주의 및 환경 의식과 결합하여 이렇게 재현할 때 초국가적 여성주의 장애학의 새로운 가능성이 열린다. 미국 군산 복합체가 점유했던 공간에서 생겨날 수 있는 가족 이외의 친밀성과 자신이 선택한 공동체는, 평화의 조건으로 더 많은 폭력을 계속 만들어 내는 대리 보호를 통해 국가가 치유되고 힘을 키워야 한다는 필요성에 저항한다. 폭력을 겪지 않고 장애를 갖고 사는 삶의 가능성은 공간과 시간에 대한 새로운 상상, 우리의 몸을 통치하는 권력관계를 인식하고 이에 도전하는 상상에 달려 있다.

감사의 말+

이 책을 마무리할 때쯤, 서울에서 뚜렛증후군을 가진 젊은 남성이 패혈증으로 사망했다는 신문 기사를 읽게 되었다. 그 남성의 온 몸에는 멍과 상처가 나 있었고, 야윈 상태였으며 반복적인 학대와 폭력의 흔적이 남아 있었다. 가족들이 믿고 맡겼던 태권도 강사는 그를 계속 가두어 놓고 가족들도 접근하지 못하게 했다. 강사는 몸과 정신을 훈련시켜 그의 장애를 치유할 수 있다고 생각했고, 이런 믿음은 지속적인 체벌과 학대로, 결국 살인으로 이어졌다. 우리는 장애를 치유할 수 있다고 주장하는 사람들에 의해 장애인이 살해당하는 사건을 종종 접하게 된다. 이 살인들은 단지 개인의 범죄가 아니라 장애인의 존재를 지속적으로 거부하는 사회적 상황을 드러내는 것이라고 나는 생각한다. 치유라는 이름의 폭력은 학자, 활동가, 가족, 장애인과 비장애인들이 앞으로 노력해야 할 일이 많다는 점을 직접 보여준다. 이 책이 그런 폭력에 이름을 붙이고, 질문하고, 이를 없애기 위해 함께하는 노력에 조금이라도 기여하기를 바란다.

나는 한국의 장애 운동 활동가들에게 많은 빚을 지고 있다. 그들이 해온 변화에 대한 요구와 생존하려는 일상의 노력들은 내 생각과 집필 과정

+ 　영문판의 '감사의 말'을 축약, 수정한 것이다.

의 기반이 되어 왔다. 또한 많은 시간을 들여 이 책의 초안을 읽고 자신의 생각을 나눠 주고 내 이야기를 들어주었던 여러 사람들에게 많은 도움을 받았다. 이들의 조언은 내가 글을 좀 더 명확하게 쓰고 더 깊게 고민할 수 있도록 해주었다. 이들이 보여 준 학문에 대한 헌신 그리고 아낌없이 나눠 준 도움에 큰 감동을 받았다. 여기에 모두의 이름을 일일이 밝히지 못하겠지만 이들 덕분에 학문적인 작업이 가지는 의미를 조금이나마 깨닫게 되었고 그런 작업이 생각을 만들고 전환시켜 변화를 일으킬 수 있다고 믿게 되었다. 이 감사의 말로 나의 고마움을, 그동안 많은 사람들이 나에게 내어 준 시간과 수고로움을 충분히 다 표현하지 못할 것이다.

한국에서 학부 및 석사 과정과 미국에서 박사 과정을 거치는 동안 지도해 주신 많은 선생님들 덕분에 연구를 위한 방법과 관점들을 배우며 연구를 할 수 있게 되었다. 박승희, 김은실, 데이비드 미첼, 최경희Kyeong-Hee Choi, 샐리 치버스Sally Chivers, 카트린 슐타이스Katrin Schulthesis, 샤론 스나이더에게 감사드린다. 미시간주립대의 '소수자학의 미래' 박사후 과정에서 멘토셨던 故 토빈 시버스Tobin Siebers에게도 큰 감사를 드린다. 에머리대학교에서 보낸 박사후 과정에서 많은 조언을 주셨던 마사 파인맨Martha Fineman, 로즈메리 갈런드-톰슨Rosemarie Garland-Thomson, 벤저민 리이스Benjamin Reiss에게 감사드린다.

이 연구는 시러큐스대학교, 위스콘신주립대학교(매디슨) 대학원의 위스콘신 동창 연구 재단 및 인문학 연구소의 기금, 에머리대학교, 미시간주립대학교(앤 아버), 미국대학여성협회AAUW의 국제 장학금으로 재정적인 지원을 받았다. 지난 몇 년 동안 위스콘신주립대학교 젠더와 여성 연구소의 콜로키움, 장애학회의 연례 학회, 미시간대학교의 장애학 이니셔티브, 캘리포니아주립대학교(샌디에고)의 한국학 강연 시리즈, 이화여대 특수교육연구소, 웰슬리대학교에서 주최한 "주변부로부터 글로벌 한국을 전망하기" 심포지엄, 위스콘신주립대학교 인문학연구소, 인문학센터, 젠더 및 여성학과, 일리노이주립대학교(어바나-샴페인)의 한국 워크숍, 코넬대학교의 동아시아 프로그램 한국학 워크숍, 장애여성공감의 세미나에서 이 책의 일부분을 발표하고 청중들의 의견을 듣는 과정을 통해 더 깊이 고민할 수 있었다.

이 책을 선정하고 출판해 준 듀크대학교 출판사의 제이드 브룩스Jade Brooks와 편집부에게도 감사를 전한다. 또한 이 책을 쓰는 과정에서 많은 사람들의 직접적인 도움을 받았다. 앨리스 포크Alice Falk, 사라 그로네벨드 Sarah Groeneveld, 박은희, 김미선, 셰이팔리 사우자니Sheyfali Saujani, 질 시버스Jill Siebers, 제인 콜린스Jane Collins, 찰스 김Charles Kim, 미셸 프리드너 Michele Friedner, 니콜 마코티츠Nicole Markotić, 앨리슨 케이퍼, 마이크 길Mike Gill, 카테지나 콜라로바Kateřina Kolářová, 일라이 클레어, 강진경, 엘렌 사무엘스Ellen Samuels, 제넬 존슨Jenell Johnson, 질 캐시드Jill Casid, 레슬리 보우 Leslie Bow, 줄리 다치Julie D'Acci, 핀 엔케Finn Enke, 멜 Y. 첸Mel Y. Chen, 이진경 Jin-Kyung Lee, 시카고대학교 조세프 레겐스타인 도서관의 박지영, 린 이타가키Lynn Itagaki, 아예렛 벤 이샤이Ayelet Ben-Yishai와 베네딕트 로빈슨 Benedict Robinson에게 감사를 전한다.

그리고 나의 연구를 지지하고 격려해 준 위스콘신대학교 여성학 공동체의 페르닐레 입센Pernille Ipsen과 키샤 린지Keisha Lindsay, 버르나데트 베이커Bernadette Baker, 수전 스탠퍼드 프리드만Susan Stanford Freidman, 니콜 후앙Nicole Huang, 스티븐 캔트로위츠Stephen Kantrowitz, 스티브 스턴Steve Stern, 프리다 하이Freida High, 재닛 하이드Janet Hyde, 사라 가이어Sara Guyer와 수업에서 만났던 많은 학생들, 특히 엘리스 내기Elise Nagy, 제시카 쿨리 Jessica Cooley, 페이지 호프만Paige Hoffmann에게 감사를 전한다. 시러큐스대학교의 여성/젠더학과와 장애학 프로그램이라는 새로운 학문적 장에 온 것을 환영해 준 동료들에게도 감사한다.

이 책에 들어간 유용한 정보를 제공해 준 비키 루이스Vicki Lewis, 스탠리 토플, 배병심, 정근식, 몰리 쿡Molly Cook, 홍성희, 배복주, 박김영희, 황지성, 명동의 비디오 가게 주인, 한국영상자료원과 도서관, 이화여대 도서관의 임보람, 나영정(타리)에게 감사드린다. 이 책에 이미지를 사용할 수 있게 허락해 준 박영숙 및 다른 관계자들에게도 깊이 감사드린다.

그 밖에도 수전 웬델, 줄리 미닉Julie Minich, 니르말라 에레벨레스, 타냐 티츠코스키, 마이클 데이비슨Michael Davidson, 앤 폭스Ann Fox, 수미 콜리건Sumi Colligan, 캐리 샌달Carrie Sandahl, 캐롤 길Carol Gill, 캐서린 오트Katherine Ott, 마거릿 프라이스, 캐서린 쿠드릭, 페트라 커퍼스Petra Kuppers, 신시아 우Cynthia Wu, 수전 버치Susan Burch, 로버트 맥루어, 루이 카브리Louis Cabri, 사라 보그트Sara Vogt, 테리 스로어Terri Thrower, 고故 수전 누스바움Susan Nussbaum, 샌디 이Sandie Yi, 제임스 찰턴James Charlton, 록사나 갈루스카Roxana Galusca, 앨리 팻세이버스Ali Patsavas, 메건 밀크스Megan Milks, 신시아 바루니스Cynthia Barounis, 수전 슈와이크Susan Schweik, 코빗 오툴Corbett O'Toole, 캐런 나카무라Karen Nakamura, 가야트리 레디Gayatri Reddy, 애나 게바라Anna Guevarra, 이아나 오웬Ianna Owen, 케이제이 세란콥스키KJ Cerankowski, 고故 낸시 에이벨만Nancy Abelmann, 캐서린 자케Catherine Jacquet, 리암 래어Liam Lair, 애슐리 모그Ashley Mog, 투이 응우옌Thuy Nguyen, 토드 헨리Todd Henry, 고故 크리스 벨Chris Bell을 포함한 다양한 학자들의 공동체와 그들의 학문이 나를 이끌어 주었다.

정형옥, 이효희, 백재희, 원미혜, 강진영, 박순천, 박김영희, 정영란, 나영정(타리), 배복주, 홍성희, 민가영, 트랜스어빌리티 세미나 그룹의 멤버들과 장애여성공감을 비롯한 한국의 페미니스트, 퀴어, 장애 운동 커뮤니티의 친구들에게 감사를 전한다. 마지막으로 책을 쓰는 과정을 지켜봐

준 가족들에게 감사를 전한다.

이 책에 있는 잘못, 오류, 불완전함은 오로지 나에게 책임이 있음을 밝힌다. 4장과 5장의 이전 버전은 각각 *Wagadu: A Journal of Transnational Women's and Gender Studies*(트랜스내셔널 여성학 및 젠더학 저널)와 *Sexuality Research and Social Policy*(섹슈얼리티 연구 및 사회정책 저널)에 논문으로 게재되었음을 밝힌다. 책 전반에 한국 이름을 적을 때는 본인의 표기 또는 일반적으로 알려진 표기를 쓰거나, 매큔-라이샤워 표기법 McCune-Reischauer Romanization System에 따라 옮긴 이름을 사용했다.

옮긴이 후기

지난 몇 년간 국내외 페미니즘 책들과 장애학 관련 책들이 많이 출간되었다. 이런 흐름을 의미 있게 지켜보면서 관련 주제의 책들을 읽어 온 독자들에게 『치유라는 이름의 폭력』의 출간이 반갑고 또 흥미롭게 느껴질 것이라 생각한다.

이 책은 여성주의 장애학의 관점에서, 한국의 역사적 맥락을 되짚으며 장애를 다룬 소설, 영화, 신문 기사, 활동 자료 등을 분석함으로써, 대중 매체의 장애/장애인의 재현을 어떻게 다시 상상할 수 있을지 묻는다. 한국에서 지난 몇 년간 두드러졌던 흐름 — 문학·영화·공연 등을 비롯한 다양한 예술 영역에서 소수자의 관점으로 장애를 어떻게 그려낼 것인지 고민하고 시도하고, 더불어 이런 작품들을 어떤 언어로 어떻게 비평할 것인지 모색하는 방식 — 과 이 책이 담고 있는 여러 결의 질문들이 만나서 비범한 장을 만들고 또 다른 이야기를 건넬 수 있을 것이라고 기대한다.

한국어판 서문에서도 언급하고 있듯이, 이 책이 출간된 이후 한국의 사회운동 및 관련 이슈에 적지 않은 변화들이 있었는데 그 변화의 내용을 옮긴이 주에 다 반영하지는 못했다. 다만 독자들이 참고했으면 하는 자료에 대해 몇 가지 덧붙이고 싶다.

1장에서 다룬 주제가 아마도 운동적 변화가 가장 많은 부분이었을 것이다. 장애여성 관점의 재생산권 운동은 장애여성공감에서 지속해 나가면서 이후 '성과재생산포럼'의 구성으로 이어졌다. 성과재생산포럼이 기획한 책 『배틀그라운드』(후마니타스, 2018)에서 1장의 문제의식과 연결되는 글들을 만날 수 있고, '낙태죄'나 '모자보건법' 관련 이슈의 동향은 성과재생산포럼의 후신인 '성적권리와 재생산정의를 위한 센터 셰어' 홈페이지에 업데이트되는 논평 및 자료를 참고할 수 있다. 4장에서 이야기한 가족과 시설이라는 공간에 대해서는 장애여성공감이 엮은 『시설사회』(와온, 2020)를 통해 다양한 현장의 목소리와 관련 이슈를 만날 수 있다. 5장에서 다룬 장애와 섹슈얼리티는 어쩌면 매우 익숙한 이야기일 텐데, 그만큼 치열한 운동적 실천에도 담론이 쉽게 전환되지 않는 주제라는 점을 새삼 인식하게 된다. 『사랑을 말할 때 우리가 꺼내지 않았던 이야기들』(사계절, 2020)은 한국과 크게 다르지 않은 대만 사회의 고민과 사례들을 알려 준다. 『반란의 매춘부』(오월의봄, 2022)는 그 자체로 훌륭한 책인데, 장애인 섹슈얼리티 담론에서 성노동자가 소환되는 방식을 성노동자의 관점에서 비판적으로 이야기하는 내용이 담겨 있어 반가웠다.

번역과 수정 작업이 길어지면서, 전국장애인차별철폐연대의 지하철 타기 투쟁을 계기로 장애인에 대한, 장애를 가지고 살아가는 삶에 대한 많은 이야기들이 공론화되는 2022년의 상황을 마주하게 되었다. 2022년에 한국에서 장애와 질병을 가지고 사는 사람들은 어떤 시간을 살고 있는 것일까? 일상의 활동이 몇 십 분이나 몇 시간 지연되는 것이 아니라, 삶 자체가 유예되거나 '접힌 시간' 안에 머무르게 되는 소수자들의 존재를 생각해 본다. 작업을 마무리하며 한국 사회는 이 책에서 말하는, '장애를 가지고 현재를 살아갈 수 있는 가능성'을 과연 만들어 왔는지 거듭 되묻곤 했다.

장애학 관련 외서들이 이전보다 적극적으로 번역, 출간되는 것은 독자로서 신나는 일이다. 그렇지만 한편으로는 대단히 역동적인 한국 장애 운동의 내용들이, 다른 나라에서도 쉽게 찾아보기 어려운 장애여성 운동의 언어와 담론들이, 다른 언어로 번역되어 더 알려져야 하는 게 아닐까 하는 생각을 할 때가 많았다. 그래서 이 책의 초고 일부를 처음 읽었을 때 반가운 마음이었고 운동을 함께하는 동료들과 내용을 나누고 싶기도 했다. 한국의 장애 운동 역시 다른 사회 담론과 마찬가지로 서구와 일본의 영향을 많이 받았다. 기존의 담론을 놓지 않으면서도 한국의 사회문화적 맥락을 반영한 언어를 찾아 나가고, 연대하는 현장의 고민들을 바탕으로 확장한 내용을 꿰어 나가는, 장애여성 운동의 실천과 공명하는 이야기들을 이 책 곳곳에서 만날 수 있다. 더불어, 2017년 미국에서 출간되면서 여성학, 장애학, 한국학 등 다양한 분야의 주목을 받았던 것처럼 이번 한국어판 출간을 통해 한국의 여러 운동 및 연구에 활용될 수 있을 것이라고 기대한다.

저자와 함께 오랜 시간 토론하고 고심하면서 책을 한국어로 옮겼다. 번역자로서 부족한 점이 많았지만 긴 여정을 함께해 준 저자 김은정 님과 강소영 편집자님 덕분에 이 과정을 마칠 수 있었다. 이제 독자들이 이 책의 질문을 더 풍성하게 만들어 주기를 바란다.

서문

1   Woo Suk Hwang, Sung Il Roh, et al., "Patient-Specific Embryonic Stem Cells Derived from Human scnt Blastocysts", *Science* 308 (June 17, 2005): 1777-1783; Woo Suk Hwang, Young June Ryu, et al., "Evidence of a Pluripotent Human Embryonic Stem Cell Line Derived from a Cloned Blastocyst", *Science* 303 (March 12, 2004): 1669-1674. 2006년에 서울대학교 조사위원회 보고서에서 이 논문의 저자들이 "연구의 부정행위에 관여했고, 논문의 자료가 조작되었다"고 밝혀지자 『사이언스』는 두 논문을 취소했다; Donald Kennedy, "Editorial Retraction," *Science* 311 (January 20, 2006): 335.

2   강원래가 객석에 있는 과학자를 꿈꾸는 젊은이들에게, 자신이 가수로 성공했고 사고 이후에도 무대에서 다시 춤을 출 수 있게 됐으니 큰 꿈이 이미 이뤄졌다고 말했음에도, 그의 휠체어 댄스는 성공의 신호로 여겨지지 않았다. 실상 강원래는 이런 발언 이후에 주저하는 청중들에게 박수를 요청해야 했다.

3   「황우석, '강원래의 휠체어는 더 이상 없다'」, 〈마이데일리〉(2005/07/27).

4   McClintok, *Imperial Leather*, 37.

5   디모이아의 설명에 따르면, 한국의 구호 단체들은 한국이 "1950년대에 원조를 받는 나라였다가 90년대에 원조를 제공하는 나라로 성공적으로 변화했다"고 주장한다. DiMoia, *Reconstructing Bodies*, 216.

6   McRuer, "Critical Inverstments", 228.

7   David Cyranoski, "Cloning Comeback", *Nature* 505 (January 23, 2014): 468.

8   Donald Kennedy, in Andrew Pollack, "Cloning and Stem Cells: The Reaserch; Medical and Ethical Issues Cloud for Therapy", *New York Times*, February 13, 2004.

9   강양구, 「황우석, 난치병 환자, 장애인에 대한 이야기」, 『사이언스타임즈』 (2005/06/02).

10 나영정(타리), 「장애여성의 독립」, 2005 장애여성공감 난장 도록.

11 「강원래, 황우석 박사 연구 실용화되길」, 『한겨레신문』(2005/05/20). 블로거 라이는 「장애인 강원래의 이유 있는 항변」(『한겨레신문』(2008/03/21))이라는 글에서 『경향신문』의 강원래 인터뷰 기사(2008/03/19)에 황우석의 연구에 대한 강원래의 비관적

인 생각이 삭제되고, 황우석이 성공하기를 희망하는 마음만 있는 것처럼 담겼다며, 이 기사에 대한 강원래의 반응을 인용했다.

12 강원래, 「초보 장애인 12년, 불편한 진실」, 『스포츠한국』(2012/08/07).

13 전형화, 「강원래가 휠체어에서 일어났다」, 〈스타뉴스〉(2005/06/20).

14 Wendell, *Rejected Body*[수전 웬델, 『거부당한 몸』, 강진영·김은정·황지성 옮김, 그린비, 2013]을 참조.

15 Clare, *Exile and Pride*, 106[일라이 클레어, 『망명과 자긍심』, 전혜은·제이 옮김, 현실문화연구, 2020, 218쪽].

16 McRuer, "Critical Inverstments", 230.

17 Kafer, *Feminist, Queer, Crip*, 27-28.

18 장애를 식민지화에 대한 은유로 사용한 예에 대해서는 Sherry, "(Post)colonizing Disability" 참조.

19 Kafer, *Feminist, Queer, Crip*, 28.

20 Ahmed, *Promise of Happiness*, 1[사라 아메드, 『행복의 약속』, 성정혜·이경란 옮김, 후마니타스, 2021, 13쪽].

21 Andersen, *Little Mermaid*, 46.

22 Andersen, *Little Mermaid*, 50.

23 Beauchamp-Pryor, "Impairment, Cure and Disability", 12.

24 Stenvens, "Interrogating Transability".

25 Stenvens, "Interrogating Transability", 강조는 원문 표기.

26 Baril, "Needing to Acquire a Physical Impairment/Disability", 33.

27 Wasserman and Asch, "Understanding the Relationship between Disability and Well-Being," 142.

28 "The Road I Have Taken: Christopher Reeve and the Cure: An Interview with Christopher Reeve and Fred Fay," *Ability Magazine*(1998), http://abilitymagazine.com/reeve_interview.

29 콘돔을 사용하지 않는 사람들에 대한 논의는 Dean, *Unlimited Intimacy* 참조.

30 결핵 유행 시기(1940년대부터 1960년대 초반까지)에 결핵에 걸린 캐나다 북극 이누이트인들을 캐나다 북부 요양소로 강제 이주시킨 식민지 체제의 결핵 관리, 삶과 죽음에 대한 이누이트인들의 생각에 대해서는 스티븐슨의 *Life Besides Itself*(51-61)을 참조.

31 자크 데리다(Jacques Derrida)는 *Dissemination*(95-116)에서 글쓰기가 망각과 말에 미치는 영향을 설명하기 위해 플라톤이 *Phaedrus*에서 사용한 '파르마콘'이라는 단어에 대해 논한다.

32 Butler, *Gender Trouble*, xx[주디스 버틀러, 『젠더 트러블』, 조현준 옮김, 문학동네, 2008, 63쪽, 새로 번역]. 버틀러의 규범적 폭력에 대한 개념을 다룬 자세한 논의는 Chambers and Carver, *Judith Butler and Political Theory* 참조.

33 푸코는 생체 권력이 치유라는 이름으로 생명과 그 기제를 분명한 계산의 영역으로 편입시키고 권력-지식을 인간 생명을 변화시키는 행위자로 만든다고 설명한다. 이 생체권력은 신체, 건강, 생존 양식, 거주, 생활 조건, 즉 모든 존재 공간에 대해 관여하는 정치적

테크놀로지를 만들어 낸다. Foucault, *History of Sexuality*, Vol. 1, 143–144[미셸 푸코, 『성의 역사 1: 지식의 의지』, 이규현 옮김, 나남출판, 2010, 162-164쪽].

34 〈인어공주〉(김지현, 2013).

35 2002년 영화〈후아유〉(감독 최호)에서도 다이버인 청각장애 여성이 수족관 공연에서 인어 역할을 하는 것으로 나온다.

36 1983년 미국에서 제작된 TV 뮤지컬 다큐멘터리 〈난 인어공주야〉(Tell Them I'm a Mermaid)라는 작품에는 장애여성 일곱 명이 나와서 장애를 갖고 사는 삶이 독창적이고 새로운 방식의 사고를 요구한다는 것에 대해 자신들의 이야기를 전해 준다. 엔딩 크레딧이 올라갈 때 독백 내레이션이 나온다. "쇼핑센터에서 만나는 아이들은 늘 물어봐요. '저 사람 다리 왜 저래요?' 그럼 내가 뭐라고 말할까요? 이렇게 말해요. '난 인어공주야'." Nancy Becker Kennedy in Lewis and Kennedy, Tell Them I'm a Mermaid.

37 Das, "Violence, Gender, and Subjectivity", 284.

38 Das, "Violence, Gender, and Subjectivity", 295.

39 자세한 사례는 3장에서 다룬다.

40 "South Afica: Four Teens Get Bail over Gang Rape of Mentally Disabled Girl", *Global Post*, May 3, 2012, http://www.globalpost.com

41 "Women with Disabilities at Risk of Rape", *Global Post*, May 21, 2012, http://www.globalpost.com

42 Dominique Mosbergen, "Battling Asexual Discrimination, Sexual Violence and 'Corrective' Rape", *Huffington Post*, June 20, 2013, http://www.huffingtonpost.com

43 "Exploring Homophobic Victimisation in Gauteng, South Africa" (24n2)에서 넬 (Nel)과 저지(Judge)는 Out LGBT Well-being 단체의 2008년 미출간 실태 자료를 인용하여, "'교정 강간'(corrective rape)이 레즈비언을 '이성애자로 만들기 위해', 즉 레즈비언 섹슈얼리티를 '교정'하기 위해 강간할 수 있다는 편견을 담은 개념"이라고 정의한다. "'교정 강간'은 성별에 따라 기대되는 성역할, 행동, 재현에 순응하지 않거나 이를 교란한다고 여겨지는 사람들에 대한 강간을 정당화하려고 한다. 여성 혐오와 동성애 혐오가 '교정 강간'과 관련된 편견을 뒷받침한다."

44 Piepzna-Samarasinha, "Letter from Leah Lakshmi Piepzna-Samarasinha", 92.

45 Anzaldúa, "La Conciencia de la Mestiza", 386,

46 Anzaldúa, "(Un)natural Bridges, (Un)safe Spaces", 1.

47 Erevelles, *Disability and Difference in Global Contexts*, 141.

48 Erevelles, *Disability and Difference in Global Contexts; Davidson, Concerto for the Left Hand*을 참조.

49 Livingston, "Insights from an African History of Disability", 113.

50 Puar, "Coda", 153.

51 Puar, "Coda", 153, 154.

52 송호균, 「이 대통령, "나는 '대한민국 주식회사'의 CEO"」, 〈프레시안〉(2008/04/17).

53 유강하, 「'도가니 신드롬'을 통해 본 문학의 치유적 의미에 대하여」.

54 유강하, 「'도가니 신드롬'을 통해 본 문학의 치유적 의미에 대하여」, 147-148쪽.

55 Kyeong-Hee Choi, "Impaired Body as Colonial Trope".

56 Quayson, *Aesthetic Nervousness*, 24.

57 Anderson, *Imagined Communities*, 7.

58 McClintock, "Family Feuds", 64.

59 McClintock, "Family Feuds", 62.

60 Yuval-Davis, "Gender and Nation", 403-407.

61 이효재, Connie Kang, "Bitter Page of History: Koreatown Library Opens to Serve as Memorial to 'Comfort Women' Taken by Japan in WWII", *Los Angeles Times*, November 23, 1994에 인용.

62 Katharine Moon, "South Korean Movements against Militarized Sexual Labor", 317.

63 Hyun Sook Kim, "*Yanggongju* as an Allegory of the Nation", 181[김현숙, 「민족의 상징, '양공주'」, 『위험한 여성』, 일레인 김·최정무 엮음, 박은미 옮김, 삼인, 2001, 225쪽].

64 Hyun Sook Kim, "*Yanggongju* as an Allegory of the Nation", 179[『위험한 여성』, 222-223쪽].

65 Enloe, *Maneuvers*, 114.

66 McClintock, "Family Feuds", 63.

67 1990년대 말 장애여성 운동의 역사에 대해서는, 김은정, 「정상성에 도전하는 여성들」, 『한국 여성인권운동사』, 한국여성의전화 엮음, 한울, 1999 참조.

68 Grosz, *Volatile Bodies*, 145[엘리자베스 그로스, 『뫼비우스 띠로서 몸』, 임옥희 옮김, 여성문화이론연구소, 2001, 289쪽].

69 미첼과 스나이더는 *Narrative Prosthesis*, 18-24에서 어떤 텍스트가 장애에 대해 긍정적 또는 부정적 이미지를 담고 있는지 판단하는 것의 한계를 논의한다.

70 앙리-자크 스티케(Henri-Jacques Stiker)는 "담론과 현실의 허구적인 대립 관계"에 대해 지적한다. "어떤 현상에 대한 재현은 '실제 일어난 일'만큼이나 현실의 일부이다. 일어난 일이 담론이 아닐지라도, 우리가 어떤 일에 대해서 이야기 하는 방식, 담론은 사회적 실제만큼 중요하다." Stiker, *History of Disability*, 72.

71 Trinh, *Woman, Native, Other*, 120.

72 박희병, 「'병신'에의 시선: 전근대 텍스트에서의」, 310, 353쪽.

73 정신정상성(able-mindedness)과 정신장애에 더 관심을 갖는 게 필요하다는 케이퍼의 논의를 참조. *Feminist, Queer, Crip*, 16.

74 심승구, 「장애를 통해 본 한국인의 몸 인식: 전근대를 중심으로」, 23쪽.

75 Kyeong-Hee Choi, "Impaired Body as Colonial Trope", 435.

76 박희병, 「'병신'에의 시선: 전근대 텍스트에서의」, 348쪽.

77 심승구, 「장애를 통해 본 한국인의 몸 인식: 전근대를 중심으로」, 26-27쪽; 정창권, 「조선에서의 장애인 인식」, 46-49쪽.

78 『조선왕조실록』, 세조8년(1462/04/29).

79 『조선왕조실록』, 세조13년(1467/04/05).

80 정창권, 「조선에서의 장애인 인식」, 47쪽.

81 박희병, 「'병신'에의 시선: 전근대 텍스트에서의」, 353-354쪽.

82　「노처녀가」(1848), 109쪽.

83　「노처녀가」(1848), 109쪽.

84　Cumings, *Korea's Place in the Sun*, 140[브루스 커밍스, 『브루스 커밍스의 한국 현대사』, 이교선·한기욱·김동노·이진준 옮김, 창비, 2001, 199쪽].

85　Cumings, *Korea's Place in the Sun*, 140[『브루스 커밍스의 한국 현대사』, 199쪽].

86　Kyeong-Hee Choi, "Impaired Body as Colonial Trope", 438. 대한제국이 일본에 완전히 합병되는 때가 다가오던 1905년에 『대한매일신보』에서 「소경과 안즘방이 문답」이라는 두 장애인 인물의 대화를 연재했다. 애국계몽운동 시기(1905-10)에 21회에 걸쳐(11월 17일; 12월 13일) 연재됐다. 이 연재소설에는 각각 점을 보고 망건을 만드는 전통적인 직업을 가진 시각장애 남성과 하지마비 남성이 나오는데, 근대 개혁의 대상이 되는 이들의 관점으로 사회를 비판하는 내용을 담았다. 조낙현은 이 두 인물을 그 당시 국가가 최악의 상황을 맞이한 것에 대한 은유로 해석한다. 그리고 신문 편집자들이 위기의 시기에 민족 자치의 중요함을 다루기 위해 이 인물들을 만들어 냈다고 추측한다. 조낙현, 「'소경과 안즘방이 문답'의 시사 비평과 알레고리에 대하여」, 297쪽.

87　한 보고서에 따르면, 식민 정부에 의한 강제 징용만으로도 2217명이 장애를 갖게 됐다고 한다. 이윤성, 「일제 강제동원 부상장해자 장애 등급 분류에 관한 연구」(조사보고서, 국무총리실, 2007).

88　「조박 앞두고 걸인 대 청결」, 『동아일보』(1929/06/19).

89　한만수, 「식민지 시기 검열과 1930년대 장애우 인물 소설」, 8쪽.

90　한만수, 「식민지 시기 검열과 1930년대 장애우 인물 소설」, 19-24쪽.

91　Jung-ho Yoon, "Disability as a Metaphor of Social Transformation in Korean Literature", 5.

92　Kyeong-Hee Choi, "Impaired Body as Colonial Trope".

93　이방현, 「식민지 조선에서의 정신병자에 대한 근대적 접근」, 529-530쪽.

94　이방현, 「식민지 조선에서의 정신병자에 대한 근대적 접근」, 533쪽.

95　이방현, 「식민지 조선에서의 정신병자에 대한 근대적 접근」, 536쪽.

96　이방현, 「식민지 조선에서의 정신병자에 대한 근대적 접근」, 547쪽.

97　이방현, 「식민지 조선에서의 정신병자에 대한 근대적 접근」, 551쪽.

98　이방현, 「식민지 조선에서의 정신병자에 대한 근대적 접근」, 553-554쪽.

99　혼혈 아동에게 '장애'가 있다고 여겨지는 내용에 대해서는 3장에서 자세히 다룬다.

100　보건사회부 한국아동복리위원회, 『한국 장해아동 조사 보고서』, 1962, 101쪽.

101　"Flashback: The Kwangju Massacre", BBC News, May 17, 2000.

102　보상에 대한 자세한 통계와 공식적으로 확인된 사례에 대해서는 5·18 기념재단 홈페이지(www.518.org)를 참조.

103　1987년부터 2006년까지 한국 장애 운동의 자세한 역사에 대해서는 김도현, 『차별에 저항하라』를 참조.

104　Committee on the Rights of Persons with Disabilities, "Convention on the Rights of the Persons with Disabilities: Concluding Observations on the Initial Report of the Republic of Korea"(United Nations 2014), CRPD/C/KOR/CO/1.

105 보건복지부,『장애인 실태 조사』, 4쪽.

106 통계청,『2014 한국의 사회 지표』, http://www.kostat.go.kr

107 「장애 등급 피해자 긴급 대책 마련하라」, 〈에이블뉴스〉(2014/06/18).
     http://www.ablenews.co.kr

108 영화에 대한 더 자세한 분석은 Eunjung Kim, "The Specter of Vulnerability and Bodies
     in Protest"을 참조.

109 Kyung Hyun Kim, *Virtual Hallyu*, 5.

110 Kyung Hyun Kim, *Virtual Hallyu*, 19, 152.

1장

1 「일시적 감정의 지배로 배우자 선택은 말자」,『동아일보』(1937/10/08).

2 Robertson, "Blood Talks", 196. 로버트슨은 우생학적 근대성을 "국가와 국가를 이루
   는 주체를 모두 구성할 수 있는 주요한 수단으로서 과학적 사고 및 방법을 적용하는 것"
   으로 설명한다(192). 이성적 판단에 따른 결혼은 근대성과 자본주의의 중요한 특징으
   로 이성화를 다루는 막스 베버의 이론과도 일맥상통한다.

3 Kafer, *Feminist, Queer, Crip*, 82.

4 Shin and Robinson, "Introduction", 11.

5 조선우생협회 회장 윤치호는 벤더빌트 대학교를 졸업하고 이후 1893년에 에머리대학
   교를 졸업한 기독교인이었으며 독립협회의 지도자였다. 윤치호는 총독 암살을 모의했
   다는 혐의로 1912년에 105명의 사람들이 실형을 선고받은 105인 사건으로 1912년 수
   감되었다. 3년간의 투옥 생활로 인해 혁명으로 독립을 성취한다는 것에 대해 비관적인
   입장을 가졌고 '친일' 순응주의자가 되었다.

6 이명혁, 「생물학상으로 본 우생학」,『우생』1(1934), 2-4쪽.

7 「단종이란 무엇?」,『우생』3(1936), 20-21쪽.

8 이명혁, 「생물학상으로 본 우생학」; 이갑수, 「세계적 우생 운동」,『우생』1(1934), 7쪽.

9 이명혁, 「생물학상으로 본 우생학」, 4쪽.

10 이영준은 성병, 결핵, 나병, 병리학적 정신 질환, 백치, 간질을 다룬다. 그는 20세기 초에
   헨리 고다드가 쓴 칼리카크 가문의 사례와 다윈, 멘델, 골튼의 연구를 소개한다. 「우생
   학상으로 본 결혼의 요소」,『우생』3(1936), 2-7쪽.

11 「이성의 도덕을 논하야 남녀의 반성을 요구함」,『동아일보』(1920/08/15).

12 「일시적 감정의 지배로 배우자 선택은 말자」.

13 이갑수, 「세계적 우생 운동」,『우생』1(1934), 6쪽.

14 「건강체의 씩씩한 투사적 기분이 도는 처녀」,『신여성』(1932/0).

15 「산아조절소」,『삼천리』13(1931/03). 이 기사는 1922년 4월 7일에 일본에서 중국으
   로 가는 길에 서울에 잠간 들렸을 때 마거릿 생어(Margaret Sanger)가 한 동일한 주장을
   소개한다. 일제 당국은 그 당시에 마거릿 생어가 산아제한에 대해 공개적으로 이야기
   하는 것을 허가하지 않았다. 「구속 만든 일본을 이 하야」,『동아일보』(1922/04/07).

16 이광수의 「민족개조론」[흔히 "조선 민족의 재구성에 대한 논설"로 번역된다]은 보통 사회적 다원주의 및 우생학과 연결되어 논의된다. 조선 민족을 개조하자는 이광수의 주장은 출산을 통제하기보다 문화 운동을 강조한다. 이광수는 비록 조선 민족이 퇴보했고 도덕적 특성에서 보면 타락했지만, 계몽과 교육을 강조함으로써 개선되고 개화될 수 있다고 주장했다. 그는 인종화된 사고방식을 내면화해서 영국인과 미국인 및 그들의 우월성을 찬양하며 서구의 가치와 문화에 기반한 방식으로 조선 민족의 '민족적 특성'을 개선시키려고 했다. 이진경은 '민족 개조'를 '인종 재활'로 해석하면서 "이광수의 '인종 재활' 프로그램은 한편으로 그가 국제적으로 형성된 인종의 위계를 수용했다는 점을 보여 준다"고 설명한다. "이 프로그램은 그 자체로 자기 인종화(auto-racialization)라고 부를 법한 것이나 인종적 자기비하를 기반으로 한다." Jin-Kyoung Lee, "Sovereign Aesthetics", 96. 반대로 최주한은 이광수가 르 봉의 글을 비롯해 인종 심리학에 영향을 받았다고 하더라도 그는 인종차별 및 분리와 거리가 멀고 상생과 상애를 지향했다고 주장한다. 최주한, 「민족개조론과 상애의 윤리학」.

17 현상윤, 「우심학적 종족 개량론」, 『동광』 32(1932, 4월): 17-19쪽.

18 최현배, 「조선 민족의 갱생의 도(1)」, 『동아일보』(1926/09/25). 26번째 칼럼은 좋은 아이를 낳기 위해 결혼 방식을 개혁할 것을 제안하고, 우생학적 사유로 조혼 폐지를 옹호했으며 결혼 적령기를 남자는 스물다섯 살, 여자는 스물한 살로 정했다. 최현배, 「조선 민족의 갱생의 도(26)」, 『동아일보』(1926/10/24).

19 Snyder and Mitchell, *Cultural Locations of Disability*, 103.

20 Snyder and Mitchell, *Cultural Locations of Disability*, 120.

21 최현배, 「조선 민족의 갱생의 도(1)」, 『동아일보』(1926/09/25).

22 윤치호, 「권두사」, 『우생』 1(1934), 1쪽.

23 박성진, 「일제하 인종주의 특성과 적용 형태」.

24 Jin-Kyoung Lee, "Sovereign Aesthetics", 80.

25 소현숙은 식민지기 초기의 인구 증가라는 목표는 1930년대 초반에 출산 제한을 통한 빈곤 완화 및 산모의 건강 보호를 비롯하여 우생학으로 인구를 통제하자는 조선 지식인들의 담론으로 바뀌었다고 설명한다. 1937년 이후 전시의 인구 증가라는 이데올로기에서 유일하게 허용된 출산 통제 방식은 "바람직하지 않은" 출산을 예방하는 단종이었다. 소현숙, 「일제시기 출산통제담론 연구」, 223쪽.

26 「같은 길을 걷는 부부: 이갑수, 유성선 부부」, 『동아일보』(1957/04/08).

27 이름을 바꾼 것은 1946년 10월 20일 『대동신문』에 보도되었다.

28 김예림, 「전시기 오락정책과 '문화'로서의 우생학」.

29 김예림, 「전시기 오락정책과 '문화'로서의 우생학」.

30 「창간사」, 『보건운동』(1932/01), 1쪽

31 신영전, 「식민지 조선에서 우생운동의 전개와 성격」, 151쪽.

32 『토막민의 생활과 위생』, 경성제국대학 위생조사부.

33 「박람회 경제 제일보로 백여 걸인을 인치, 금후로는 시내 걸인 추방」, 『조선일보』(1929/08/20).

34 「본정서 일야에 칠십 명을 검거」, 『중외일보』(1929/02/11).

35 「박람회기까지 노방 소상을 소탕」, 『중외일보』(1929/02/22).

36 「문둥이 작태 하야 종로서 출두 진정」, 『동아일보』(1936/06/16).

37 강성보, 「일제, 조선인 강제 불임수술, 소록도 남성 나환자 840명에」, 『경향신문』(1997/11/08).

38 Durow, "South Africa", 275.

39 Robertson, "Eugenics in Japan", 430-448.

40 신동일은 『우생학과 형사정책』에서 우생학의 국제적 역사를 면밀히 검토하고 현재 '모자보건법'에 허용되고 있는 우생학에 기반한 임신중지가 금지되어야 한다고 주장한다. 이 조항이 윤리적 문제를 그리고 장애 및 유전적 상태를 이유로 하는 차별을 일으키기 때문이다. 우생학이 임신중지를 정당화하는 상황에 대한 이런 문제 제기가 놓치고 있는 지점은 임신중지 합법화를 고려해야 한다는 것, 임신중지를 어떻게 범죄화할 것인지에 대한 모든 논의가 여성의 재생산권을 침해한다는 것이다. 페미니스트 장애학자들은 임신중지를 전체적으로 금지하기 위해 장애를 가질 가능성이 있는 태아에 대한 차별이라는 주장을 활용하는 것은 전반적으로 여성에게 도움이 되지 않는다고 주장한다. 장애를 사유로 하는 차별의 문제는 비장애여성 및 장애여성의 재생산권을 제한하는 방식으로 이용될 수 있기 때문이다. 하지만 장애를 사유로 하는 임신중지와 더불어 여아 선별 임신중지나 인종을 사유로 하는 임신중지는 성차별주의, 인종주의, 장애차별주의가 존재하는 역사적 맥락 안에서 고려되어야 한다. 임신중지를 선택하는 여성의 권리는 진공 상태에 존재하는 것이 아니다.

41 이 잡지는 상당히 성공적이어서 식민지기에 1만 부에서 2만 부 정도 판매되었다. 정진석, 「민족의 지성 신동아 600호의 언론사적 의미」, 『신동아』(2009/09), 650-664쪽.

42 김혜원, 「1930년대 단편소설에 나타난 몸의 형상화 방식 연구」, 석사 학위논문, 서강대학교, 2002, 50쪽.

43 「장화홍련전」, 15쪽.

44 '팔자'는 사람의 운명을 결정하는 탄생 연월일시의 여덟 글자를 의미하며, 다시 태어나지 않는 한 그 사람의 인생의 행로가 바뀔 수 없다는 점을 암시한다.

45 주요섭, 「추물」, 295쪽.

46 주요섭, 「추물」, 303쪽.

47 주요섭, 「추물」, 305쪽.

48 주요섭, 「추물」, 304쪽.

49 Quayson, *Aesthetic Nervousness*, 44[아토 퀘이슨, 『미학적 불안감』, 손홍일 옮김, 한국장애인재단·디오네, 2016, 106쪽, 새로 번역].

50 계용묵, 「캥거루의 조상이」, 93쪽.

51 「잡록: 이백 년 후에는 전 세계 인류가 모다 광인이 되리라는 학설」, 『우생』 1(1934/09), 27쪽.

52 계용묵, 「캥거루의 조상이」, 83쪽, 94쪽.

53 계용묵, 「캥거루의 조상이」, 93쪽.

54 차페크의 희곡은 1920년대 초반에 조선의 문학계와 공연계에 다른 이유로 상당한 영향을 끼쳤다. 이 희곡은 인간의 노동, 성별, 프롤레타리아 해방뿐만 아니라 과학과 기술의

역할에 대한 생각을 불러일으켰다. 여덜뫼, 「카롤 차페쿠의 인조 노동자」, 『동아일보』 (1925/02/09); 「최승희 무용으로 공연」, 『조선일보』(1931/08/28). 이광수는 1923년에 『R.U.R.』을 "인간이 자신들의 손으로 만든 기술 문명의 노예가 된 후에 인류가 멸망하는 그날"을 풍자적으로 그렸다고 소개했다. 이광수, 「인조인」, 『동명』 31(1923, 4월). 한민주, 「인조인간의 출현과 근대 SF 문학의 테크노크라시」, 430쪽에서 재인용.

55 Čapek, *R.U.R.*, 130-131[카렐 차페크, 『R. U. R.』, 유선비 옮김, 이음, 2020, 152-153 쪽, 새로 번역].

56 Čapek, *R.U.R.*, 48[『R. U. R.』, 55쪽, 새로 번역].

57 Čapek, *R.U.R.*, 117[『R. U. R.』, 137쪽, 새로 번역].

58 Čapek, *R.U.R.*, 117-118[『R. U. R.』, 138쪽, 새로 번역].

59 계용묵, 「캥거루의 조상이」, 99쪽.

60 계용묵, 「캥거루의 조상이」, 97쪽.

61 계용묵, 「캥거루의 조상이」, 98쪽.

62 Goffman, *Stigma*, 30[어빙 고프먼, 『스티그마』, 윤선길 옮김, 한신대학교 출판부, 2009, 53쪽, 새로 번역].

63 1938년 5월부터 11월까지 7개월이 넘는 시간 동안 동아일보는 장애인 및 범죄자의 강제 불임이 왜 필요한지 설명하는 14개의 기사를 내보냈다.

64 「불구자에게도 새로운 광명. 신기 대신기. 망자의 눈 뜨는 방법」, 『별건곤』 20(1929/04/01), 77쪽.

65 「헬렌 켈러는 무엇을 부르짖었나」, 『동아일보』(1937/07/17).

66 김혜수, 「신여성도 '달'을 먹어야만 했을까?」, 54쪽.

67 김혜수, 「신여성도 '달'을 먹어야만 했을까?」, 57쪽.

68 여성지는 1958년이 지나서야 산아조절에 관련된 기사를 싣기 시작했다. 배은경, 「한국 사회 출산 조절의 역사적 과정과 젠더」, 82쪽.

69 배은경, 「한국 사회 출산 조절의 역사적 과정과 젠더」, 115쪽.

70 한국정책방송원, "제51회 전국 체육대회", 〈대한뉴스〉797호, 한국 정부가 1970년 10월 10일에 텔레비전으로 방송함. http://www.ehistory.go.kr.

71 「유아건강을 진단」, 『동아일보』(1924/05/01); 「공주 영아 대회」, 『동아일보』 (1925/05/29) .

72 「태화 여자 진찰소 건강 아동 진단」, 『동아일보』(1927/06/04).

73 서울시는 1957년부터 1970년대까지 아기 선발대회를 개최했다.

74 「우량아 선발과 재수강과」, 『동아일보』(1976/02/12).

75 「가부, 임신중절 국민우생법안 지상공청」, 『동아일보』(1964/05/11); 「가족계획과 산아제한: 임신중절은 살인 행위 같은 것」, 『경향신문』(1964/03/23). 가톨릭 신부들은 뉴스 광고로 반대 의견을 표명했다. 「국민 우생법안에 대한 우리의 견해」, 『경향신문』 (1965/05/14). 한편 개신교 목사들은 부부의 성생활과 친밀함, 여성의 전반적인 건강에 가치를 두면서 좀 더 유연한 입장을 가졌다. 「가부, 임신중절 국민우생법안 지상공청」을 참조.

76 낙태는 대한제국(1905) 시기에 쓰인 형법대전에 범죄로 규정되었고 일제강점기에 불

법이었다. 한국의 형법은 1953년에 아무런 예외 없이 동일한 원칙을 재확인했다. 윤정원, 「낙태 논쟁의 내용과 의미」, 이슈페이퍼, 연구공동체 건강과대안(2010/05/02). http://www.chsc.or.kr/?post_type=paper&p=4771.

77   이후에 임신중절 비율은 열 배 증가한다. 조홍석, 「현행 모자보건법 제14조의 헌법상 문제점과 개선방안」, 13쪽, 김태계, 「낙태죄에 관한 문제점과 입법론」, 238쪽에서 재인용.

78   박대한, 「헌재, 낙태 시술 처벌 합헌」, 〈연합뉴스〉(2012/08/23).

79   인공임신중절이 허용되는 부모의 건강 상태를 열거한 목록은 연골무형성증, 낭성섬유증 및 "그 밖의 유전성 질환으로서 그 질환이 태아에 미치는 위험성이 높은 질환"으로 줄어들었다. "AIDS/HIV 양성"은 1986년 목록에는 포함되었지만 2006년에 삭제되었다. 현재 목록에 들어가 있는 전염병은 풍진, 톡소플라즈마증 및 그 밖에 의학적으로 태아에 미치는 위험성이 높은 전염성 질환이다.

80   김홍신, 「장애인 불법 강제 불임수술 실태와 대책에 관한 조사 보고서」, 1999/08/19에 국회 제출.

81   「불임수술 꼭 해야 하나?」, 『조선일보』(1975/07/02).

82   「정박아, 천형의 사춘기 불임수술 시비의 현장」, 『조선일보』(1975/07/09).

83   「충남 정심원, 소녀 12명 상대 강제 불임수술 위한 적부 조사 실시」, 『조선일보』(1975/04/01).

84   「강제 불임수술 신중 건의」, 『조선일보』(1975/06/26).

85   김홍신, 「장애인 불법 강제 불임수술 실태와 대책에 관한 조사 보고서」.

86   Zenderland, "Parable of The Kallikak Family".

87   지광준, 「정신지체 유전성 높아 후손도 불행 소지」, 『서울신문』(1999/09/06); 이동익, 「종족 보존 본능 박탈은 중대한 인권침해」, 『서울신문』(1999/09/06).

88   「장애인 강제 불임수술 관이 주도」, 〈연합뉴스〉(1999/08/22); 최원규, 「생명권력의 작동과 사회복지」, 166쪽.

89   최원규, 「생명권력의 작동과 사회복지」, 169-170쪽.

90   최원규, 「생명권력의 작동과 사회복지」, 169-170쪽.

91   한국여성단체연합, 『우리가 꼭 알아야 할 임신중절 이야기』(한국여성단체연합, 2012).

92   황지성, 「임신과 낙태에 있어 장애여성의 선택권」, 한국성폭력상담소 홈페이지, http://www.sisters.or.kr/load.asp?sub_p=boardboard&b_code=3&page=36&f_cate=&idx=2566&board_md=view.

93   개인적 대화(2014/10/26).

94   최보식, 「나는 페미니스트, 그러나 정치판에서는 여성도 경쟁 상대」, 『조선일보』(2007/05/12).

95   구본권, 「이명박 '장애인 낙태·동성애 비정상' 발언 파문」, 『한겨레신문』(2007/06/14).

96   구본권, 「이명박 '장애인 낙태·동성애 비정상' 발언 파문」, 『한겨레신문』(2007/06/14).

97   이성각과 안태성, 「女 장애우 인권 보고서: 시각장애인의 충격적인 삶」, 『전북일보』(2002/07/22).

98   황순원, 「맹아원에서」, 305쪽.

99   이 에피소드는 2002년 8월 8일에 MBC에서 방영되었다.

100   베트남 여성들이 아이가 없는 부부의 대리모 목적으로 착취되기도 했다. 2007년에 한 베트남 여성에 대한 보도가 나왔는데, 이 여성은 결혼하러 한국에 왔지만 사실 한국 부부는 그 베트남 여성을 대리모로 원했던 것이다. 그녀는 두 명의 자녀를 낳은 후에 이혼하고 베트남으로 돌려보내졌다. 2000년대 초반에 결혼 중개업소들이 지적장애나 신체장애가 있는 한국 남성의 신부로 베트남 여성을 구하기 시작했는데, 이는 결혼 시장에서 주요 소비자 그룹의 요구를 충족했다. "베트남 처녀와 결혼하세요" "절대 도망가지 않습니다" 같은 표현이 담긴 광고나 현수막을 쉽게 볼 수 있었는데 이후에 이런 광고는 금지되었다. 대부분의 광고에 "나이 많은 사람, 장애인 가능, 초혼 또는 재혼" 같은 문구가 들어갔다. 한국 남성과 베트남 여성의 결혼률은 2005년, 2006년에 정점을 찍었고 이제 다소 감소한 상황이다. 주변화된 그룹 사이에 이뤄지는 이런 결혼 계약에서 한국 남성이나 베트남 여성 모두 학대나 사기를 당하는 이야기가 종종 나온다.

101   강영수, 「꼭 예쁜 아이를 갖기를: 엄지공주의 눈물겨운 도전에 시청자들 감동」, 『조선일보』(2007/05/16); 최세나, 「다큐 엄지공주 감동 잔잔. 2부 기대도 높아져」, 『스포츠조선』(2007/05/16).

102   성별 이분법 체계에서 장애인이 배제되는 이런 상황은 한국에서 여성들이 주도하는 반장애차별주의 활동과 트랜스젠더 운동 사이의 접점과 분기점을 만들어 낸다. 그 하나의 사례가 접근 가능하고 성별을 특정하지 않는 일인용 화장실을 만들려는 연대 활동이다. 트랜스젠더 인권 활동가인 연구자 루인은 장애여성 운동에서 성중립 장애인 화장실이 장애인의 성별을 인식하지 않고 장애인을 무성적인 존재로 여긴다고 비판하는 것을 알게 되자, 트랜스젠더 운동과 장애여성 운동의 두 진영이 가진 정치적 의제의 유사성을 깨달았다고 설명한다. 루인은 이렇게 말한다. "장애여성은 지배적 여성 규범에 도달할 수 없는 비젠더적 존재로 여겨지지만 트랜스젠더는 아닌 지점이고, 트랜스젠더 또한 젠더 지점에서 염색체 이상, 혹은 매우 부정적인 경우로 이야기되는데 대개 비장애인을 전제하고 있다. 장애, 몸, 트랜스젠더가 분리할 수 없는 상태로 우리 삶을 관통하고 있는 것이며, 그렇다면 장애인 운동과 트랜스젠더 운동을 어떻게 다른 방식으로 풀어낼지 고민할 필요가 있다", 「'불편한 대화', 장애여성공감 쟁점토론 열어」, 〈비마이너〉(2013/10/31).

103   「사랑한다면 이들처럼」, 『여성동아』 501호(2005/09), 720-723쪽.

104   최세나, "다큐 엄지공주".

105   「엄지공주 윤선아의 희망 이야기」, 〈김승현, 정은아의 좋은 아침〉, SBS(2007/08/17).

106   『여성신문』(2008/10/10).

107   민태원, 「유전병 대물림 방지, 건강한 아기 낳는다」, 『국민일보』(2008/03/31).

108   「착상 전 유전 진단법」, 〈조선닷컴〉(2011/04/21).

109   이은희, 「유전 진단, 모든 병 찾아낼 수 없다」, 『동아일보』(2008/09/08).

110   황지성, 「장애여성의 재생산 경험: 재생산 정치의 관점에서」(석사 학위논문, 서울대학교, 2011), 62쪽.

111   Wendell, Rejected Body, 155-156[수전 웬델, 『거부당한 몸』, 강진영·김은정·황지성

옮김, 그린비, 2013, 291-292쪽].

112 김선아, 「다큐멘터리의 현재: 대항역사 기술, 전통적 이미지의 파괴, 그리고 허구 영화의 전유」, 『독립영화』 7호(2000).

113 류미례, 「왜소증 장애인 수정, 윤정 자매의 일상기, 팬지와 담쟁이」, 〈위드뉴스〉(2003/10/20).

2장

1 한국영상자료원, 『식민지 시대의 영화 검열: 1910-1934』.

2 「하와이 리리하 좌에서 영화 심청 상영」, 『동아일보』(1938/02/16).

3 "Shim Chung," *Honolulu Advertiser*, February 7, 1938; 「심청」, 『국민보』(1938/02/16).

4 「심청」, 『국민보』(1938/02/02).

5 영화를 다시 보고 싶어 하거나 첫 번째 상영을 놓친 사람들을 위해 추가 상영이 네 번 있었다. 「심청 활동사진」, 『국민보』(1938/02/16).

6 여러 기원 가운데 하나는 「효녀 지은」인데, 김부식의 『삼국사기』와 일연의 『삼국유사』에 기록되어 있다. 두 권 모두 삼국시대의 역사를 기록한 책이다. 19세기에 신재효가 이 이야기를 판소리 창극으로 만들었다.

7 Allen, "Sim Chung". 호러스 앨런은 한국 의학 역사에서 중요한 인물이다. 앨런이 1884년에 왕족의 한 사람을 치료하자 고종 황제가 그를 완전히 신임하게 되었고, 이후 제중원이라는 왕실 병원의 책임자로 임명했다. 앨런의 번역은 축약된 버전으로 경판본(서울에서 출간된 24장짜리 버전)과 가장 유사하다. 앨런의 번역본은 심청이 전생에 천국에서 지낸 이야기를 담고 있으며, 한 남성을 사랑한 것에 대한 벌로 심청이 지상에 보내지고, 그 연인이 심청의 아버지 심 씨로 보내진다는 이야기도 담겨 있다. 이문성은 경판본이 앨런의 번역본과 결말도 유사하다고 지적한다. (「판소리계 소설의 해외 영문 번역 현황과 전망」, 271쪽). 이문성은 다른 번역가인 W. E. 스킬렌드(W. E. Skillend)가 경판본에 대해 "'상당히 도덕적인 내용"이라고 적었음을 지적하며, 앨런의 개인적인 선호도에 따라 어떤 버전을 번역할지 선택한 것 같다고 가정한다(272쪽).

8 Allen, "Sim Chung", 156.

9 Allen, "Sim Chung", 169.

10 예를 들어, 일연의 『삼국유사』를 보면 김양도가 귀신이 들려 몸이 마비되었는데, 승려 밀본이 다른 영(靈)을 이용하여 귀신을 쫓아내고 낫게 해주었다. 그 후 김양도는 신실한 불자가 되어 두 딸을 절의 종이 되도록 했다.

11 Titchkosky, "Ends of the Body as Pedagogic Possibility", 82-83, 92.

12 Roy Meadow, "Munchausen Syndrome by Proxy: The Hinterlands of Child Abuse", *Lancet*(August 13, 1977): 343-345.

13 American Psychiatric Association, *Diagnostic and Statistical Manual of Mental Disorders*, 5th ed.

14   Ingstad, *Community-based Rehabilitation in Botswana*, 328.

15   Grinker, *Unstrange Minds*[『로이 리처드 그린커, 『낯설지 않은 아이들』, 노지양 옮김, 애플트리태일즈, 2008].

16   반면에 영화 〈맨발의 기봉이〉(2005)에는 시골 마을에 사는 지적장애 남성이 나오는데, 달리기를 즐기며 어머니를 사랑하는 인물이다. 기봉은 음식을 씹지 못해서 힘들어하는 나이 든 어머니의 틀니를 사기 위해 마라톤에 참가하기로 한다. 〈말아톤〉과 극명한 대조를 이루는 부분은 이 영화의 노모는 아들을 변화시키려는 어떠한 치유적 시도에도 관여하지 않는다는 것이다. 그 대신 마을 이장이 아들을 코치하는 대리 역할을 맡는다. 이장은 기봉을 마라톤에 참가시켜 마을의 명성을 높이려고 한다. 어떤 면에서 기봉의 노력은 마을을 결속시키는 진부한 은유로 작동한다. 심지어 그는 이장과 비장애인 아들 간의 관계를 회복시킨다. 이렇게 어머니와 아들의 강렬한 사랑은 마을을 통합시킨다. 장애인 아들의 사랑과 노력은 예외적이면서 동시에 본보기가 되는 도덕성을 보여 주는데(실제로 아들의 효심으로 어머니가 틀니를 얻게 된다), 이런 모습은 마을 사람들이 효를 중요하게 여기도록 자극한다.

17   황영주, 「심청전 읽기로 본 한국에서의 근대국가와 여성」.

18   윤인선, 「버림받은 딸, 심청」.

19   정지영, 「'팔려 간 딸'에 대한 불편한 기억」.

20   정지영, 「'팔려 간 딸'에 대한 불편한 기억」, 179쪽.

21   〈춘향전〉은 크게 성공하여 관객이 15만 명이나 들었다. 한국영화 데이터베이스에 따르면 〈심청전〉의 관객 수는 10만 명으로, 이는 영화의 인기를 보여 주는 수치이다. 장애와 치유의 은유는 영화 자체에도 적용되었다. 무성영화는 '벙어리' 영화로 불렸고, 유성영화는 "벙어리 영화가 말을 하게 된 것"이라고 일컬어졌다. 박혜숙, 「첫 토키 영화」, 『동아일보』(1981/05/16).

22   「하와이에 사는 6000 동포의 실황」, 『개벽』 제36호(1923/06/01)에 한국인 5327명이 하와이에 살고 있다고 나온다.

23   Choy, *Koreans in America*, 74; Cumings, *Korea's place in the Sun*, 437 [『브루스 커밍스의 한국 현대사』, 636쪽]에 인용됨.

24   한국 여성들이 1910년대에 사진 신부로 이주하기 시작했는데, 1924년 미국 이민법에 따라 한국인이 미국 영토에 이주하는 것이 더 이상 허용되지 않아 중단되었다. 이경민, 「사진 신부, 결혼에 올인하다 1」, 411쪽.

25   이경민, 「사진 신부, 결혼에 올인하다 2」.

26   「심청 완성」, 『동아일보』(1937/11/10).

27   서광제, 「'영화 심청' 심사평」, 『동아일보』(1937/11/20).

28   「심청」, 『국민보』(1938/02/02).

29   Allen, "Sim Chung", 163-164.

30   유종미 감독의 2000년 작 단편영화 〈심청〉은 이 연인 관계를 확장시켜, 시각장애인 아버지의 딸에 대한 성적 욕망이 너무 강하여 근친상간적인 폭력의 정도까지 이르는 것으로 그린다.

31   Allen, "Sim Chung", 153-154.

32 Allen, "Sim Chung", 169.

33 Hubert and Mauss, *Sacrifice*, 9-10.

34 정지영, 「'팔려 간 딸'에 대한 불편한 기억」, 175쪽; 최인호 「눈을 떠라 민족이여」, 『한국일보』(2000/08/15). 장애가 있는 몸이 국가적 운명이나 식민지의 운명을 상징한다고 편협하게 은유적으로 해석하면 식민지에 사는 장애인의 일상을 지워 버리게 된다. 그리고 장애가 젠더화되는 방식, 가족이 장애를 제거하기 위해 종종 폭력적인 과정으로 협력하는 방식을 이해하지 못하게 된다.

35 황석영, 『심청』; 최인훈, 「달아 달아 밝은 달아」.

36 정지영, 「'팔려 간 딸'에 대한 불편한 기억」, 178쪽.

37 정지영, 「'팔려 간 딸'에 대한 불편한 기억」, 179쪽. '위안부'였던 여성들의 경험에 대한 다른 논의를 보려면 Sarah Soh, *Comfort Women*, and Hyunah Yang, "Finding the Map of Memory".

38 뺑덕은 병사들이 시각장애 남성들을 모두 데려가려고 왔다는 소식을 듣고는, 심 씨와 가짜 점쟁이 일을 하고 있었다는 이유로 곤란해질까 봐 그를 두고 가버린다.

39 정지영에 따르면 딸을 팔아 버린 아버지의 고백이 교과서에 처음 실린 것이 1983년이다. 정지영은 이런 내용이 교과서에 나타난 것은 문학계에서 심청전에 대한 비판적인 관점이 생겨났기 때문일 것이라고 추측한다. 정지영, 「'팔려간 딸'에 대한 불편한 기억」, 175쪽. 하지만 교과서보다 먼저 영화에서 이런 변화가 나타난다.

40 『심청전』 완판본에서는 장애의 치유가 확장되는 것이 시각장애에 한정된다. 심 씨가 치유되는 순간, 궁에 있던 시각장애 남성 모두 시력을 얻게 되고, 태어나 아기를 비롯해 집에 있던 모든 시각장애인에게도 같은 일이 생긴다. 정하영 역주, 『한국고전문학전집 13』.

41 Parsons, "Illness and the Role of the Physician", 104-105.

42 20세기에 적어도 11편의 영화가 심청전을 바탕으로 만들어졌다. 〈심청전〉(감독 이경손, 1925), 〈감독 심청전〉(안석영, 1937), 〈심청전〉(감독 이규환, 1950), 〈심청전〉(감독 신상옥, 북한, 1985), 〈대심청전〉(감독 이형표, 1962), 〈효녀 심청〉(감독 신상옥, 1972), 〈심청〉(동양동화 제작 애니메이션, 1991), 〈왕후 심청〉(넬슨 신, 남북 합작 애니메이션, 2005). 심청전을 소재로 하였지만 동시대를 배경으로 하여 세부 내용이 다른 작품으로는 2장에서 다루는 〈하늘나라 엄마별이〉(감독 이영우, 1981), 단편 〈심청〉(감독 유종미, 2000), 〈청아〉(감독 김정호, 2010).

43 「현대판 효녀 심청 김양에 대통령 표창」, 『매일경제』(1981/03/27).

44 「현대판 효녀 심청 김민순 양, 갸륵한 효심 영화화하기로」, 『동아일보』(1981/02/10).

45 「현대판 효녀 심청 김민순 양, 갸륵한 효심 영화화하기로」, 『동아일보』(1981/02/10).

46 김문엽, 〈하늘나라 엄마별이〉 오리지널 시나리오(동협상사, 1981).

47 김문엽, 〈하늘나라 엄마별이〉.

48 보건복지통계연보, stat.mohw.go.kr

49 이명자·황혜진, 『70년대 체제 이행기의 남북한 비교 영화사 : 지배 이데올로기와 영화적 재현 사이의 반영과 충돌』, 영화진흥위원회, 2004, 26쪽.

50 이명자·황혜진, 『70년대 체제 이행기의 남북한 비교 영화사 : 지배 이데올로기와 영화적 재현 사이의 반영과 충돌』, 58쪽.

51 Cumings, *Korea's Place in the Sun*, 358.

52 이명자·황혜진, 『70년대 체제 이행기의 남북한 비교 영화사 : 지배 이데올로기와 영화 적 재현 사이의 반영과 충돌』, 35-36쪽.

53 Peterson, *Brief History of Korea*, 222.

54 Reynolds, *One World Divisible*, 286.

55 세 편의 영화는 〈영자의 전성시대〉(감독 김호선, 1975), 〈영자의 전성시대(속)〉(감독 심재석, 1982), 〈87 영자의 전성시대〉(감독 유진선, 1987). 1982년 작품에서 영자는 장 애가 없으며 성노동을 하는 여성이고, 폭력적인 전 남편에게 착취를 당하는 인물로 그 려진다. 창수는 영자의 전 남편을 칼로 찌르고 나서 영자와 함께 어촌으로 도망가고, 그곳에서 결혼한다. 1987년 작품에서는 팔이 하나인 영자가 화재로 거의 죽을 뻔하다 가 회복한다. 영자는 자신을 구하려다가 장애를 갖게 된 창수와 재회한다.

56 〈영자의 전성시대〉 노트, 한국영화데이터베이스, http://www.kmdb.or.kr

57 Mitchell and Snyder, *Narrative Prosthesis*, 47.

58 Mitchell and Snyder, *Narrative Prosthesis*, 57–58.

59 조선작, 『영자의 전성시대』, 민음사, 1974, 59쪽.

60 Molly Hyo Kim, "Genre Conventions of South Korean Hostess Films (1974–1982)", 464.

61 이 영화는 미국에서 〈안나와 알렉스: 두 자매 이야기〉(The Uninvited)라는 작품으로 리메이크되었다.

62 「심청전」처럼 「장화홍련전」도 1924년 이래 여러 번 영화로 만들어졌다.

63 「장화홍련전」, 15-16쪽.

64 Hacking, *Rewriting the Soul*, 3, 13.

65 Hacking, *Rewriting the Soul*, 5.

66 다중인격 장애는 2000년에 해리성 정체성 장애로 이름이 바뀌었다. American Psychiatric Association, *Diagnostic and Statistical Manual of Mental Disorders*, IV-TR., 543 참고. 이언 해킹은 이 새로운 이름이 한 개인에게 나타나는 각각의 인격이 불완전하다는 인식을 바탕으로 한다고 설명한다. Hacking, *Rewriting the Soul*, 18.

67 이 영화는 사건에 대한 단일한 해석을 거부한다. 무슨 일이 일어났는지에 대해 여러 가 지 설명이 가능한 단서가 담겨 있기 때문이다. '단서들'이 종종 상반되기도 하고, 따라서 해석은 끝나지 않는다.

68 채만식, 「심봉사」.

69 목정민, 「'장애인 아들 위해……' '고아 되면 수당 받을 것' 생활고 일용직 50대 자살」, 『경향신문』(2010/10/08).

70 목정민·정유미, 「장애 아들 위해 자살한 일용직 아버지의 사연」, 『경향신문』 (2010/10/11).

71 활동가들이 폐지하려고 했던 다른 제도는 장애등급제로, 장애의 정도에 대한 증명서 를 요구한다. 이 서류를 보고, 기능적인 제한의 정도에 따라 국가에서 지원하는 서비스 를 받을 수 있는 적격성을 결정한다. 일정 시기가 지나면 다시 심사를 받아야 한다.

72 국민기초생활보장법은 2000년 처음 시행되어, 2012년 8월 대폭 개정되었다.

73   국민기초생활보장법 5조 3항, 국민기초생활보장법 5조 4항.

74   민법 979조.

75   「기초수급자 탈락 통보에 노인들 잇단 자살」, 『한국일보』(2011/07/19).

76   「'단돈 7000원 때문에…' 시청 화단서 자살한 할머니」, 『한겨레신문』(2012/08/09).

77   World Health Organization, "Preventing Suicide: A Global Imperative" (2014), http:
      //apps.who.int/iris/bi stream/10665/131056/1/9789241564779_eng.pdf?ua=1.
      장애 운동을 지속하고 있으며 장애 인권을 향상하려는 학문적 노력도 늘어나고 있음에
      도 경제협력개발기구(OECD, 상대적으로 소득수준이 높은 34개국으로 이뤄진 국제
      적 경제 기구이며 개발과 발전의 정도를 평가할 때 한국 매체에서 자주 인용됨)의 통계
      는 인권 증진의 경향을 보이지 않는다. 2014년 한국에서 사회복지에 대한 공적 지출은
      GDP의 10.4퍼센트였고, 이는 OECD 국가 중 최하위였다(OECD 국가 평균은 21.6퍼
      센트). 2011년에 '근로 무능력'과 관련된 지출(장애, 질병, 상해에 대한 사회 복지 비용
      을 포함)은 GDP의 0.5퍼센트밖에 되지 않았다(OECD 평균은 2.2퍼센트). 이런 수치
      는 하나의 척도로서, 장애 관련 복지와 지원을 비롯하여 전반적인 사회복지에 대한 정
      부의 예산 비용(지출)이 얼마 되지 않음을 보여 준다. 한국의 공적 지출 비중은 전체 정부
      지출에서 너무 적은 부분이며, 이는 신자유주의의 심각성을 드러낸다.

78   Stevenson, *Life beside Itself*, 178.

3장

1   한국어 플래카드 내용은 "장애여성은 성폭력의 대상이 되고 싶지 않다"이다.

2   이수형, 「오아시스」, 『동아일보』(2005/11/30).

3   칼럼니스트는 이것을 개별적으로 나눈 대화로 묘사했지만 다른 배석판사에 의하면,
      이것은 공개될 수 없는 M의 공식 진술이었다. 황진구, 「한기택 부장님을 기억하며」,
      『판사 한기택』, 한기택을 기억하는 사람들 엮음, 궁리, 2006, 225쪽.

4   이수형, 「오아시스」.

5   황진구, 「한기택 부장님을 기억하며」, 226쪽.

6   McRuer, *Crip Theory*, 92; Kafer, *Feminist, Queer, Crip*, 17.

7   2010년 대전에서 지적장애를 가진 한 여중생이 강간을 당하고 이후 16명의 남자 고등
      학생들에게 윤간을 당한 사건이 있었다. 재판에서 모든 가해자들이 보호관찰 명령을
      받았다.

8   이문열, 『아가』.

9   Kwon Seong-woo, "Rediscovering Korea's Literary Giant," *List Magazine* 14(Winter
      2011).

10   Suh Ji-moon, "Yi Munyŏl", 729.

11   박영희, "나는 성폭력의 대상이 되길 원하지 않는다", 『공감』 4호(2001): 32-35쪽.

12   이문열, 『아가』, 30쪽.

13   이문열, 『아가』, 17쪽.

14   이문열, 『아가』, 18쪽.

15   이문열, 『아가』, 55쪽.

16   이문열, 『아가』, 60쪽.

17   이문열, 『아가』, 61쪽.

18   이문열, 『아가』, 61-62쪽.

19   이문열, 『아가』, 62쪽.

20   이문열, 『아가』, 75-76쪽.

21   이문열, 『아가』, 31쪽.

22   이문열, 『아가』, 31쪽.

23   이문열, 『아가』, 8쪽.

24   이문열, 「'아가'에 대한 논의를 보며」, 『조선일보』(2000/03/27).

25   김정란, 「우아한 사랑 노래? 아가?」, 『연두색 글쓰기』, 새움, 2001, 226-227쪽.

26   Miles, "Blindness in South and East Asia", 88, 강조는 원문.

27   Miles, "Blindness in South and East Asia", 88.

28   이문열, 『익명의 섬』, 민음사, 2016, 226쪽.

29   이문열, 『익명의 섬』, 228쪽.

30   이문열, 『익명의 섬』, 233쪽.

31   이문열, 『익명의 섬』, 236쪽.

32   이문열, 『익명의 섬』, 238쪽.

33   이문열, 『익명의 섬』, 231쪽.

34   김정란, 「우아한 사랑 노래? 아가?」, 226, 227쪽.

35   김정란, 「우아한 사랑 노래? 아가?」, 234쪽.

36   Wendell, *Rejected Body*, 143-144[『거부당한 몸』, 267-268쪽]을 참조.

37   이문열, 『아가』, 214쪽.

38   박주희·이정민·정영란, 「이문열의 장애인에 대한 잘못된 시각」, 『공감』 4호(2001): 38쪽.

39   O Hwa-Su, 구술자, "The Bride Who Would Not Speak," 1920, *Folk Tales from Korea*, Zong In-Sob 편집 (New York: Greenwood, 1969), 189.

40   Zong In-Sob, *Folk Tales from Korea*, 189.

41   계용묵, 「백치 아다다」, 47쪽.

42   계용묵, 「백치 아다다」, 47쪽.

43   계용묵, 「백치 아다다」, 48쪽.

44   계용묵, 「백치 아다다」, 48쪽.

45   계용묵, 「백치 아다다」, 49쪽.

46   정창범, 「계용묵론」, 34쪽.

47   정창범, 「계용묵론」, 34쪽.

48   Kyung Hyun Kim, "Korean Cinema and Im Kwon-Taek," 37. 「백치 아다다」는 1956년에 이강천 감독이 처음으로 동명의 영화로 만들었다.

49   James and Kim, "An Interview with Im Kwon-Taek," 250.

50 조은선은 영화에서 '백치'라는 단어를 빼고 아다다의 인물 설정에서 지적장애를 없앤 것은 "아다다의 미화된 이미지"를 반영한다고 설명하는데, 이를 통해 전형적인 아름다움과 백치가 공존할 수 없다고 여겼음을 알 수 있다. Eunsun Cho, "The Female Body and Enunciation in *Adada* and *Surrogate Mother*," 105n3.

51 변인식, 「임권택의 영화에 나타난 인간 회복의 테마론: 티켓, 씨받이, 아다다의 경우」, 51쪽.

52 변인식, 「임권택의 영화에 나타난 인간 회복의 테마론: 티켓, 씨받이, 아다다의 경우」, 51쪽.

53 Hyaeweol Choi, *New Women in Colonial Korea*, 26.

54 Hyaeweol Choi, *New Women in Colonial Korea*, 72.

55 아다다가 본가에 돌아가자, 원작 소설에 나오는 것처럼 가족이 아다다에게 물리적 폭력을 행사하는 것으로 그려지지는 않지만, 아버지는 결혼한 여자는 시댁 사람이라는 유교적 믿음을 바탕으로 딸을 받아들이지 않는다. 근대화된 시댁과 전통적인 본가 사이에 사이에서 아다다는 살 곳을 잃게 된다.

56 Eunsun Cho, "The Female Body and Enunciation in *Adada* and *Surrogate Mother*," 95.

57 Eunsun Cho, "The Female Body and Enunciation in *Adada* and *Surrogate Mother*".

58 고동연, 「전후 한국영화에 등장하는 주한 미군의 이미지: 지옥화(1958)에서 수취인불명(2001)까지」.

59 보건사회부, 『보건사회 통계연보』, 보건사회부, 1954, 1955.

60 보건사회부 한국아동복리위원회, 『한국 장해아동 조사 보고서』.

61 보건사회부 한국아동복리위원회, 『한국 장해아동 조사 보고서』, 91쪽.

62 보건사회부 한국아동복리위원회, 『한국 장해아동 조사 보고서』, 71쪽.

63 자신의 몸에 당하는 부상을 비롯해서 폭력을 흉내 내는 배우들의 노동은 실제 폭력과 영화 속 가짜 폭력 사이에 명확한 구분이 항상 유지되는 것은 아니라는 점을 보여 준다. 게다가 액션이 몸을 해칠 수 있어서 대역이 때에 따라 대리인으로 고용된다. 이는 재현적인 폭력과 경험하는 폭력 사이의 구분을 더 흐릿하게 한다.

64 Groeneveld, "Animal Endings", 39.

65 McRuer, *Crip Theory*; Kafer, *Feminist, Queer, Crip*.

66 이 장에서 나는 마거릿 프라이스(Margaret Price)가 설명한 용어에 대한 논의에 따라, '정신병'(mental illness)이나 '정신 질환'(mental disorder)보다 '정신장애'(mental disability)를 쓴다. 프라이스는 신시아 레비위키 윌슨(Cynthia Lewiecki-Wilson)을 언급하면서, 정신장애에는 광기뿐만 아니라 다양한 인지적·지적 장애가 들어가며 정신병이 수반하는 신체적 차이도 포함된다고 설명한다. Price, Mad at School, 19; Lewiecki-Wilson, "Rethinking Rhetoric through Mental Disabilities", 156–167.

67 〈웰컴 투 동막골〉(감독 박광현, 2005)에는 머리에 꽃을 꽂은 정신장애 여성이 나오는데, 이 여성은 한국전쟁 시기에 외딴 산골 마을에 사는 전통적인 특성을 가진, 정치에 관심 없는 순수함을 표현한다.

68 최윤, 「저기 소리 없이 한 점 꽃잎이 지고」.

69 Gi-Wook Shin, "Introduction", xvii. 5·18 기념재단은 최근에 사망, 실종, 상이에 대해 보상이 실시된 4362건의 목록을 작성했다; "관련 통계", www.518.org

70 Keun-sik Jung, "Has Kwangju Been Realized?".

71 Gi-Wook Shin, "Introduction", xxv.

72 광주항쟁을 그린 다른 유명 작품은 TV 드라마〈모래시계〉와 영화〈박하사탕〉이 있다. 두 명의 전 대통령 전두환과 노태우는 1996년에 기소되었고 각각 사형과 징역형이 선고되었다. 1997년 둘 다 김영삼 대통령에 의해 사면되었다. 연구자들은 영화〈꽃잎〉에 상당히 주목해 왔고, 이 영화에 대한 나의 해석은 그들의 자세한 분석에 상당 부분 기대고 있다. 연세대학교 미디어아트연구소의 『한국 뉴웨이브의 정치적 기억』을 참조.

73 고부응, 「문화와 민족 정체성」.

74 김현성, 「꽃잎에는 광주가 없다: 꽃잎을 보고」, 『씨네21』 50호(1996/04/30): 95쪽.

75 최윤, 『저기 소리 없이 한 점 꽃잎이 지고』, 문학과지성사, 2018. 256쪽.

76 『저기 소리 없이 한 점 꽃잎이 지고』, 269쪽.

77 Gilbert and Gubar, *Madwoman in the Attic*, 78, 강조는 원문[산드라 길버트·수전 구바, 『다락방의 미친 여자』, 박오복 옮김, 이후, 2009, 176-177쪽].

78 Caminero-Santangelo, *Madwoman Can't Speak*, 4.

79 Caminero-Santangelo, *Madwoman Can't Speak*, 2, 3.

80 Caminero-Santangelo, *Madwoman Can't Speak*, 4.

81 Caminero-Santangelo, *Madwoman Can't Speak*, 9, 12.

82 Caminero-Santangelo, *Madwoman Can't Speak*, 11.

83 Felman, *What Does a Woman Want?*, 21–22.

84 Donaldson, "Corpus of the Madwoman", 14.

85 Donaldson, "Corpus of the Madwoman", 28. 도널드슨은 정신 질환을 '신경생물학적 장애'(neurobiological disorder)로 표현하는 것의 위험을 알고 있지만, 그렇게 하는 것이 필요하다고 본다. 도널드슨은 섹스-젠더 체계의 섹스 개념에 관한 주디스 버틀러의 논의를 빌려와서, "손상-장애 체계에서 정신 질환에 대한 좀 더 복잡하고 미묘하고 정치적으로 효과적인 개념을 생각해 낼" 수 있다고 주장한다.

86 Caminero-Santangelo, *Madwoman Can't Speak*, 3.

87 최윤, 『저기 소리 없이 한 점 꽃잎이 지고』, 327쪽.

88 최윤, 『저기 소리 없이 한 점 꽃잎이 지고』, 244쪽.

89 최윤, 『저기 소리 없이 한 점 꽃잎이 지고』, 273쪽.

90 Chen, *Animacies*, 18.

91 최윤, 『저기 소리 없이 한 점 꽃잎이 지고』, 266쪽.

92 최윤, 『저기 소리 없이 한 점 꽃잎이 지고』, 275쪽.

93 최윤, 『저기 소리 없이 한 점 꽃잎이 지고』, 274쪽.

94 최윤, 『저기 소리 없이 한 점 꽃잎이 지고』, 296쪽.

95 최윤, 『저기 소리 없이 한 점 꽃잎이 지고』, 275쪽.

96 최윤, 『저기 소리 없이 한 점 꽃잎이 지고』, 275쪽.

97 최윤, 『저기 소리 없이 한 점 꽃잎이 지고』, 276쪽.

98 최윤, 『저기 소리 없이 한 점 꽃잎이 지고』, 249쪽.

99 최윤, 『저기 소리 없이 한 점 꽃잎이 지고』, 278쪽.

100 최윤, 『저기 소리 없이 한 점 꽃잎이 지고』, 277쪽.

101 최윤, 『저기 소리 없이 한 점 꽃잎이 지고』, 245쪽.

102 최윤, 『저기 소리 없이 한 점 꽃잎이 지고』, 247-248쪽.

103 최윤, 『저기 소리 없이 한 점 꽃잎이 지고』, 280쪽.

104 최윤, 『저기 소리 없이 한 점 꽃잎이 지고』, 306쪽.

105 최윤, 『저기 소리 없이 한 점 꽃잎이 지고』, 325쪽.

106 최윤, 『저기 소리 없이 한 점 꽃잎이 지고』, 309쪽.

107 최윤, 『저기 소리 없이 한 점 꽃잎이 지고』, 311-312, 282쪽.

108 최윤, 『저기 소리 없이 한 점 꽃잎이 지고』, 287-288쪽.

109 최윤, 『저기 소리 없이 한 점 꽃잎이 지고』, 290쪽.

110 최윤, 『저기 소리 없이 한 점 꽃잎이 지고』, 290쪽.

111 최윤, 『저기 소리 없이 한 점 꽃잎이 지고』, 313쪽.

112 최윤, 『저기 소리 없이 한 점 꽃잎이 지고』, 328쪽.

113 최윤, 『저기 소리 없이 한 점 꽃잎이 지고』, 328쪽.

114 최윤, 『저기 소리 없이 한 점 꽃잎이 지고』, 330쪽.

115 최윤, 『저기 소리 없이 한 점 꽃잎이 지고』, 301쪽.

116 최윤, 『저기 소리 없이 한 점 꽃잎이 지고』, 298쪽.

117 Kuppers, "Toward the Unknown Body", 137.

118 최윤, 『저기 소리 없이 한 점 꽃잎이 지고』, 241-242쪽.

119 Hesford, *Spectacular Rhetorics*, 214n1.

120 페미니스트들은 이 영화가 소녀의 몸을 향해 남성의 관음증적 시선을 보이며 영화에서 국가적 애도가 여성의 몸과 온전한 정신을 대가로 이뤄진다고 비판했다. 이석구는 이런 의견에 동의하지 않는데, 그는 애도는 결코 끝나지 않으며 죄책감에서 자유로워지거나 평화를 얻는 일은 없다고 지적한다. 이석구, 「영화 '꽃잎'에 나타난 "남성적 시선"과 "애도"의 문제」, 149쪽.

121 다비데 카사로, 「이제 거짓말을 그만 둬야」, 390쪽.

122 사이토 아야코, 「꽃잎의 무게: 역사적 트라우마와 폭력의 재현」, 298-299쪽.

123 사이토 아야코, 「꽃잎의 무게: 역사적 트라우마와 폭력의 재현」, 295쪽.

124 남다은, 「우리는 그날을 누구의 기억으로 사유하는가」, 235쪽.

125 Agamben, *Remnants of Auschwitz*, 69[조르조 아감벤, 『아우슈비츠의 남은 자들』, 정문영 옮김, 새물결, 2012, 96쪽].

126 영화평론가 남다은은 이 영화의 구원 판타지가 어떻게 위협의 근원을 왜곡하는지 설명하는데, 위협은 외재적 힘이 아니라 소녀 자신과 그녀의 죄책감에서 비롯된다. 소설에서 소녀는 그녀 자신인 벌레를 물리치고 자신이 벌레로 변할까 봐 걱정한다. 남다은, 「우리는 그날을 누구의 기억으로 사유하는가」, 234-235쪽.

127 반면에 아이다 알라야리안(Aida Alayarian)은 "보통 현재에 과거를 개입시키는 것은 트라우마를 겪는 사람이 마주하는 주요 문제 중 하나"라고 설명한다. Alayarian,

Consequences of Denial, 36.

128 다비데 카사로, 「이제 거짓말을 그만둬야」, 390쪽.

129 김창환, 「'몸'을 통한 기억과 '오빠'의 나르시시즘」, 196-197쪽.

130 Kuppers, "Toward the Unknown Body", 130.

131 Grosz, Volatile Bodies, 159[『뫼비우스 띠로서 몸』, 311쪽].

132 박영숙, 『미친년 프로젝트 1999-2005』, 84-85쪽.

133 백지숙. 「페미니즘 관점에서 본 여성 현실」, 『미친년 프로젝트 1999-2005』, 14쪽.

134 박영숙, 『미친년 프로젝트: 1999-2005』, 84쪽.

135 박영숙, 『미친년 프로젝트: 1999-2005』, 84쪽.

136 박영숙, 『미친년 프로젝트: 1999-2005』, 84쪽.

137 Kuppers, "Toward the Unknown Body", 139-140.

138 장애여성공감, 「논평: '도가니', 분노하는 우리들이 돌아보아야 할 것」(2011/09/30)
https://wde.or.kr/논평도가니-분노하는-우리들이-돌아보아야-할-것/

4장

1 제57회 세계 한센병의 날(2010년) 한센병 포스터, 한국한센복지협회,
http://www.khwa.or.kr

2 자서전에서 한센은 "의학 자료에서 나병이라고도 불리고 한센병이라고도 불리고 있
다"며 나병의 원인을 발견한 사람이 자신이라고 주장하고 있다(99쪽). Hansen,
Gerhard A. The Memories and Reflections of Dr. Gerhard Armauer Hansen. Würzburg:
German Leprosy Relief Association, 1976.

3 1954년 한센병이 있었던 시인 한하운은 대한한센협회를 설립했다. 한하운, 『한하운
전집』, 860쪽. 정민, 「전염병 개념의 혼동」, 『동아일보』(1957/02/28), 유준, 「나병은
나을 수 있다」, 『동아일보』(1957/09/01).

4 'leper'라는 용어는 1963년 열린 제8회 국제나학회부터 사용이 폐지되었다.
"Timeline: Conferences/Congresses", International Leprosy Association, Global
Project on the History of Leprosy, http://www.leprosyhistory.org

5 Edmond, Leprosy and Empire, 18.

6 Watt, "Preface".

7 퇴치(elimination)는 만 명당 한 건 미만으로 나타날 경우로 정의된다. 박멸(er-
adication)은 전 세계에서 질병을 일으키는 원인균이 완전히 사라진 상태를 말한다.
World Health Organization, The Final Push Strategy to Eliminate Leprosy as a Public
Health Problem: Questions and Answers, 2nd ed. (Geneva: who, 2003), 6.

8 Vicki Luker, "The Lessons of Leprosy? Reflections on Hansen's Disease in the
Response to hiv and aids in the Pacific", unpublished manuscript, 2013.

9 Waxler, "Learning to Be a Leper", 170.

10 Niehaus, "Leprosy of a Deadlier Kind", 311-312; Edmond, Leprosy and Empire, 16.

11 Treichler, *How to Have Theory in an Epidemic*, 15.

12 「병에 걸리기 쉬운 체질이 따로 있다」, 『동아일보』(1928/10/27). 「결혼 의학의 지식」, 『동아일보』(1928/11/06).

13 Butler, Gender Trouble, xx[주디스 버틀러, 『젠더 트러블』, 조현준 옮김, 문학동네, 2008].

14 한하운, 「인간 행진」, 130쪽.

15 Foucault, *Madness and Civilization*, 3.

16 나병을 사회다윈주의 및 우생학의 유행과 연결 지은 거소는 나병에 대한 근대의 낙인이 인종주의와 관련이 있다고 말한다. Gussow, *Leprosy, Racism and Public Health*, 19-20.

17 Hansen, *Memories and Reflections of Dr. Gerhard Armauer Hansen*, 108.

18 Hansen, *Memories and Reflections of Dr. Gerhard Armauer Hansen*, 99.

19 Hansen, *Memories and Reflections of Dr. Gerhard Armauer Hansen*, 99-100.

20 한센은 1897년 베를린 회의에서 비감염인들을 관리자로 이용하는 방법을 제안했다. "나는 전국을 여행하며 나환자가 사는 곳을 방문했다. 위생 규칙과 나환자를 격리하는 방법에 대한 강연은 받아들여지지 않는다. 나환자들은 자신들이 다른 사람들에게 위험하다는 사실을 받아들이지 않으며, 자신의 자유가 제한되는 것을 당연히 원치 않는다. 따라서 나는 건강한 사람들이 내 강연을 참석하도록 하고 있다. 건강한 사람들은 주의 깊게 듣는다. 그들이 나환자와 접촉하고 싶어 하지 않도록 하는 것이 중요하다. 그렇게 되면 나는 내 목적을 달성한 것이다. 노르웨이에서는 나환자가 일꾼을 구하려 해도 구할 수 없게 되는 것까지 달성했다." G. A. Hansen, "Optional and Obligatory Isolation of Lepers," *Mittheilungen und Verhandlugen der Internationaladen Wissenschaftlichen Lepra-Conferenz zu Berlin*, vol. 2, 165; quoted in Pandya, "First International Leprosy Conference, Berlin, 1897", 172.

21 Pandya, "First International Leprosy Conference, Berlin, 1897", 172.

22 Pandya, "First International Leprosy Conference, Berlin, 1897", 172, 174.

23 Pandya, "First International Leprosy Conference, Berlin, 1897", 174.

24 "Timeline: Conferences/Congresses".

25 정근식, 「한국에서의 근대적 나 구료의 형성」, 16쪽.

26 소록도 역사박물관에는 섬에서 사용된 고유한 용어들에 대한 설명이 전시되어 있다.

27 교육인적자원부, 『교육공무원 보수 편람』(서울: 교육인적자원부, 2001).

28 보건사회부 한국아동복리위원회, 『한국 장해아동 조사 보고서』, 1962.

29 방성준 「미감아 문제에 대하여」, 75쪽. "사회에서 거부당하는 나병 환친의 자녀 문제"에 대해서는 "사생아" 및 "미망인" 자녀와 함께 조사 방법의 복잡함으로 인해 통계에는 포함하지 않고 "논설만 게재"한다고 밝히고 있다. 보건사회부 한국아동복리위원회, 『한국 장해아동 조사 보고서』, 3쪽.

30 정근식, 「한국에서의 근대적 나 구료의 형성」, 11-13쪽.

31 「아해 죽인 원수라고 나병자 합력 난타」, 『동아일보』(1928/06/28); 「나병 환자 축출」, 『동아일보』(1931/03/24); 「생간 먹은 나환자 알고 보니 넌센쓰」, 『동아일보』(1935/08/25); 「유언비어는 엄중히 취체」, 『동아일보』(1936/06/21); 「왕십리에 소

굴 둔 나환자의 범행」, 『동아일보』(1936/06/14).

32 「이리 지방의 괴문」, 『동아일보』(1922/06/22); 「나병자 총검거 아이 일흔 까닭」, 『동아일보』(1931/05/24).

33 「유아의 부패시 발굴 제주해 먹은 나환자」, 『동아일보』(1934/07/01); 「미신이 죄악. 나환자가 십세아를 살해 식육」, 『동아일보』(1934/04/24); 「생간 먹은 나병자 구형대로 사형 판결」, 『동아일보』(1936/07/23); 「아이 잡아먹은 문둥이 사형」, 『동아일보』(1937/06/20).

34 「소록도의 별천지로 천여 나환자 수송」, 『동아일보』(1934/08/18); 「확장되는 소록낙원」, 『동아일보』(1936/02/20).

35 Sŏ Chŏng-ju, "The Leper", 23.

36 「문둥이, 생의 애착 소년 살해범 공판」, 『동아일보』(1937/06/15).

37 Gale, *History of the Korean People*, 22–24, quoted in Cumings, *Korea's Place in the Sun*, 127[『브루스 커밍스의 한국 현대사』, 181쪽].

38 셔우드 홀에 따르면 조선인들은 서양인이 아이들의 장기를 약제를 만드는 데 사용한다고 믿었기 때문에 맹아들을 서양 의사들이 데려가는 것을 두려워했다고 한다. 그는 어머니의 경험을 통해 이 점에 대해 다음과 같이 설명한다. "홀 여사는 맹아들을 돕기 위해 뭔가를 하고 싶어 했지만 조선인들이 의도를 이해하지 못할지도 모른다는 주의를 들었다. 1888년 영아 소동 중에 의사들이 아이들의 눈을 빼어 약을 만든다는 잘못된 소문이 돌았다. 어떤 일이 일어나면 그들은 맹아들을 그 소문의 증거로 생각할지도 모른다는 것이다." Hall, *With Stethoscope in Asia*, 144.

39 Robert D. Neff, "Bullied in Christmas", *Korea Times*, December 10, 2004.

40 조선 시대의 나병이라는 용어가 나병을 칭하는지 아니면 여러 종류의 피부 질환을 말하는지 의문이 있다.

41 성종3년, 『조선왕조실록』(1472/02/29).

42 선조9년, 『조선왕조실록』(1576/06/26).

43 『동아일보』는 「인육을 식한 여자, 심리한 후 공판」(1922/08/20) 「해골을 도굴 소식, 매독을 곳치려다 경찰 신세」(1925/09/23)이란 기사들을 실었다.

44 정창권은 〈통영오광대〉와 〈가산오광대〉와 같은 연극이 '문둥이'들의 주변화된 삶에 대해 현실적으로 그리고 있다고 주장한다. 정창권, 「조선에서의 장애인의 인식」, 22-28쪽.

45 이훈상, 『가산오광대』, 15쪽.

46 박진태, 『통영오광대』, 18-19쪽.

47 박진태, 『통영오광대』, 122-124쪽.

48 「칠곡 나환자촌 건물 지하실에 성서국교생 5명 암매장」, 『영남일보』(1992/08/21), 「개구리소년 수색 관련 보도에 불만 주민들 기자 등 25명 감금 폭행」, 『매일신문』(1992/08/22).

49 또 다른 동시대의 사례는 조선 시대 의사를 다룬 유명한 텔레비전 드라마 〈허준〉이다. 한 회에서 위대한 의사의 아들이 "문둥이들"에게 살해되었고 이들이 낫기 위해 아이의 장기를 먹었다고 나온다. 다음 회 마지막에 MBC는 한센인에 대한 왜곡된 이미지를

그린 점을 사과했다. 김인정, 「드라마〈허준〉과 다큐멘터리〈아! 소록도〉」, 〈전라도닷
컴〉(2001/12/19).

50   Cumings, *Korea's Place in the Sun*, 182[『브루스 커밍스의 한국 현대사』, 256쪽].

51   토지 소작 분쟁은 1931년 667건에서 1935년 2만 5834건으로 증가했다. 김종철, 「저항
       과 인간해방의 리얼리즘」, 96쪽.

52   김정한, 「옥심이」, 26쪽.

53   김정한, 「옥심이」, 27쪽.

54   최원식, 「90년대에 다시 읽는 요산」, 45쪽.

55   김정한, 「옥심이」, 27쪽.

56   김정한, 「옥심이」, 34쪽.

57   김정한, 「옥심이」, 31쪽.

58   Cumings, *Korea's Place in the Sun*, 175[『브루스 커밍스의 한국 현대사』, 247쪽].

59   문소정, 「식민지 시대 여성 노동과 몸의 체험」, 120-132쪽.

60   김정한, 「옥심이」, 33쪽.

61   김정한, 『낙동강의 파수꾼』, 76쪽.

62   김정한, 「옥심이」, 38쪽.

63   커밍스에 따르면 1930년대에는 토지 소작의 경우 토지의 불안정한 점유, 만연한 부채
       와 고리대금, 임금 미지급, 극심한 빈곤 등을 특징으로 하여 착취적인 성격을 나타냈다.
       Cumings, *Korea's Place in the Sun*, 182[『브루스 커밍스의 한국 현대사』, 255-256쪽].

64   김정한, 「옥심이」, 39쪽.

65   김정한, 「옥심이」, 41쪽.

66   최원식, 「90년대에 다시 읽는 요산」, 45쪽.

67   최원식, 「90년대에 다시 읽는 요산」, 45쪽.

68   최원식, 「90년대에 다시 읽는 요산」, 45쪽.

69   김동리, 「바위」(1947), 68쪽.

70   김동리, 「바위」(1936), 325쪽.

71   김동리, 「바위」(1936), 325쪽.

72   김동리, 「바위」(1947), 68쪽.

73   김동리, 「바위」(1947), 69쪽.

74   이 이야기와 유사한 나환자 살해 사건이 보도되었다. 「불치의 악질 걸린 애녀를 양회
       음독시켜 투강까지」, 『동아일보』(1933/05/05).

75   김동리, 「바위」(1947), 71쪽.

76   김동리, 「바위」(1947), 73쪽.

77   김동리, 「바위」(1947), 75-76쪽.

78   김동리, 「바위」(1947), 76쪽.

79   김동리, 「바위」(1947), 79쪽.

80   한혜선, 『한국소설과 결손인물』, 109.

81   Jane Kim, "Leprosy in Korea", 112-113.

82   Saunders, *Cultural Cold War*.

83 개인적 대화(2014./05/28).

84 박정희는 이 표어를 여러 공공장소에서 반복했다. 예를 들어, 1970년 51회 전국체육대
회 연설에서 "체력은 국력의 근간이다"라고 말했다. 모자보건법에 명문화된 우생학에
대한 논의는 1장을 보라.

85 소록도 국립병원은 환자가 불임수술을 받기 전에는 결혼을 금지하는 내부 규정을 2002
년 10월까지 유지했다.

86 한하운, 「큰 코 다친다」, 730쪽.

87 「어느 날의 단상」에서 한하운은 눈썹 이식이 보통 성공한다고 하고 수술에 대한 생각에 흥분
되지만 수술을 원하지 않는다고 쓴다.(741); 「나의 일급비밀: 눈썹 없는 겸손」, 『경향신문』
(1962/03/13).

88 한하운, 「나의 슬픈 반생기」.

89 강홍규, 「관철동 시대 70년대 한국 문단 풍속화 41: 시인 한하운의 비련」, 『경향신문』
(1987/01/24).

90 한하운, 「천형 시인의 비원」, 723쪽. 그가 쓰는 우생학의 개념은 모호하고 역설적이다.
그는 산아제한의 원칙을 지키며 결혼할 자유를 주장하지만 불임수술은 비판한다. 이런
글에서 한하운은 장애인의 인권과 책임감을 강조한다.

91 한하운, 「천형 시인의 비원」.

92 김현, 「치유와 사랑의 실천적 화해」, 219쪽.

93 이청준, 『당신들의 천국』, 363쪽. 인터뷰에서 이청준은 조원장 캐릭터를 구상할 때 박
정희를 생각했다고 이야기했다. 우찬제, 「'우리들의 천국'을 향한 '당신들의 천국'의
대화」, 274쪽.

94 이규태, 「소록도의 반란」.

95 이청준 『당신들의 천국』, 문학과지성사, 2012, 487쪽.

96 이청준 『당신들의 천국』, 문학과지성사, 2012, 487-488쪽.

97 이청준 『당신들의 천국』, 문학과지성사, 2012, 493-494쪽.

98 우찬제, 「'우리들의 천국'을 향한 '당신들의 천국'의 대화」, 271쪽.

99 우찬제, 「'우리들의 천국'을 향한 '당신들의 천국'의 대화」, 271쪽.

100 우찬제, 「'우리들의 천국'을 향한 '당신들의 천국'의 대화」, 274쪽.

101 조수진, 「한센병 국회 문턱 넘다」, 『동아일보』(2004/10/12).

102 정근식, 「일 한센병 인권 운동의 교훈」, 『경향신문』(2001/06/28).

103 노성열, 「소록도 격리 한센병 환자 일 상대 손배소」, 『문화일보』(2004/08/24).

104 김덕련, 「소송 지지 시민들 서명이 일 정부 항소 막을 것」, 〈오마이뉴스〉(2005/05/02).

105 대한민국 외교부, 「일본 정부의 우리 한센인 피해자 62명에 대한 보상금 지급 결정 관련 외교
부 대변인 논평」(2006/06/23), http://www.newswire.co.kr

106 정은주, 「소록도는 더 이상 외롭지 않다」, 『서울신문』(2004/12/16).

107 김선식, 「한센인 강제 단종 낙태, 법원 56억 국가 배상을」, 〈연합뉴스〉(2015/02/12).
하지만 정부는 이 판결을 뒤집기 위해 항소했다.

108 Davis, "Racism, Birth Control and Reproductive Rights", 202-271을 참조.

109 한국한센복지협회의 공식 홈페이지에 올라온 "한센 사업 대상자 분포",

http://www.khwa.or.kr/business/distri.asp

110   Luker, "Lessons of Leprosy?".

111   시탈레키 피나우(Sitaleki Finau) 박사는 니우에 섬에 대해 이렇게 말했다. "지금의 문제는 이 이슈를 토론할 정치적 의지가 없다는 것이다. 우리는 나병, 결핵, 뎅기열 같은 다른 감염병을 잘 대응해 왔는데, 왜 HIV/AIDS는 안 되는 것인가?" Rietesh Kumar, "Isolate People Living with hiv/aids—Dr Finau", Pacific Islands News Association, 2008/08/19, http://www.pina.com.fj

112   Kudlick, "Smallpox, Disability, and Survival in Nineteenth-Century France", 197.

113   Bell, "I Am Not the Man I Used to Be", 226.

114   Waxler, "Learning to Be a Leper", 189.

115   Sase, Jimba, and Wakai, "Scar of Japan's Leprosy Isolation Policy in Korea", 1396.

116   Hyung-Jin Kim, "Korean Ex-Leprosy Patients Return to Island Colony", *AP News*, November 24, 2013.

5장

1   이태곤(글)과 이상윤(그림), 〈거사〉, 『함께걸음』(1996/11), 58-65쪽.

2   영어의 'bachelor'가 '총각'이라는 단어에 좀 더 직접적인 번역어지만, '총각 딱지'라는 표현은 결혼하지 않은 상태보다 어떤 성적 경험도 없다는 점을 강조한다. 따라서 영어에서 'virginity'가 성별에 따라 다른 함축적 의미와 역사를 가지고 있긴 하지만 이럴 때 'virginity'가 더 적절하다고 봤다.

3   여준민, 「장애우들이여, 이제 성적 권리를 주장하라」, 『함께걸음』(2003/06/01); 허정헌, 「마이너리티의 性: 장애인」, 『한국일보』(2008/04/15).

4   O'Toole and Bregante, "Disabled Women".

5   Hahn, "Social Components of Sexuality and Disability"; Cole and Cole, "Sexuality, Disability, and Reproductive Issues through the Lifespan"; Shakespeare, Gillespie-Sells, and Davies, *Sexual Politics of Disability*; Gill, "Dating and Relationship Issues"; Garland-Thomson, *Extraordinary Bodies*[로즈메리 갈런드-톰슨, 『보통이 아닌 몸』, 손홍일 옮김, 그린비, 2015].

6   Shildrick, *Dangerous Discourses of Disability, Subjectivity, and Sexuality*, 65.

7   이명구, 「장애인도 성욕이 있다」, 〈스포츠 서울닷컴: 썬데이〉(2009/05/01).

8   지성, 「발달장애여성의 삶과 섹슈얼리티」, Alza.net(2009/12/09).

9   전흥윤, 「장애우 결혼, 왜 어려운가」, 『함께걸음』(1989/09/01).

10   나영정(타리), 「장애인의 섹슈얼리티: 치료, 봉사, 매매에서 이탈하기」, 『공감』 8호(2005): 89-98쪽; 신우, 「'다들 하고 있냐'구요? '핑크 팰리스'를 통해서 본 성담론」, 『공감』 8호(2005): 63-72쪽.

11   허정헌·김성환, 「마이너리티의 性: 외국인 노동자」, 『한국일보』(2008/04/16); 허정헌·김청환·김성환, 「마이너리티의 性: 노인」, 『한국일보』(2008/04/14).

12 김현선, 「장애인의 성욕과 성매매」, 『함께걸음』(2003/06/11).

13 "Zurich Disabled Get Sexual Relief", *Swissinfo*, April 8, 2003; "Disabled Organization Withdraws Sex Project", *Swissinfo*, September 11, 2003; "Disabled Sex 'Assistants' Tackle Taboo", *Swissinfo*, April 8, 2006.

14 Shildrick, *Dangerous Discourses of Disability, Subjectivity, and Sexuality*, 74.

15 Shildrick, *Dangerous Discourses of Disability, Subjectivity, and Sexuality*, 74.

16 여준민, 「장애우들이여, 이제 성적 권리를 주장하라」.

17 송주연, 「핑크 팰리스, 서동일 감독의 인생 이야기」, 『필름2.0』(2005/11/07).

18 원미혜, 「'성판매 여성'의 생애 체험 연구: 교차적 성 위계의 시공간적 작용을 중심으로」, 147.

19 원미혜, 「'성판매 여성'의 생애 체험 연구: 교차적 성 위계의 시공간적 작용을 중심으로」, 147.

20 개인적 대화(2010).

21 "Brothel Offers Easy Access for Disabled", BBC News, March 14, 2001.

22 박순천, 「축복도 저주도 아닌 나의 월경: 장애여성의 월경」, 『공감』 6호(2003), 26-31쪽; McCarthy, "Whose Body Is It Anyway?".

23 박지주, 「영화 〈핑크 팰리스〉의 한계와 가치」, 〈에이블뉴스〉(2005/06/30).

24 김민경, 「장애인의 성욕은 유죄인가?」, 『한겨레21』(2006/08/18).

25 이훈희, 「장애인의 성 문제 다룬 핑크 팰리스 유감: 누가 이 영화를 장애인 영화라고 말하는가」, 〈위드뉴스〉(2005/06/29); 이훈희, 「재반론: 핑크 팰리스 반론에 대한 더 큰 안타까움」, 〈위드뉴스〉(2005/07/05); 서동일, 「핑크 팰리스의 안타까움을 전합니다」, 〈위드뉴스〉(2005/07/04).

26 박지주, 「성노동자의 날 행사에 장애인의 성이 이용당할 뻔」, 〈에이블뉴스〉(2005/07/05). 영화 제작에 참여한 구성원들이 이 행사의 목적에 반대하고 이런 부분 상영을 거부했기 때문에 영화는 상영되지 않았다.

27 김현선, 「장애인의 성욕과 성매매」.

28 여준민, 「윤락가의 두 장애여성, 이들에게 무슨 일이 일어났나」, 『함께걸음』(2003/03/01).

29 엄상미, "한낱 '떨이'가 되는 참 착한 여자들", 『공감』 6호(2003), 44-50쪽.

30 일본의 장애인 성서비스 및 관련 정치학 그리고 책 『섹스 자원봉사』의 영향에 관해서는 Nakamura의 "Barrier-Free Brothels"을 참조.

31 일본에서 '섹스자원봉사자'는 성생활이 없는 기혼 여성이 섹스를 경험하도록 돕는 남자를 가리킬 때 쓰기도 한다.

32 조은영, 「장애우 섹스 서비스에 대한 찬반」, 『함께걸음』(2005/04/01).

33 가와이 가오리, 『섹스 자원봉사』.

34 가와이 가오리, 『섹스 자원봉사』, 101쪽.

35 Shakespeare, *Disability Rights and Wrongs*.

36 Shakespeare, *Disability Rights and Wrongs*, 155.

37 장경민, 「섹스와 자원봉사 그리고 중증 장애인」, 〈에이블뉴스〉(2010/01/26).

38 〈여성 장애인 김진옥 씨의 결혼 이야기〉(김진열, 1999);〈장애여성의 성과 사랑〉, MBC 스페셜(김영호) 2007/04/15 방송.

39 김화범, 「프로그램 노트: 아빠」, 『서울독립영화제 2004』, 2004, 15쪽.

40 류미례에 의하면 영화의 이 장면은 실제 시설에서 촬영되었고 장애남성들은 배우가 아니었다. 「장애인의 성을 소재로 한 독립영화: 아빠」, 〈위드뉴스〉(2005/07/08).

41 신미혜, "아빠: 인식의 확장을 요구하는 영화", 『독립영화』 24호 (2005), 30-31쪽.

42 조은영, 「장애우 섹스 서비스에 대한 찬반」.

43 나영정(타리), 「장애인의 섹슈얼리티」, 89-98쪽.

44 영롱, 「장애인의 섹슈얼리티는 발견되는 것이 아니다」, 『함께걸음』(2008/09/11);『인권오름』(2008/09/10).

45 신우는 또한 '장애인'을 성적인 기회가 결여된 집단으로 구성하는 것은 잘못되었다고 지적한다. 신우, "다들 하구 있냐구요?".

46 Wilkerson, "Disability, Sex Radicalism, and Political Agency".

결론

1 McClintock, *Imperial Leather*, 40.

2 다큐멘터리 〈라자루스 이펙트〉(The Lazarus Effect, 2010)는 항바이러스 치료의 효과를 보여 주고 서구에 기부를 요청하기 위해 남아프리카 HIV 감염인의 전/후 이미지를 활용한 적절한 사례이다.

3 애덤 프랭크(Adam Frank)는 밤하늘을 '타임머신'으로 표현했다. "우리는 하늘이 현재 어떤 모습인지 결코 보지 못하고, 하늘이 과거에 어떤 모습이었는지를 볼 수 있을 뿐이다." "Where Is Now? The Paradox of the Present", July 26, 2011, www.npr.org/sections/13.7/2011/07/26/138695074/where-is-now-the-paradox-of-the-present.

4 World Health Organization, "Health Statistics and Information Systems", www.who.int/healthinfo/global_burden_disease/metrics_daly/en, 저자 강조. 장애보정생존연수에 대한 비판은 다음을 참조. Erevelles, *Disability and Difference in Global Contexts*, 139-141.

5 World Health Organization, "Concept Paper: WHO Guidelines on Health- related Rehabilitation (Rehabilitation Guidelines)", December 2012, www.who.int/entity/disabilities/care/concept_note.doc, 저자 강조.

6 University of Minnesota Human Rights Center, Human Rights. *Yes! Action and Advocacy on the Rights of Persons with Disabilities*, 2nd ed., http://hrlibrary.umn.edu/edumat/hreduseries/HR-YES/Human%20Rights%20YES%20Final%20PDF.pdf, 저자 강조.

7 University of Minnesota Human Rights Center, *Human Rights*.

8 *The Mystery of the Eye and the Shadow of Blindness* 68쪽에서 미칼코(Michalko)는 어떻게 장애가 "원래의 상태와 비교해서 불완전하고, 왜곡되어 있고, 결함이 있다"고 여겨

지는지 설명하고, "이전 상태"로 돌아가는 것이 아니라 "적절한 상태"로 회복하는 것으로 이해되어 재활이 도덕적인 성격을 가지게 된다고 지적한다.

9   Fabian, *Time and the Other*, 31.

10   Bhabha, *Location of Culture*, 2[호미 바바, 『문화의 위치』, 나병철 옮김, 소명, 2002, 29쪽, 새로 번역].

11   Haraway, *Primate Visions*, 247.

12   Haraway, *Primate Visions*, 247.

13   Fabian, *Time and the Other*, 32.

14   Das, "Violence and the Work of Time", 67.

15   Kafer, *Feminist, Queer, Crip*, 48–49.

16   신우, 「용산 미군기지에 세운 장애여성 마을」, 『공감』 7호(2004), 17쪽.

17   박영률, 「용산공원 설계 공모 당선작 '미래 지향하는 치유의 공원'」, 『한겨레신문』 (2012/04/23).

참고 문헌

영화·방송

영화 〈꽃잎〉. 장선우 감독. 1996. DVD.

영화 〈도가니〉. 황동혁 감독. 2011. DVD.

영화 〈만종〉. 신상옥 감독. 1970.

영화 〈섹스 볼란티어〉. 조경덕 감독. 2009. DVD.

영화 〈수취인불명〉. 김기덕 감독. 2001. DVD.

영화 〈심청〉. 안석영 감독. 1937. VOD.

영화 〈아다다〉. 임권택 감독. 1987. VHS.

영화 〈아빠〉. 이수진 감독. 2004. DVD.

영화 〈여섯 개의 시선〉. 박찬욱·임순례·여균동·박진표·정재은·박광수 감독. 2003. DVD.

영화 〈영자의 전성시대〉. 김호선 감독. 1975. DVD.

영화 〈오발탄〉. 유현목 감독. 1961. DVD.

영화 〈오아시스〉. 이창동 감독. 2002. DVD.

영화 〈옥례기〉. 임권택 감독. 1977. VHS.

영화 〈월남에서 돌아온 김상사〉. 이성구 감독. 1971. DVD.

영화 〈장화, 홍련〉. 김지운 감독. 2003. DVD.

영화 〈팬지와 담쟁이〉. 계운경 감독. 2000. VHS.

영화 〈핑크 팰리스〉. 서동일 감독. 2005. DVD.

영화 〈하늘나라 엄마별이〉. 이영우 감독. 1981. VHS.

영화 〈황토길〉. 양승룡 감독. 한국영상자료원. 1962. DVD.

영화 〈효녀 심청〉. 신상옥 감독. 1972. VHS.

방송 〈대한뉴스〉 제797호, "제51회 전국체육대회". 1970/10/10.

방송 〈아! 소록도〉. 김휘·강명곤 연출. MBC. 2001/12/19; 2001/12/20. VOD.

방송 〈엄지공주 엄마가 되고 싶어요 1〉. 유해진 연출. MBC. 2007/05/15. VOD.

방송 〈엄지공주 엄마가 되고 싶어요 2〉. 유해진 연출. MBC. 2008/05/30. VOD.

방송 〈엄지공주 엄마가 되고 싶어요 3〉. 유해진 연출. MBC. 2009/03/29. VOD.

국내 문헌

가와이 가오리. 『섹스 자원봉사: 억눌린 장애인의 성』. 육민혜 옮김, 아롬미디어, 2005.

경성제국대학 위생조사부 엮음. 『토막민의 생활과 위생: 1940년 경성의 풍경』. 박현숙 옮김, 민속원, 2010.

계용묵. 「백치 아다다」, 『한국대표작선집: 소설 1』. 명문당, 1994: 194-205.

＿＿＿＿. 「캥거루의 조상이」, 『백치 아다다』. 어문각, 1985: 82-100.

고동연. 「전후 한국 영화에 등장하는 주한 미군의 이미지: '지옥화'(1958)에서부터 '수취인불명'(2001)까지」, 『미국사연구』 30호. 한국미국사학회, 2009: 147-172.

고부응. 「문화와 민족 정체성」, 『비평과이론』 5권 2호. 2000: 101-124.

구인환 엮음. 「노처녀가」, 『삼설기, 화사』. 신원문화사, 2003: 108-115.

＿＿＿＿＿＿. 「장화홍련전」, 『장화홍련전』. 신원문화사, 2003: 13-43.

권오룡 엮음. 『이청준 깊이 읽기』. 문학과지성사, 1999: 361-368.

김도현. 『차별에 저항하라』. 박종철출판사, 2007.

김동리. 「바위」, 『무녀도』. 을유문화사, 1947: 66-79.

＿＿＿＿. 「바위」, 『신동아』. 1936/05: 322-335.

김예림. 「전시기 오락정책과 '문화'로서의 우생학」, 『역사비평』 73호. 2005: 325-350.

김은정. 「정상성에 도전하는 여성들」, 『한국 여성인권운동사』. 한국여성의전화 엮음, 한울, 1999: 404-451.

김정란. 「우아한 사랑 노래? 아가?: 이문열의 퇴행적 세계관」. 『연두색 글쓰기』. 새움, 2001: 217-237.

김정한. 「옥심이」, 『신한국문학전집 17』. 어문각, 1975: 25-42.

＿＿＿＿. 『낙동강의 파수꾼』. 한길사, 1978.

김종철. 「저항과 인간 해방의 리얼리즘」, 『김정한: 대쪽 같은 삶과 문학』. 강진호 엮음, 새미, 2002: 39-96.

김창환. 「'몸'을 통한 기억과 '오빠'의 나르시시즘」, 『한국 뉴웨이브의 정치적 기억』. 연세대학교 미디어아트연구소 엮음, 연세대학교 출판부, 2007: 195-218.

김태계. 「낙태죄에 관한 문제점과 입법론」, 『법학 연구』 18권 1호. 2010: 233-261.

김현. 「자유와 사랑의 실천적 화해」, 『이청준 깊이 읽기』. 권오룡 엮음, 문학과 지성사, 1999: 218-233.

김혜수. 「신여성도 '달'을 먹어야만 했을까?」, 『우리나라 여성은 어떻게 살았을까 1』. 이배용 엮음, 청년사, 1999: 50-72.

남다은. 「우리는 그날을 누구의 기억으로 사유하는가」, 『한국 뉴웨이브의 정치적 기억』. 연세대학교 미디어아트연구소 엮음, 연세대학교 출판부, 2007.

다비데 카사로. 「이제 거짓말을 그만 둬야」, 『한국 뉴웨이브의 정치적 기억』. 연세대학교 미디어아트연구소 엮음, 연세대학교 출판부. 2007: 363-407.

문소정. 「식민지 시대 여성 노동과 몸의 체험」, 정기 학술대회, 한국사회사학회, 2004: 120-132.

박성진. 「일제하 인종주의 특성과 적용 형태」, 『한국근현대사연구』 5호. 1996: 89-113.

박영숙.『미친년 프로젝트: 1999-2005』. 눈빛, 2005.

박진태.『통영오광대』. 화산문화. 1994.

박희병.「'병신'에의 시선: 전근대 텍스트에서의」,『고전문학연구』12. 2003: 309-361.

방성준.「미감아 문제에 대하여」,『한국 장해아동 조사 보고서』. 보건사회부 한국아동복리위
  원회, 1962: 75-76.

배은경,「한국 사회 출산 조절의 역사적 과정과 젠더」, 서울대학교 박사 학위논문, 2004.

백지숙.「페미니즘 관점에서 본 여성 현실」,『미친년 프로젝트: 1999-2005』. 눈빛, 2005.

변인식.「임권택의 영화에 나타난 인간 회복의 테마론: 티켓, 씨받이, 아다다의 경우」,『영화
  연구』6. 1989/10: 39-54.

보건사회부 한국아동복리위원회,『한국 장해아동 조사 보고서』, 1962.

사이토 아야코.「꽃잎의 무게: 역사적 트라우마와 폭력의 재현」,『한국 뉴웨이브의 정치적
  기억』. 연세대학교 미디어아트연구소 엮음, 연세대학교 출판부, 2007: 245-310.

소현숙.「일제시기 출산통제담론 연구」,『역사와현실』38. 2000/12: 221-252.

신동일.『우생학과 형사정책』. 한국형사정책연구원, 2007.

신영전.「식민지 조선에서 우생운동의 전개와 성격」,『의사학』15권 2호. 2006: 133-155.

심승구.「장애를 통해 본 한국인의 몸 인식: 전근대를 중심으로」, 정기 학술대회, 한국사회사
  학회. 2004: 22-28.

우찬제,「'우리들의 천국'을 향한 '당신들의 천국'의 대화」,『문학과사회』61. 문학과지성사,
  2003: 260-285.

원미혜.「'성판매 여성'의 생애 체험 연구: 교차적 성 위계의 시공간적 작용을 중심으로」, 박사
  학위논문, 이화여자대학교, 2010.

유강하.「'도가니 신드롬'을 통해 본 문학의 치유적 의미에 대하여」,『아시아문화 연구』27.
  2012: 147-171.

유주현.「태양의 유산」,『한국문학대전집 26』. 학원출판공사, 1987: 270-280.

윤인선.「버림받은 딸, 심청」,『한국언어문학』49. 2002: 113-139.

이경민.「사진신부, 결혼에 올인하다: 하와이 이민과 사진결혼의 탄생1」,『황해문화』56.
  2007년 가을: 402-411.

_____.「사진신부, 결혼에 올인하다: 하와이 이민과 사진결혼의 탄생1」,『황해문화』57.
  2007년 겨울: 406-414.

이광수.『민족개조론』(1922). 우신사, 1979.

이규태.「소록도의 반란」,『사상계』. 1966/10: 334-361.

이명자·황혜진.『70년대 체제 이행기의 남북한 비교 영화사 : 지배 이데올로기와 영화적 재현
  사이의 반영과 충돌』. 한국영화진흥위원회, 2004.

이문성.「판소리계 소설의 해외 영문번역 현황과 전망」,『한국학연구』38. 2011: 259-285.

이문열.『아가: 희미한 옛사랑의 그림자』. 민음사, 2000.

_____.『익명의 섬』. 민음사, 2016.

이방현.「식민지 조선에서의 정신병자에 대한 근대적 접근」,『의사학』22. 2013: 529-578.

이석구.「영화 '꽃잎'에 나타난 "남성적 시선"과 "애도"의 문제」,『비교문학』47. 2009/02:
  147-169.

이청준.『당신들의 천국』(1976). 문학과지성사, 2012.

이효석.「산협」(1941).『한국현대대표소설선 4』. 창작과비평사, 1996: 339-365.

이훈상.『가산오광대』. 국립 문화재 연구소, 2004.

일연.『삼국유사』. 김영석 옮김, 학원사, 1994.

정근식.「한국에서의 근대적 나 구료의 형성」.『보건과 사회과학』1권 1호. 1997: 1-30.

정지영.「'팔려간 딸'에 대한 불편한 기억」.『한국여성학』27권 1호. 2011: 155-187.

정진석.「민족의 지성 신동아 600호의 언론사적 의미」,『신동아』. 2009/09: 650-664.

정창권.「조선에서의 장애인 인식」, 정기 학술대회, 한국사회사학회, 2004: 29-54.

_____.『역사 속 장애인은 어떻게 살았을까』, 글항아리, 2011.

정창범.「계용묵론: 작품 경향의 분석」,『통일인문학논총』8권 2호. 1976: 27-42.

정하영 역주.『한국고전문학전집 13: 심청전』. 고려대학교 민족문화연구원, 1995.

조낙현.「'소경과 안즘방이 문답'의 시사 비평과 알레고리에 대하여」,『국어 교육』90. 1995:
    283-297.

조선작.『영자의 전성시대』. 민음사, 1974.

조홍석.「현행 모자보건법 제 14조의 헌법상 문제점과 개선방안」,『법제』515호. 법제처,
    2000: 12-26.

주요섭.「추물」,『신동아』. 1936/04: 290-305.

채만식.「심봉사」(1935),『채만식 전집 9』. 창작과비평사, 1989: 28-101.

최원규.「생명권력의 작동과 사회복지」,『상황과복지』12호. 2002: 143-181.

최원식.「90년대에 다시 읽는 요산」,『김정한: 대쪽같은 삶과 문학』. 강진호 엮음, 새미, 2002:
    39-56.

최윤.『저기 소리 없이 한 점 꽃잎이 지고』, 문학과지성사. 2018.

최인훈.「달아 달아 밝은 달아」,『옛날 옛적에 훠어이 훠이』. 문학과지성사. 1979.

최주한.「민족개조론과 상애의 윤리학」,『서강인문논총』30. 2011: 295-335.

한국영상자료원 엮음.『식민지 시대의 영화 검열: 1910-1934』. KOFA, 2009.

한만수.「식민지 시기 검열과 1930년대 장애우 인물 소설」,『한국문학연구』29. 2005: 7-33.

한민주.「인조인간의 출현과 근대 SF문학의 테크노크라시: '인조 노동자'를 중심으로」,『한
    국근대문학연구』25. 2012: 417-449.

한하운.「나의 슬픈 반생기」,『한하운 전집』. 문학과지성사, 2010: 219-495.

_____.「어느 날의 단상」(『신문예』, 1958/12),『한하운 전집』. 문학과지성사, 2010: 738-742.

_____.「인간 행진」(『새빛』, 1969/01),『한하운 전집』. 문학과지성사, 2010: 130.

_____.「천형 시인의 비원」,『한하운 전집』. 문학과지성사, 2010: 716-729.

_____.「큰 코 다친다」(『신문예』, 1958/07),『한하운 전집』. 문학과지성사. 2010: 730.

_____.『한하운 전집』. 문학과지성사, 2010.

한혜선.『한국소설과 결손인물』. 국학자료원, 2000.

황석영.『심청』. 문학동네, 2003.

황순원.「맹아원에서」,『황순원 전집』2. 창문사, 1964: 297-308.

황영주.「심청전 읽기로 본 한국에서의 근대국가와 여성」,『한국정치학회보』34권 4호,
    2000: 77-92.

Agamben, Giorgio. *Remnants of Auschwitz*. Translated by Daniel Heller-Roazen. New York: Zone, 1999.

Ahmed, Sara. *The Promise of Happiness*. Durham: Duke University Press, 2010[사라 아메드, 『행복의 약속』, 성정혜·이경란 옮김, 후마니타스, 2021].

Alayarian, Aida. *Consequences of Denial: The Armenian Genocide*. London: Karnac, 2008.

Allen, Horace Newton. "Sim Chung: The Dutiful Daughter," In *Korean Tales: Being a Collection of Stories Translated from the Korean Folk Lore*, 152-169. Library of Alexadria, 1889.

American Psychiatric Association. *Diagnostic and Statistical Manual of Mental Disorders*, IV-TR. Arlington, VA: American Psychiatric Press, 2000.

American Psychiatric Association. *Diagnostic and Statistical Manual of Mental Disorders*. 5th ed. Arlington, VA: American Psychiatric Press, 2013.

Andersen, Hans Christian. *The Little Mermaid*. Translated by David Hohnen. Copenhagen: Host and Son, 1962.

Anderson, Benedict. *Imagined Communities: Reflections on the Origin and Spread of Nationalism*. Revised ed. London: Verso, 1991.

Anzaldua, Gloria. "La Conciencia de la Mestiza: Toward a New Consciousness." In *The Essential Feminist Reader*, edited by Estelle B. Freedman, 385-390. New York: Modern Library, 2007.

_____ . "(Un)natural Bridges, (Un)safe Spaces." In *This Bridge We Call Home: Radical Visions for Transformation*, edited by Gloria E. Anzaldua and AnaLouise Keating, 1-5. New York: Routledge 2002.

Baril, Alexandre. "Needing to Acquire a Physical Impairment/Disability: (Re)Thinking the Connections between Trans and Disability Studies through Transability." Translated by Catriona Leblanc. *Hypatia* 30, no. 1 (2015): 3-48.

Beauchamp-Pryor, Karen. "Impairment, Cure and Disability: 'Where Do I Fit In?'" *Disability and Society* 26, no. 1 (2011): 5-17.

Bell, Christopher. "I Am Not the Man I Used to Be." In *Sex and Disability*, edited by Robert McRuer and Anna Mollow, 208-230. Durham: Duke University Press, 2012.

Bhabha, Homi K. *The Location of Culture*. New York: Routledge, 1994.

Butler, Judith. *Gender Trouble*. New York: Routledge, 2007[주디스 버틀러, 『젠더 트러블』, 조현준 옮김, 문학동네, 2018].

Caminero-Santangelo, Marta. *The Madwoman Can't Speak: Or, Why Insanity Is Not Subversive*. Ithaca, NY: Cornell University Press, 1998.

Čapek, Karel. *R. U. R.(Rossum's Universal Robots): A Fantastical Melodrama*. Translated by Paul Selver. Garden City, NY: Doubleday, 1923[카렐 차페크, 『R. U. R.』, 유선비

옮김, 이음, 2020].

Ch'oe, Yun. *There a Petal Silently Falls: Three Stories by Ch'oe Yun.* Translated by Bruce and Ju-chan Fulton. New York: Columbia University Press, 2008.

Chambers, Samuel A., and Terrell Carver. *Judith Butler and Political Theory: Troubling Politics.* New York: Routledge, 2008.

Chen, Mel Y. *Animacies: Biopolitics, Racial Mattering, and Queer Affect.* Durham: Duke University Press, 2012.

Cho, Eunsun. "The Female Body and Enunciation in Adada and Surrogate Mother." In *Im Kwon-Taek: The Making of a Korean National Cinema*, edited by David E. James and Kyung Hyun Kim, 84-106. Detroit, MI: Wayne State University Press, 2002.

Choi, Hyaeweol. *New Women in Colonial Korea: A Sourcebook.* Hoboken, NJ: Taylor and Francis, 2012.

Choi, Kyeong-Hee. "Impaired Body as Colonial Trope: Kang Kyŏng'ae's 'Underground Village.'" *Public Culture* 13, no. 3 (2001): 431-458.

Clare, Eli. *Exile and Pride: Disability, Queerness, and Liberation.* Cambridge, MA: South End, 1999[일라이 클레어, 『망명과 자긍심』, 전혜은·제이 옮김, 현실문화연구, 2020].

Cole, Sandra S., and Theodore M. Cole. "Sexuality, Disability, and Reproductive Issues through the Lifespan." *Sexuality and Disability* 11, no. 3 (1993): 189-205.

Cumings, Bruce. *Korea's Place in the Sun: A Modern History.* New York: W. W. Norton, 1997[브루스 커밍스, 『브루스 커밍스의 한국 현대사』, 이교선·한기욱·김동노·이진준 옮김, 창비, 2001].

Das, Veena. "Violence and the Work of Time." In *Signifying Identities*, edited by Anthony Cohen, 59-73. New York, Routledge, 2000.

_____. "Violence, Gender, and Subjectivity." *Annual Review of Anthropology* 37(2008): 283-299.

Davidson, Michael. *Concerto for the Left Hand: Disability and the Defamiliar Body.* Ann Arbor: University of Michigan Press, 2008.

Davis, Angela. "Racism, Birth Control and Reproductive Rights." In Women, Race, & Class, 202-271. New York: Random House, 1981.

Dean, Tim. *Unlimited Intimacy: Reflections on the Subculture of Barebacking.* Chicago: University of Chicago Press, 2009.

Derrida, Jacques. *Dissemination.* Translated by Barbara Johnson. Chicago: University of Chicago Press, 1981.

DiMoia, John. *Reconstructing Bodies: Biomedicine, Health, and Nation Building in South Korea since 1945.* Stanford, CA: Stanford University Press, 2013.

Donaldson, Elizabeth J. "The Corpus of the Madwoman: Toward a Feminist Disability Studies Theory of Embodiment and Mental Illness." In *The Madwoman and the Blindman: Jane Eyre, Discourse, Disability*, edited by David Bolt, Julia Miele Rodas, and Elizabeth J. Donaldson, 11-31. Columbus: Ohio State University Press, 2012.

Durow, Saul. "South Africa: Paradoxes in the Place of Race." In *The Oxford Handbook of the History of Eugenics*, edited by Alison Bashford and Philippa Levine, 274-288. New York: Oxford University Press, 2010.

Edmond, Rod. *Leprosy and Empire: A Medical and Cultural History*. Cambridge: Cambridge University Press, 2006.

Enloe, Cynthia. *Maneuvers: The International Politics of Militarizing Women's Lives*. Berkeley: University of California Press, 2000.

Erevelles, Nirmala. *Disability and Difference in Global Contexts: Enabling a Transformative Body Politic*. New York: Palgrave Macmillan, 2011.

Fabian, Johannes. *Time and the Other: How Anthropology Makes Its Object*. New York: Columbia University Press, 2002.

Felman, Shoshana. *What Does a Woman Want? Reading and Sexual Difference*. Baltimore: Johns Hopkins University Press, 1993.

Foucault, Michel. *The History of Sexuality, Vol. 1, An Introduction*. Translated by Robert Hurley. New York: Random House, 1978[미셸 푸코, 『성의 역사 1』, 이규현 옮김, 나남출판, 2010].

_____. *Madness and Civilization: A History of Insanity in the Age of Reason*. Translated by Richard Howard. New York: Vintage, 1973[미셸 푸코, 『광기의 역사』, 이규현 옮김, 나남출판, 2003].

Gale, James Scarth. *History of the Korean People*. Seoul: Royal Asiatic Society, 1972.

Garland-Thomson, Rosemarie. *Extraordinary Bodies: Figuring Physical Disability in American Culture and Literature*. New York: Columbia University Press, 1997[로즈메리 갈런드-톰슨, 『보통이 아닌 몸』, 손홍일 옮김, 그린비, 2015].

Gilbert, Sandra, and Susan Gubar. *The Madwoman in the Attic*. New Haven, CT: Yale University Press, 1979.

Gill, Carol J. "Dating and Relationship Issues." *Sexuality and Disability* 14, no.3 (1996): 183-190.

Goffman, Erving. *Stigma: Notes on the Management of Spoiled Identity*. New York: Simon and Schuster, 1963[어빙 고프먼, 『스티그마』, 윤선길 옮김, 한신대학교 출판부, 2009].

Grinker, Roy. *Unstrange Minds: Remapping the World of Autism*. Philadelphia: Basic Books, 2007[로이 리처드 그린커, 『낯설지 않은 아이들』, 노지양 옮김, 애플트리태일즈, 2008].

Groeneveld, Sarah. "Animal Endings: Species Necropolitics in Contemporary Transnational Literature." PhD diss., University of Wisconsin, Madison, 2014.

Grosz, Elizabeth. *Volatile Bodies: Toward a Corporeal Feminism*. Bloomington: Indiana University Press, 1994[엘리자베스 그로스, 『뫼비우스 띠로서 몸』, 임옥희 옮김, 여성문화이론연구소, 2001].

Gussow, Zachary. *Leprosy, Racism and Public Health: Social Policy in Chronic Disease Control*. Boulder, CO: Westview, 1989.

Hacking, Ian. *Rewriting the Soul: Multiple Personality and the Science of Memory*. Princeton, NJ: Princeton University Press, 1995.

Hahn, Harlan. "The Social Components of Sexuality and Disability: Some Problems and Proposals." *Sexuality and Disability* 4, no. 4 (1981): 220-233.

Hall, Sherwood. *With Stethoscope in Asia: Korea*. McLean, VA: MCL Associates, 1978.

Hansen, Gerhard A. *The Memories and Reflections of Dr. Gerhard Armauer Hansen*. Wurzburg: German Leprosy Relief Association, 1976.

Haraway, Donna. *Primate Visions: Gender, Race, and Nature in the World of Modern Science*. New York: Routledge, 1989.

Hesford, Wendy. *Spectacular Rhetorics: Human Rights Visions, Recognitions, Feminisms*. Durham: Duke University Press, 2011.

Hubert, Henri, and Marcel Mauss. *Sacrifice: Its Nature and Function*. Chicago: University of Chicago Press, 1964.

Ingstad, Benedict. *Community-Based Rehabilitation in Botswana: The Myth of the Hidden Disabled*. Lewiston, NY: Edwin Mellen, 1997.

James, David E., and Kyung Hyun Kim. "An Interview with Im Kwon-Taek." In *Im Kwon-Taek: The Making of a Korean National Cinema*, edited by David E. James and Kyung Hyun Kim, 247-265. Detroit, MI: Wayne State University Press, 2002.

Jung Keun-sik. "Has Kwangju Been Realized?" In Contentious Kwangju, edited by Gi-Wook Shin and Kyung Moon Hwang, 43-50. Lanham, MD: Rowman and Littlefield, 2003.

Kafer, Alison. *Feminist, Queer, Crip*. Bloomington: Indiana University Press, 2013.

Kim, Eunjung. "Minority Politics in Korea." In *Intersectionality and Beyond: Law, Power, and the Politics of Location*, edited by Emily Grabham, Davina Cooper, Jane Krishnadas, and Didi Herman, 230-250. New York: Routledge-Cavendish, 2008.

_____. "The Specter of Vulnerability and Bodies in Protest." *Disability, Human Rights, and The Limits of Humanitarianism*, edited by Michael Gill and Cathy Schlund-Vials, 137-154. Burlington, VT: Ashgate, 2014.

Kim, Hyun Sook. "Yanggongju as an Allegory of the Nation: Images of Working-Class Women in Popular and Radical Texts." In *Dangerous Women: Gender and Korean Nationalism*, edited by Elaine H. Kim and Chungmoo Choi, 175-202. New York: Routledge, 1998[김현숙, 「민족의 상징, '양공주'」, 『위험한 여성』, 일레인 김·최정무 엮음, 박은미 옮김, 삼인, 2001].

Kim, Jane Sung Hae. "Leprosy in Korea: A Global History." PhD diss., University of California, Los Angeles, 2012.

Kim, Kyung Hyun. "Korean Cinema and Im Kwon-Taek: An Overview." In *Im Kwon-Taek: The Making of a Korean National Cinema*, edited by David E. James and Kyung Hyun Kim, 19-46. Detroit, MI: Wayne State University Press, 2002.

_____. *Virtual Hallyu: Korean Cinema of the Global Era*. Durham: Duke

University Press, 2011.

Kim, Molly Hyo. "Genre Conventions of South Korean Hostess Films (1974-1982): Prostitutes and the Discourse of Female Sacrifice." *Acta Koreana* 17, no. 1 (2014): 455-477.

Kim Tong-ni. "The Rock." Translated by Kevin O'Rourke. *Korea Journal* 15, no. 11 (1975): 52-56.

Kim, Yoon-Shik. "Phases of Development of Proletarian Literature in Korea." *Korea Journal* 27, no. 1 (1987): 31-36.

Kudlick, Catherine. "Smallpox, Disability, and Survival in Nineteenth-Century France: Rewriting Paradigms from a New Epidemic Script." In *Disability Histories*, edited by Susan Burch and Michael Rembis, 185-200. Champaign: University of Illinois Press, 2014.

Kuppers, Petra. "Toward the Unknown Body: Stillness, Silence and Space in Mental Health Settings." *Theater Topics* 10, no. 2 (2000): 129-143.

Kye Yong-muk. "Adada the Idiot." Translated by Morgan E. Clippinger. *Korea Journal* 14, no. 1 (1974): 45-52, 67.

Lee, Jin-Kyung. "Sovereign Aesthetics, Disciplining Emotion, and Racial Rehabilitation in Colonial Korea 1910-1922." *Acta Koreana* 8, no. 1 (2005): 77-107.

Lewiecki-Wilson, Cynthia. "Rethinking Rhetoric through Mental Disabilities." *Rhetoric Review* 22, no. 2 (2003): 156-167.

Lewis, Victoria Ann, and Nancy Becker Kennedy. *Tell Them I'm a Mermaid.* Embassy Television, Taper Media, Metromedia Television, 1984.

Livingston, Julie. "Insights from an African History of Disability." *Radical History Review*, no. 94 (2006): 111-126.

McCarthy, Michelle. "Whose Body Is It Anyway? Pressure and Control for Women with Learning Disabilities." *Disability and Society* 13, no. 4 (1998): 557-574.

McClintock, Anne. "Family Feuds: Gender, Nationalism and the Family." *Feminist Review* 44 (1993): 61-80.

———. *Imperial Leather: Race, Gender, and Sexuality in the Colonial Contest.* New York: Routledge, 1995.

McRuer, Robert. *Crip Theory: Cultural Signs of Queerness and Disability.* New York: New York University Press, 2006.

———. "Critical Investments: AIDS, Christopher Reeve, and Queer/Disability Studies." *Journal of Medical Humanities* 23, nos. 3-4 (2002): 221-237.

Michalko, Rod. *The Mystery of the Eye and the Shadow of Blindness.* Toronto: University of Toronto Press, 1998.

Miles, M. "Blindness in South and East Asia: Using History to Inform Development." In *Disability in Different Cultures: Reflections on Local Concepts*, edited by Brigitte Holzer, Arthur Vreede, and Gabrielle Weigt, 88-101. New Brunswick, NJ:

Transaction, 1999.

Minh-ha, Trinh T. *Woman, Native, Other: Writing Postcoloniality and Feminism.* Bloomington: Indiana University Press, 1989.

Mitchell, David T., and Sharon S. Snyder. *Narrative Prosthesis: Disability and the Dependencies of Discourse.* Ann Arbor: University of Michigan Press, 2000.

Moon, Katharine H. S. "South Korean Movements against Militarized Sexual Labor." *Asian Survey* 39, no. 2 (1999): 310-327.

Nakamura, Karen. "Barrier-Free Brothels: Sex Volunteers, Prostitutes, and People with Disabilities." In *Capturing Contemporary Japan: Differentiating and Uncertainty*, edited by Glenda Roberts, Satsuki Kawano, and Susan Orpett Long, 202-220. Honolulu: University of Hawai'i Press, 2014.

Nel, Juan A., and Melanie Judge. "Exploring Homophobic Victimisation in Gauteng, South Africa: Issues, Impacts and Responses." *Acta Criminologica* 21, no. 3 (2008): 19-36.

Niehaus, Isak. "Leprosy of a Deadlier Kind: Christian Concepts of AIDS in the South African Lowveld." In *AIDS and Religious Practice in Africa*, edited by Felicitas Backer and Wentzel Geissler, 309-332. Leiden: Brill, 2009.

O'Toole, Corbett Joan, and Jennifer K. Bregante. "Disabled Women: The Myth of the Asexual Female." In *Sex Equity and Sexuality in Education*, edited by Susan S. Klein, 271-279. Albany: State University of New York Press, 1992. Pak Chin-t'ae.

Pandya, Shubhada S. "The First International Leprosy Conference, Berlin, 1897: The Politics of Segregation." *Historia, Ciencias, Saude-Manguinhos* 10, suppl. 1 (2003): 161-177.

Parsons, Talcott. "Illness and the Role of the Physician." In *The Talcott Parsons Reader*, edited by Bryan S. Turner, 101-109. Malden, MA: Blackwell 1999.

Peterson, Mark. *A Brief History of Korea.* New York: Infobase, 2010.

Piepzna-Samarasinha, Leah Lakshmi. "Letter from Leah Lakshmi Piepzna-Samarasinha." In *El Mundo Zurdo 2: Selected Works from the Meetings of the Society for the Study of Gloria Anzaldua*, edited by Sonia Saldivar-Hull, Norma Alarcon, and Rita E. Urquijo-Ruiz, 91-97. San Francisco: Aunt Lute, 2012.

Price, Margaret. *Mad at School: Rhetorics of Mental Disability and Academic Life.* Ann Arbor: University of Michigan Press, 2011.

Puar, Jasbir. "Coda: The Cost of Getting Better: Suicide, Sensation, Switchpoints." *GLQ: A Journal of Lesbian and Gay Studies* 18, no. 1 (2012): 149-158.

Quayson, Ato. *Aesthetic Nervousness: Disability and the Crisis of Representation.* Toronto: University of Toronto Press, 2007[아토 퀘이슨, 『미학적 불안감』, 손홍일 옮김, 한국장애인재단·디오네, 2016].

Reynolds, David. *One World Divisible: A Global History since 1945.* New York: W. W. Norton, 2000.

Robertson, Jennifer. "Blood Talks: Eugenic Modernity and the Creation of New Japanese."

History and Anthropology 13, no. 3 (2002): 191-216.

————————. "Eugenics in Japan: Sanguinous Repair." In *The Oxford Handbook of the History of Eugenics*, edited by Alison Bashford and Philippa Levine, 430-448. New York: Oxford University Press, 2010.

Sase, E., M. Jimba, and S. Wakai. "Scar of Japan's Leprosy Isolation Policy in Korea," *Lancet* 363, no. 9418 (2004): 1396-1397.

Saunders, Frances Stonor. *The Cultural Cold War: The cia and the World of Arts and Letters*. New York: W. W. Norton, 2001.

Shakespeare, Tom. *Disability Rights and Wrongs*. London: Routledge, 2006[톰 세익스피어, 『장애학의 쟁점』, 이지수 옮김, 학지사, 2013].

Shakespeare, Tom, Kath Gillespie-Sells, and Dominic Davies. *The Sexual Politics of Disability: Untold Desires*. London: Cassell, 1996.

Sherry, Mark. "(Post)colonizing Disability." *Wagadu: Journal of Transnational Women's and Gender Studies* 4 (2007): 10-22.

Shildrick, Margrit. *Dangerous Discourses of Disability, Subjectivity, and Sexuality*. New York: Palgrave Macmillan, 2009.

Shin, Gi-Wook. "Introduction." In *Contentious Kwangju*, edited by Gi-Wook Shin and Kyung Moon Hwang, xi-xxxi. Lanham, MD: Rowman and Littlefield, 2003.

Shin, Gi-Wook, and Michael Robinson. "Introduction: Rethinking Colonial Korea." In *Colonial Modernity in Korea*, edited by Gi-Wook Shin and Michael Robinson, 1-18. Cambridge, MA: Harvard University Asia Center, 1999.

Snyder, Sharon L., and David T. Mitchell. *The Cultural Locations of Disability*. Chicago: University of Chicago Press, 2006.

Sŏ Chŏng-ju. "The Leper." Translated by In-soo Lee. *Korea Journal* 5, no. 10 (1965): 23.

Soh, Sarah. *The Comfort Women: Sexual Violence and Postcolonial Memory in Korea and Japan*. Chicago: University of Chicago Press, 2008.

Stevens, Bethany. "Interrogating Transability: A Catalyst to View Disability as Body Art." *Disability Studies Quarterly* 31, no. 4 (2011), n.p.

Stevenson, Lisa. *Life beside Itself: Imagining Care in the Canadian Arctic*. Berkeley: University of California Press, 2014.

Stiker, Henri-Jacques. *A History of Disability*. Ann Arbor: University of Michigan Press, 2000.

Suh, Ji-moon. "Yi Munyŏl." In *The Columbia Companion to Modern East Asian Literature*, edited by Joshua S. Mostow, 727-730. New York: Columbia University Press, 2003.

Titchkosky, Tanya. "The Ends of the Body as Pedagogic Possibility." *Review of Education, Pedagogy, and Cultural Studies* 34, nos. 3-4 (2012): 82-93.

Treichler, Paula. *How to Have Theory in an Epidemic: Cultural Chronicles of AIDS*. Durham: Duke University Press, 1999.

Turbayne, Colin Murray. *The Myth of Metaphor*. New Haven, CT: Yale University Press,

1962.

Wasserman, David, and Adrienne Asch. "Understanding the Relationship between Disability and Well-Being." In *Disability and the Good Human Life*, edited by Jerome E. Bickenbach, Franziska Felder, and Barbara Schmitz, 141-167. New York: Cambridge University Press, 2015.

Watt, Frederick B. "Preface." In *The Memories and Reflections of Dr. Gerhard Armauer Hansen*, by Gerhard A. Hansen, 19-21. Wurzburg: German Leprosy Relief Association, 1976.

Waxler, Nancy. "Learning to Be a Leper: A Case Study in the Social Construction of Illness." In *Social Contexts of Health, Illness, and Patient Care*, 169-194. New York: Cambridge University Press, 1981.

Wendell, Susan. *The Rejected Body: Feminist Reflections on Disability*. New York: Routledge, 1996[수전 웬델, 『거부당한 몸』, 강진영·김은정·황지성 옮김, 그린비, 2013].

Wilkerson, Abby. "Disability, Sex Radicalism, and Political Agency." *NWSA Journal* 14, no. 3 (2002): 33-57.

Yang, Hyunah. "Finding the Map of Memory: Testimony of the Japanese Military Sexual Slavery Survivors." *positions* 16, no. 1 (2008): 79-107.

_____. "Re-membering the Korean Military Comfort Women: Nationalism, Sexuality, and Silencing." In *Dangerous Women: Gender and Korean Nationalism*, edited by Elaine H. Kim and Chungmoo Choi, 123-149. New York: Routledge, 1998[양현아, 「한국인 '군 위안부'를 기억한다는 것」, 『위험한 여성』, 최정무·일레인 김 엮음, 박은미 옮김, 삼인, 2001].

Yi Ch'ǒng-jun. *Your Paradise*. Translated by Jennifer M. Lee and Timothy R. Tangherlini. Los Angeles: Green Integer, 2004.

Yi Mun-yol. "An Anonymous Island." Translated by Heinz Insu Fenkl. *New Yorker*, September 12, 2011, 72-77.

Yoon, Jung-ho. "Disability as a Metaphor of Social Transformation in Korean Literature." *Journal of the Southwest Conference on Asian Studies* 4 (2003): 1-29.

Yuval-Davis, Nira. "Gender and Nation." In *Space, Gender, Knowledge: Feminist Readings*, edited by Linda McDowell and Joanne P. Sharp, 403-407. New York: Arnold, 1997.

Zenderland, Leila. "The Parable of The Kallikak Family: Explaining the Meaning of Heredity in 1912." In *Mental Retardation in America: A Historical Reader*, edited by Steven Noll and James W. Trent Jr., 165-185. New York: New York University Press, 2004.

찾아보기

ㄱ